Peter Gold

WIND DES LEBENS
LICHT DES GEISTES

Eine weißglühende Kugel des Geistes, eingefaßt von einem Kreis der Unbesiegbarkeit, hier symbolisiert durch (oben) den äußeren Ring eines tibetischen Mandala, den Berg des Feuers aus Flammen in den Farben des Regenbogens, und (unten) die Regenbogengöttin, die mit ihrem Schutzkreis die meisten Sandmandalas der Navajo umschließt.

Peter Gold

WIND DES LEBENS LICHT DES GEISTES

Das heilige Wissen der Navajo und der Tibeter

Aus dem Amerikanischen von Irene Bisang und Karin Tschumper

Droemer Knaur

Originaltitel: Navajo & Tibetan Sacred Wisdom
Originalverlag: Inner Traditions, Rochester, Vermont

Die Deutsche Bibliothek – CIP-Einheitsaufnahme

Gold, Peter: Wind des Lebens, Licht des Geistes : das heilige Wissen der Navajo und der Tibeter / Peter Gold. Aus dem Amerikan. von Irene Bisang und Karin Tschumper. – München : Droemer Knaur, 1997
Einheitssacht.: Navajo & Tibetan sacred wisdom <dt.>
ISBN 3-426-26910-4

Die Folie des Schutzumschlages sowie die Einschweißfolie sind PE-Folien und biologisch abbaubar.
Dieses Buch wurde auf chlor- und säurefreiem Papier gedruckt.

Redaktion und Koordination der deutschen Ausgabe:
Brigitta Neumeister-Taroni

Umschlaggestaltung: Agentur ZERO, München
Satz: Ventura Publisher im Verlag
Druck und Bindung: aprinta, Wemding
Printed in Germany
ISBN 3-426-26910-4

5 4 3 2 1

Dieses Buch widme ich mit Hochachtung und Liebe jenen, die mich lehrten und ohne deren Führung ich es niemals hätte schreiben, geschweige denn ausdenken können.

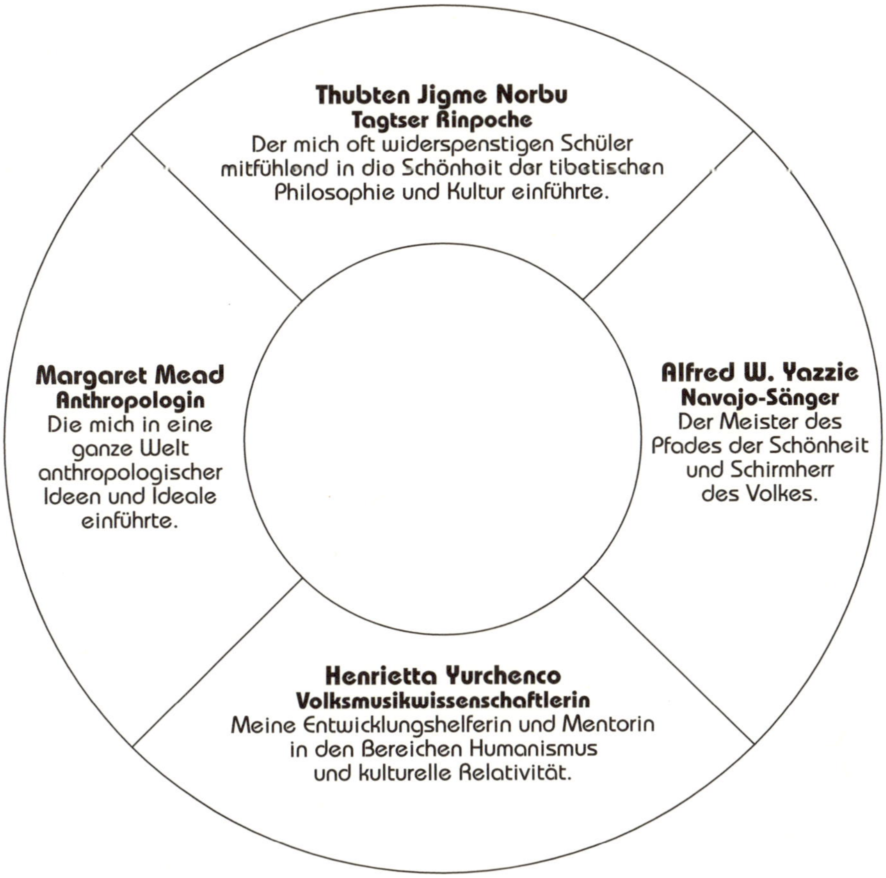

Dieser Kreis aber ist vor allen Dingen den spirituellen Helden und Heldinnen der Pöba (Tibet) und Diné (Navajo) gewidmet, welche die allumfassende Weisheit des spirituellen Kreises für ihre Schwestern und Brüder in aller Welt bewahrt haben, indem sie ihr Leben getreu nach spirituellen Grundsätzen ausrichten.

INHALT

Das zentraltibetische Hochplateau ist eine unwirtliche, von der Sonne ausgetrocknete Landschaft von herber Schönheit (oberhalb Lhatse).

Teil 4

ANHANG

DANK

Ein Unternehmen dieser Breite und Größenordnung ließe sich ohne Führung, Beistand und Wohlwollen seitens zahlreicher Institutionen und Einzelpersonen niemals verwirklichen. In diesem Sinne möchte ich den vielen Quellen materieller und psychischer Unterstützung danken. Die folgende Aufzählung strebt Vollständigkeit an. Sollte ich dennoch unbeabsichtigt jemanden vergessen haben, bitte ich aufrichtig um Verzeihung. Und allen entbiete ich hier meinen herzlichsten Dank.

American Alpine Club, American Philosophical Society, The Ann and Erlo van Waveren Foundation, Asian Cultural Council und National Endowment for the Arts.

Ehrw. Amchok Rinpoche, David Begay, Olivier Bernier, Marcia Calkowski, Kevin Cassidy, Jeff Cox, Nathan Cutler, Seine Heiligkeit der Dalai Lama, Lotsawa Tenzin Dorje, Ehrw. Yeshe Dorje Rinpoche, Lisa Faithorn, Peter N. Fowler, Esq., Tashi Gyaltsen Gangzey, Barbara Green, Jeff Greenwald, Lory und Dan Hawley, Djann Hoffman, Frances Howland, Edwin Irwin, Dean C. Jackson, Johann Kealiinohomoku, Ehr. Kunckok Lhundrub (John Feuille), Marc Lieberman, Brigitte Lueck, Regina Lynch, Hochw. Mark und Virginia MacDonald, Ed McCombs, Margaret Mead, Frank Morgan, Leroy C. Multine, Thubten Jigme Norbu, Arlene Olson, Lobsang T. Rikha, Ray Rodney, Rough Rock Arizona Community Schools, Cathy Rountree, Philip Snyder, Francis Teller, Richard Weingarten, Alfred W. Yazzie, Kim Yeshi und Henrietta Yurchenco.

Leslie Colket, Cannon M. Labrie, Jeanie Levitan, Jill Mason und Lee Wood von Inner Traditions International, mit denen ich eng zusammengearbeitet habe.

Botschaft des Dalai Lama

In dem nun ausgehenden Jahrhundert haben wir einen außergewöhnlichen Stand der technischen Entwicklung erreicht, und doch sind immer noch viele Menschen unglücklich. Unter den unmittelbaren Gründen hierfür ist unsere übertriebene Gewichtung der materiellen Entwicklung allein gewiß der naheliegendste. Sie voranzutreiben hat uns so sehr absorbiert, daß wir – beinahe ohne es zu bemerken – versäumt haben, die menschlichsten aller Bedürfnisse zu befriedigen, nämlich Liebe, Güte, gemeinsames Wirken und Fürsorglichkeit. Dies zeigt sich auch in der gedankenlosen Haltung gegenüber unserer natürlichen Umwelt.
Unabhängig von Zeit und Ort hegen alle Menschen gemeinsam den Wunsch nach Glück und das Bestreben, Leid abzuwenden. Ganz tief in unserem Inneren sehnen wir uns nach Zufriedenheit. Meiner eigenen bescheidenen Erfahrung

THE DALAI LAMA

zufolge liegt die Quelle allen Glücks in der Liebe und im Mitgefühl, in einem Gefühl der Güte und der Warmherzigkeit gegenüber andern. Unsere Welt ist reich an Traditionen, die Mittel und Wege kennen, um eben diese Eigenschaften zu fördern. In neuerer Zeit haben sich Menschen, die nach solchen Wegen suchen, Gemeinschaften zugewendet, die in Harmonie mit der Natur leben, und setzen sich nach Kräften dafür ein, die innere Umwelt zu pflegen.

Das tibetische Volk und die Navajo in Nordamerika gehören zu diesen Menschen. Indem wir Tibeter und Tibeterinnen den Lehren Buddhas folgen, haben wir eine Klarheit des Geistes, eine Offenheit des Herzens und eine Stärke des Charakters gewonnen, die uns zu einem pragmatischen Umgang mit Schwierigkeiten und gleichzeitig zum Ideal der Erleuchtung verholfen haben. Im vorliegenden Buch schildert Peter Gold zahlreiche Aspekte des Brauchtums bei den Navajo und im tibetischen Buddhismus und weist auf Gemeinsamkeiten hin, wobei er die humanitären Grundsätze, auf denen beide traditionellen Kulturen gründen, in den Vordergrund rückt. Die Ähnlichkeit der Vorstellungen, Symbole und Handlungen in zwei Kulturen, die geographisch so weit auseinanderliegen, ist in der Tat äußerst interessant. Was dieser Vergleich meiner Meinung nach aber in erster Linie zeigt, ist die grundsätzliche Güte des menschlichen Herzens.

1. Juni 1992 — Der Dalai Lama

VORWORT

Dieses bemerkenswerte Buch vereinigt die Früchte einer mehrere Jahre dauernden persönlichen Odyssee zwischen zwei Kontinenten. Als Anthropologe beeindruckt mich besonders, daß Peter Gold bei zwei Völkern, die bezüglich Raum, Sprache und Geschichte weit auseinanderliegen, so intensive Feldforschung betrieben hat. Gewöhnlich schränken wir Anthropologen uns ein, befassen uns mit einem bestimmten Volk oder mit einer bestimmten Gegend. Aber hier liegt kein konventionelles Werk der Sozialwissenschaften oder der vergleichenden Mythologie vor; dieses Buch fordert uns beim Lesen vielmehr dazu auf, über die eigene Kultur hinauszuschauen und sich in ein Streben nach »spiritueller Anthropologie« zu vertiefen.

Das tibetische Volk und die Navajo verkörpern und leben, was der Dichter-Denker Gary Snyder die »alten Pfade« genannt hat. Ihre Kultur läßt sich mehr als tausend Jahre zurückverfolgen, aber die Wurzeln ihrer Traditionen reichen viel weiter in eine ferne Vergangenheit. Über Jahrhunderte und Generationen hinweg haben sie diese mündlich weitergegeben, so daß sie uns mit der Steinzeit, mit jener »Traumzeit« verbinden, in der die Menschheit geschaffen wurde. Es war die Welt der Sammlerinnen und Jäger, durchwirkt von numinosen Kräften, eine Zeit, zu der die Menschen direkt mit den Urkräften der Erde und des Himmels in Verbindung standen.

Was also mögen solche traditionellen Völker uns »postmodernen« Menschen zu sagen haben? Der Anthropologe Stanley Diamond umschreibt in seiner Studie *The Search for the Primitive* die Reise der Anthropologie als Suche der zivilisierten (städtischen) Frauen und Männer *nach dem, was verlorengegangen sei*, sich aber vielleicht wiedergewinnen lasse. Verlorengegangen ist die »Urkultur«, eine Welt, die sich auf Gemeinsamkeit und Gemeinschaft stützt und in der alle Wesen miteinander verwandt sind. Ein Archetyp wie die spirituelle Heldengestalt, der spirituelle Krieger der Navajo und des tibetischen Volkes, ist in dieser Hinsicht aufschlußreich, können wir darin doch notwendige Mittel und Wege finden, um zurückzugewinnen, was wir verloren haben. Dazu müssen wir allerdings die Welt aus der Sicht und mit den Kenntnissen eines anderen Volkes sehen, und dies wird unsere eigenen innersten, vorbehaltlos übernommenen Glaubenssätze und Überzeugungen unvermeidlich ins Wanken bringen.

C. G. Jung gelangte schon vor vielen Jahren zur Einsicht, daß die modernen

In den nördlichen Bereichen des Navajo-Landes finden sich spektakuläre Felsformationen (Monument Valley).

Menschen ihre Seele für zusammenhanglose Fakten verkauft haben. Und tatsächlich betrachten auch traditionelle Völker unsere Gesellschaft als völlig aus dem Gleichgewicht geraten. Auf den Punkt gebracht: Wir haben die Verbindung mit dem Heiligen verloren. Wir verfügen nicht mehr über einen lebendigen, allumfassenden Mythos, der unserem Leben einen tieferen Sinn und eine Richtung verleiht. Ohne ein solches Leitparadigma treiben wir ankerlos umher und stürzen uns oft gierig auf interessante kulturelle Eigenheiten anderer Völker, vielleicht in der Hoffnung, ein Bruchstück vom Sinn der Welt als Ganzes zu erhaschen. Dieses Buch ruft uns zu einem Dialog auf. Bei der Erforschung der heiligen Kosmologien des Tibets und der Navajo stellt der Autor deren Wege unseren eigenen gegenüber und zeigt, wie schwierig es für uns aufgrund unserer mechanistischen, reduzierenden Weltsicht ist, sie in ihrer tiefsten Ebene zu fassen. Diese Kosmologien fordern von uns, aus der »Hülle unserer Kultur« hinauszutreten, aus diesem alles umfassenden, aber meist nicht bewußt empfundenen System, das bestimmt, wie wir die Welt erfahren. Wir werden ermutigt, die Welt neu als einen *Kosmos* zu sehen, erfüllt mit gestaltenden Kräften, welche die Entfaltung allen Lebens anregen und leiten, oder, wie es der Autor formuliert, »die miteinander verbundenen Empfindungen und Energien, die unsere Welt-Wirklichkeit durchdringen«.

Sowohl die Navajo als auch die Menschen in Tibet gehören zu den erdverbundenen Völkern, die auf den höchstgelegenen Ebenen ihres jeweiligen Kontinents von ihren Herden und Feldern leben. In gewissem Sinne enthüllt sich auf den folgenden Seiten ihre komplizierte »heilige Geographie«, geht ihre Kosmologie doch aus den Bergen, den Seen und den stetig wehenden Winden ihres einsamen Hochlandes hervor. Die bemerkenswerten Zusammenhänge, die sie zwischen Ort, Ritual und Mythos knüpfen, werden hier einleuchtend aufgedeckt, was dieses Buch auch zu einer Untersuchung über die »Anthropologie des Raumes« macht. Die Berge, die ihre jeweilige Heimat beherrschen, sind nicht nur interessante und schöne Erdformationen, sondern, um mit den Worten eines Navajo-Sängers zu reden, der »Punkt, an dem Erde und Himmel sich verbinden«. In beiden kosmologischen Ordnungen haben Berge zwei Aspekte: ihre äußere, feste Gestalt und ihr inneres, innewohnendes Bewußtsein: eine Kraft, die führt, schützt, leitet, erneuert. Für diese Völker verharrt die Welt nicht unbewegt und empfindungslos; vielmehr sind all ihre Teile mit starken Energien geladen und lebendig. Einem traditionellen Tibeter oder einer traditionellen Navajo ist die vom Licht der ersten Morgendämmerung durchflutete Luft *heilig*. Und beide betrachten die den Kosmos belebende Energie als eine Art »heiligen Wind«, der uns und die ganze Welt durchströmt. Wie weit ist ein solches Empfindungsvermögen von dem der meisten Menschen in der westlichen Welt entfernt, die wir unser Leben eingeschlossen in einem »von Menschen bevölkerten Tunnel« aus industriell hergestellten Gebäuden und Fahrzeugen verbringen, den Blick zumeist starr auf Computer- und Fernsehbildschirme geheftet! Die Menschen im Nordosten der Vereinigten Staaten verbringen im Durchschnitt neunzig Prozent des Jahres in Häusern und den verleibenden Rest mehrheitlich in Autos oder auf Asphalt. Wir schirmen uns gegen Wind und Regen, Kälte und Hitze soweit wie möglich ab. Die traditionellen Kulturen der Navajo und Tibeter dagegen bewahren eine ursprüngliche und enge Verbindung mit der lebendigen Erde, die uns Menschen umgibt und ernährt.

Das vorliegende Buch deckt auf allen Ebenen eine Vielzahl von Gemeinsamkeiten zwischen diesen beiden Völkern auf, obwohl sie vollkommen voneinander getrennt leben. Beide sind in ihrer jüngsten Vergangenheit durch imperialistische, beherrschende Mächte auf das grausamste erschüttert worden: Tibet durch die chinesische Kolonialisierung seit den fünfziger Jahren und der indianische Südwesten die seit fünfhundert Jahren andauernde spanische und angloamerikanische Herrschaft. Beide ringen bis heute darum, ihre Identität und ihre heilige Kosmologie zu bewahren und vor den weltlichen Kräften zu schützen, die ihre traditionelle Lebensweise offen oder versteckt zu untergraben trachten. Unter diesen Bedingungen kommt ihrer Wertschätzung von Gleichgewicht und Ganzheit und ihrer Ausrichtung darauf besondere Dringlichkeit zu. Trotz der harten Zeiten bestehen beide Völker noch immer, sie wachsen, ändern sich, ja gedeihen sogar. Dies allein ist Grund genug, sie zu bewundern und zu achten.

Ihre Stärke liegt vielleicht in der Tatsache begründet, daß sie auf »Ganzheit« achten. Wie gestalten beide Seiten den Weg des Individuums hin zu diesem Zustand? Oberflächlich betrachtet, erscheint Peter Golds These radikal: daß nämlich, trotz der zahlreichen äußerlichen Unterschiede, die sie trennen, das innere Verständnis der beiden Völker vom Wesen des menschlichen Lebens und der Bedeutung der Welt starke Parallelen aufweise. Doch auch hier geht dieses Buch über die Oberfläche hinaus und erfaßt die in diesen äußeren Formen enthaltene Essenz. Nehmen wir ein weiteres Beispiel: Beide kosmologischen Ordnungen verwenden ein Medium, welches in Tibet »Gottheits-Yoga« heißt, sowohl zur persönlichen Heilung als auch zur geistigen Umwandlung und zur Erhaltung des Gleichgewichts und der Harmonie in der Welt insgesamt. Durch rituelle und spirituelle Praxis schaffen sie eine innere Identität mit ihren jeweiligen heiligen Mächten, um Heilung und Umwandlung herbeizuführen. So integrierte der tibetische Buddhismus die vor ihm existierende Bon-Religion, statt sie zu leugnen, ganz im Gegensatz zum Westen, wo eine aufkommende umfassend angelegte Religion (das Christentum im Römischen Reich), die vor ihr existierenden, mit der Erde verbundenen Kosmologien unterdrückte oder radikal vernichtete. Die deutlichen und komplexen Bilder der beiden hier vorgestellten Völker sind beeindruckend, ja überwältigend. Doch das Buch führt uns geschickt durch diesen Reichtum an schöpferischer Vision.

Peter Gold zielt auf eine Untersuchung auf der archetypischen oder kollektiven

Ebene, indem er die Schlüsselelemente beider Ordnungen herausarbeitet, ohne der Versuchung zu erliegen, ihre jeweilige individuelle Ganzheit zu mindern oder zu verzerren. Dabei vermeidet er, was ich »symbolischen Reduktionismus« nennen möchte, dem die Forschung so oft verfällt, wenn sie nach kulturell übergreifenden, allgemeinen Nennern in der Weltsicht sehr unterschiedlicher Völker sucht. Die Gefahr besteht darin, die einzigartigen Züge und das gesamte Umfeld eines bestimmten Volkes zu übertünchen und die Elemente seiner heiligen Weisheit auf allgemeingültige Symbole zu reduzieren, die dann nur als innere geistige Konstrukte gesehen werden. Ein solcher Zugang engt die Kosmologien und die dazugehörigen Zeremonien, Rituale der Transformation und Erfahrung und so weiter auf das »rein Symbolische« ein und tut der Integrität dieser kosmologischen Ordnungen so ein weiteres Mal von westlicher Seite Gewalt an. Für das tibetische Volk und die Navajo sind heilige Wissens- und Lebensweisen weit mehr als symbolische Konstrukte im Kopf; sie sehen darin die *Schlüssel*, die sie mit dem Inneren des *ganzen* Universums verbinden, weit über den nur menschlichen Bereich hinaus.

Neben seiner Zugehörigkeit zur neuen Kategorie von Werken über »spirituelle Anthropologie« ist das vorliegende Buch auch eine Art angewandte Anthropologie. Es geht über die stets beteuerte sogenannte »Wertneutralität« und »Objektivität« der Mehrheit sozialwissenschaftlicher Texte hinaus, welche in aller Regel und zumeist nicht einmal besonders subtil von der Voraussetzung ausgehen, *unsere* Beschreibung der Welt sei endgültig und verbindlich. Die tibetische Ordnung wie auch jene der Navajo steht dazu in frappantem Gegensatz. Zum Beispiel schließen beide Harmonie und Gleichgewicht als zentrale Elemente für ein sinnvolles menschliches Leben ein und fördern sie. Der Kosmos wird in einem komplexen Muster von einander ergänzenden Paaren und Vierergruppen erfaßt, die dieses dynamische Gleichgewicht veranschaulichen. Daraus ergibt sich ganz natürlich die volle Anerkennung der männlichen wie auch der weiblichen Seiten im Menschen und im Universum insgesamt, mit der Folge, daß dem weiblichen Aspekt des Göttlichen die ihm gebührende Stellung gewährt und das androzentrische Ungleichgewicht der westlichen Kultur mit ihrer einseitig patriarchalen Kosmologie und Gesellschaftsstruktur bloßgelegt wird. Uns scheint es auf einer grundlegenden Ebene an solch einer bedeutungsvollen Vision von Ganzheit zu mangeln, ja überhaupt an Mitteln, uns auch nur auf sie zuzubewegen. Und ein solcher Mangel an Vision zeitigt verheerende Folgen.

Peter Gold begibt sich tief hinein in beide Kosmologien und kehrt mit etwas zurück, was man in Tibet wohl als »kostbare Juwelen« bezeichnen würde, die für den Kern der inneren Lehren stehen. Sein Buch ist Teil eines bedeutsamen interkulturellen Vorgangs, der sich in unserem ausgehenden Jahrhundert immer weiter verbreitet. Die inneren, früher oft geheimen und (von den westlichen Menschen) zumeist mißverstandenen Lehren und Erkenntnisse traditioneller Völker werden heute allmählich zugänglich gemacht. Und was noch wichtiger ist, sie werden *geteilt*, denn eine neue Art Dialog entwickelt sich zwischen Völkern auf der ganzen Welt, ein Tasten nach neuen Mitteln, um die »alten Pfade« neu zu entdecken und zu erneuern, und zwar so, wie es in der »verderbten Zeit« unserer Moderne angebracht ist. Und durch diesen Prozeß beginnen die Urvölker der Erde tiefgreifende Veränderungen in der euroamerikanischen kulturellen Ortientierung auszulösen. Gegen Ende seines Buches hält Peter Gold einen Ausschnitt aus einem Gespräch zwischen einem Navajo-Sänger und einem tibetischen Lama in Santa Fe fest, das mit seiner Unterstützung zustande kam. Diesem folgten weitere, ähnliche Treffen, bei denen über Mandala-Sandbilder und andere Kernaspekte der beiden Traditionen gesprochen wurde. Solche Begegnungen gibt es inzwischen immer häufiger auf der ganzen Welt. In einer Welt mit gestörtem Gleichgewicht gerät alles in Fluß und beginnt zu beben. Traditionelle Kulturen lösen sich auf und verschwinden wie zahllose Arten von Lebewesen, zerstört durch den erbarmungslosen Materialismus, der unseren Planeten ausbeutet und Millionen von Menschen zu einem Leben in größter Armut und Leiden verdammt. Wahrhaft dunkle Zeiten. Doch die Jahre geduldiger Arbeit und des Dialogs, aus denen dieses Buch – und viele andere seiner Art – hervorgegangen ist, machen es zu einem Fanal der Hoffnung und der möglichen Erneuerung. Solche Werke reichern einen neuen Boden an, der durch viele Ströme bewässert wird. Sie erzählen vom ursprünglichen Weg des spirituellen Kriegers, jener Heldin oder jenes Helden, deren Reise in der Beschreibung von Peter Gold vom Realen zum Idealen führt und wieder zurück. Diese immer lauter werdenden Stimmen rufen uns dazu auf, weiterzugehen und ein neues Empfindungsvermögen zu entdecken, eines, das selbst unsere industriell bestimmte Kultur umzuwandeln vermöchte, um dem tieferen, spirituellen Zweck des menschlichen Lebens zu dienen. Für jene, die sich auf dieser neuen Ebene einfinden, in diesem neu erstehenden Zentrum, ist die Suche nicht länger nur persönlich – das ganze Unternehmen Menschheit steht auf dem Spiel. Und wir können nur dankbar sein dafür, daß wir auf der gemeinsamen Suche nach einer lebensfähigen und wahrhaft erfüllenden Zukunft für uns und die nachfolgenden Generationen Verbündete wie das tibetische Volk und die Navajo haben.

Philip D. Snyder, Ph. D.
Leiter des Zentrums für Religion, Ethik und Sozialpolitik,
Cornell University
Außerordentlicher Professor für Anthropologie,
Wells College

EINFÜHRUNG

In den Kreis eintreten

Das vorliegende Buch dokumentiert gemeinsame, allgemeingültige Grundlagen des Denkens und Handelns zweier Volksgemeinschaften. Sowohl die Navajo aus dem Hochland im Südwesten der Vereinigten Staaten als auch das tibetische Volk auf dem Dach der Welt im Herzen Asiens erhalten eine Lebensweise aufrecht, die wir als mystisch oder spirituell bezeichnen – eine Lebensweise, die sich an den eigentlichen inneren und äußeren Gesetzmäßigkeiten des Kosmos orientiert. Das Leben in Tibet und bei den Navajo ist ein Vorgang des ständigen Wiederausgleichs und der steten Vervollkommnung der persönlichen Handlungen, Äußerungen und Gedanken hin zu jenem Idealzustand, der den letztlich gültigen Vorbildern beider Kulturen entspricht: den Schutzgottheiten und spirituellen Heldinnen und Helden der Vergangenheit, deren in Mythen und Ritualen gedacht wird. Beide Völker verstehen das Leben als spirituelle Reise, als individuelles und gemeinsames Streben, jeden einzelnen Menschen in die für ihn bestmögliche Ausgestaltung zu verwandeln, dies zusammen mit Gleichgesinnten, die sich ebenfalls für die Integration von Materie und Geist einsetzen.

Diese Reise zu einem idealen Verständnis und Dasein ist so untrennbar mit den Gegebenheiten des täglichen Lebens verwoben, daß es in beiden Kulturen keinen Begriff für Religion in dem Sinne gibt, wie wir ihn kennen. Unser Ausdruck Religion könnte mit dem lateinischen Verb *religare* verwandt sein, was »festbinden, verbinden« heißt. Für die Navajo und in Tibet gibt es indes gerade ein solches Konzept der Rückbindung nicht. Die Menschen dort befinden sich bereits auf ihrem Weg zum angestrebten Ziel der Einheit von Materie und Geist. So hört man denn auch Angehörige beider Völker oft erklären, sie hätten keine Religion, sondern eine Lebensweise.

In Tibet kennt man den Höhepunkt der spirituellen Reise unter zwei Bezeichnungen. Im älteren, vorbuddhistischen Denken lautet sie *tashi*, was soviel heißt wie glückselige Beziehung zum Kosmos. Der Buddhismus fügte dieser Vorstellung, aufgrund des Wissens und der Methoden, um inneren Frieden und Bewußtsein jenseits geistiger und körperlicher Leiden zu erlangen, eine tiefergehende Dimension hinzu, nämlich *sangye se*, die »Buddhaschaft« oder Erleuchtung.

Seen prägen das Hochland zwischen den Gipfeln der Chuska Range, die in der Geomantie der Navajo als »männlicher Berg« gilt (Wheatfields Lake).

Die traditionellen Navajo sehen das Leben als einen Prozeß des ständigen geistigen und körperlichen Strebens hin zu einem inneren Zustand in Übereinstimmung mit dem umfassenderen Daseinszustand, der im ganzen Kosmos wirkt. Indem sie diesen *hózhóng*, »Schönheit«, genannten Zustand im täglichen Leben erhalten und immer wieder erneuern, vermögen sie den ermächtigten Zustand der Gottheiten zu erreichen und immun zu werden gegen körperliches und geistiges Leid.

Auch wir kennen in unserer Kultur Bezeichnungen für dieses grundlegendste aller Lebensziele. In der Mystik nennen wir diesen Geisteszustand Illumination und die dazugehörige Daseinsform Heiligkeit. Das Wort Heiligkeit ist etymologisch verwandt mit dem Wort »heil«, das »unversehrt«, also »ganz« bedeutet und somit den allgemeingültigen zentralen Aspekt in der tibetischen wie auch in der Navajo-Lebensweise ausdrückt. In diesen zeitlosen Philosophien sind Materie und Geist, Körper und Denken, Selbst und Kosmos, ich und du untrennbar miteinander verbunden. Sich dem einen zuzuwenden bedeutet daher stets, auch das andere einzubeziehen. Ein solcher Zustand der spirituellen Homöostasie, in welchem der Körpergeist seine bestmögliche Verfassung innerlich und bezüglich der Umgebung findet, an der er zugleich teilhat, wird vom tibetischen Volk und bei den Navajo stetig angestrebt. Ja, im Grunde dürfte eine spirituelle Lebensweise sogar bis vor kurzem der Weg gewesen sein, den alle Menschen im Laufe ihres Lebens einschlugen. Wie sonst, wenn nicht durch eine spirituelle Reise, hätten unsere Ahnen denn Wissen und Wege für uns vorbereiten können, nach denen wir leben? Die Menschheit wäre niemals so weit gekommen, hätte sie nicht über eine spirituelle Grundlage für die Reise des Lebens verfügt. In diesem Sinne könnte man die schwierige, aber lohnenswerte spirituelle Reise sehr wohl zugleich als den Weg wie auch das Ziel bezeichnen. Indem wir handeln, werden wir bereits belohnt. So oder so müssen wir uns jedoch fragen, ob uns überhaupt eine andere Wahl bleibt, als die spirituelle Reise anzutreten, wenn unser Ziel im höchsten Glück für uns persönlich, für unsere Mitmenschen und für alle zukünftigen Generationen besteht.

Menschen auf dem spirituellen Weg des Lebens wissen, was es heißt, in einem Zustand zwischen dem Idealen und dem Realen, dem Endlichen und dem Unendlichen, dem Materiellen und dem Mythischen zu leben, oder sie ahnen es zumindest. Ihnen ist klar, daß die Tatsache, in unsere Wirklichkeit hineingeboren zu werden, bedingt, sich darin mit Behutsamkeit, Umsicht und Mitgefühl zu bewegen, da die Wirklichkeit sich sowohl durch sie bewegt als auch zugleich auf all ihre Gedanken, Äußerungen und Taten Einfluß nimmt. Wird diese Reise mit Umsicht und Achtung unternommen, führt sie auch zu einem tieferen Verständnis der äußeren Welt der Erde und des Himmels und zu einem »innerlichen Begreifen« der Landschaft, die sich im perönlichen Körpergeist bis in die Unendlichkeit ausdehnt. Es erstaunt deshalb nicht, daß sie ihre Welt nicht in Kraftvektoren, Wellenlängen, Genomen und subatomaren Teilchen beschrei-

ben, sondern in Begriffen wie entscheidende Winde des Lebens und innere geistige Lichter und Bewegungen.
Um die spirituelle Reise angemessen durchzuführen, hat jede Kultur ein eigenes Verständnis bestimmter allgemeingültiger »Wahrheiten« entwickelt. Im vorliegenden Buch beschreibe ich, was ich als ein System von vier allgemeingültigen Grundsätzen betrachte, die dem spirituellen Lebensweg zugrunde liegen. Sie ergeben sich aus der Untersuchung spiritueller Lebensweisen überall auf der Welt, aber sie sind besonders typisch für die Art und Weise, wie die Angehörigen des tibetischen Volkes und der Navajo denken, kommunizieren und leben. Drei davon dienen der einzelnen Person bei der Erkenntnis ihres Anteils am Wesen der Dinge, und der vierte ist das Vorgehen selbst, mit dem die drei anderen sich in die persönliche Reise hin zur Heiligkeit integrieren lassen.
Anhand eines künstlichen Dialogs zwischen zwei beispielhaften spirituellen Kulturen, die an weit auseinanderliegenden Orten der Erde beheimatet sind, habe ich versucht, die reinen Bestandteile eines spirituellen Daseins aufzuzeigen. Die Grundlage für die naturphilosophische tibetische Ordnung wie auch jene der Navajo nenne ich den Spirituellen Kreis oder den Kreis des Geistes. Beide kosmologischen Ordnungen stellen sich eine besondere geometrische Figur vor. Sie besteht aus einem inneren Kreis, von dem aus vier Linien zu einem konzentrischen äußeren Kreis führen, indem sie den dadurch entstehenden Ring in vier gleichgroße Segmente unterteilen. Es handelt sich um eine spirituelle Zeichnung, ein heiliges Kürzel für die vier allgemeingültigen Grundsätze des spirituellen Pfades. Der kleinere Kreis steht für den Mikrokosmos, den endlichen Körpergeist oder das Selbst, und ist zugleich die Quelle von Bewußtsein und Leben. Der größere Kreis steht für den Makrokosmos, den unendlichen Körpergeist des Universums, und zugleich für das voll entfaltete Individuum auf dem spirituellen Pfad. Die vier Kreissegmente symbolisieren die natürlichen Bewegungen, Energien, Eigenschaften und Auffassungen, die den Mikrokosmos und den Makrokosmos, das Endliche und das Unendliche, Materie und Geist in jedem und jeder von uns allen sowie im Kosmos insgesamt antreiben und beeinflussen. Mitenthalten ist die Stellung des Menschen, der sein Leben auf einer Zwischenebene zwischen der Endlichkeit zu seinen Füßen und der Unendlichkeit über seinem Kopf lebt. Und ebenfalls mitenthalten sind die vier Grundsätze, aus denen sich der Begriff Kreis des Geistes zusammensetzt, der im Zentrum dieses Buches steht.
Der erste allgemeingültige Grundsatz, erwachen und Verbindung aufnehmen zum Wesen der Dinge, wird durch einen kleineren und einen größeren Kreis dargestellt, deren Linien sich allmählich überschneiden.
Zu Beginn der spirituellen Lebensreise sind wir uns unserer Identität mit dem Wesen der Dinge nicht bewußt, das heißt, wir wissen nicht, daß wir und das Universum eins sind und einander gegenseitig ständig durchdringen. In der tibetischen wie auch in der Navajo-Philosophie führen Schöpfungslehren (»My-

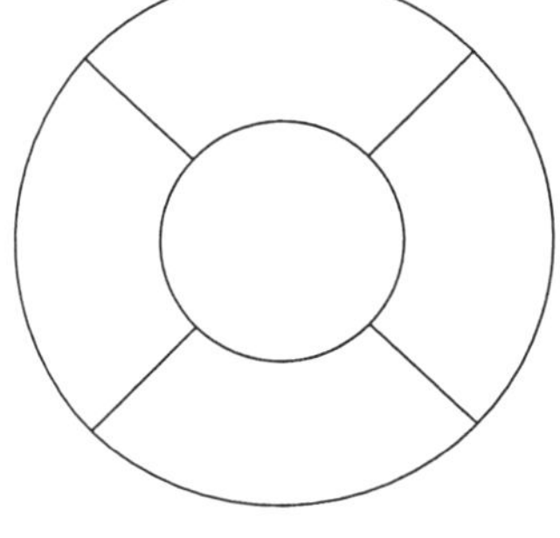

Kreis des Geistes
oder Spiritueller Kreis.

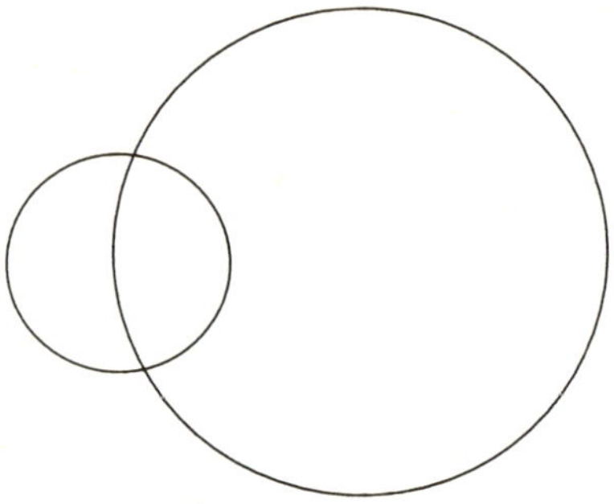

Erwachen und Verbindung aufnehmen zum Wesen der Dinge.

then«) und Erklärungen zur Natur des Lebens und Denkens die Neulinge hin zur grundlegenden Einsicht, daß alle Formen von Leben die wesentlichen Elemente der lebenswichtigen Energie – sowohl grobe wie auch feinstoffliche vibratorische Winde – und die inneren Vorgänge des Bewußtseins und der Gedanken, die durch diese Winde angetrieben werden, miteinander teilen. Das Wissen, daß diese Lebenskraft allen lebendigen, fühlenden und denkenden Wesen gemeinsam ist, erfüllt die Angehörigen dieser beiden Kulturen mit Verbundenheit, Mitgefühl und Verantwortung allem Lebendigen, einschließlich einander, gegenüber. Deshalb sehen sie ihre Welt nicht als eine Vorratskammer, deren Inhalt es herauszuzerren und zu analysieren gilt. Ihre Reiche zwischen Erde und Himmel sind vielmehr heilige Orte, bevölkert von einer Vielzahl empfindender Wesen, sichtbaren ebenso wie unsichtbaren, immer aber wirklichen. Diese Wesen leben, fühlen und denken, jedes in seiner Weise, in Gewässern und Tälern, Wäldern und Bergen der Erde sowie in ihrer Atmosphäre und dem Kosmos darüber hinaus. Dieses Reich ist eine heilige Welt, in die weder eine Navajo noch ein Tibeter gänzlich einzudringen versuchen, und zwar nicht aus Unwissen, sondern aus Respekt für die tiefe Verbindung mit ihrer Form und Essenz.

Der zweite Grundsatz des Spirituellen Kreises, Erde und Himmel ins Gleichgewicht bringen und vereinigen, läßt sich ebenfalls durch zwei Kreise darstellen. Er wird symbolisiert durch einen kleineren Kreis, der ganz im größeren enthalten ist.

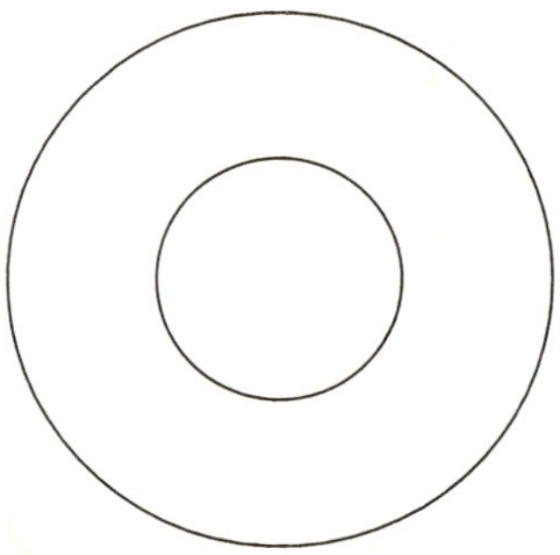

Erde und Himmel ins Gleichgewicht bringen und vereinigen.

Hier geht es um die Erde und den Himmel in ihrem metaphorischen und psychospirituellen Sinn. Bei den Navajo und in Tibet hat man anschauliche philosophische Konzepte entwickelt, wie sich natürlich vorkommende, gegensätzliche Eigenschaften, Energien und Tendenzen ins Gleichgewicht bringen lassen. Dargestellt durch die treffenden und geläufigen Metaphern Himmel und Erde, umfassen sie die paarweisen universellen Tendenzen Verfestigung und Ausdehnung, Zentripetal- und Zentrifugalkraft, Mutter und Vater, Frau und Mann. Beiden Traditionen ist klar bewußt, daß Himmel und Erde keinesfalls einzeln und unabhängig voneinander existieren können, sondern im Gegenteil untrennbare Aspekte eines Ganzen sind. Als solche stellen sie einander ergänzende und nicht entgegenstehende Teile dar, und eines existiert jeweils immer nur in bezug auf die Existenz des andern. Die spirituellen tibetischen und Navajo-Lehren legen entscheidenden Wert auf die Vorstellung, daß diese beiden Teile jeweils eine Einheit bilden und sich dazwischen der spirituelle Pfad windet. Beide Systeme verwenden göttliche Bilder der Großen Göttin und des spirituellen Helden (die oft in körperlicher Vereinigung dargestellt werden), um die kosmische Notwendigkeit des Gleichgewichts darzustellen.

Der zweite Aspekt dieses Grundsatzes, das Vereinigen, baut auf diesem Sinn für das Gleichgewicht auf und unterstreicht die grundlegende Einheit des persönlichen Selbst und der eigenen Wirklichkeit. Wie Berge am Schnittpunkt von

Erde und Himmel, stehen auch die Menschen zwischen der relativen Wirklichkeit der Körperwelt und der unendlichen, formlosen Wirklichkeit, die alles umgibt und aus der alles gestaltet worden ist. Durch die Lebens- und Geisteskraft kann man ins Gleichgewicht mit der Einheit des realen und des idealen, des relativen und des absoluten Daseinszustands gelangen. Die Navajo umschreiben diesen Vorgang mit den heiligen Worten *Sang'ah Nachai Bik'eh Hózhóng*, was sich frei übersetzen läßt mit »Reise hin zu hohem Alter im Einklang mit der spirituellen Schönheit«.

Sang'ah Nachai, »hohes Alter erreichen«, bezieht sich auf den Prozeß der ständigen spirituellen Erneuerung bis in ein hohes Alter, dem Kennzeichen eines erfüllten spirituellen Lebens. Es bezieht sich insgesamt auf die persönliche relative Körperwirklichkeit. *Bik'eh Hózhóng* bedeutet »im Einklang mit der (spirituellen) Schönheit«. Dies bezieht sich auf den höchsten Zustand der Wirklichkeit, der in der inneren Ordnung, dem Rhythmus, dem Geist und der Lebenskraft des Kosmos besteht und auf den alle empfindenden Geschöpfe (alle »Wesen«) ihren Körper, ihre Stimmen und Gedanken durch eine richtige Lebensweise, also Sang'ah Nachai, einstimmen können. Im Denken der Navajo gilt Sang'ah Nachai als das männliche Prinzip (dargestellt durch den Sang'ah-Nachai-Jungen) und Bik'eh Hózhóng als das weibliche Prinzip (dargestellt durch das Bik'eh-Hózhóng-Mädchen).

In Tibet drückt man dieselbe Einheit mit mehreren heiligen Wortfolgen aus. Die geläufigste ist der Alltagsgruß *Tashi Deley*. Der Ausdruck *deley* hat ausschließlich mit der persönlichen relativen Wirklichkeit zu tun: dem Bewahren eines langen Lebens, der Gesundheit, des Wohlstands und des Glücks, und *tashi* bezeichnet den glückseligen Zustand der Harmonie und der Verbundenheit mit den inneren Vorgängen des Kosmos. Das Aufkommen des Buddhismus in Tibet zu Beginn des siebten Jahrhunderts bereicherte die Vorstellung der Einheit von relativer und absoluter Wirklichkeit (der »mittlere Weg«), das tibetische Verständnis des Selbst und des Kosmos. Diese Tatsache kommt im allgemein verwendeten Sanskrit-Mantra *Om mani padme hum/hung* (Om! Juwel in der Lotosblüte Hum/Hung!) zum Ausdruck. *Mani padme* weist hin auf die Einheit der Gegensätze bei komplementären Paaren. Dazu gehört auch das Ziel des Buddhismus: transzendentes Wissen, das die Natur der Dinge kennt (Padma oder Lotos), und der Weg hin zu diesem Ziel, das heißt der Pfad des Mitgefühls (Mani oder Juwel). Auf einer noch grundlegenderen Ebene drückt dieses Silbenpaar die Einheit der absoluten Wirklichkeit (Padma) mit dem erleuchteten relativen Geisteszustand (Mani) aus, also die Einheit des Idealen und des Realen. Der Padma-Lotos verkörpert zudem den weiblichen Seinszustand, während das Mani-Juwel sich auf den männlichen Aspekt des Lebens bezieht. Die Silbe *om*, mit der das Mantra anhebt, ist der zentrale mystische Klang im Buddhismus, denn sie drückt die Summe aller Klänge – Formen von Energie – aus, die den Kosmos insgesamt durchwirken. Und *hum* schließlich bezeichnet die mächtige aurale treibende Kraft, um den relativen, bedingten, real-weltlichen Zustand des Geistes mit der unbedingten Einheitlichkeit des Kosmos, wie sie durch *om* verkörpert wird, zu vereinen. Die Silbe *hum* steht also für den Akt der Verschmelzung zwischen dem Idealen und dem Realen, den zweiten allgemeingültigen Grundsatz des Spirituellen Kreises.

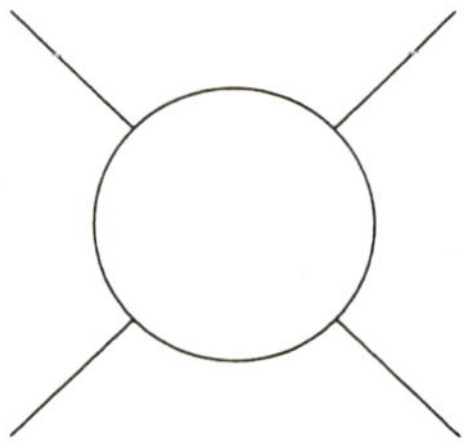

Die Mitte im Mandala des Selbst und des Kosmos finden.

Der dritte Grundsatz besteht darin, die Mitte im Mandala des eigenen Selbst und des Kosmos zu finden. Er wird dargestellt durch einen kleinen Kreis, das Selbst, mit vier Strahlen in je eine Zwischenhimmelsrichtung. Diese Strahlen definieren zum einen die vier den Haupthimmelsrichtungen zugewiesenen Viertel der Einheit gewöhnlicher Formen, lebenswichtiger Energien und geistiger Vorgänge und zum anderen der idealen und geläuterten Formen, Energien und Vorstellungen, die dem Zustand entspringen, der bei den Navajo als Schönheit und in Tibet als Leere bezeichnet wird. Im Wissen darum, daß das Reale und das Ideale, das Gewöhnliche und das Außergewöhnliche eins sind, erforscht dieser dritte Grundsatz die Art und Weise, in der die Einheit von Zwei-in-Einem auf natürliche Weise in vier Phasen oder Aspekte unterschieden wird – geradeso wie der Zyklus von Tag und Nacht vier Abschnitte aufweist und wie das Jahr vier Jahreszeiten und das Leben vier Phasen hat. In beiden hier vorgestellten Kulturen werden diese vierteiligen Zustände des Seins, Sichäußerns und Wissens künstlerisch in Form von Sandbildern des Spirituellen Kreises dargestellt; ich nenne sie hier ihrer allgemein bekannten Sanskrit-Bezeichnung gemäß Mandala.

Beim dritten Grundsatz geht es darum, in einer idealen, jedoch erschreckend realen Welt von stets sich verschiebenden und verändernden Handlungen, Energien und Gedanken die eigene Mitte zu finden. Selbst wenn jemand sozusagen auf dem Gipfel des heiligen Berges steht, im Gleichgewicht und in Harmonie mit Himmel und Erde, muß er oder sie dennoch zu einem dynamischen Gleichgewicht mit der unmittelbaren Wirklichkeit finden. Um diesen schwierigen Balanceakt zu bewerkstelligen, gilt es im Zentrum der eigenen heiligen Wirklichkeit – dem Mandala des Selbst und des Kosmos – umfassend präsent werden. Als Hilfe bei diesem Prozeß des Zentrierens verwendet man bei den Navajo und in Tibet Mandalas, jene Wegweiser, die uns modellhaft ausmalen – kodieren –, wie wir im Zentrum unserer eigenen Welt-Wirklichkeit verweilen können. Ein Mandala zeigt uns die vier natürlich vorkommenden Vektoren der Einsicht und der Energie, die im Kosmos insgesamt und innerhalb des persönlichen Körpergeistes wirksam sind, besonders dann, wenn sie im Laufe von heiligen Ritualen und während der täglichen spirituellen Praxis zutage treten. Zwar gibt es in den beiden hier vorgestellten spirituellen Traditionen beinahe unendlich viele Variationen von Sandmandalas, aber es fällt auf, daß die Bedeutung der Himmelsrichtungen, Farben und Symbole in beiden Kulturen geradezu unheimlich ähnlich ist, sind sie doch nach der gleichen Logik kodiert: der dialektischen Sprache der Natur.

Das Mandala dient bei beiden Traditionen demselben Zweck. Es bildet gewissermaßen die Schnittstelle zwischen einer noch zu vervollkommnenden »realen Welt« außerhalb seiner selbst und einer heiligen »idealen« Welt, deren Vorzüge und göttliche Wesen vorübergehend in seinem inneren Heiligtum weilen. Die Navajo kennen solche Mandalas als Austragungsorte, wo die Gottheiten oder Heiligen Wesen »kommen und gehen«, wobei sie mit der Person, für die ein bestimmtes Ritual abgehalten wird, in Verbindung treten, um deren Körpergeist wieder in Schönheit zu versetzen: genauso wie dies mit dem ersten spirituellen Helden, der ersten spirituellen Heldin des Rituals geschah. In Tibet konzentriert man sich in tantrischen buddhistischen Initiationsritualen auf ein einziges Sandmandala. Es dient als Brennpunkt, um mit idealen Merkmalen der Initiationsgottheit eins zu werden und die Beteiligten in spirituelle Helden und Heldinnen oder Bodhisattvas zu verwandeln.

Und ein Leben im Einklang mit der Weisheit, die in diesen drei ersten Grundsätzen enthalten ist, verlangt wahrhaftig eine heldenhafte Tat. Es reicht ja nicht aus, diese Grundsätze der spirituellen Lebensweise intellektuell gutzuheißen; man muß sie vielmehr leben, sie zur Grundlage des Daseins machen. Aber bevor sie gelebt werden können, müssen sie dem Körpergeist einer Person wirksam eingepflanzt werden. Dies geschieht durch die Erfahrung unterschiedlichster sinnlicher Reize, die unter der Führung ritueller Meister in sorgsamer Orchestrierung erfolgen. Nur auf den ersten Blick paradox und im Grunde nicht überraschend, können die Beteiligten nur über solch sorgfältig gewählte körperliche Handlungen, Gesänge, Gebete, Erzählungen und Gegenstände aus unserer Wirklichkeit, die mit den Sinnen erfahrbar sind, während des Umwandlungsrituals in den idealen Seinszustand übertreten.

Dies führt uns zum vierten Grundsatz des Spirituellen Kreises, zum Werden: heilige Rituale der Umwandlung. Er wird durch das vollständige Diagramm dargestellt.

Ein intellektuelles Verständnis von Heiligkeit muß durch einen hochausgefeilten rituellen Vorgang in ein inneres, somatisches Verständnis verwandelt werden. Die betreffende Person muß neu auf einen besonderen, täglichen spirituellen Pfad ausgerichtet werden, einen Pfad, der die inneren Stärken des Körpergeistes unterstützt und seine selbstzerstörerischen Schwächen besiegt. Zu diesem Zweck haben die Navajo und das tibetische Volk je ausgeklügelte, ineinander verkettete Netzwerke von Traditionen des transformativen Wissens und der transformativen Praxis entwickelt, die auf die spirituellen Bedürfnisse der einzelnen zugeschnitten sind. Einige dieser Traditionsketten des Wissens und der rituellen Praxis sind ihrem Wesen nach friedenstiftend und zielen darauf, die Segnungen des Kosmos in das Leben derer zu bringen, die sich ihnen zuwenden. Andere bezwecken die Beseitigung sowohl äußerlicher als auch selbsterzeugter Hindernisse, die letztlich gesehen ja ein und dasselbe sind. Aber die meisten spirituellen Ketten, die bei den Navajo *haatall* oder – aus dem Ame-

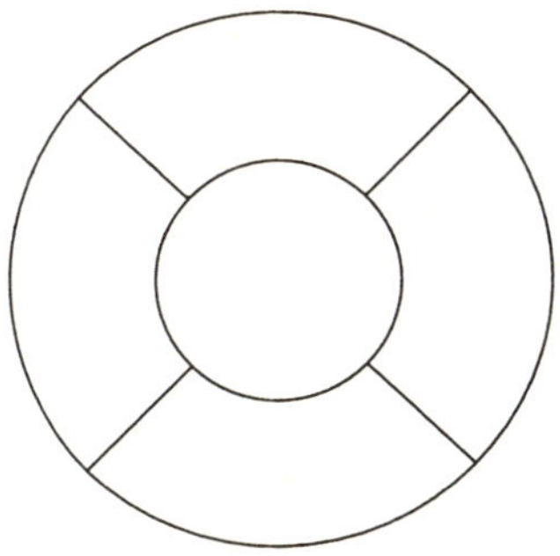

Werden: heilige Rituale der Umwandlung.

rikanischen übernommen und inzwischen ebenfalls gebräuchlich – Chantway (Singweg) und in Tibet *gyud* oder *tantra* heißen, dienen dazu, eine spirituelle Umwandlungsreise in die ideale Welt zu komponieren, von der die betreffende Person als ermächtigter (geheilter, ganzer und heiliger) Mensch in den Trubel unseres wirklichen Lebens zurückkehrt.

Dient ein Umwandlungsritual speziell dazu, die ein Leben lang dauernde spirituelle Reise einer Person in den Spirituellen Kreis einzuleiten, nennt man dies ein Initiationsritual. Es setzt den täglichen spirituellen Pfad des Verstehens und des Handelns in Gang, indem es die angemessene geistige Haltung fördert und das notwendige rituelle und philosophische Wissen vermittelt. Ein Umwandlungsritual wird auch benötigt, wenn der Körpergeist eines Menschen völlig aus dem Gleichgewicht gerät und eine umfassende Wiedereingliederung erfordert. Eine solche Verwirrung des individuellen Körpergeistes in bezug auf den Körpergeist des Kosmos äußert sich natürlich in geistiger und körperlicher Krankheit. In diesem Fall nimmt das eingesetzte Umwandlungsritual entschieden heilenden Charakter an.

Von außen betrachtet scheinen tibetische Umwandlungsrituale im allgemeinen eher dem initiatorischen Typus zuzugehören und jene der Navajo ausschließlich zur Heilung des Körpergeistes eingesetzt zu werden. Dies trifft allerdings nicht ganz zu. Die tibetischen Lamas bringen den Zustand der ursprünglichen Unkenntnis durchweg mit einer Verwirrung, einer Krankheit des Körpergeistes, in Verbindung, und die schützenden Buddhas (oder *yidam)* der Initiationsrituale, mit denen der Initiand oder die Initiandin eng in Berührung kommt, sind Heilende.

Das tantrische Initiationsritual ist damit im Grunde ebenfalls ein Heilungsvorgang, der zur Genesung des durch die ursprüngliche Unkenntnis hervorgerufenen körperlichen und geistigen Leidens führt. In den Heilritualen der Navajo, die zur Gruppe des bedeutenden »Holiness Way« (Heiligkeitspfad) gehören, werden die Leidenden (»Patienten«) oder »Besungenen« durch eine enge Identifikation mit den Schutzgottheiten *(yei)* oder Heiligen Wesen *(diyin dine'é)* in eine Ordnung täglicher Gebete, Gesänge und Lieder eingeführt. Im Grunde unterziehen sich während des komplizierten Night-Way-Rituals sowohl die leidende(n) Person(en) als auch die anderen Anwesenden breit angelegten Initiationsritualen, die Zugang zu den Geheimnissen der Schutzgottheiten gewähren.

Bei beiden Traditionen gehört die Metapher der spirituellen Reise sowohl zur Struktur der Umwandlungsrituale wie auch zu den philosophischen Lehren und Ritualen, die diesen zugrunde liegen. Haben die Leidenden/Praktizierenden einen Blick auf die Möglichkeiten der heiligen Daseinsweise erhascht, müssen sie in ihre gewöhnliche Wirklichkeit zurückkehren, um dort als die »beste Ausgestaltung ihrer selbst« zu leben. Beide Traditionen betonen, wie grundlegend wichtig es ist, daß man danach als ermächtigte und besser integrierte Person in das gewöhnliche Leben zurückkehrt, um dort dahingehend zu wirken, daß es auch den anderen besser geht. Diese Wandlung wird durch das Ritual ausgelöst und später durch die tägliche spirituelle Praxis weitergeführt.

Die Navajo wie auch das tibetische Volk haben ihre Systeme der psychophysischen Umwandlung und der Naturphilosophie bis zum heutigen Tag bewahrt, was ihre Hinterlassenschaft um so außergewöhnlicher macht. Während die Mehrheit der Menschheit gegenwärtig durch anhaltende Huldigung der falschen Religion Materialismus noch ihre letzten Verbindungen zur dauerhaften Denk- und Daseinsweise abbricht, bemühen sie sich um Bewahrung ihrer kostbaren heiligen Ordnungen; sie nehmen sie durch eine spirituelle Lebensweise in sich auf und vertreten sie, obwohl die Chancen für sie schlecht stehen. Daher das Dilemma, in dem sie sich gegenwärtig befinden: Durch ihre ganzheitliche Sicht des Selbst und des Kosmos richten sie sich naturgemäß auf Harmonie und Mitgefühl aus, während die verzerrte, eigennützige Sicht ihrer »Herren« – der »Jeder für sich«-Kapitalismus Amerikas und der konfuzianische »Alle für den Staat«-Marxismus Chinas – zwar rohe Macht, aber wenig Weisheit mit sich bringt und sowohl diesen selbst wie auch den traditionellen Völkern großes Leid bereitet. Und doch: Obwohl ihr psychospirituelles Wissen, ihre visionären Künste und ihre tiefgreifenden Rituale Navajo und Tibeter denen gegenüber,

Eine polare Darstellung der relativen Position von Diné Bikéyah (Land der Navajo, links) und Pö (Tibet, rechts).

die ziellos den eintönigen Linien ihrer platten Wirklichkeit entlang vorwärtsstürmen, verwundbar gemacht haben, glaube ich fest daran, daß die ihnen je eigene Synthese des Spirituellen Kreises ihren Nachkommen ein Weiterleben auch dann noch ermöglicht, wenn die aus dem Gleichgewicht geratenen Lebensweisen ringsum untergehen.
Ein letzter Punkt: Obwohl die Lehren des Spirituellen Kreises zweifellos in der frühesten Periode der Menschheitsgeschichte wurzeln, erneuern sich ihre Grundsätze wie die zyklische Zeit fortwährend und erscheinen immer wieder in anderer Gestalt. So gibt es Hinweise dafür, daß der Kreis des Geistes sich sowohl bei den Navajo wie in Tibet in seiner umfassenden Form erst vor relativ kurzer Zeit (in Jahrtausenden gesprochen) entwickelt hat. In Tibet setzte die große spirituelle Verschmelzung im siebten Jahrhundert ein, während die kosmologische Ordnung der Navajo möglicherweise erst im elften Jahrhundert Gestalt annahm. Aber diese kurze Vergangenheit schmälert ihre Errungenschaften in keiner Weise; daß ihre heiligen Systeme noch nicht uralt sind, setzt vielmehr Zeichen großer Hoffnung. Denn angesichts des hier Geschriebenen sieht es ganz so aus, als stünde die zeitgenössische Welt, trotz ihrer Probleme, am Anfang desselben zwar schwierigen, aber fruchtbaren Pfades, den diese Völker vor noch nicht allzu langer Zeit eingeschlagen haben, ebenso wie unzählige andere menschliche Gemeinschaften, die den spirituellen Lebensweg bereits früher gegangen sind. Es ist nun an uns, in ihre Fußstapfen zu treten und die Reise in den Kreis des Geistes anzutreten.

Menschen und ihr Ort auf der Erde

Das tibetische Volk und das Volk der Navajo leben in zwei der höchstgelegenen bewohnten Gegenden der Welt. Das tibetische Hochland mit seinen schneebedeckten Berggipfeln liegt im Herzen Innerasiens und das Colorado-Plateau mit seinen tiefen Canyons mitten in Nordamerika. Beide Gebiete befinden sich auf dem gleichen Breitengrad und auf nahezu dem gleichen Längengrad, nur jeweils auf der anderen Seite des Erdballs.
Das tibetische Volk, das sich selbst *Pöba* nennt, das heißt »Volk von Pö« (Tibet), hat verschiedene Lebensweisen und regionale Kulturformen entwickelt. Viele seiner Angehörigen unternehmen als Kaufleute ausgedehnte Reisen, andere leben zurückgezogen und abgeschieden in einem Kloster. Es gibt in Tibet Menschen, die in wasserreichen Flußtälern vom Ackerbau leben und dort Gemüse, Obst und Gerste anpflanzen, das bis in große Höhen gedeihende Hauptnahrungsmittel und als heilig geltende Getreide Tibets. Wo dagegen Grasland und Bergweiden vorherrschen, leben sie ihrem zeitlosen pastoralen Lebensmuster

Die Bewässerungslandwirtschaft bildet in den Hochtälern Tibets die wichtigste Lebensgrundlage. Angebaut werden unter anderem Gerste (das heilige Getreide) und Grüngemüse (Gyangtse-Tal).

Der Rhythmus, den die Natur dem nomadischen Leben vorgibt, wird im kargen Grasland Tibets zwischen den höchsten Gipfeln der Erde seit Jahrtausenden befolgt (bei Lhatse).

entsprechend nomadisch inmitten ihrer Herden von Yaks, Schafen, Ziegen und Pferden.

Im östlichen Grenzland des historischen und kulturellen Tibet befindet sich eine geographisch wie auch kulturell besonders abwechslungsreiche Region. In der von Grasland, Seen und Bergen geprägten nordöstlichen Provinz Chamdo entstanden bedeutende klösterliche Zentren, und buddhistische Heilige traten unter der nomadisierenden und bäuerlichen Bevölkerung auf. Dort liegt auch der Geburtsort des gegenwärtigen Dalai Lama Tenzin Gyatso. Mit den Flüssen

Der Himalaja ist von tiefen Talfurchen durchzogen, in denen die Menschen vom Anbau jener Getreidearten leben, die auch in solch großer Höhe noch gedeihen (oberhalb Nyelam).

Salween, Mekong, Jangtse und Hwangho (Gelber Fluß) entspringen im Hochland von Chamdo vier der größten Ströme Asiens; sie ergießen sich durch die Provinz Kham nach Süden und haben zwischen die bewaldeten Berghänge mit ihren schneebedeckten Gipfeln tiefe Täler geschnitten. Das Gebiet der Khamba weist die größte klimatische und ökologische Vielfalt in Tibet auf. Es erstreckt sich vom Massiv Minya Konka bis zu den halbtropischen Wäldern in seinen südlichsten Regionen Jang und Sethang. Dort treffen die Khamba auf

Lhasa, die Hauptstadt von Tibet, bildet den Mittelpunkt der tibetischen Zivilisation. Der Name bedeutet »Götterstätte«: Blick auf Dschokhang-Tempel (vorn) und Potala-Palast (im Hintergrund).

Aus dem Yarlung-Tal kam die erste Dynastie zentraltibetischer Könige, und dort soll auch die Landwirtschaft entstanden sein.

Ausgedehnte Netze von Canyons durchschneiden die westlichen Gebiete des Navajo-Reservats (Navajo National Monument).

Die Schafhaltung ist ein wichtiger Bestandteil der Lebensgrundlage (zwischen Fort Defiance und Saint Michael's, Arizona).

verschiedene verwandte tibetisch-birmesische Völker (die in der modernen chinesischen Provinz Yünnan sowie in den Bergregionen von Birma, Thailand, Laos und Vietnam weit verbreitet leben).

Zu den südlichen Gebieten des tibetishcen Hochlands gehören Wälder und Wildbäche (in den Gegenden Pemakö, Powo und Dakpo) ebenso wie Bergseen, zerklüftete Täler und die Gipfel der höchsten Berge der Welt (Mount Everest und Lhotse, Cho Oyu, Dhaulagiri und Sisha Pangma). Sie bilden die quer durch den Himalaja reichende Region namens Tö, die sich im Westen zum Karakorum-Massiv und nach Ladakh erstreckt.

In Westtibet liegt der Distrikt Ngari Korsum. In seiner mit Felstälern und Hochgebirgsgipfeln durchsetzten Landschaft sind einige der frühesten tibetischen Königreiche entstanden. Im spirituellen Zentrum von Ngari Korsum erhebt sich das Große Kostbare Schneejuwel: der Berg Kailas. Er bildet für das ganze tibetische Volk, ob buddhistisch oder der älteren Bon-Religion angehörig, die Achse des Kosmos.

Der überwiegende Teil des nördlichen Gebietes Changtang gehört voll und ganz den Nomaden. Dieser durchschnittlich fast 5000 Meter über dem Meer

Im Norden des Navajo-Reservats erhebt sich die San Juan Range der Rocky Mountains mit der höchsten Dichte an über 4800 Meter hohen Gipfeln südlich von Alaska (Blick vom Mount Kendall über Silverton, Colorado).

gelegene unermeßliche und leere Landstrich ungebändigter Naturgewalt ist in mehrere tibetische Provinzen unterteilt.

In Zentraltibet mit den Provinzen Ü und Tsang finden sich die meisten landschaftlichen Formen der anderen Regionen ebenfalls. Diese Gegend ist zudem der Nabel der tibetischen Zivilisation, mit der Hauptstadt Lhasa als Mittelpunkt, der auf einer Höhe von 3700 Metern über dem Meer thronenden »Götterstätte«. Nach traditionellen Vorstellungen begann die Hochland-Landwirtschaft im nahe gelegenen Yarlung-Tal, und in den Zentralprovinzen wurde die tibetische buddhistische Ordnung des spirituellen Lebens ausgestaltet. Später gediehen im Herzen Tibets viele Schulen des Buddhismus und trugen zur Entwicklung des einzigartigen tibetischen Staates bei, der ebensoviel Wert auf spirituelle wie auf weltliche Belange legte. Während all dieser Zeit bestanden überall im Land neben dem Buddhismus weiterhin auch die frühere Staatsreligion Bon und mehrere indigene spirituelle Systeme.

Die Angehörigen des tibetischen Volkes führen ihre Herkunft auf mehrere regionale und spirituelle Systeme zurück.[1] Das vorherrschende buddhistische Modell beschreibt eine Reihe von Welten, die jeweils erschaffen und dann wie-

Der Canyon de Chelly, ein roter Sandstein-Canyon, den Wind und Wasser tief in das Defiance Plateau gegraben haben, ist für die Navajo ein Ort des traditionellen Lebens und des spirituellen Strebens.

der zerstört wurden. Danach ist unsere Welt-Wirklichkeit im gegenwärtigen Erdzeitalter die vierte. Die Menschen in Zentraltibet schreiben ihren Ursprung der Vereinigung einer wild-gewaltigen Berggöttin mit einem heiligen Affen zu. Aus dieser Verbindung gingen sechs Kinder hervor, die Ahnen der ursprünglichen vier Haupt- und zwei Nebenstämme Tibets. Heute erkennt man in Tibet in der weiblichen Berggottheit die buddhistische Große Muttergöttin, Dölma/Tara, und assoziiert den Affen mit dem buddhistischen spirituellen Helden (oder Bodhisattva) Grenzenlose Liebe oder Chenrezi/Avalokiteshvara. Eine frühe Legende der Bon-Religion beschreibt die Erschaffung zahlreicher früher Göttinnen und Götter durch die Verbindung einer Göttin irdischer Gewässer mit einem Gott des Himmels. Aus der Vereinigung verschiedener, in der Umgebung beheimateter weiblicher Erd-Machtwesen mit einem ihrer männlichen Nachkommen gingen sodann die Ahnwesen des heutigen tibetischen Volkes hervor. Doch unabhängig von der gewählten mythischen Metapher sehen sich dessen Angehörige als aus der eigentlichen Substanz und dem Geist ihres Platzes zwischen Erde und Himmel geschaffen.

Die Navajo oder *Diné* – deren Name »Volk« bedeutet – kennen die Verbindung zu ihrem Platz zwischen Erde und Himmel ebenfalls sehr genau. Das Colorado-Plateau, in dessen Mitte die heutige Navajo-Nation oder *Diné Bikéyah* beheimatet ist, erhebt sich als zusammenhängende Landmasse an der Stelle, wo die amerikanischen Bundesstaaten Colorado, New Mexico, Arizona und Utah aneinandergrenzen.

Im östlichen Bereich der Navajo-Nation, im Westen New Mexicos, erstreckt sich eine hochgelegene aride Steppenlandschaft mit Gras und Beifuß sowie Pinien und Walcholderbäumen, wo die Navajo ihre Schaf-, Ziegen-, Pferde- und Rinderherden weiden lassen. Das Gelände ist von zahlreichen Canyons netzartig zerklüftet und von großen roten Sandsteinfelsen und Mesas durchsetzt, von denen mehrere als heilige Berge zählen, so auch der Berg Um den Gekreist Worden Ist (Huerfano Butte) und der Fichtenberg (Gobernador Knob).

In den südlichen Teilen der Navajo-Nation wechselt das Bild je nach Höhenlage und klimatischen Bedingungen. So gehören dazu waldige Hügel, grasbewachsene Ebenen, felsige Canyons und rote Felsen-Mesas ebenso wie vulkanische Gegenden und die kahlen Badlands (»Schlechtland«) der sogenannten Painted Desert (»Bemalte Wüste«).

Die Grenzgebiete im Westen des Reservats sind den Gegenden im Osten und Süden sehr ähnlich, allerdings ungleich gewaltiger. Der Westen grenzt an den Grand Canyon und weist fast endlose, rot schimmernde Badlands, Canyons und ausgedehnte vulkanische Felder auf. Er gilt als »traditionellerer« Teil des heutigen Navajo-Landes, denn es gibt dort noch immer abgeschiedene Dörfer mit mindestens einem *Hoghan* sowie zahlreichen weiteren Familienunterkünften, Viehpferchen, Unterständen und temporären »Schattenhäusern« für den Sommer, Gärten und einem Schwitzhaus.

In den nördlichen Grenzgebieten des Reservats finden sich vor allem ausgedehnte Gras- und Beifußsteppen, die übersät sind mit spektakulären, isoliert hochragenden Felsblöcken und Mesas, wie man sie zum Beispiel im Monument Valley sieht. Hier erhebt sich auch der Navajo Mountain, die höchste Erhebung innerhalb des Navajo-Landes. Nördlich davon fließt der San Juan River, und dahinter erhebt sich die massive weiße Bergwand der San Juan Range, die zu den Colorado Rocky Mountains gehört.

Im Mittelpunkt der heutigen Navajo-Nation liegt die Wohnstatt der Gottheiten, der heilige Canyon de Chelly, der sich tief in den roten Sandstein des Defiance Plateau oberhalb des Chinle Valley gegraben hat. Sowohl im Hochland als auch unten im Tal ist der Ackerbau ebenso wichtig wie die Viehhaltung. Östlich des Canyon de Chelly erheben sich die dichtbewaldeten Hänge des »männlichen Berges« Chuska-Lukachukai Range, wo in den Kiefern- und Fichtenwäldern, an den Seen und auf den Wiesen noch hauptsächlich vielerlei Wild lebt. Westlich des Canyon de Chelly ragt die Black Mesa, der »weibliche Berg«, in die Höhe. Das ausgedehnte trockene Tafelland, durchsetzt von Pinien- und Wacholderwäldern und durchschnitten von zahlreichen Canyons, ist

Die tibetische Landschaft gilt als heilig; sie wirkt durch die Art ihres Lichts inspirierend, wie in dieser Aufnahme eines Sonnenuntergangs im Yarlung-Tsangpo-Tal (vom Haibori-Hügel über dem Samye-Kloster).

die Heimat der Navajo, die ihre Herden auf der Suche nach Nahrung zwischen Sommer- und Winterlagern umherführen, aber auch das als heilig geltende Getreide Mais anbauen. Auch der Stamm der Hopi lebt dort.

Die äußeren Grenzen des Navajo-Landes werden durch die vier heiligen Berge in den vier Himmelsrichtungen bestimmt. Es sind dies der Berg des Ostens oder Blanca Peak im Süden von Zentral-Colorado, der Berg des Südens oder Mount Taylor, ein erloschener Vulkan im Norden Zentral-New-Mexicos, der Berg des Westens oder San Francisco Peaks, ebenfalls ein erloschener Vulkan im Norden Zentral-Arizonas sowie der Berg des Nordens oder Hesperus Peak im Südwesten von Colorado.

Diese vier heiligen Berge nehmen in den ursprünglichen Lehren der Navajo einen wichtigen Platz ein. Die mündlich tradierten Geschichten beschreiben eine Reihe vorhergehender Existenzen oder Welten, eine über der anderen, aus denen die »Alten«, die spirituellen Ahnen, »herausgetreten« sind; danach leben wir gegenwärtig in der fünften dieser Welt-Wirklichkeiten. Und aus der Mitte dieser Welt zwischen den vier heiligen Bergen sind auch die direkten Vorfahren der vier ursprünglichen Clans der Navajo hervorgegangen, indem die Große Göttin sie aus ihrem eigenen Fleisch und Blut erschuf. Sie selbst wurde aus Erde und Himmel im Zentrum dieser Welt zwischen den heiligen Bergen geboren.

Die Navajo sehen sich also ebenso wie die Angehörigen des tibetischen Volkes klar in jeder Hinsicht als Kristallisierung der Substanz und der Energie ihrer Wohnstatt auf der Erde. Sie sind die ursprünglich heimischen, indigenen Völker des von ihnen bewohnten jeweiligen Hochlandes. Zu dieser tiefen physi-

schen Verwurzelung tritt eine noch tiefere konzeptionelle Verbundenheit mit dem Ort, und all ihre Ansichten über die Wirklichkeit, ihre materiellen und spirituellen Werke sprechen von dieser Verbundenheit. Die Fortdauer ihrer Anwesenheit und Kultur jedoch bloß auf die Macht des Ortes zurückzuführen entspräche nur der halben Wahrheit. Es ist wahrscheinlich, daß sie sich im Laufe der Jahrhunderte bewußt dafür entschieden haben, diese ganz besonderen Gebiete hoch über der übrigen Welt aufzusuchen und dort zu bleiben.[2] Und warum haben sie diese Hochebenen schließlich zu ihrer Heimat gemacht? Meiner Meinung nach geschah dies, weil diese Orte nicht nur sauberes Wasser, reichlich Nahrung und eine Fülle an Schutzmaterialien boten, sondern zugleich Orte intensiver Inspiration und großer Einsicht sind. Der tiefblaue Himmel und die ungestüm sich entladende Witterung, die leuchtenden Regenbogen und die klare Luft, die schneebedeckten Gebirge, die weiten Ebenen und tiefroten Canyons, die mächtigen Ströme, die vielfältige Tierwelt, die Wälder, Seen und Quellen im tibetischen Hochland wie auf dem Colorado-Plateau bieten endlose Nahrung für den Geist. Hier wie dort erlebt man auf eindrucksvolle Weise ein ausgeglichenes Miteinander der vier Hauptelemente Erde und Wasser, Feu-

Die Navajo-Landschaft ist heilig; sie inspiriert die Navajo durch die Art ihres Lichts, wie in dieser Aufnahme eines Sonnenuntergangs beim Fajada Butte (Chaco Canyon).

er (Sonne) und Luft. Welches bessere körperliche Modell ließe sich finden für die alchemistische Destillation der vier Uressenzen in das fünfte essentielle Element, die »Quintessenz« ätherische Energie und Geist, die zu erlangen das Ziel eines jeden spirituellen Pfades ist?

Vor Jahrhunderten entdeckten zwei Völker je eine Landschaft, die sie in den Stand versetzte, Seinszustände zu entwickeln, welche sie Schönheit und Erleuchtung nennen. Auf diesem Hintergrund wollen wir ihnen nunmehr auf ihrem Weg in die heilige Welt des Spirituellen Kreises folgen.

Teil 1

ERWACHEN UND VERBINDUNG AUFNEHMEN ZUM WESEN DER DINGE

Demütig bin ich beim Anblick der Erde
Demütig bin ich beim Anblick des Himmels
Demütig bin ich beim Anblick der Morgendämmerung
Demütig bin ich beim Anblick der Abenddämmerung
Demütig bin ich beim Anblick des blauen Himmels
Demütig bin ich beim Anblick der Dunkelheit
Demütig bin ich beim Anblick der Sonne
Demütig bin ich angesichts dessen, was in mir ist, was mit mir spricht
Einige dieser Wesen schauen mich immerzu an
Niemals kann ich mich ihrem Blick entziehen
Deshalb muß ich die Wahrheit sagen
Das ist der Grund, weshalb ich stets die Wahrheit sage
Meine Worte kommen direkt aus meinen Herzen.

Tom Torlino, Navajo, um 1890

Wenn Menschen ihre Verbindung zur Natur, zum Himmel und zur Erde verlieren, wissen sie nicht mehr, wie sie ihre Umgebung hegen und pflegen und wie sie ihre Welt lenken sollen ... die Heilung unserer Gesellschaft geht daher Hand in Hand mit der Heilung unserer persönlichen elementaren Verbindung zur Welt dessen, was sich den Sinnen zeigt.

Chögyam Trungpa Rinpoche

Das tibetische Volk und die Navajo betrachten Erde, Himmel und alles, was es dazwischen gibt, nicht nur als schön und schöpferisch belebend, sondern auch als heilig. Ihre heilige Welt ist ein nahtloses psychophysisches Rund, ein großartiger Kosmos des Handelns, der Tatkraft und heiliger Stätten, in dem ein weitgespanntes Netz von Wesen, vom gewöhnlichen bis zum göttlichen, gemäß einer natürlichen Ordnung in Übereinstimmung mit allgemeingültigen Grundsätzen lebt.

All diese Wesen sind sich in grundlegenden Aspekten der Form, der Lebensenergien und des geistigen Bewußtseins gleich, denn diese bestehen, letztlich, aus demselben Stoff wie ihre Welt-Wirklichkeit. Einige dieser Wesen besitzen die Macht der reichsten, reinsten Eigenschaften des umfassenden Wissens, Sichäußerns und Handelns. Die Navajo nennen solche Geschöpfe »Heilige Wesen«, in Tibet nennt man sie Buddhas. Die meisten Menschen, darunter auch wir selbst, müssen diese Einheit mit dem Wesen der Dinge erst noch erlangen und neigen dazu, der Harmonie mit ihnen immer wieder zu entfallen. Die Menschen Tibets wie auch die Navajo wissen darum und versuchen daher, ihre Verbindung zur heiligen Welt Tag für Tag zu erneuern, indem sie mittels einer spirituell ausgerichteten Lebensweise nach psychophysischer Ermächtigung und Harmonie streben. In Tibet nennen sie diesen Zustand Glückseligkeit und Erleuchtung *(tashi* und *sangye se)*, während die Navajo ihn als Schönheit *(hózhóng)* bezeichnen.

Um den Idealzustand im Inneren und Äußeren zu entwickeln, gilt es zuerst, Einblick in die Natur der persönlichen Welt, der wahrgenommenen Wirklichkeit, zu gewinnen, und um diesen Sinn für die eigene Welt-Wirklichkeit zu gewinnen, muß diese mit Hilfe einer Landkarte erkundet werden: der Landkarte der Mythen. Der Kultur der Navajo und Tibets – ja, allen lebendigen Kulturen – wohnt inne, was Joseph Campbell als »einen Mythos, den es zu befolgen gilt«, bezeichnet. Die Art und Weise, wie eine Kultur die Wirklichkeit betrachtet, wird in deren ursprünglichem Mythos, der Schöpfungsgeschichte, erläutert. Überall auf der Welt nehmen Schöpfungsmythen die Gestalt eines schillernden und unterhaltenden, lehrreichen und oft furchterregenden Drehbuchs für die Inszenierung eines lebendigen Schauspiels an. Der Schöpfungsmythos stellt die

Das Leben ist ein Wirbel mit vielen unerwarteten Ereignissen.

Nia Francisco, Navajo-Dichterin

vollkommene Geschichte jeder Kultur dar, weil er von ihrer Herkunft spricht, von der inneren Ordnung und der Dynamik ihrer Welt-Wirklichkeit. Er beschreibt, wie uralte Völker nach einem idealen Daseinszustand strebten – eine Reise, die all ihre Nachkommen im Laufe ihres Lebens selbst neu unternehmen müssen. Tatsächlich enthält ein Entstehungsmythos grundlegende Anleitungen hin zur Erleuchtung für jeden Menschen in einer bestimmten Kultur. In diesem Sinne stellt er die verbindliche Landkarte dar, mit deren Hilfe jede einzelne Person ihren Platz im Plan der Dinge kennenlernt – wahrhaft kennenlernt – und erfährt, wie sie ihn unter allen Umständen bewahren kann.

Ein wichtiger Wegweiser in der mythischen Landkarte Tibets und der Navajo ist die Legende des Ursprungs. Sie beschreibt, wie die Welt aufgrund der zyklischen Bewegung von Zeit und Raum erschaffen wurde, und berichtet vom ständigen Fluß der Dinge und wie sie wieder ins Gleichgewicht gelangen, was in Form aufeinanderfolgender Epochen oder Zyklen von Wachstum und Auflösung zum Ausdruck kommt. Die Navajo wie auch das tibetische Volk sagen uns, daß die Menschen und ihre Gesellschaftsformen ebenso wie die Natur einer zyklischen Lebensgeschichte unterworfen sind, die dem zyklischen Tagesablauf entspricht: Die strahlende jugendliche Energie des Morgens reift unter der kräftigen Mittagssonne zu voller Kraft heran; dann, in der Abenddämmerung, beginnt das Leben mählich zu welken, und nur allzu rasch legen sich die abendlichen Schatten des Alters über uns; doch das Altern bedeutet nicht unwiderruflich das Ende, sondern bringt mit dem Beginn des nächsten Lebenskreises wieder Jugend hervor. Gleichermaßen wissen wir, daß auch alle Gesellschaften ihren natürlichen Lebenszyklus kennen, mit einer aufbauenden, sich entfaltenden, reifen und schließlich abnehmenden (dekadenten) Phase, was zu einer Neuordnung und letztlich zu ihrer Erneuerung führt, die wiederum auf dem ewigen Muster beruht.

Tausend Jahre lang wird man Religion lehren, dann aber wird das Ende der Welt kommen. Feuersbrünsten werden Winde folgen, die alles zerstören, was wir aufgebaut haben; dann werden Fluten kommen und alles zudecken, was wir kennen. Nur ganz wenige werden überleben, in Höhlen und Wipfeln. Vom Paradies Ganden werden die Göttlichen kommen und diese Menschen mit sich nehmen. Sie werden sie unterrichten, auf daß die Religion nicht stirbt, und wenn die Winde wieder über das Milchmeer wehen und die Welt wieder geformt wird, werden sie, dieselben Erleuchteten, die Geretteten aus der vorangegangenen Welt, als Sterne am Himmel stehen.

Thubten Jigme Norbu

Die ganze Geschichte der Menschheit zeugt von den Bemühungen, sich diesen Stadien im natürlichen Zyklus anzupassen, um so den ruhenden Pol in dem sich ständig drehenden Karussell von Zeit und Raum zu finden. Um ein solches Gleichgewicht zwischen sich und dem Kosmos aufzubauen, bedarf es eines idealen Lebensmusters, und dieses besteht sowohl für das tibetische Volk wie auch für die Navajo in einer spirituellen Reise auf der Suche nach einer heiligen, ganzen Welt.

Im heiligen Universum Tibets und der Navajo stoßen wir auf drei beziehungsweise vier frühere Welten, die vor unserer Zeit bestanden haben sollen. Eine jede dieser Welt-Wirklichkeiten weist Merkmale auf, die denjenigen unserer Welt ähneln, und jede hat den vollen Zyklus, ausgehend vom unberührten Zustand bis hin zu Zerfall und Zerstörung, durchlebt, ohne daß jeweils die Gesamtheit ihrer denkenden und fühlenden Wesen den Zustand der Ganzheitlichkeit erreichten.

Die Überlieferungen der Navajo und Tibets berichten davon, wie jeweils eine oder gleich mehrere Elementargewalten wie Überschwemmungen, Feuersbrünste, Erdbeben und gewaltige Stürme diese früheren Welt-Wirklichkeiten vernichteten. Sobald jedoch ein Welt-Zyklus zu Ende ging, setzte – ähnlich wie in der Geschichte der Arche Noahs – sogleich ein neuer ein, in dem einige Überlebende versuchten, ihre spirituelle Lebensweise in dieser weiteren potentiell vollkommenen, heiligen Welt fortzuführen.

Kapitel 1

DIE HEILIGE WELT TIBETS

Frühere Welt-Wirklichkeiten

Im Verständnis des tibetischen Buddhismus gab es zahlreiche »Welten« vor der unsrigen, und sie alle endeten mit einer verdorbenen Zeit *(nyimaidu*, Sanskrit *kaliyuga)*. Eine jede von ihnen wurde durch ein großes Feuer zerstört, auf das Stürme und Flutwellen folgten. Zwar gelangten die Menschen der jeweiligen Welt-Wirklichkeiten nur zum kleineren Teil zur Erleuchtung, bevor der Zyklus auslief, aber viele wurden Bodhisattvas – Held oder Heldin mit wachem Herz und Verstand –, und einige wenige erreichten im Laufe eines oder mehrerer Leben den vollkommen erleuchteten Status als Buddhas. In Tibet kennt man drei vorangegangene Welt-Wirklichkeiten in unserem kosmischen Zeitalter. Die erste gestaltete Der Alles Sichtbar Machende (Nampa Nangdze/Vairochana), ein Buddha aus kristallklarem Licht, jenem Licht, von dem es in der Mystik auf der ganzen Welt heißt, es dringe in das Bewußtsein des Verstandes ein. Solche Buddhas haben die Kraft, ihr Bewußtsein und feinstoffliche lebenswichtige Energie in einer oder mehreren Formen auszusenden; sie »emanieren« in die aktiven Persönlichkeiten weltgestaltender Bodhisattvas und Lehrender, um so bestimmte schöpferische Ziele zu erreichen. Auf eben diese Weise hat Der Alles Sichtbar Machende den Anstoß zum ersten Weltsystem gegeben.

Die zweite Welt-Wirklichkeit wurde durch einen blau leuchtenden Buddha, den Unerschütterlichen (Mikyöpa/Akshobya), gestaltet, und zwar durch die Taten seiner Bodhisattva-Emanation namens Diamantzepterträger oder Vajraträger (Chakna Dorje/Vajrapani). Wie die erste Welt durchlebte auch diese einen natürlichen Zyklus von Schöpfung, Wachstum, Zerfall und Zerstörung. Zwar gelangten hier viele fühlende (»empfindungsfähige«) Wesen zur Erleuchtung, die meisten indes leider nicht. Vom Geist und von der Vitalität des gelben Buddhas namens Der Als Juwel Geborene (Rinchen Chungden/Ratnasambhava) ging der Bodhisattva-Aspekt aus und schuf die dritte Welt-Wirklichkeit. Auch diese Welt unterlag der unvermeidlichen zyklischen Existenz. Schließlich emanierte aus dem orangeroten Licht des Verstandes und der Lebenskraft des Buddhas Unermeßliches Licht (Öpame/Amitabha) ein Bodhisattva des Mitfühlens, genannt Grenzenlose Liebe (Chenrezi/Avalokiteshvara); Gren-

Das Hochland des Himalaja ist übersät mit tiefen Bergseen wie dem Yamdrok Tso.

zenlose Liebe gestaltete die gegenwärtige vierte Welt und führt mitfühlend Aufsicht über sie. Für das tibetische Volk emaniert Chenrezi als Mensch in den jeweiligen Dalai Lama.

Jede Welt-Wirklichkeit erhält, so heißt es, auch eine große lehrende Persönlichkeit zugeteilt, die Bewußtsein und Energie des ihr zugehörigen Buddhas und Bodhisattvas verströmt. Diese weltgestaltende Lehrpersönlichkeit wartet in ihrem Paradies, einem wunderschönen und genußvollen geistigen Bereich, bis ihre Zeit kommt. Aber dieser weltliche Buddha muß sein »reines Land« verlassen und plumpe menschliche Gestalt annehmen, um die fühlenden Wesen zur Erleuchtung zu führen. Dieser Ordnung gemäß war die große Lehrkraft unserer Ära Gautama Siddharta vom Geschlecht der Shakyas, nach der Erleuchtung seines Körpergeistes als Buddha Shakyamuni bekannt. Zwar hieß es, er sei bei seiner wunderbaren Geburt in einer Adelsfamilie vor rund zweieinhalbtausend Jahren bereits erleuchtet gewesen; doch mußte auch er die heroische Reise zur vollen Enthüllung seines erleuchteten inneren Wesens auf sich nehmen. Nach über achtzig Jahren in schwerfälliger Menschengestalt kehrte sein Bewußtsein wieder zur Quelle aller Erscheinungen zurück: in die Leere.[1]

Seit damals und bis zum Ende des gegenwärtigen Weltzeitalters waltet Grenzenlose Liebe ihres Amtes für die fühlenden Wesen. Grenzenlose Liebe wirkt vom reinen Land namens Potala aus, um allen Wesen mit unendlichem Mitgefühl beizustehen. In der Inkarnation als Dalai Lama leitet sie die fühlenden Wesen vom Tempelpalast in Potala aus, auf dem Gipfel des heiligen Roten Berges im Herzen von Lhasa. Entsprechend wird der Dalai Lama in seiner Funktion als Nachfolger von Shakyamuni als buddhistischer Lehrer unserer Vierten Welt betrachtet, und aus diesem Grund hat er für das tibetische Volk eine so große Bedeutung.

Ein Mönch des Klosters Namgyal im indischen Dharamsala widmet sich der großen Statue von Buddha Shakyamuni, dem historischen Lehrer unseres Weltzeitalters.

Eine jede der vorhergehenden drei Welt-Wirklichkeiten kannte Lehrpersönlichkeiten wie Shakyamuni, und eine nächste, der weltliche Buddha der bevorstehenden fünften Welt-Wirklichkeit, soll in nächster Zukunft Gestalt annehmen. Chamba/Maitreya wartet in einem himmlisch reinen Land namens Ort der Freude (Ganden/Tushita) auf den genauen Zeitpunkt. Die fünfte Welt-Wirklichkeit wird aus dem dunkelgrünen Körpergeist-Licht der Unerschütterlichen Kraft (Amoghasiddhi/Dönyö Drupa) erschaffen werden, und dies deutet darauf hin, daß die fünfte Welt-Wirklichkeit energetische Aktivität mit dem Ziel bereithält, einen idealen Lebensstatus für alle fühlenden Wesen zu schaffen.

Wir aber sind Teil der Wirklichkeit unserer Vierten Welt. Wir leben zwischen Erde und Himmel, und seit unvordenklichen Zeiten gab es in ganz Asien, von Sri Lanka bis Sibirien, ein überzeugendes Modell unserer gegenwärtigen Ortswirklichkeit. Als spirituelles Modell handelt es sich dabei nicht um eine Landkarte im eigentlichen Sinn, sondern um die Wiedergabe von spiritueller Geographie, von *Geomantie*.

Das geomantische Universum Tibets

Die geomantische Sicht Tibets ist eine örtliche Verfeinerung des Modells Weltachse *(axis mundi)*, das sich während der vedischen Periode in Indien weit verbreitete und in der Folge vom indischen Buddhismus übernommen wurde. Jahrhunderte später, als sich der Buddhismus in die Kernländer Asiens Tibet, Turkestan, Mandschurei, Mongolei und Sibirien ausdehnte, traf dessen Sichtweise auf indigene Versionen dieses universellen Weltmodells.

Die bedeutendste tibetische Vision der gegenwärtigen vierten Welt-Wirklichkeit gründet auf den Lehren des Tantras namens Rad der Zeit (Tunkyi Khorlo/Kalachakra). Diese Bezeichnung weist auf das zyklische *(khorlo/chakra)* Wesen der Wirklichkeit hin, das sowohl innerhalb als auch außerhalb der Zeit *(tun/kala)* Gültigkeit hat.[2]

In der Version des Kalachakra-Tantras besteht das Universum der Weltachse aus einem großen kosmischen Bergrund. Es ruht auf einer fünfstöckigen zylindrischen Grundlage aus den Basiselementen Raum, Wind, Feuer, Wasser und Erde (von unten nach oben). Dieser Weltberg Meru (Rirab Lhungpo) erhebt sich, metaphysisch, am Ort der Erleuchtung des Buddhas im indischen Bodh Gaya und wird dort durch den massiven Mahaboddhi-Stupa in der Tempelanlage gekennzeichnet. Sieben verschneite Gipfel umrahmen, abwechselnd mit sieben großen Seen, den zentralen runden Berg. Dahinter liegen in einem Urozean vier Gruppen von drei Weltkontinenten, eine jede nach einer Himmelsrichtung ausgerichtet und mit der entsprechenden Farbe des Grundschemas dieses Ordnungssystems versehen. Unsere vierte Weltordnung ist auf der Basis eines wilden Wirbelwindes entstanden. Dabei schleuderte der rasant im Uhrzeigersinn drehende Strudel ein gigantisches Doppelvajra *(dorje)* heraus, ein gekreuztes »Diamantzepter« und Symbol des tantrischen Pfades. Es bildet das Fundament des Berges.[3]

Sowohl in den von Menschenhand geschaffenen wie auch in den natürlichen Landschaftsformen Tibets finden sich zahlreiche deutliche Ausformungen des Modells eines kosmischen Berges. Darin liegt kein Widerspruch, denn für die Angehörigen dieses Volks können verschiedene Objekte auf mystische Art und Weise eine einzige bestimmte Essenz oder Idee verkörpern. So stellt das Kloster Samye in Zentraltibet den kosmischen Berg in seiner architektonischen Form dar: Samye Gompa, Tibets ältestes und klassisches Kloster, wurde im neunten Jahrhundert nach dem Modell der Weltordnung des Weltberges Meru errichtet. Sein zentraler Haupttempel ist Symbol für den kosmischen Weltberg Meru. Vier weitere Tempel *(chörten)* in jedem Viertel gelten als Sinnbild für die vier Weltkontinente. Sonne und Mond sind in zwei kleinen Tempelbauten dargestellt, während die runde Mauer ringsum die Kette der Eisenberge symbolisiert, die unsere Weltordnung umgeben. Zahlreiche andere Gebäude widerspiegeln

Eine buddhistische Darstellung des Universums unserer Welt-Wirklichkeit gemäß dem tibetischen Kalachakra-Tantra. Es zeigt den kosmischen Berg, der sich im Zentrum des Universums auf einem Fundament aus den Urelementen erhebt, umgeben von sieben goldenen Bergen und Seen sowie vier Ordnungen von Weltkontinenten.

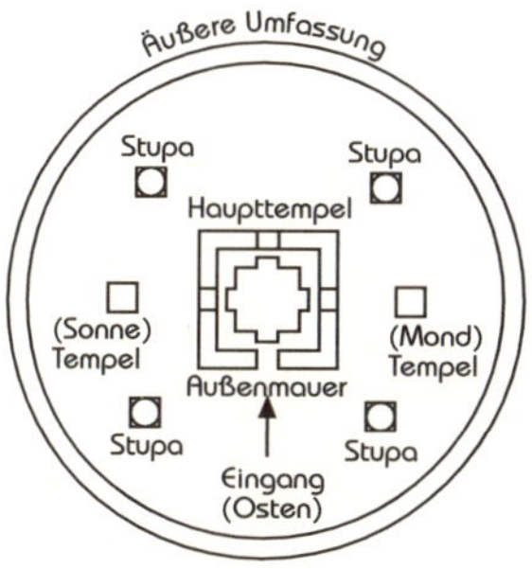

Grundriß des Klosters Samye mit den wesentlichen architektonischen Elementen, die zugleich die gegenwärtige Welt-Wirklichkeit darstellen. Die kreisförmige Umfassung steht für die diamantharte, eisenbewehrte äußere Abgrenzung unserer Welt-Wirklichkeit.

die Plazierung aller Wesen und Objekte, die im Mandala-Opfer-Text (siehe Anhang 2) beschrieben werden. Leider sind viele davon, so auch die oberen Teile des Haupttempels, von der chinesischen Armee und durch gewollte Vernachlässigung zerstört worden.[4]

Die eindrucksvollste unter allen natürlichen Ausformungen des kosmischen Berges im Zentrum des Universums ist Kang Rinpoche, das Große Kostbare Schneejuwel, auch unter dem Namen Tise oder Kailas bekannt. In seiner vollkommenen Symmetrie wirkt dieser Berg wie ein schimmernder Schneekristall, der aus einer Lotosblüte aus rotem Fels herauswächst. Diese auffallende ästhetische Besonderheit hebt den Berg von den anderen verschneiten Gipfeln Tibets ab, denn er kann in seiner schieren Körperlichkeit wahrhaftig als Achse des Kosmos betrachtet werden.[5]

Unter ihm liegen etwas entfernt zwei unberührte Seen, die durch einen schmalen natürlichen Kanal miteinander verbunden sind. Der eine ist rund wie die Sonne, der andere sichelförmig wie der Mond. Diese beiden Seen, Manasarovar (Mapham Tso) und Rakshastal (Langak Tso), symbolisieren die beiden einander ergänzenden Urenergien (männlich und weiblich), die in der inneren Welt-

Der Kang Rinpoche oder Kostbares Schneejuwel (Kailas) ist ein außergewöhnlich auffallender Berg. Er erhebt sich in einsamer Größe aus der tiefroten Erde von Südwesttibet: die vollkommene Verkörperung der Weltachse.

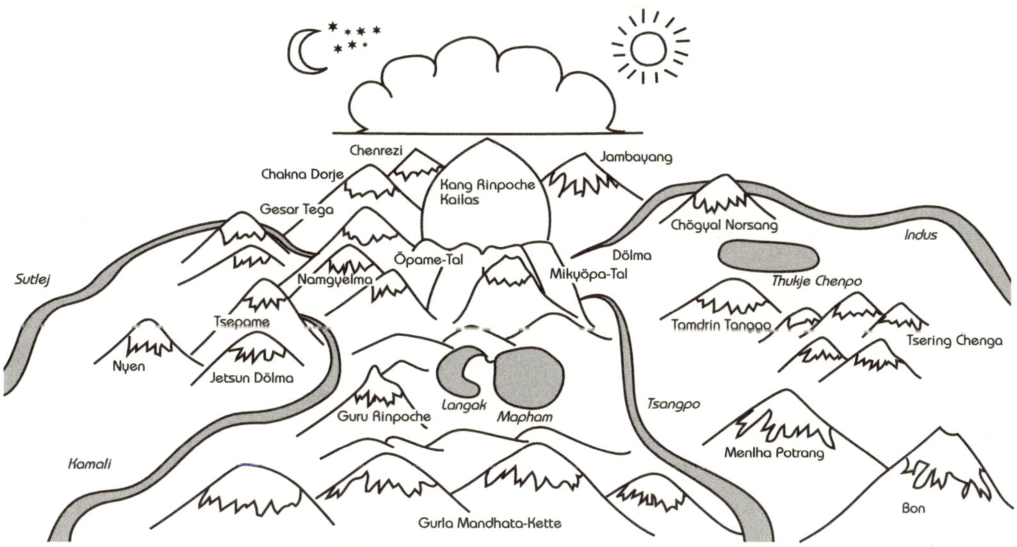

Das geomantische Mandala des Kang Rinpoche (Kailas).

achse des psychischen Nervensystems vereinigt werden müssen, damit sich der Geist der Erleuchtung erheben kann.

Das Mandala des Großen Kostbaren Schneejuwels mit heiligen Bergen, Seen, Tälern und Gebirgspässen bezeichnet die Quelle der vier größten asiatischen Flüsse, die in der Nähe seiner Abhänge entspringen: Tsangpo/Brahmaputra im Osten, Karnali im Süden, Sutlej im Westen und Indus im Norden. Diese Tatsache und bestimmte historische Ereignisse haben dazu beigetragen, daß er zum heiligsten Berg Asiens geworden ist. Er stellt die Weltachse dar für Angehörige des Hinduismus, des Buddhismus und auch der Bon-Lehre.

Im tantrischen Buddhismus bildet der Kang Rinpoche die Basis des Mandala-Reichs einer mächtigen Schutzgottheit namens Höchste Glückseligkeit (Demchok/Samvara). Sie strahlt ein kräftiges, tiefblaues Licht aus. In der Vorstellung befindet sie sich in spiritueller sexueller Vereinigung mit der ebenso intensiv, aber rot leuchtenden Göttin Vajra-Muttersau (Dorje Phagmo/Vajra Varahi). Ihre unerbittlich scharfe, ursprüngliche Weisheitsenergie überwindet innere und äußere Hindernisse der Erleuchtung. Somit ist der Kang Rinpoche auch der kosmische Berg des tantrischen Pfades. Unter dem Namen Tise ist er der heiligste Berg der uralten Bon-Religion und der »Seelenberg« *(lari)*, des altzeitlichen westtibetischen Königreichs Zhangzhung, welches als die Heimat der Bon-Religion gilt.[6]

Die Angehörigen der Bon-Lehre stellen sich den Berg als kristallenen Chörten vor. Der Chörten ist das am weitesten verbreitete Monument sowohl des Buddhismus als auch der Bon-Religion. Er wird von beiden Religionen als Sinnbild für den erleuchteten Geist betrachtet.

Dieses Symbol für das Kostbare Schneejuwel (Kailas) wird in Tibet oft als glückbringendes Zeichen über die Tür gemalt. Der obere Teil – weibliche Mondsichel und männliche Sonne – stellt den heiligen Berg dar, der Erde und Himmel verbindet, während sich die Swastika darunter auf seine vier geheiligten Flüsse und die immerwährende Bewegung des Kosmos durch Raum und Zeit bezieht.

Der tibetische Chörten ist sowohl ein kosmischer Berg als auch ein Sinnbild für den erleuchteten Geist. Auf dem Pilgermarsch folgt man dem Lauf der Sonne, um die innere spirituelle Kraft des Chörten zu erhalten.

Ein heiliges senkrechtes Objekt verlangt nach kreisförmiger Bewegung rund herum, einer Bewegung, die in Tibet *korwa* heißt. Korwa ist eine Methode, spirituelle Kraft *(wang)* zu gewinnen, indem man um eine heilige Stätte herumgeht. Diese Umkreisung vollzieht man im tibetischen Buddhismus (und bei den Navajo) immer gemäß dem Lauf der Sonne (im Uhrzeigersinn). Eine Person, die um einen Chörten oder einen heiligen Berg herumgeht, nimmt Verbindung auf mit dessen psychospiritueller Energie und tritt kraft der Vorstellung ein in sein ideales Universum. Bei einem Chörten dauert eine Korwa nur wenige Minuten, während der Gang um das mandalaförmige Gebiet des Kang Rinpoche zwischen zwei Tagen und zwei Wochen in Anspruch nehmen kann.

In den Augen vieler Menschen aus Tibet findet sich die direkteste natürliche Ausformung der großen Welt-Achse-Ordnung im Herzen von Zentraltibet. Dieses Mandala konzentriert sich um das Flußtal des Kyichu (Wasser des Glücks), wo Lhasa liegt. Im Herzen des Lhasa-Mandala stehen drei heilige »Hügel«, von denen der Marpori, das heißt Roter Berg, als der wichtigste gilt. Er hat seine ursprüngliche Kraft von seinem eingeborenen geistigen Beschützer Nyenchenthangla erhalten, dem Großen Nyen der Steppe, der auch der innewohnende Beschützer des heiligen Berges im Norden ist (der seinen Namen trägt). In jüngerer Zeit ist der Rote Berg auch dem tibetischen Buddhismus heilig geworden, und aufgrund der Tatsache, daß sich auf seinem Gipfel der Potala erhebt – der Palast des Dalai Lama, der Verkörperung von Chenrezi –, stellt er gemeinsam mit seiner spirituellen Emanation und Partnerin, der großen Göttin Dölkar oder Weiße Tara, die eigentliche Weltachse von Zentraltibet dar.[7]

Für das tibetische innere Auge ist der Potala-Palast identisch mit dem metaphysischen Paradies Potala. Dennoch steht nichts dem Glauben im Weg, Potala sei auch auf einer mythischen Insel vor der asiatischen Küste angesiedelt. Tatsächlich läßt sich Potala in allen vier Himmelsrichtungen finden.

Potala ist das Paradies Buddhas, der Palast von Chenrezi. Auf unserer Erde gibt es im Osten und Westen, Süden und Norden einen Potala, vom Land des Schnees bis hin zum Lho Potala, dem Potala der südlichen Meere.

Thubten Jigme Norbu

Ein weniger hoher Gipfel namens Ponpori oder Pongwari ist dem Bodhisattva der Transzendenten Weisheit (Jambayang/Manjushri) gewidmet. In früheren Urzeiten war er indes Wohnsitz einer mächtigen Kriegergottheit *(dra lha)*. Ähnlich bildet der Chakpori, das heißt Eisenberg, die materielle Basis für das Paradies des Vajra-Trägers, diente früher aber einem mächtigen Schlangengeist *(lu)* als Heim. Dessen Höhle ist nun ein heiliger Schrein mit zahlreichen sich offenbarenden Abbildern seiner selbst aus Stein, die von einem Kloster nahe am Fuß des Berges aus instand gehalten werden.

Ausgleich zwischen diesen beiden Gipfeln schafft der heilige See des Schlangenkönigs (Lui Gyalpo) hinter dem Potala-Palast und jenseits des Flusses Kyichu. Das Ungewöhnliche am See des Schlangenkönigs ist einerseits sein Bewohner, andererseits aber auch die Tatsache, daß er in der gleichen und richtigen geomantischen Beziehung zum Potala und zum Roten Berg steht wie die beiden heiligen Seen zum Kang Rinpoche.

Lhasa ist umringt von heiligen Gipfeln, und keiner von ihnen mißt weniger als

Der Potala-Palast des Dalai Lama auf dem heiligen Roten Berg ist die materielle Ausformung des metaphysischen Palastes des Bodhisattvas des Mitgefühls (Chenrezi/Avalokiteshvara) und seiner Emanation, der Großen Göttin (Tara/Dölma).

Über Lhasa erheben sich die beiden Hügel Ponpori (Vordergrund) und Chakport (Hintergrund), die Bodhisattva Transzendente Weisheit (Jambayang/Manjushri) und Bodhisattva Spirituelle Kraft (Chakna Dorje/Vajrapani) gewidmet sind.

4800 Meter. Der Bumpari, das heißt Berg der Schatzvase, ist ganz oben geformt wie ein rituelles Gefäß für geweihtes Wasser – dem geistig hervorgebrachten Nektar der Erleuchtung – und geschmückte Opfergaben. Seine Spitze gilt als wichtigste Stätte für Weihrauch-Opfer-Zeremonien zu Ehren aller mächtigen Wesen des tibetischen Kosmos. Verstreut zwischen diesen heiligen Bergen liegen weniger offensichtliche Stätten spiritueller Energie. Dazu gehören natür-

Der See des Schlangenkönigs und der Potala-Palast bilden gemeinsam die richtig geomantische Einheit von See und Berg.

liche Höhlen, die den Yogi und Heiligen für ihre Meditation und den Magiern und Schamaninnen für die Kontaktaufnahme mit den innewohnenden Kräften dieser heiligen Gipfel und des Kosmos im allgemeinen dienten.

Dieses zentraltibetische Mandala wird wie alle Mandalas nach den vier Himmelsrichtungen von mächtigen Wesen bewacht. Es sind Kriegergottheiten *(yül lha)*, die ganz oben auf den vier heiligen Bergen leben[8], und zwar auf dem Yralha Shampo im Osten, dem Kulha Kangri im Süden (einem Gipfel des Himalaja, der auch der Bevölkerung in Bhutan als heilig gilt), sodann dem Hebo Kangzang im Westen auf dem Weg nach Gyangtse und zuletzt dem Nyenchenthangla, der Gebirgskette nördlich von Lhasa.

Das zentraltibetische geomantische Universum ist indes nicht vollständig dargestellt – was angesichts all der regionalen und lokalen heiligen Stätten allerdings ohnehin unmöglich ist – ohne Erwähnung der ganzen Vielzahl der Erdgottheiten, die in Gewässern und Tälern sowie auf den Graten, Bergpässen und Gipfeln leben, und der über ihnen auf lotosförmigen Wolken schwebenden Buddhas und Bodhisattvas. Diese werden im zweiten Teil dieses Buches als Beispiele für die natürliche Ordnung von Himmel und Erde vorgestellt.

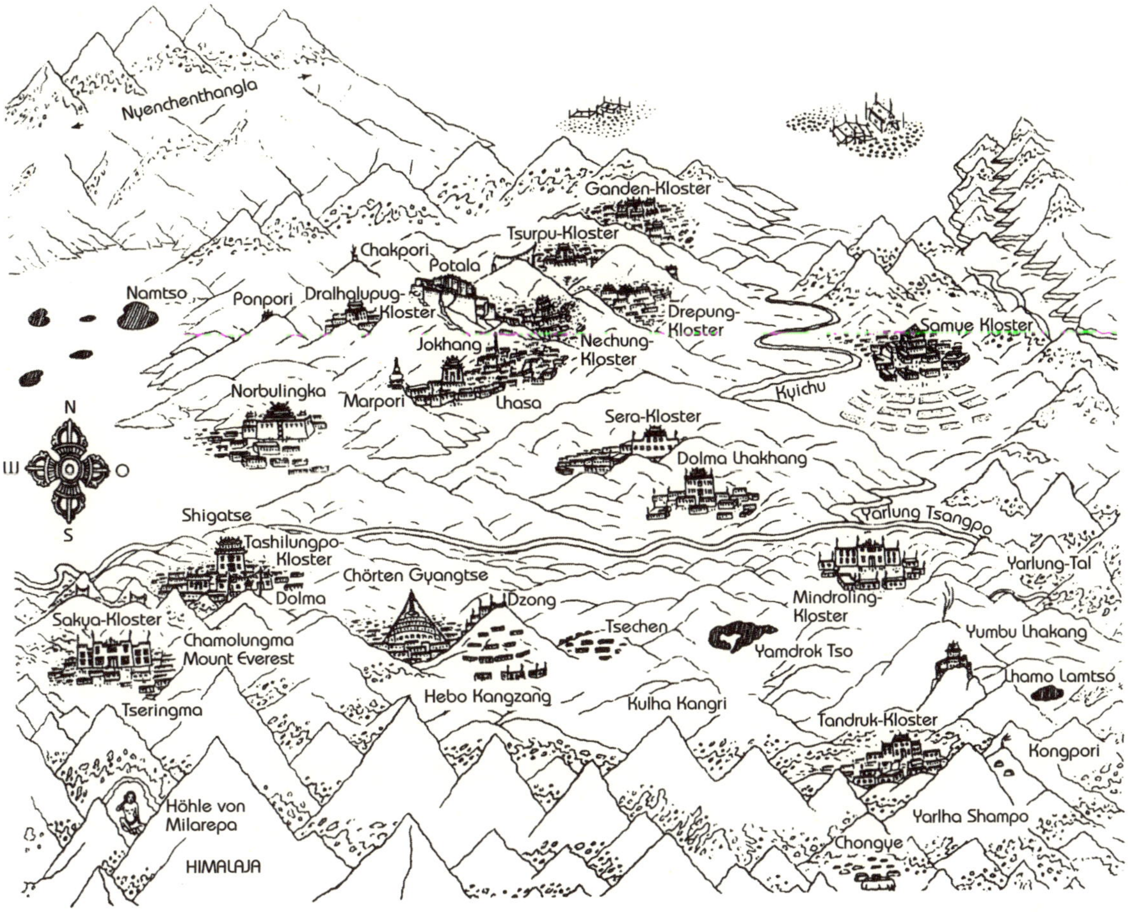

Das tibetische Universum ist in seiner Essenz ein pulsierendes und lebendiges, buntes Reich mit Erde und Himmel, groben und feinen Elementen, fühlenden, aber noch nicht vollkommenen Wesen und anderen, die bereits zur Erleuchtung gelangt sind. Es ist ein kraftvoller Ausdruck der Leere, aus der sämtliche Erscheinungen stammen, deren unabtrennbare Teile sie sind und in die sie letztlich alle zurückkehren.

Die heilige Vierte Welt Tibets ist ebenso fürsorglich wie auch erschreckend, abgeschlossen wie auch voller Potential. Sie ist die Arena von Leben, Tod und Wiedergeburt und ein Lebensplan für die Suche nach Erleuchtung. Zwar werden unweigerlich weitere solche Welt-Wirklichkeiten kommen (und mit ihnen das Potential zur Erleuchtung), aber das tibetische Volk ist sich bewußt, daß im Laufe der Zeit auch kostbare Gelegenheiten für spirituelles Wachstum vertan werden können. Die Lehren mahnen daher stets, hier und jetzt nach dem Aufbau einer Gesellschaft der Erleuchtung zu streben.

Das grundsätzliche Modell einer so erleuchteten Gesellschaft heißt Shambhala,

Zentraltibet ist ein endloses Mosaik aus heiligen natürlichen Landschaftsformen und von Menschen geschaffenen Schreinen, Klöstern, Tempeln und spirituellen Stätten.

und es soll sie bereits geben. Allein sie liegt außerhalb der Reichweite unserer unvollkommenen Sinne und primitiven Transportmittel. Shambhala soll »irgendwo im Norden« liegen, vielleicht im alten Turkestan, vielleicht im Pamir-Gebirge. Vielleicht im alten Königreich Zhangzhung in Westtibet, vielleicht aber auch überall und nirgendwo. Und vielleicht innendrin. Die erleuchtete Lebensweise in Shambhala beruht auf dem Kalachakra-Tantra. Es umfaßt jene vereinheitlichte nordbuddhistische Beschreibung der natürlichen Vorgänge in unserer Welt-Wirklichkeit – die zugleich außerhalb und innerhalb unseres Körpergeistes existiert – sowie die Mittel und Wege zur allumfassenden Harmonie. In der Vorstellung liegt Kalapa, die Hauptstadt von Shambhala, im Herzen eines achtteiligen Mandalas von Bergen und Strömen. Sie wird gelenkt von einer Reihe universeller Herrschender, und diese sind ihrerseits Emanationen (Verkörperungen) von Kalachakra. Tatsächlich sagen Prophezeiungen im Zusammenhang mit der Kalachakra-Lebensweise voraus, Shambhala, dieses reine Land, werde die weltweit letzte Bastion des Buddhismus im degenerierten Zeitalter unseres Weltzyklus sein. Es heißt, Shambhala werde in einer ansonsten

Shambhala stellt man sich als achtteiliges Land in Mandalaform mit Bergen und Flüssen vor. Im Mittelpunkt liegt die Stadt Kalapa, wo die herrschende Persönlichkeit lebt und über ihre Untergebenen gebietet, welche ein Leben auf der Grundlage der buddhistischen Lehren führen.

grausamen Welt allein stehen. (Stoff zum Nachdenken angesichts der gegenwärtigen kolonialistischen Übergriffe auf Tibet und andere spirituell aufgebaute Kulturen wie die der Navajo.) Shambhala werde als Gegenmittel gegen deren Entartungen dienen. Seine Heerscharen würden unter der Führung heroischer spiritueller Krieger die grausame menschliche Unwissenheit bezwingen und die Welt von Hindernissen auf dem Weg zu Mitgefühl und zur Erleuchtung aller Wesen befreien.
Für das innere tibetische Auge sieht Shambhala so aus:

Obwohl es sich mit Worten nicht beschreiben läßt, ist Shambhala ein heiliges Zentrum des tibetischen Universums. Ebenso der Kang Rinpoche, ebenso Lhasa. Und ebenso alle fühlenden Wesen innerhalb ihrer eigenen Wirklichkeiten.

Mittelpunkt des Himmels
Kern der Erde
Herz der Welt
Umgürtet von Schnee
Quellgebiet aller Flüsse
Wo die Berge hoch sind und das Land rein ist
Wo Menschen weise und heldenmütig geboren werden.

Altes tibetisches Lied[9]

Kapitel 2

DIE HEILIGE WELT DER NAVAJO

Die Schöpfungsmythen der Navajo sind jenen des buddhistischen Tibet ähnlich. Die Navajo glauben ebenfalls an eine Abfolge von früheren Welt-Wirklichkeiten, die Perioden von Wachstum und Zerstörung durchlebten, und es heißt, daß am Ende eines jeden Zyklus jeweils aus den Ruinen der vorangegangenen Welt wieder eine neue Wirklichkeit entstand.

Diese »Entstehungs«-Geschichten beschreiben, wie die ersten Menschen umherzogen und sich in uralter Zeit entwickelten. Eine jede dieser früheren Welten war ursprünglich rein, wurde indes verdorben durch Kampf, ruchlose Taten und zerstörerische Handlungen, welche den spirituellen Ahnen der Navajo beim Versuch unterliefen, sich in der jeweiligen Welt-Wirklichkeit einzurichten. Als die Urahnen die gegenwärtige, die Fünfte Welt erreichten, gelang es ihnen, ihre Wirklichkeit mit natürlicher Formen und Energien (wie Bergen und Licht) zu gestalten, die sie für ihr Leben brauchten. Die spirituellen Geschichten sind wie Reiseführer zum Ursprung der Lebensweise der Navajo und Lehrbücher für die Erhaltung der Harmonie und des Glücks angesichts der unausweichlichen Schwierigkeiten des Lebens.

So besagen diese Geschichten,[1] Nihodillhill, die Erste Welt, sei düster gewesen und habe hauptsächlich aus Wasser bestanden, dessen Dunkelheit nur ein gelegentlicher Streifen Land und Nebelschleier aus farbigem Licht in den vier Himmelsrichtungen am Horizont erhellten. Eine vielgestaltige Menge insektenartiger Menschen bevölkerte diese düstere Welt, Wesen, welche die Kraft zum Leben und Denken sowie bestimmte heilige Fähigkeiten besaßen.

Am Anfang kamen sie ganz gut miteinander zurecht. Mit der Zeit aber begannen sie zu streiten, und damit kam Mißstimmung auf. »Die Menschen lebten nicht mehr in Frieden [...] Die Ameisen und andere geflügelte Arten – unter ihnen auch die denkenden Wesen, die sich erst noch zu Menschen entwickeln mußten – waren gezwungen, die Erste Welt zu verlassen«, erklärte ein Sänger dazu.[2]

Die Geschöpfe der Ersten Welt flogen hinauf zur Himmelskuppel. Dort gelang es ihnen, mit Hilfe einer rätselhaften Gottheit – manche sagen, diese Gottheit habe Eigenschaften und Macht des blauen Windes besessen – einen Durchgang

in die nächste Welt zu öffnen. Indessen wurde die Erste Welt unter ihnen durch schwellende Fluten zerstört.
In der Zweiten Welt, Ni'hodotlliozh, war alles blau, und diese Färbung wurde lediglich von andersfarbigen Kardinallichtern am Horizont aufgelockert. Sie versahen die Welt mit dem einzigen veränderlichen Licht. Es gab kaum Vegetation, und die dort lebenden Wesen waren Insekten-Menschen, die wie Heuschrecken, Grashüpfer und Maiskäfer aussahen. Die Zeit verstrich, und die Geschöpfe aus der Ersten Welt gediehen und begannen sich mit den Wesen der Zweiten Welt zu verheiraten. Doch als die mit dem Käferhäuptling der Zweiten Welt verheiratete Zweit-Weltlerin sich einem Erst-Weltler zuwandte und mit ihm vereinigte, wurden die Neuankömmlinge verbannt. So mußten sie in die nächste Welt ziehen. Sie flogen im Kreis immer höher in den Himmel und wurden schließlich zu einem weiteren Ausgang geführt, diesmal durch eine gelbe Windgottheit.
Die Dritte Welt, Ni'haltso, war in gelbes Licht getaucht. Dort wohnten schwalbenähnliche Menschen in Schlammhütten. Auch sie lebten mehr oder weniger in Harmonie mit den Neuankömmlingen, zumindest zu Beginn. Aber der Friede ging in die Brüche, als sexuelle Fehltritte zu sozialen Unruhen und zur Zerstörung der Welt durch steigende Fluten führten. Und wiederum flogen die Menschen aus der Ersten Welt mit ihren Nachkommen aus den Beziehungen in der Zweiten und Dritten Welt himmelwärts, und eine weiße Windgottheit wies ihnen den Weg in ihren nächsten Lebensraum.
Die Vierte Welt, Ni'haigai, war eine solche von weißem Licht. Hier trafen – und heirateten – die uralten Reisenden andere Wesen, so besonders die Kinyasani oder In Häusern Wohnenden. Diese Urbevölkerung der Vierten Welt lebte in Steinhäusern, die gruppenweise im Schutze großer Höhlen in den Canyonwänden standen.
Die Hoffnung erweckende Vierte Welt besaß als erste eine klar geformte Landschaft mit Bergen, Canyons und Flüssen. Unter diesen Landschaftsformen befanden sich auch die Vorfahren der sieben wichtigsten heiligen Berge der Fünften Welt. Und das Eintreffen in der schöngestaltigen Vierten Welt erwies sich für die Menschen als wichtiger Wendepunkt: Hier erlangten sie ihre volle Menschengestalt und erhielten erste Unterweisungen in dem, was letztlich zur Grundlage der Navajo-Lebensweise *(Diné be'iina)* wurde.
Eines Tages erschienen auf einem Regenbogen, umgeben von einem Strahlenkranz der Sonne, vier Heilige Wesen mit Körpern aus Licht am Lagerplatz der Reisenden. Sie wiesen die geflügelten und schnabeltragenden, aber ansonsten wie Menschen aussehenden Geschöpfe an, sich zu waschen (da sie übel rochen); dergestalt sollten sie sich auf die Rückkehr der Gottheiten in zwölf Tagen vorbereiten.
Die Heiligen Wesen nannte man in jener Welt nach der Farbe, die jeweils von ihrer Gestalt ausging: Weißer Körper, Blauer Körper, Gelber Körper und

Schwarzer Körper. Die Navajo der Fünften Welt kannten sie später indes unter anderen Namen.

Die Schutzgottheit der Morgendämmerung, des Ostens, führte die Gesandtschaft zu den Reisenden aus der Vierten Welt. Ihr Name war Weißer Körper, sie trug ein Gewand aus weißem Wildleder und einen Kopfschmuck aus weißen Adlerschwanzfedern. Auch ihr Gesicht war weiß. In der Fünften Welt trug diese Gottheit den Namen Sprechender Gott (Hashch'éélltí'i).

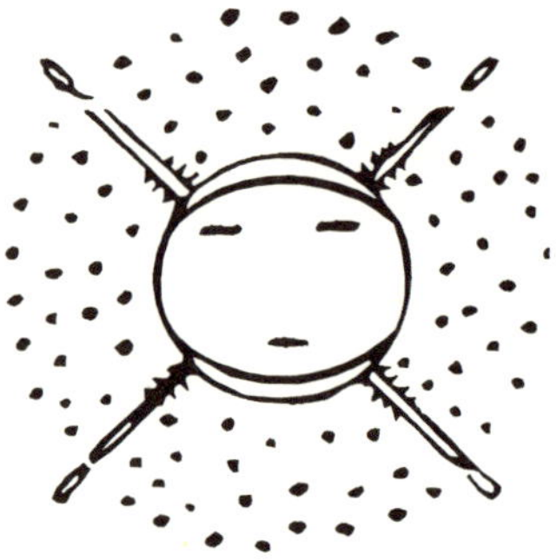

Weißer Körper kam in ergänzender Begleitung der Schutzgottheit der Abenddämmerung, des Westens; ihr gab die Bevölkerung der Vierten Welt den Namen Gelber Körper und jene der Fünften den Namen Rufender Gott (Hashch'éoghan). Gelber Körper stand als Wesen der Ernte und des Hauses hinter Weißer Körper auf dem Regenbogen.

Blauer Körper leuchtete in der Farbe des Mittagshimmels oder der Wasser in einem See. In der Fünften Welt kennt man diese Gottheit als Wassersprenger-Gott (T'óneinilí). Mit ihrer Wasserflasche bringt sie himmlisches Wasser vom oberen Leben zum unteren Leben auf der Erdoberfläche.

Schwarzer Körper folgte den andern drei auf den Regenbogen. In unserer gegenwärtigen Fünften Welt stellt diese Gottheit die nächtliche Ergänzung zum Wassersprenger-Gott dar. Unter dem Namen Schwarzer oder Feuergott (Hashch'ééshzhini) entzündet sie die Sterne am Nachthimmel, damit die Navajo ihnen folgen können. Als Zeichen dieser Macht trägt Schwarzer Körper auf der rechten Wange sieben weiße Tupfen (ein Sinnbild für die Plejaden).

Zwölf Tage nach ihrem ersten Erscheinen erschienen die vier Schutzgottheiten erneut im Lager der Neuankömmlinge. Mit ihnen kamen weitere Heilige Wesen, auch sie mit dem höchsten Verstand und der Macht über das Leben ausgestattet. Sie waren gekommen, um die Menschen der Ersten Welt in ausgeformte, auf der Erde gehende Wesen zu verwandeln, in Menschen, denen die Möglichkeit gegeben ist, unter Anleitung der Schutzgottheiten selbst Heilige Wesen zu werden.

Die vier Gottheiten hießen die Menschen, einen vollkommenen weißen Maiskolben (zusammen mit der weißen Daunenfeder eines Adlers) und einen gelben Maiskolben (zusammen mit einer gelben Adlerfeder) zwischen zwei besonders dafür behandelte heilige Lederhäute zu legen, die sie auf dem Boden ausgebreitet hatten. Dann trat das Volk des Heiligen Windes (Quelle des Lebens, der Gedanken und des Sprechens) zu diesen Dingen und durchströmte sie, während andere heilige Völker, etwa das Trugbild-Volk, sangen und sie dabei unterstützten. Als das obere Fell weggezogen wurde, lagen anstelle der Maiskolben und der Federn zwei Menschengestalten dort: der Erste Mann und die Erste Frau.[3]

Der Erste Mann und die Erste Frau schliefen miteinander und brachten viele Kinder hervor. Ihre Kinder wiederum heirateten einige jener Heiligen Wesen, Menschen der Ersten Welt und In Häusern Wohnenden, die ursprünglich die

Vierte Welt besiedelten. Aus diesen Beziehungen entstammen die direkten spirituellen Ahnen der Navajo, die später in die gegenwärtige Fünfte Welt kamen.

Eine Zeitlang ging in der Vierten Welt alles gut, dann aber traten Schwierigkeiten auf. Zum einen erschien der Kojote; er war zwar nicht von Natur aus schlecht, schaffte es aber, alle möglichen Probleme zu verursachen. Das schlimmste war ein großer Riß, der sich zwischen Frauen und Männern des ersten Volkes auftat. Kaum konnte diese ernsthafte Bedrohung für die ersten Menschen abgewendet werden, löste der Kojote eine neue große Schwierigkeit aus.

Offenbar hatte Teéhoolltsódii, das Große Wasserwesen, zwei Frauen in einen reißenden Fluß hinabgezogen. Als eine Abordnung der ersten Menschen zu dessen Wigwam hinunterstieg, um die Heimkehr der beiden Frauen zu erbitten, begleitete sie der Kojote. Ohne daß die anderen dies bemerkten, entführte er dabei zwei Säuglinge der Wassergottheit. In ihrem Zorn über den Verlust bewirkte Teéhoolltsódii daraufhin eine Flut so großmächtig wie ein schneebedecktes Gebirge, um die Welt zu verschlingen.

Als sich die Flut dem Lager der ersten Menschen näherte, fiel zweien ein Ausweg ein. Sie pflanzten einen Riesenschilfwald, der schnell in den Himmel wuchs, und die Menschen konnten ihn gerade rechtzeitig erklimmen, um der Sintflut zu entkommen. Sie kletterten das schwankende bambusähnliche Rohr hoch, und mit Hilfe des Dachses gelang es ihnen, sich ihren Weg in die Fünfte Welt freizuschlagen: die Glitzernde oder Veränderliche Welt.

Damit befanden sich die Menschen an einem weiteren Wendepunkt in ihrer spirituellen Entwicklung. Sie kletterten aus dem hoch in den nördlichen San Juan Rockies liegenden Erscheinungsort *(ha'azna)* heraus.[4]

Erst als die Reisenden entdeckten, daß der Kojote die beiden Jungen des Großen Wasserwesens entführt hatte, wurde ihnen der Grund für die Flut endlich klar. Sie gaben sie unter allerlei Entschuldigungen und Gebeten in einem zeremoniellen Korb aus weißen Muscheln an ihre Mutter zurück, und zwar über den See, aus dem sie in die Fünfte Welt heraufgekommen waren. Erst da wich die Sintflut zurück.

Die Fünfte Welt ist die Welt der Gedanken und des Wissens. Sie hat zwar ihre eigenen Mächte und Landformen, aber vieles von dem, was heute existiert, ist durch die Erste Frau und den Ersten Mann sowie die Heiligen Wesen entstanden. Sie haben es in der ersten Blessing-Way-Zeremonie ins Leben gedacht, wo sie eine Welt beschrieben, in der alles durch Gedankenschönheit *(hozhóógo ntsáhákees)*, Wortschönheit *(hozhóóji saad)* und Lebensschönheit *(hozhóógó da'iina)* sich in Schönheit *(hózhóng)* befindet.[5]

Die Fünfte Welt ist also eine Welt der Schönheit, jedoch ist sie nicht gefestigt.[6] Es handelt sich vielmehr um eine veränderliche Welt, die den bunten Nebeln des Tageszyklus und den Jahreszeiten folgt. Dieser Wirklichkeit und Verheißung sahen sich die ersten Menschen gegenüber, als sie in das Hochland zogen, welches Diné Bikéyah, das Land der Navajo, heißt.

Nach ihrem Austritt aus der Vierten Welt bestanden die Menschen verschiedene Proben, sie überwanden Hindernisse und schlugen schließlich nahe am Rand ihres Erscheinungsortes ein Lager auf. Dort rief der Erste Mann die Winde an, sie sollten die Erde trocknen, und er bot den fünf Oberhäuptern der Winde zum Dank dafür Türkissplitter an.

Danach galt es, die spezifischen Züge der noch unvollständigen Welt zu erdenken und erschaffen. Zu diesem Zweck wurde, im Geiste, ein heiliger Raum *(hoghan)* errichtet. Der erste Hoghan war eine grandiose, mit Sonnenstrahlen und Regenbogen geschmückte Schöpfung. (Der nach diesem Muster von Menschenhand geschaffene Hoghan ist ebenfalls ein heiliges Werk: So stellt man in den vier Haupthimmelsrichtungen senkrechte Stützpfosten auf, wobei deren Position auf dem Erdboden zuvor bei heiligen Gesängen im Rahmen einer besonderen Blessing-Way-Zeremonie mit Maismehl gesegnet worden ist.)

Der erste Hoghan war also vollendet. Die Erste Frau und der Erste Mann begannen nun, die deutlich erkennbaren Merkmale der Fünften Welt zu erschaffen. Dabei standen ihnen die Heiligen Wesen bei, besonders Sprechender Gott, die Schutzgottheit der Morgendämmerung und damit der Gedanke selbst. Ebenfalls anwesend war ihre Entsprechung Rufender Gott, die Gottheit von Sonnenuntergang, Ernte und Haus. Zusammen setzten sie sich in den ersten Hoghan und begannen über die Grundzüge der neuen Welt nachzudenken und sie zu planen.

Der Erste Mann hatte ein heiliges Medizinalbündel aus der Vierten Welt mit hinaufgenommen und breitete nun den Inhalt vor den beiden Gottheiten im ersten Hoghan aus. Nach manchen Überlieferungen sollen sich darunter winzige maiskolbenförmige Figürchen aus den heiligen Kostbarkeiten der vier Himmelsrichtungen befunden haben, als da sind weiße Muschel, Türkis, Abalone und schwarzer Gagat. Diese wurden in einer bestimmten Anordnung auf dem Sandboden des Hoghans ausgelegt – in einer Reihenfolge, die erhalten ist und noch immer den Schlüssel der Sandbilder von heute bestimmt – und dann durch die Gedanken (der Vorstellungskraft ebenso wie des rationalen, diskursiven Denkens) sowie die Reden, Gesänge und Gebete der beiden Gottheiten in die ihnen innewohnende Formen spiritueller Wesen *(bigistiin)* verwandelt. Auf diese Weise planten und schufen sie lebensnotwendige menschliche Innenformen für alle lebenden Dinge wie Pflanzen, Tiere und Geschöpfe, die auf der Erdoberfläche gehen (Menschen).

Auch den Landschaften wiesen sie innere Formen zu. (Dadurch wird aus Bergen, Tälern, Quellen, Seen und anderem weit mehr als geologische Formen, sind sie doch die äußere Erscheinung innerer Kräfte. Die ersten planenden Wesen umkleideten die inneren Formen mit den äußeren Materialien, die sie bewohnen würden.)

Im Laufe eines Rituals in einem Navajo-Hoghan, das eine Nacht dauert und Kein Schlaf (No Sleep) heißt, helfen Gebets- und Gesangszyklen aus dem Blessing Way den Teilnehmenden beim Visualisieren und Neuerschaffen der Merkmale der Fünften Welt in ebender Art und Weise, wie dies die ersten planenden Wesen in ihrem Ur-Hoghan taten. Laut der Night-Way-Abstammungslinie, die eine besonders lebendige Form des Kein-Schlaf-Rituals kennt, trug der Erste Mann Erdproben der sieben heiligen Berge der Vierten Welt (laut Blessing Way sechs) in seinem heiligen (»Medizinal«-)Bündel, als er in der Fünften Welt ankam. Mit Hilfe von Schwarzer Gott schuf er zuerst die äußeren Berge aus dem jedem zugehörigen kostbaren Material (im Uhrzeigersinn von Osten nach Norden mit weißer Muschel, Türkis, Abalone und Gagat) und umkleidete sie damit. Dann wurden die drei inneren Berge an die richtige Stelle gerückt und mit gemischten Gütern (Berg Um den Gekreist Worden Ist), gemischten Kostbarkeiten (Fichtenberg) und heiligen Trugbildsteinen (Trugbildberg) überzogen. Die innere Gestalt dieser Erscheinungsformen der Fünften Welt gelangte über den Rauch des Hoghan-Feuers in ihre erschaffene äußere Gestalt, welches man durch Gesänge, Gebete und Vorstellungen der ersten Menschen und ihrer ratgebenden Schutzgottheiten angefacht hatte.

Am Morgen danach war diese geomantische Arbeit vollendet. Im ersten Morgengrauen stiegen Sprechender Gott und Rufender Gott auf einen heiligen Berg nach dem anderen, um das Ergebnis zu begutachten, und sie sahen, daß alles voller Schönheit war. (Entsprechend endet heute ein Kein-Schlaf-Ritual mit dem Heraustreten der »besungenen« Person, für welche die Zeremonie abgehalten wird, ins östliche Dämmerlicht, wo sie viermal tief einatmet und sich geistig dieselbe vollkommene Welt vorstellt, wie sie die Gottheiten im frühen Morgengrauen der Fünften Welt erblickten. Sie wird dabei durch eine innere Wirklichkeit »be-atmet«, die in vollkommener Schönheit wiederhergestellt ist.) Nun, da die Fünfte Welt vollständig erschaffen war, begann die anspruchsvollste Zeit für die ersten Menschen. Nach einer langen, schwierigen zyklischen Reise in die neue Wirklichkeit bot sich ihnen erneut eine Möglichkeit, eine Gesellschaft des Geistes zu bilden. Um ihre Ziele zu erreichen, mußten sie sich mit den Mächten der heiligen Welt versöhnen und wieder mit ihnen ins Gleichgewicht kommen. Einigen von ihnen gelang dies, und aus ihnen wurden die ewigen Mächte der Erscheinungswelt – die in den Felsen und Flüssen wohnenden Heiligen Wesen, deren Stimmen im Wind und im Gesang der Vögel zu hören sind. Andere erwiesen sich als zu unordentlich und mußten an ihren Erscheinungsort zurückkehren oder ihr Leben mit »Geburt und Tod« in der Fünften Welt leben.[7]

Die Fünfte Welt der Navajo ist ein Land heiliger natürlicher Stätten, die über spirituelle Kraft und Empfindungsvermögen verfügen.

Das geomantische Universum der Navajo

Die Navajo sehen ihre Fünfte Welt als Muster aus materiellen Wahrzeichen, die durchdrungen sind von Geist und Lebenskraft. Das Grundmodell besteht aus den vier äußeren heiligen Bergen, die sie Sisnaajiní (Blanca Peak, Osten), Tsoodzill (Mount Taylor, Süden), Dook'o'oosllííd (San Francisco Peaks, Westen) und Dibénitsaa (Hesperus Peak, Norden) heißen. Sie stehen je in einer Himmelsrichtung um eine Navajo-Weltachse, als deren irdische Ausformung Huerfano Mesa im nördlichen New Mexico betrachtet wird. Dzillná'oodillii, der Navajo-Name dafür, bedeutet Berg Um den Gekreist Worden Ist und bezieht sich auf die uralten Bewegungen der Stämme während der Besiedlung der Fünften Welt. Dieser Gipfel ist einer von drei Bergen, die in zen-

Der Trugbildberg (Hosta Butte) im Westen Zentral-New-Mexicos ist ein heiliger Berg der Kraft und des Schutzes.

Auf dem Fichtenberg (Gobernador Knob) im Nordwesten von New Mexico wurde die große Navajo-Göttin Sich Ändernde Frau geboren.

traler Beziehung zueinander stehen. Der zweite ist der Fichtenberg (Ch'óol'í'í), die Geburtsstätte der Erdmutter Sich Ändernde Frau, und wird in einigen Blessing-Way-Gesängen als das Herz der Erde besungen. Der Berg Um den Gekreist Worden Ist gilt als Lunge der Erde; die Krieger-Zwillinge wurden dort geboren. Und der dritte zentrale Gipfel ist der Trugbildberg (Ak'idahnast'aní), eine Stätte mächtigen Schutzes, »wo man im schlimmsten Fall Hilfe sucht«. Laut einem Sänger versagt er nie: »Der Berg vollbringt, was andere Berge nicht können.« Der Trugbildberg ist der Berg kraftvoller Tat. Vielleicht die klarste visuelle Ausformung des geomantischen Navajo-Kosmos ist ein Mandala, welches für ein bikulturelles Ausbildungsprojekt der Community Schools von Rough Rock in Arizona erstellt worden ist. Schon seine Bezeichnung lautet vielsagend: *Die Philosophie der Navajo-Lehre: Vom Zentrum des Lebens in die vier Himmelsrichtungen und in das untere und obere Leben*. In dieser Darstellung befindet sich das Land der Navajo auf einer runden Erde (Erdfrau) mitten auf dem nordamerikanischen Colorado-Plateau zwischen vier jeweils entsprechend gefärbten heiligen Bergen. Zwischen diesen, in ihrer Mitte, liegt ein kegelförmiger (männlicher) Hoghan, in dem ein Feuer brennt. Dieser männliche Hoghan war ursprünglich die Stätte, an der Zeremonien abgehalten wurden. Heute geschieht dies meist in weiblichen Hoghans (männliche gibt es mittlerweile kaum mehr). Die Kegelform des männlichen Hoghans lebt indes in der Form der Schwitzhütte fort, einem Ort physischer und psychischer Prophylaxe, einem Ort, wo sich die Krie-

Ein geomantisches Konzept der Navajo: »Vom Zentrum des Lebens in die vier Himmelsrichtungen und in das untere und obere Leben.«

ger vor und nach einem Kampf reinigten. Heute dient die Schwitzhütte in erster Linie als Versammlungsort, den Frauen und Männer in Gruppen, jeweils getrennt, aufsuchen, um Lösungen für Probleme zu suchen, um persönliche Gespräche zu führen und Pläne zu schmieden. Dies alles verkörpert der zentrale Hoghan.[8]

Die Schöpfungsgeschichten der Navajo wie auch jene Tibets beschreiben eine schwierige, zyklisch verlaufende Wanderschaft in die Schönheit und Erleuchtung. Sie erzählen von Menschen, die sich im Netz von Aktionen und Reaktionen ihrer Wirklichkeit verfingen und mehrmals die Gelegenheit ergriffen, sich Schritt für Schritt in deutlicher verwirklichte Wesen zu verwandeln. Sie erzählen, wie diese Menschen in einander folgende neue und reine Welten hinein wiedergeboren und mit dem Beistand von Schutzgottheiten hingeführt wurden. Nach dem Entdecken und Beschreiben ihrer heiligen Welt setzten die Ahnen des tibetischen Volkes und der Navajo ihre Suche nach Erkenntnis fort, indem sie die Identität der innersten Landschaft erkundeten. Dies ist Teil der nächsten Phase ihrer Reise zum Erwachen und zur Verbindung mit dem Wesen der Dinge: die Suche nach dem Geist in der heiligen Welt.

Die Black Mesa bei Rough Rock in Arizona gilt bei den Navajo als »weiblicher Berg«: der Rumpf der Erdfrau.

Kapitel 3

DAS SPIRITUELLE IN DER HEILIGEN WELT

Die heiligen Landkarten sowohl der Navajo als auch Tibets zeigen eine Welt-Wirklichkeit, die sich in alle vier Segmente der Himmelsrichtungen zwischen Himmel und Erde ausdehnt. Da sie mehr als physische Landkarten sind, wurden topographische Merkmale wie Berge, Täler, Flüsse und Seen dabei als äußere Hüllen für innewohnende lebende und denkende Wesen betrachtet. Diese »Geistwesen« wurden je nachdem als Gottheiten, göttliche Gestalten, Geister oder elementare Dinge beschrieben, denn sie gelten als der idealen Arten des Denkens, Sichausdrückens und Handelns mächtig.

Die Persönlichkeit dieser Gottheiten hat man zuerst sorgfältig als geistige verstanden und dann so ausgemalt, daß sie die grundsätzlichen Kräfte und Eigenschaften des Kosmos am besten symbolisieren. So dienten sie unzähligen tibetischen und Navajo-Generationen auf dem Pfad zur Erweckung ihres inneren Ideals als spirituelle Bezugspunkte.

Das ausgeklügelte Gefüge aller Gottheiten der Navajo und Tibets sind letztlich Ausdruck transzendenter Geschlossenheit, einer Ganzheit, einer Heiligkeit, welche die Grundlage aller Dinge bildet. Joseph Campbell hat festgestellt, daß den amerikanischen Urvölkern und den alten asiatischen Kulturen eine »monistische« Philosophie gemeinsam ist, die im krassen Gegensatz zu unserer biblischen Entfremdung zwischen Natur und Menschheit steht.[1] Mit monistisch meinte er, daß Person und Kosmos sich als nahtlose Einheit gegenseitig durchströmen. Ihre gemeinsame Identität schafft die natürliche Grundlage, damit sich Ordnung, Harmonie, Gesundheit und Glück durchsetzen können. Dies steht im Kontrast zu unserer westlichen Sicht der Wirklichkeit, die auf einem fundamentalen Dualismus gründet (Sündenfall), was wiederum im allgemeinen einen Zustand der Unordnung, der Disharmonie, der Ungesundheit und des Unglücks verstärkt. Sich auf den Monismus beziehend, meint Campbell, diese Philosophie liege dem archaischen Denken ganz allgemein zugrunde und müsse anläßlich der ersten Immigrationen in der Altsteinzeit nach Amerika gekommen sein.

Das monistische Universum läßt sich als System von Energien, Formen, Handlungen und Ideen vorstellen, die ein organisches Ganzes bilden. Nach außen

verlagert ist es das Ökosystem der Natur und die Myriade der Gottheiten – Machtwesen –, die es bewohnen, innen ein enggeflochtenes Gewebe aus feinstofflichen Energien, Strömungen und gedanklichen Vorgängen.
Diese ursprüngliche, konzipierte Wirklichkeit, von welcher die spirituellen Ordnungen und schöpferischen Möglichkeiten des tibetischen Volkes und der Navajo noch immer erfüllt sind, bezeichne ich als den Spirituellen Kreis. Mit diesem Ausdruck meine ich die Welt, in die »traditionelle« Navajo und Angehörige des tibetischen Volkes geboren werden, das Universum, in dem sie erwachen und mit dem sie Tag für Tag, selbst in ihren alltäglichsten Gedanken, Äußerungen und Handlungen, Verbindung aufzunehmen versuchen.

Vajrayana [der tantrische Weg des tibetischen Buddhismus] scheint unter allen heute differenzierten und erforschten Religionstraditionen als einzige kontinuierlich überlieferte Verbindungen aufzuweisen, die bis zur Steinzeit zurückreichen ... Es handelt sich um religiöse Einsichten und Methoden, die den ersten altsteinzeitlichen Jagdsippen eigen waren.

Gary Snyder

Tibetische spirituelle Ökologie

Die heilige Welt Tibets ist die Heimat einer unabsehbaren Vielfalt von fühlenden Wesen. Einige davon sind idealer Art (ermächtigt und erleuchtet), die meisten müssen diesen Zustand indes noch erreichen. Einige sind körperlich – das heißt über unsere normalen Sinne wahrnehmbar –, andere gelten zwar als ebenso wirklich, aber sie sind nur mit dem geistigen Auge zu schauen.[2]
Die spirituelle Ökologie Tibets beschreibt eine Matrix von machtvollen Wesen, die mit verschiedenen natürlichen Besonderheiten zwischen Himmel und Erde in Verbindung gebracht werden. Beginnen wir mit den Energien der inneren Erde. Nichts ist irdischer als der Ort, wo Erde, Fels und Wasser zusammentreffen: Quellen, Seen und Flüsse, sie alle führen das Lebensblut der Welt. Sie bilden den natürlichen Lebensraum der *lu* (Sanskrit *naga)*, schlangenartigen Nixen weiblichen und männlichen Geschlechts. Physisch werden sie durch Schlangen, Frösche und Skorpione verkörpert, mächtigen Organismen, die mit dem Reich des Erdinnern in Verbindung gebracht werden. Solche Mächte des Erdinnern verfügen über Energien und die natürliche Neigung zu bewahren, zu sammeln und zu verfestigen. Diese Eigenschaften äußern sich in der Anlage ausgedehnter Verstecke voller Wünsche erfüllender Kleinodien *(norbu)*, welche diese Mächte eifersüchtig am Grund ihres Wasserreiches hüten.
Stimmt eine Person Gedanken, Äußerungen und Handlungen durch meditatives Visualisieren, Beten und rituelle Opfergaben auf die Lu ab, schenken sie ihr Gesundheit und Wohlstand. Kommt es jedoch zu einer Disharmonie zwischen ihnen und einer Person, sind bestimmte Krankheiten und Unglücksfälle, sowohl auf mentaler als auch auf körperlicher Ebene, die sichere Folge davon. Um es anders auszudrücken: Wer die Lu-Eigenschaften nicht in das tägliche Leben integriert, wird unausgeglichen, erkrankt gleichsam an einer dem Erdinneren ähnlichen Unordnung.

Lu oder, in Sanskrit, Naga heißen mächtige schlangenartige Wesen der Quellen, Seen und Flüsse. Sie halten das persönliche Glück in Form wunscherfüllender Kleinodien in den Händen.

Spirituell eingestimmte Tibeterinnen und Tibeter stehen in einer ständigen Wechselbeziehung zu mächtigen Wesen, die jene Orte der Erde bewohnen, wo sie selbst leben, arbeiten und sich hinbegeben. Diese Erdoberhäupter *(sadag)* werden durch Beten und rituelle Handlungen häufig angerufen. Jeder bedeutende Anlaß, der an den ihnen jeweils zugeschriebenen Orten stattfindet – und dazu gehört mehr oder weniger jede menschliche Tätigkeit, sei dies nun Pflügen, Pflanzen und Bauen oder Oper und Tanz, aber auch Exorzismus und tantrische Initiation im Freien –, bedingt die Erlaubnis seitens der Sadag. Indem man äußerlich darum bittet, stärkt man innerlich den Sinn für die Verbindung zum und die Achtung für seinen persönlichen Ort auf der Erde.

Der Felsrücken unmittelbar über der Erde des Erdoberhauptes ist der Ursprung des Gebietsoberhauptes aller Segmente der vier Himmelsrichtungen *(zhidag.)* Auf dem höchsten Punkt seines jeweiligen Reiches wird ein Steinhaufen aufgeschichtet und mit einem senkrecht stehenden Ast versehen, an dem ein bunter Stoffwimpel flattert. Dieses Zeichen ist notwendig, weil das Oberhaupt der vier Himmelsrichtungen das ganze Tal beschützt. Es gestattet den Gersten- und Rapssamen zu keimen und nährt Yak, Schafe und Menschen. Diesen Zhidag Opfergaben darzubringen und Respekt zu zollen bedeutet, in aller Demut Verbindung zum weiten Kosmos aufzunehmen, dessen zwar kleiner, aber dennoch mächtiger Ausdruck sie sind.

Nyenchenthangla, Groß-Nyen der Steppen im Norden, gilt in Zentraltibet als innewohnende Schutzgottheit des heiligen Bergs des Nordens. Ihre Macht wird durch die Personifizierung als Kriegergott dargestellt.

Auch die Bäume und vereinzelten Felsen, die auf den Berghängen über den Tälern thronen, sind bewohnt; sie besitzen elementare Energien *(tsen)*. Man stellt sie sich als düstere und bewaffnete Krieger mit rotem Körper vor, die auf fahlroten Pferden die Bergpfade entlangreiten. Ihre Pfeile sind äußerst mächtig und können, wenn sie einen Menschen treffen, schwere Krankheiten hervorrufen.

Die Bergschultern der großen Gipfel gehören den allmächtigen *nyen*. Sie gelten als kriegerähnliche Schutzwesen des gesamten Einzugsbereichs aller Flüsse eines Gebirges, worin mehrere Täler eingeschlossen sind, die ihrerseits nacheinander von verschiedenen Zhidag kontrolliert werden. Das Bergmassiv selbst, seine Masse, ist Nyen. Nyenchenthangla, innewohnende Schutzgottheit einer heiligen Gebirgskette nördlich von Lhasa, hat als Nyen im Pantheon der buddhistischen Kraftwesen einen wichtigen Status erlangt. Nyingmapas, die alte Ordnung des tibetischen Buddhismus, räumt dieser Gottheit den Status eines Bodhisattvas ein.

Die Gipfel der großen Schneegebirge gelten als Wohnstätten der mächtigsten und einflußreichsten Erdgottheiten. Diese Landgottheiten *(yül lha)* sind sowohl kriegerähnliche Schutzwesen als auch die Verkörperung der kollektiven Energie und des Bewußtseins einer ganzen Region. Manche Berge, über die ein Yül Lha gebietet, heißen Seelenberge *(lari)*. Ein solcher Berg *(ri)* ist nicht bloß Fels, Erde, Bäume und Quellen, sondern gilt als kollektive Verkörperung von Teilen des Bewußtseinsprinzips *(la)* aller Menschen und Tiere und all dessen, was den unsichtbaren fühlenden Wesen, die unter seinem Gipfel leben, Gastrecht ge-

währt. Auf ähnliche Weise kann ein Baum, ein Stein oder ein See Lebensbaum, Lebensstein oder Lebenssee eines einzelnen oder mehrerer Wesen sein.[3]
Nach tibetischem Verständnis steht die Landgottheit im Zentrum des Mandala einer ganzen Region. Sie ist die Personifizierung der Empfindungsfähigkeit und Kraft eines Ortes. Tatsächlich verhält es sich so, daß nicht nur ein Bewußtseinselement eines Menschen Teil des Bewußtseins der Gottheit bildet, sondern umgekehrt ein Aspekt ihres Bewußtseins auch Teil jener Person ist; heißt es doch, alle Angehörigen des tibetischen Volkes würden mit einem kleinen Landgott-Schutzwesen auf dem Scheitel geboren.
Seit dem Aufkommen des Buddhismus wird meist mit Hilfe der Vorstellungskraft Kontakt mit den Gottheiten aufgenommen, die das Himmelreich bevölkern. Zu diesen gehören neben den uralten Himmelskräften des Großen Adlers und des Gewitterdrachens die bedeutendsten Schutzgottheiten des Tantras: die *yidam*. Solche Buddhas weisen die Mittel und Wege zur Erleuchtung. Sie verkörpern geklärte Mechanismen des Geistes, der Sprache und des Körpers und kommen aus der himmelsähnlichen Leere, dem Nichts des Kosmos. Dieser Status ist voll der reinsten, klarsten und hellsten Energie des Geistes, aber frei von allen illusorischen Formen, wie sie die nicht geläuterten Mechanismen des

Mit Gebetsfahnen geschmückte Steinhaufen werden als Opfergabe zu Ehren der Yül Lha genannten mächtigen Wesen aufgeschichtet, welche die bedeutenden »Seelenberge« einer bestimmten Region bewohnen.

Der Ur-Buddha als Vereinigung einer Buddha-Figur und einer weißen Göttin verkörpert das Nichts der Leere, aus dem alle Formen hervorgehen. Dieser Daseinszustand wird als Körper der Wahrheit bezeichnet.

Geistes normalerweise aufbauen. Da diese Buddhas aus der Energie des hellen Lichtes der Leere bestehen, können sie je nach Bedarf in andere Schutzgottheiten emanieren oder sich in diese verwandeln.

Die Art, wie die Macht der Leere übertragen und in die jeweils passenden Formen verteilt wird, erinnert an das Astwerk eines Baums. Der Stamm ist die Einheit der Leere und die Quelle der Lebenskraft und des Empfindungsvermögens, während Früchte und Blätter seine unendlichen Emanationen verkörpern. Im tantrischen Denken gibt es Ebenen, auf denen das unbefleckte, helleuchtende Bewußtsein des Geistes sich offenbaren oder in die es emanieren kann. Diese Ebenen werden als die Drei Körper *(kusum/trikaya)* bezeichnet.

Die erste heißt Körper der Wahrheit *(chöku/dharmakaya)*. Auf dieser Ebene wird die Leere – die große Einheit, die frei ist von allen konventionellen Formen und begrenzten Konzepten – als sexuelle Vereinigung einer himmelblauen Buddhafigur mit einer weißen Göttin dargestellt. Sie bilden Adibuddha, einen lebendigen Ausdruck des Eins-Seins universeller Gegensätze, die Urwirklichkeit, die in ursprünglicher menschlicher Weise dargestellt wird. In einigen tantrischen Überlieferungen sieht man diesen Ur-Buddha mit einer Glocke und einem Vajra in den gekreuzten Händen. Dieser Buddha ist der Vajra-Träger (Dorje Chang/Vajradhara).

Die nächste Unterscheidungsebene im Nichts der Leere erscheint als fünf (manchmal sechs) zusammenhängende Buddha-Gestalten, die man sich als glühende Figuren in den Regenbogenfarben vorstellt, und zwar oft als Vereinigung der männlichen und der weiblichen Entsprechung.[4] Diese »erobernden«

Gottheiten, die verschiedene Arten der Weisheit und Energie des erleuchteten Zustandes verkörpern, stellt man sich im Genuß höchster Glückseligkeit vor. Chenrezi/Avalokiteshvara, die Verkörperung des Mitgefühls, ist hier in einem Zustand dargestellt, den man Körper des Schmucks oder der Verzückung nennt.

Chenrezi, der Bodhisattva des Mitgefühls, in seiner Gestalt als aktive tausendarmige Gottheit.

Chenrezi, der Bodhisattva des Mitgefühls, in seiner Gestalt als friedfertige vierarmige Gottheit.

oder meditierenden tantrischen Buddhas sind Wahrzeichen von Buddha-»Familien« und Sinnbild für bestimmte erleuchtete Vorgänge von Geist und Körper. Zusammen bilden sie ein ähnlich geformtes Wesen, das die absolute, nicht reduzierbare Essenz der Leere verkörpert: das Diamantene Wesen (Dorje Sempa/Vajrasattva).

Die transzendenten Buddhas, die aus dem farbigen Licht des Geistes bestehen, sind nur einen Schritt entfernt von der undifferenzierten Leere und nur eine Spur stofflicher als der Adibuddha. Ihr wunderbarer Schmuck, ihr Lichtkörper und ihr üppiges Paradies zeugen von ihrem Zustand der Glückseligkeit. In Tibet stellt man sie sich deshalb mit einem Körper der »Verzückung« oder des »Schmucks« *(longku/sambhogakaya)* vor, und diese Ebene der Emanation aus dem Nichts heißt denn auch Reich des Körpers der Verzückung. Diese Ebene entspricht dem Zustand spiritueller Helden und Heldinnen (Bodhisattvas) und der Yidam-Schutzgottheiten, die andere Wesen aktiv zur Erleuchtung führen. Da sie aus besonders feinstofflichen Vibrationen der Vitalität und des Bewußtseins bestehen, sind sie zwar für das physische Auge nicht sichtbar, wohl aber für das innere weise Auge der Vorstellung.

Man könnte sagen, der Körper der Verzückung diene dazu, ein Zusammenspiel zwischen Körper und Vorstellung zu bewirken. Er steigert die Körperenergien und das Bewußtsein des Geistes (den Körpergeist) der praktizierenden Person zu einem idealen Zustand des Handelns, Sichäußerns und Denkens, den auch diese Gottheit besitzt.

Der dritte »Körper« des Tantra ist die am besten zugängliche Form des Nichts der Leere. Es ist der Körper der Verwandlung *(tulku* oder *nirmanakaya)*: eine lebendige, meist menschliche Gestalt, die vom Gedankenstrom eines Buddha oder einer Bodhisattva erfüllt wird, um fühlende Wesen auf ihrem Weg hin zur Erleuchtung zu geleiten. Viele tibetische Lamas (wenn auch nicht alle) gelten als Tulku-Inkarnationen erleuchteter Wesen. Und aus Achtung vor ihrem spirituellen Stand nennt man sie in Tibet »die großen Kostbaren« *(rinpoche)*.

Zu solchen Manifestationen (Inkarnationen) des erleuchteten Geistes gehört Buddha Shakyamuni, der im sechsten Jahrhundert vor Christus lebte und lehrte. Ebenso gab es weltgestaltende Lehrende, die in Zeitaltern vor ihm emanierten, und es gibt andere, die in zukünftigen Zyklen der Äonen kommen werden. Es heißt, Shakyamuni, der historische Buddha, sei der vierte in einer langen Reihe solcher Lehrgestalten gewesen, die sich in unserem Weltzeitalter manifestieren werden. Sie erscheinen in Zeiten des moralischen, physischen und spirituellen Verfalls, um als Gegenmittel zu den Leiden des Samsara (der gewöhnlichen Wirklichkeit) zu wirken.

Zusammenfassend läßt sich sagen, daß das Drei-Körper-System die Gliederung der tantrischen Gottheiten und der Wirklichkeit darstellt. Aus dem Nichts kommt ein Ur-(Buddha-)Zustand, der sich in fünf Energien und Arten des Handelns, Sichäußerns und Denkens differenziert; die transzendenten Buddhas sind die höchsten Wahrzeichen dieser Umformung. Denken wir an den transzendenten Buddha unserer Welt-Wirklichkeit, den Buddha des Unermeßlichen Lichts. Die aktive Emanation von Verständnis und Energie dieses in der Farbe der untergehenden Sonne leuchtenden Buddha ist der Bodhisattva des Mitgefühls. Er verkörpert die Liebe und lebt auf der Ebene des Körpers der Verzückung. Zudem nimmt er verschiedene Gestalten an, je nachdem, wie sich sein Mitgefühl ausdrücken muß. So kann er als friedfertiger, besänftigender jugendlicher Mensch mit vier Armen auftreten oder als immerzu wachsame und außergewöhnlich aktive elfköpfige und tausendarmige Gottheit. Diese Gestalt ist in jedem Dalai Lama verkörpert.

Ihr Gedankenfluß strömt sogar durch den Großen Schwarzen (Nagpo Chenpo/Mahakala), der mit so furchteinflößender Leidenschaft die Hindernisse auf dem Weg zur Erleuchtung wegfegt. Der Bodhisattva des Mitgefühls und seine erlösende Emanation, die große Göttin Tara (Dölma), die, wie er, viele Gestalten annimmt, wachen über die vierte Welt.

Die Wirklichkeit, in der das tibetische Volk lebt, ist wie ein komplexes Gewebe aus urtümlichen und buddhistischen Formen und Ideen gesponnen, die durch die Intelligenz und die Vorstellung verwoben werden. Durch kontemplative Versenkung und rationales Erforschen haben seine Angehörigen ein lebenswichtiges Faktum entdeckt, was unseren Platz in der Wirklichkeit betrifft: Alle Wesen (ob göttlich oder gewöhnlich) sind durch das Bewußtsein und die Energie von Körper und Geist miteinander verbunden. Letztlich, so erklären die Lehren, stammen alle Formen, alle Energie und alle Gedanken aus dem Nichts der Leere.

Die spirituelle Ökologie der Navajo

Das Universum der Navajo lebt. Es ist durchdrungen von feinstofflicher Lebens- und Geisteskraft und funktioniert nach einem Rhythmus und einer Ordnung, die in den idealen Bedingungen der Schönheit *(hózhóng)* gipfeln. Alle Wesen sind Ausdruck der Schöpfung; sie handeln in dieser Schöpfung und bewahren die kosmische Ordnung. Die Navajo bezeichnen sich als »auf der Erde Gehende« *(nahoka dine'é)*, und im weiteren Sinn trifft das auf alle Menschen zu. Mit ihnen leben in unserem idealen, aber veränderlichen Universum ermächtigte Menschen *(diyin dine'é)*, die Gottheiten oder Heiligen Wesen. Sie unterscheiden sich von den gewöhnlichen Menschen dadurch, daß sie sich im Besitz voller Kenntnis der Schönheit befinden und ausschließlich aus gereinigten (»makellosen«) Energien (»Winden«) des Geistes und der Lebenskraft bestehen.

Abb. Seite 74:
Der im Canyon de Chelly hoch aufragende Spider Rock ist das irdische Zuhause der Spinnen-Großmutter; sie webt von seiner Spitze aus ihr Netz zu den Felswänden des Canyons rundum.

Naturerscheinungen wie Berge, Ebenen, Täler, Felsformationen, Höhlen, Ströme, die Witterungsverhältnisse und die Lichter des Himmels sind Behausungen der Heiligen Wesen. Uralte Ruinen der Anasazi-Indianer in Canyon-Höhlen gelten als Wohnstatt der heiligen Schutzwesen namens Yei. Den hoch aufragenden Sandsteinfelsen namens Spider Rock im Canyon de Chelly bewohnt Spinnen-Großmutter, die der großen Göttin Sich Ändernde Frau das Weben beibrachte. Ein Gewebe aus Regenbogen verbindet denn auch ihre Felsspitze mit den Canyon-Wänden. Spinnen-Großmutter überreichte zudem den Zwillingssöhnen von Sich Ändernde Frau eine Zauberfeder, die sie auf ihrer Reise zur Sonne beschützen sollte. Nun leben die Krieger-Zwillinge auf dem Navajo Mountain. Interessanterweise gilt der Navajo Mountain als Kopf der Erdfrau, der Essenz der Erde.

Substanz und Wirklichkeit der Heiligen Wesen entsprechen der Art des Windes und der Feinheit des Lichts. Sie sind deshalb von bloßem Auge nicht wahrnehmbar – wir benötigen »Einsicht«, um sie zu erkennen. Die Gesamtheit dieser Gottheiten enthält alle notwendigen Modelle des idealen Navajo-Menschen, und die Heiligen Wesen gleichen den gewöhnlichen, nicht ermächtigten Navajo in vielerlei Hinsicht sehr. Ihre Gestalt ist denen der Menschen ähnlich, ja sie leben sogar fast wie die Navajo. Der Unterschied liegt in ihrem unwiderruflichen und ewigen Stand der Göttlichkeit. Dieses Im-Einklang-Sein mit den Kräften, den Rhythmen und der inneren Ordnung des Kosmos ist Hózhóng, wahre Schönheit, die äußerliche Schönheit zwar einschließt, jedoch nicht darauf beschränkt ist.

Obwohl wir auf der Erde Gehenden nicht auf Spinnwebbrücken aus Regenbogen und Sonnenstrahlen von einer Ebene zur nächsten gelangen oder ganz nach Wunsch in unserer Welt erscheinen oder daraus verschwinden können wie die Heiligen Wesen, hören wir aus dem Mund jener Navajo, die uns ihre Philoso-

Ich, ich bin der Geist in der Erde
Alles ist in Schönheit, alles
ist in Schönheit
Alles ist in Schönheit, alles
ist in Schönheit
Die Füße der Erde sind meine
Füße
Alles ist in Schönheit, alles
ist in Schönheit
Alles ist in Schönheit, alles
ist in Schönheit
Die Beine der Erde sind meine
Beine
Alles ist in Schönheit, alles
ist in Schönheit
Alles ist in Schönheit, alles
ist in Schönheit
Die Stärke der Erde ist meine
Stärke
Die Gedanken der Erde sind
meine Gedanken
Die Stimme der Erde ist
meine Stimme
Die Feder der Erde ist meine
Feder
Alles, was der Erde gehört,
gehört mir
Alles, was die Erde umgibt, um-
gibt mich
Ich, ich bin die geheiligten Wor-
te der Erde
Alles ist in Schönheit, alles
ist in Schönheit
Alles ist in Schönheit, alles
ist in Schönheit

Erdgeist-Gebet der Navajo

Navajo Mountain ist der höchste Punkt des Reservats. Er gilt als Kopf der Erdfrau und als Ort, wo die Krieger-Zwillinge wohnen.

phie vermitteln und ihre Gesänge vortragen, daß wir den ermächtigten Stand erreichen können, wenn wir uns bemühen. Wir können unseren unvollkommenen Körpergeist deshalb auf den potentiellen Stand der Schönheit und des ewigen Lebens bringen, weil wir aus demselben Stoff sind wie die Heiligen Wesen. Wir alle sind Emanationen (um einen buddhistischen Begriff zu benutzen) dieser Einheit und Kraft der Schönheit, von der, wie es heißt, Füße, Beine, Körper, Geist und Sprache der Erde durchdrungen sind.

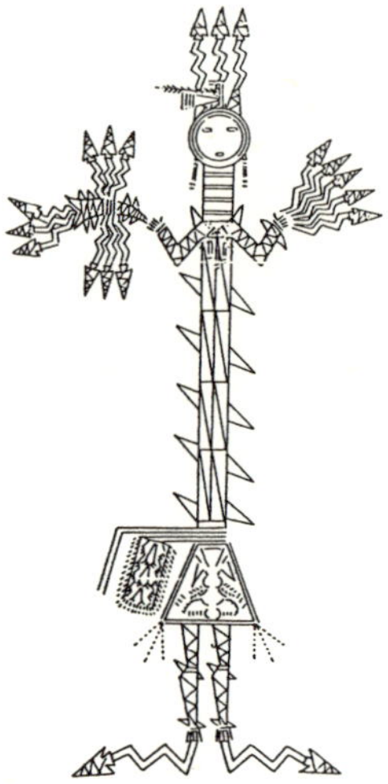

Die Krieger-Zwillinge Monster-Töter (oben) und Für das Wasser Geborenes Kind (unten) sind an ihren jeweiligen Attributen des spirituellen Kriegertums erkennbar. Sie zeigen das Wesen ihrer Denk- und Tatkraft.

Göttliche Modelle

Wenn die Navajo ihre Welt betrachten, dann erblicken sie darin verschiedene Gottheiten, die ihnen als Modell dafür dienen, wie sie denken und handeln sollten. Wenn sie zum Beispiel den heiligen Navajo Mountain besuchen, wissen sie, daß es sich dabei um den Kopf der Erdfrau handelt, deren Person eng mit Sich Ändernde Frau verbunden ist, der Muttergöttin der Navajo und der Mutter der Krieger-Zwillinge, die nun auf dem Gipfel dieses Berges leben.

Sich Ändernde Frau erscheint in vielerlei Gestalt. Sie besitzt zwei Hauptaspekte; der eine ist die junge Weiße-Muschel-Frau oder Weiße-Perle-Frau, der andere die reife große Göttin Sich Ändernde Frau oder Türkis-Frau. Zugleich ist sie auch die Quelle, aus der die Edelstein-Frauen der vier Himmelsrichtungen »emanieren«, und sie steht in spiritueller Verbindung zu den ursprünglichen Energien und Elementen von Erdfrau, Bergfrau, Waldfrau und Wasserfrau.

Laut den Sagenlehren sind die Zwillingssöhne von Sich Ändernde Frau – die Krieger-Zwillinge, welche die Eigenschaften wilde Macht und nährende Fürsorge verkörpern – fähig, in andere Nebengestalten mit unterschiedlichen Qualitäten zu emanieren, um ihre Aufgaben, nämlich alle schädlichen Kräfte von Mensch und Land abzuwehren, zu erfüllen. Ihr Bestreben, von ihrem Vater, dem Sonnenträger, spirituelle Kraft zu bekommen, ist eine zentrale Metapher für die Reise der Navajo zum idealen Stand der Schönheit.

Sich Ändernde Frau nahm Sonnenträger zum Mann, als sie in die Pubertät kam. Als ursprünglich ein auf der Erde Gehender hatte er die Navajo-Ahnen vor der steigenden Flut gerettet, als sie in die gegenwärtige Fünfte Welt heraustraten. Zum Dank dafür betrauten ihn die Schutzgottheiten mit der Aufgabe, die feurige Sonnenscheibe von seinem Haus im Osten zu seinem Haus an den westlichen Grenzen des Kosmos zu tragen. So erlangte er das Ziel aller Navajo: das immerwährende Leben der Heiligen Wesen. Als Träger der Sonne ist er Oberhaupt jener Macht, die in der Welt der Erscheinungen alles durchflutet, und dadurch wird er zu einem würdigen Gefährten für die Muttergöttin allen Lebens.

Sich Ändernde Frau und Sonnenträger leben in ihrem gemeinsamen Haus im Westen. Es heißt, es liege auf einer Insel im Pazifik und auf dieser stehe ein strahlender, kreisrunder Hoghan aus Sonnenstrahlen, Regenbogen, schwarzen (Regen-)Wolken, Nebel, Morgenlicht und Abenddämmerung. Weiße Muscheln und Türkis, Abalone und Gagat schmücken seine vier Segmente sowie den Eingang. Man erwartet nicht weniger von der Muttergöttin und dem Sonnenvater, als daß sie dem Sonnenuntergang entgegengehen und dort zusammen auf einer strahlenden heiligen Insel leben. Für ideale Wesen ist eine ideale Umgebung schließlich gemacht.[5]

Die Navajo kennen weitere klar definierte Personifizierungen ihrer idealen Daseinsform in Gestalt einer anschaulichen Versammlung hilfreicher und höchst aktiver Heiliger Wesen, die Yei. Sie entsprechen in manchem den Buddhas, die zur Ebene des Geschmückten Körpers gehören, den tibetischen Schutzgottheiten namens Yidam. Yei dienen als Bindeglied zwischen der höchsten, ermächtigten Wirklichkeit und der Wirklichkeit auf Erden. Traditionell denkende Navajo verstehen das Leben als einen Weg hin zur Schönheit und zum immerwährenden Leben, und auf diesem Weg stehen ihre Schutzgottheiten ihnen bei.

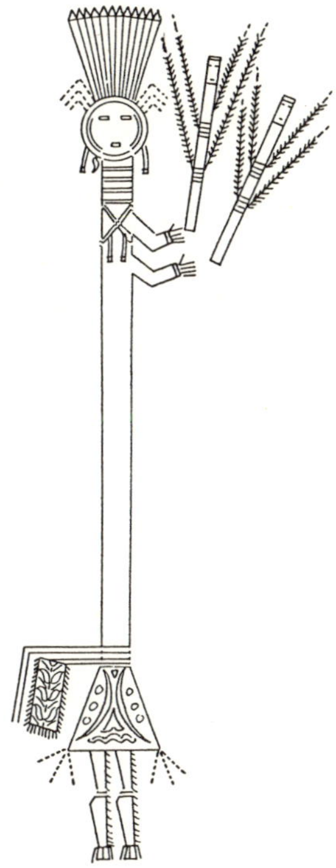

Sprechender Gott gilt in der Navajo-Spiritualität als Hauptschutzgottheit.

Zwar besteht keine vollständige Übereinstimmung, aber es fällt doch auf, wie ähnlich Bedeutung und Funktion der idealen Wesen (Gottheiten) der Navajo und Tibets einander sind. Dieser Einklang enthüllt entweder einen grundlegenden Archetypus der menschlichen Psyche überhaupt, oder aber er stellt den Beweis dar für eine archaische psychokulturelle Ordnung, die von weit voneinander entfernt lebenden Völkern bis heute als Teil ihres Leben betrachtet und bewahrt worden ist. Höchstwahrscheinlich trifft die eine Erklärung so gut zu wie die andere.

Machen wir uns also auf, um einige dieser hilfreichen Mittler zwischen den idealen und dem gewöhnlichen Gefilden in der Navajo-Erfahrung kennenzulernen: Der älteste Navajo-Yei ist Sprechender Gott (Hashch'éélltí'i). Sein Ehrentitel lautet Yeibichei, was soviel bedeutet wie Großvater der Gottheiten; man könnte ihn als Exekutive im Rat der Schutzgottheiten bezeichnen. Sprechender Gott ist die Gottheit des Ostens, des Morgengrauens, die erste Bewegung der Schöpfung, der Aufstieg des Morgensterns und die Energie der Sonne, die Dämmerung der Wirklichkeit. Die Navajo beten zu den ersten Strahlen der Morgendämmerung, weil sie wissen, daß diese die Energie und den Geist von Sprechender Gott in sich tragen. Indem sie so Verbindung zu einer Hauptschutzgottheit aufnehmen, eignen sie sich die Eigenschaften und die Persönlichkeit von Sprechender Gott an, um sich selbst für den kommenden Tag mit reinem Geist und Schönheit zu tränken.

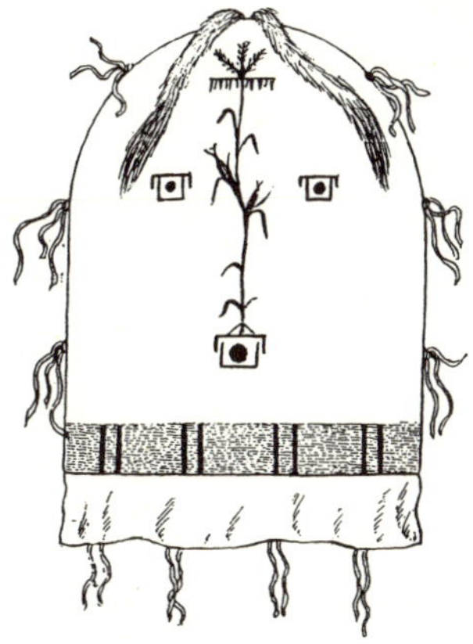

Schmucklose Maske von Sprechender Gott.

»Sprechender Gott«, so erklärt ein Sänger, »ist der Gedanke an sich.« Philosophierende Navajo anerkennen, daß alles Wirkliche zunächst vom Gedanken ausgeht und dann durch die Sprache und körperliches Handeln manifest wird. Insofern hat Sprechender Gott als Gottheit nicht nur den Anstoß für die Schöpfung der Wirklichkeit gegeben, sondern verkörpert zugleich deren Gesamtheit.[6]

Das Diamantene Wesen in sexueller Vereinigung verkörpert den kristallklaren Geist der Erleuchtung.

Entsprechend ist die vollziehende Gottheit des Universums des tantrischen buddhistischen Mandala in Tibet eine rätselhafte Schutzgottheit, die unter dem Namen Diamantenes Wesen bekannt ist (Dorje Sempa/Vajrasattva). Sie verkörpert die Gesamtheit der fünf Weisheitsenergien der Buddha-Familien und wird in der Regel im östlichen Teil des tantrischen Mandalas angesiedelt, sozusagen »verschmolzen« mit dem Unerschütterlichen, dem transzendenten Buddha des Ostens. In manchen tantrischen Systemen ersetzt das Diamantene Wesen den Unerschütterlichen gar als Träger der Weisheitsenergie des Ostens. Dieser Ersatz ist nachvollziehbar, denn beide gehören zur östlichen Vajra-Familie, deren Schutzgottheiten über die vereinigten Kräfte der Morgendämmerung und des Diamanten (oder Vajra, nach dem die Familie benannt ist) verfügen.[7]

Diese Wesen und Sinnbilder weisen auf die Bedeutung des Ostens und damit besonders der ersten erhellenden Morgenröte nach einer langen, dunklen Nacht des Geistes hin. Die Vajra-Familie der Buddhas, Bodhisattvas, Schutzgottheiten und Schutzwesen ist die mächtigste der fünf tantrischen Buddha-Familien. Deren Angehörige verfügen über die Energie der beginnenden und der abschließenden Phasen mentalen Handelns. Der Unerschütterliche versinnbildlicht das Erwachen des erleuchteten Bewußtseins, während das Diamantene Wesen dessen Höhepunkt als Modell eines voll entwickelten Körpergeistes der Person darstellt, die das Tantra praktiziert. Deshalb ist die zentrale Bedeutung des Diamantenen Wesens eng verbunden mit jener Eigenschaft des Lichts und des Geistes, die sich unerschütterlich und wie eine Morgendämmerung aus der Leere der Kosmos in die Wirklichkeit der gewöhnlichen Welt erhebt.[8]

Tsepame/Amitayus, der Buddha Grenzenloses Leben, ergänzt den schneidenden Geist des Diamantenen Wesens durch die Weisheitsenergie, die in Verbindung steht mit schöpferischer und lebenserhaltender Kraft.

Das Diamantene Wesen dient im Buddhimus in allererster Linie als Wahrzeichen für den Vorgang der spirituellen Reinigung und Wiederherstellung. Indem man sich tief mit ihm identifiziert – durch eine tägliche Abfolge systematischer Übungen –, lassen sich die Folgen von Zuwiderhandlungen gegen tantrische Gelübde rückgängig machen und zerstörerische mentale Neigungen läutern.

Das Diamantene Wesen ist in allen grundsätzlichen Aspekten das tibetische Äquivalent zum Großvater der Schutzgottheiten bei den Navajo. Es ist die prägnante Kraft des Ostens, welche das Diamant-Zepter der Weisheitsenergie zur Besserung aller Geschöpfe schwingt. Es ist der Buddha, der mit dem zündenden Funken des Handelns in Verbindung gebracht wird, das hin zur Erleuchtung führt. Es verkörpert den Modellzustand, den alle Gläubigen anstreben, symbolisiert durch seinen weißen oder, richtiger, transparenten Körper, der mit dem klaren Licht des Geistes und der Energie der Erleuchtung strahlt. Es ist der Modell-Buddha der Umwandlung.

In beiden Traditionen ist diese initiierende Gottheit deshalb so wichtig, weil man die Reise auf richtige Art und Weise in Angriff nehmen muß, um zum Ziel eines wahrhaft spirituellen Lebens zu gelangen. Das Licht am Anfang eines Tages, der Drang, lebendig zu werden, der Frühling zu Beginn eines Jahreszyklus: all dies sind Beweise für dieses Axiom, das als Sprechender Gott oder Diamantenes Wesen verschlüsselt ist. Es überrascht nicht, daß ausgerechnet Sprechender Gott in der Night-Way-Zeremonie die Initiation der Navajo überwacht, die sie auf den Verwandlungsweg der Navajo-Religion führt. Ebenso betrachten Gläubige des Tantra die Initiation in das Tantra des Diamantenen Wesens oft als Voraussetzung für weitere Praktiken des tantrischen Buddhismus.

Die psychospirituelle Bedeutung der Morgendämmerung wurde vom tibetischen Meister Chögyam Trungpa Rinpoche in seinen Lehren über das innerasiatische spirituelle Kriegertum umfassend beschrieben.[9] Er verglich darin die heldenhafte Reise zum Urgrund des Geistes mit der »Morgendämmerung der Großen Östlichen Sonne«. Seine Erklärung dazu lautet: »Der Pfad der Großen Östlichen Sonne gründet darauf, zu erkennen, daß es in unserer Welt eine natürliche Quelle der Strahlung und des Glanzes gibt, und dies ist die angeborene Wachsamkeit der Menschen [...] Die Grundlage der Vision der Großen Östlichen Sonne bildet die Einsicht, daß die Welt am Anfang sauber und rein ist. Das Aufräumen bereitet uns keine Probleme, wenn uns klar wird, daß wir die Dinge lediglich wieder zurück in ihren natürlichen, ursprünglichen Zustand versetzen.«

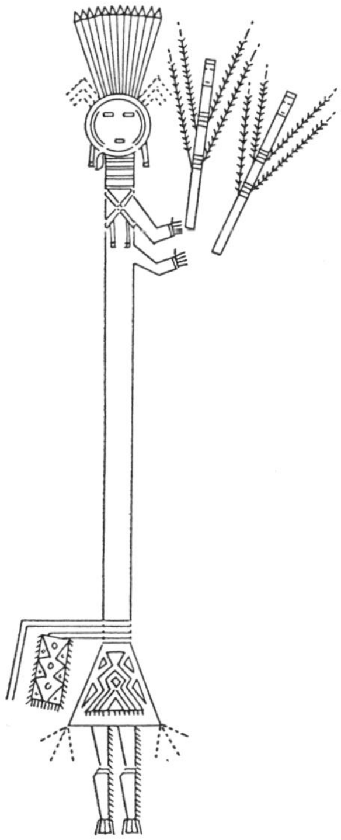

Die Gottheit Rufender Gott bildet mit ihrer Macht, Leben und Ernte zu schenken, den ergänzenden Ausgleich zur Führungskraft und zu den mentalen Qualitäten von Sprechender Gott.

Doch ebenso wie die Sonne immer aufgeht, geht sie auch wieder unter. Diese unaufhaltsame Bewegung wirkt in jedem Körpergeist und wird durch die Partnerschaft von Gottheiten des Ostens und des Westens symbolisiert. Also wird die schneidende geistige Klarheit des Diamantenen Wesens durch eine Schutzgottheit ergänzt, die im spirituellen Leben Tibets eine ebenso große Rolle spielt. Sie bewohnt das westliche Viertel im Mandala und trägt als Aspekt des Buddhas Unermeßliches Licht und Neben-Emanation des Bodhisattvas des Mitgefühls den Namen Grenzenloses Leben (Tsepame/Amitayus). Ihre Rolle als Buddha Grenzenloses Leben wird in häufigen Ritualen zur Erlangung eines langen Lebens *(tsewang)* angerufen sowie durch Opfergaben in Schreinen, die ihr Bild oder das anderer lebensstärkender Gottheiten beherbergen. Das westliche Reich des Buddhas Grenzenloses Leben, das Land, in dem die Sonne untergeht, ist eine Stätte des Lichts, des langen Lebens und des grenzenlosen Mitgefühls. Wir können den Gedankenstrom des Buddhas Grenzenloses Leben, vereint mit demjenigen des Buddhas des Mitgefühls getrost mit den nährenden und liebenden Eigenschaften der Navajo-Gottheit Rufender Gott vergleichen.

Bei den Navajo spielt Rufender Gott die Rolle jener Gottheit, welche psychospirituell nährt, die Ernte bringt und Leben und Haus beschützt. Als solche ergänzt Rufender Gott die nach außen gerichteten Führungseigenschaften von Sprechender Gott Halt gebend mit Energie, Gedanken und Taten. In heiligen

Erzählungen und Ritualen treten beide stets gemeinsam auf. Rufender Gott ist das warme Glühen des Westens, das den kalten Glanz des Ostens ausgleicht, und (als Körperfarbe) das warme Gelb des Lebens im Kontrast zum eisigen Weiß des aktiven Geistes. (In der Navajo-Symbolik bedeutet Gelb Halt geben und nähren, Weiß ist die Farbe der Initiation. In der tantrischen Symbolik trägt der nährende Buddha Grenzenloses Leben die Farbe Rot, und Weiß ist jene des initiierenden Diamantenen Wesens.)

Das Bild vom Aufstieg und Untergang der Sonne, der aktiven, bewegungsreichen Zeit des Solarzyklus, eignet sich besonders gut für die Beschreibung der Lebensreise. Der Sonnenuntergang ist eine kontemplative Zeit, in der man sich auf Gedanken, Gefühle und Handlungen des Tages besinnt und zusammenkommt, eine Zeit zum »Leben«, wie die Navajo sagen. Nach dieser Interpretation ist die Wirklichkeit der Morgendämmerung von Sprechender Gott diejenige des »Denkens« – das Erwachen des Bewußtseins –, und die Abenddämmerung die Zeit, in der man zusammenkommt und die Ernte der Samen belebt, die durch die Gedanken zum Keimen gebracht wurden. Die Gottheiten des Sonnenaufgangs und -untergangs bei den Navajo und Tibets sind wahrhaft treffende Symbole für diesen Grundsatz der Natur.

Alle Dinge sind miteinander verbunden. Wenn man die Bäume fällt, deren Wurzeln mit allem verbunden sind, muß man sie um Verzeihung bitten, sonst fällt ein Stern vom Himmel.

Älterer der Lacanon-Maya

Wir werden später mehrmals auf diesen Vergleich zurückkommen, denn wir werden uns noch eingehender mit der Rolle dieser Gottheiten im Spirituellen Kreis befassen.

Eine universelle spirituelle Ökologie

Die Gesamtheit der Gottheiten drückt in beiden Traditionen die nahtlose Ganzheit der Dinge aus, die in anthropomorph und dialektisch entgegengesetzte Merkmale und Kräfte aufgespaltet sind. Abendländische Gelehrte haben diesem allumfassendsten aller spirituellen Systeme den Namen Pantheismus gegeben. Pantheismus ist der sehr konkrete Ausdruck für alle ineinander verketteten und miteinander verbundenen »echten« Energien der Erscheinungswelt, die auf natürliche Weise der Quelle auf dem Urgrund der Wirklichkeit entspringen. Die Endung -theismus besagt, daß diese natürlichen Quanten aus praktischen Gründen zu göttlichen Symbolen stilisiert werden, wobei allerdings nie vergessen wird, daß sie alle Aspekte des Einen sind. Der Pantheismus bietet einen vernünftigen und natürlichen Weg, um die Wirklichkeit zu begreifen. Die Welt auf diese holistische Weise zu betrachten lehrt uns, daß wir – sämtliche Wesen und Erscheinungen – sowohl durch die feinstofflichen Energien des Geistes und der Lebenskraft als auch ein offensichtlicheres Netz, das auf biologischer Symbiose beruht, miteinander in Verbindung stehen.

Darüber hinaus verbindet uns ein alles durchdringendes System von Handlungen und deren Folgen. Diese entsprechen den komplizierten Pfaden in einem Spinnengewebe oder den konzentrischen Wellenbewegungen, die ein Stein im Wasser eines Brunnens erzeugt. Wir alle – Menschen, Tiere und nichtkörperliche Wesen – sind allen Vorgängen nach diesem allgemeingültigen Gesetz von Ursache und Wirkung unterworfen, das sich am besten durch die buddhistische Vorstellung erklären läßt, welche in Sanskrit *karma* und in Tibet *ley* heißt.
Der Begriff Karma bezieht sich auf den Gesamtzustand eines Lebenssystems, der unauflöslich mit demjenigen aller anderen denkenden und fühlenden (»empfindungsfähigen«) Wesen verbunden ist. Das eigene Karma (in Tibet freimütig »Glück« genannt) ist eine fließende, sich stets verändernde Matrix von miteinander verketteten Ursachen und Wirkungen, in dem die eigenen Chancen besser oder eben schlechter werden, je nach den Auswirkungen eigener und fremder Gedanken und Handlungen. Die Auswirkungen des Karmas zeigen sich entweder sofort oder – weit häufiger – viel später, nach vielen Jahren, Generationen (im Denken der Navajo)[10] oder Lebenszeiten (nach buddhistischem Verständnis).
Fragt man traditionell denkende Tibeter oder Navajo nach dem persönlichen Standort innerhalb der Ordnung der Dinge, wird man die Antwort erhalten, wir müßten anderen gegenüber mit Achtung und Verständnis handeln, sprechen und denken. Die Navajo sagen, wir alle seien »Wesen«: auf der Erde Gehende, Schwimmende, Kriechende und Fliegende, Völker des Himmels und der Erde. In Tibet weiß man, daß wir sowohl Menschen als auch Tiere, weltliche Gottheiten und Halbgottheiten, Geister und Höllenwesen und Behausung für ursprüngliche Erdmächte sind. Unabhängig von der Kategorie oder Beschreibung aber sind wir alle unauflöslich miteinander verbunden durch ein System von Handlungen und deren Folgen, das sich entweder im Einklang mit der kosmischen Ordnung befindet oder aus dem Gleichgewicht geraten ist.
Die eigene Verbindung zur äußersten Ordnung der Dinge wahrhaft zu erkennen verleiht Demut, Verantwortungsgefühl und eine gewisse Selbstbeherrschung. Es ergibt sich daraus auch eine Eigenschaft, die sich in einem neurotischen Zustand des Ungleichgewichts als wahre Besessenheit äußert, Menschen und Vorgänge in Besitz zu nehmen und zu beherrschen, im ausgeglichenen Körpergeist dagegen als geläuterte Form der Leidenschaft, des Mit-Leidens, des »Mitgefühls« zum Ausdruck kommt. Wer für längere Zeit mit Angehörigen des tibetischen Volkes oder mit Navajo lebt, spürt diese positive Eigenschaft in ihnen sehr klar. Diese Menschen strahlen Verantwortung und wohlbemessene, aufmerksame Rücksicht auf andere aus. Wahres Verständnis der persönlichen Verbindung zur Ordnung der Dinge bringt unweigerlich solche Eigenschaften mit sich.
Einmal hatte ich Gelegenheit, einem Gespräch des verstorbenen Wissenschaftlers und Humanisten Buckminster Fuller beizuwohnen. Damals schon alt, ließ

er die Lektionen an sich vorüberziehen, die ihn das Leben gelehrt hatte, und meinte zuletzt, er halte Verstand und Liebe für die ursprünglichsten Eigenschaften des Universums.[11]

Wie Fuller verließen sich auch Gelehrte und visionäre Reisende der Navajo und Tibets nicht nur auf den Glauben, um zum gleichen Schluß zu kommen. Sie alle waren, und sind es heute noch, zugleich spirituelle und wissenschaftliche Gelehrte. So stützen sie sich bei ihrer Arbeit auf eine Partnerschaft von Inspiration und Erfahrung, Kontemplation und logischem Denken. Das wahre Wesen der Dinge zu erkennen bedingt, daß man um die Verbindung zwischen den flüchtigsten, subtilsten Vorgängen des Verstandes (das heißt, des ganzen Verstandes, einschließlich des Bewußtseins und des Herzens) und der äußeren, materiellen Wirklichkeit weiß, die den Grund von Verstand und Liebe sowohl beeinflußt als auch von dorther stammt.

Nach Jahrhunderten der spirituell-wissenschaftlichen Forschung und Praxis ist man bei den Navajo und in Tibet grundsätzlich zur selben Auffassung der Verbindung zwischen dem Psychischen und dem Physischen, also dem Wesen und seiner Erscheinung, gelangt.[12] In beiden Kulturen stellen sich die Menschen idealisierte göttliche Persönlichkeiten aus ihrem jeweiligen Konzept des Unendlichen vor, und dies hilft ihnen, mentale und auf Erfahrung beruhende Verbindungen zwischen diesen beiden Ebenen der Wirklichkeit herzustellen.

Nachdem wir die äußeren und inneren Ebenen des Spirituellen in der heiligen Welt untersucht haben, nähern wir uns nun dem Kern; beide Kulturen beschreiben ihn als »Licht des Geistes«, das auf den feinen Schwingen des »göttlichen Windes« getragen wird.

Kapitel 4
WIND DES LEBENS, LICHT DES GEISTES

Überall begreift man den Wind auch als einen schöpferischen Atem, eine unsichtbare Kraft, die, modern gesprochen, einen genetischen Einfluß ausübt.

Lyall Watson

Nach einer Legende zerschlug im 13. Jahrhundert ein heiliger Wind, den die japanischen Shinto-Gottheiten aufwühlten, eine Kriegsflotte, die der mongolische Herrscher Kublai Khan von Korea aus auf See geschickt hatte. Sechshundert Jahre später nannten sich junge japanische Flieger, die sich ebenfalls die Zerstörung einer Kriegsflotte zum Ziel gesetzt hatten, Kamikaze, das heißt göttlicher Wind. *Kami* sind die in Japan heimischen Vorstellungen der Elementarkräfte, die alle Erscheinungen durchdringen. *Kazi* ist der Wind, die feinstoffliche, aber mächtige Quelle der Geistesenergie für diese Kräfte.

Bei den Navajo und in Tibet weiß man – wie in den meisten noch intakten Urkulturen der Menschheit –, daß die Essenz des Lebens und die Grundlage des Denkens aus feinstofflichen Energieschwingungen bestehen, die sich nach außen als Atem manifestieren. Nicht nur Erde und Himmel atmen mit Stürmen und Passatwinden und der Körper mit seinen Atemzügen. Es gibt noch eine besondere, viel feinere Form eines zirkulatorischen Windes, den man in Tibet *lung* und bei den Navajo *nillchi'i* nennt; in China heißt er *chi* und in Indien *prana*. In all diesen Kulturen gilt dieser Wind als der zarteste Atem des Lebens und trägt den Geist sowohl der Menschen als auch aller anderer Wesen, die es innerhalb der Erscheinungswelt gibt. In diesem Sinne betrachtet man in Tibet und bei den Navajos den Atem von Tieren und Pflanzen, der Erde und des Himmels sowie der individuellen Körpergeister als aus derselben schwingenden Energie zusammengesetzt.

In beiden Traditionen wird diese zarte Windkraft als Grundlage für das Leben und das »Licht« des Bewußtseins verstanden, so vergleichbar mit der Ampere-Leistung des elektrischen Stroms: seiner Stärke. Ohne Ampere-Leistung kann keine Spannung durch einen Draht fließen und ihre Wirkung entfalten. Genauso kann die Spannung der Gedanken nicht weiterfließen, wenn der zarte Wind des Lebens sie nicht weiterleitet.

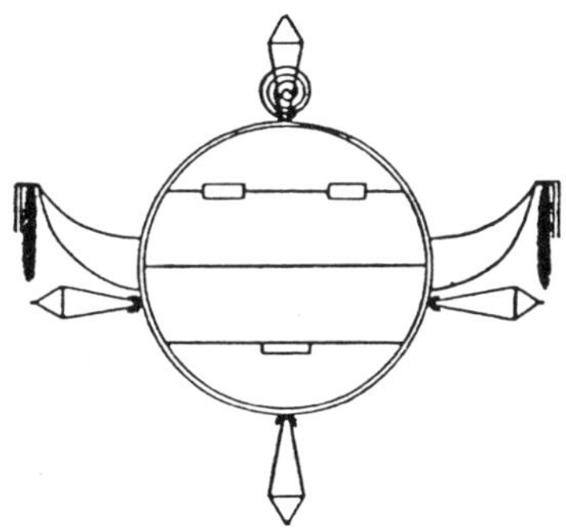

Die Navajo stellen die kosmische Energie des Heiligen Windes in Gestalt einer heiligen Person mit Hörnern der Macht und einem Wirbelwind als Kopfschmuck dar.

Wind und Verstand in der Wirklichkeit der Navajo

Es ist vollbracht. Der Wind ist in ihre Köpfe eingeströmt und an ihren Zehen und Fingern wieder ausgetreten. Schaut eure Fingerspitzen an, und ihr könnt die Spur des Windes erkennen, wo er durchgewirbelt ist. Alle Himmlischen standen im Kreis, und Nillchi'i, der Wind, gab den neuen Gestalten den Atem des Lebens. Bergkristall-Knabe gab ihnen Verstand, Der Welcher In Uns Steht klar wie Kristall. Grashüpfer-Mädchen verlieh ihnen Stimme.

Adaptiert aus Dark Circle of Branches von Laura Armer

Wind und Licht: Die Navajo stellen sich Wind und Licht als ein gemeinsames Gebilde farbiger Nebel vor. Ein alter Sänger und Denker erklärte dem Franziskanerpater Berard Haile, einem Kenner der Navajo-Religion, zu Beginn der Schöpfung habe sich die erste Wolke oder Nebelwand aus Licht gebildet und dann nacheinander verschiedene Farben angenommen, und dabei sei ihr jeweils ein entsprechend gefärbter Wind entströmt.[1] So entstand zuerst der schwarze Wind, dann der blaue, der gelbe, der weiße und schließlich der vielfarbige. »Sie wurden [...] für die Völker auf der Erde geschaffen, und ein jeder stellt eine heilige Tageszeit dar, aus der bestimmte Kräfte strömen.« So erklärte es der alte Sänger.

Laut manchen Gesängen soll alles mit der Bildung eines dunklen Nebels begonnen haben, wie eine schwarze Regenwolke, voller Kraft, Leben auf der Erde zu schaffen. Andere beschreiben das erste Licht als weiß, ähnlich dem ursprünglichen Licht des Verstandes, wie man es in Tibet versteht.[2] Aus diesen Verbindungen von Wind- und Lichtnebeln soll sich langsam eine schillernde Anordnung aller vier Farben herauskristallisieren, die ein Sänger »Regenbogen der Erde« nannte.

In den Augen der Navajo besteht die Welt aus einer geheiligten Lichterkette von Regenbogenfarben, die von den vier kardinalen Himmelsrichtungen ausgehen, dann ineinander verschmelzen und schließlich in eine Zerlegung in alle Farben münden. Ein jedes dieser Lichter ist begleitet von farbigen Winden, deren Farbe jeweils mit einer bestimmten Art Licht in Verbindung steht. Licht und Wind gelten bei den Navajo als die zartesten Formen der Energie, die den Kosmos durchdringen.

Von den Winden und Lichtern kommt Leben. Eine greise Sängerin erläuterte mit Hilfe eines sehr anschaulichen Bildes, wie die Wind- und Lichtnebel der vier Himmelsrichtungen ineinander verschmolzen: Sie »lagen aneinander wie im Geschlechtsverkehr [... und] so wurde der Höchste Heilige Wind geschaffen [...] Dieser Höchste Heilige Wind lebte im Licht und in schwarzen Wolken oder Nebeln im Raum.« Diese Umwandlung findet in beide Richtungen statt. So erschafft der Höchste Heilige oder »Heile« Wind die Erscheinungen, seien dies Nebel, Berge oder die Menschheit, doch kann er umgekehrt genauso aus diesen Erscheinungen hergeleitet werden.

Die Navajo verstehen Nillchi'i als die Windenergie, die alle Handlungen, Äußerungen und mentalen Vorgänge belebt und koordiniert. Nillchi'i ist die stärkste alles durchströmende Substanz. Sie ist in allen inneren Wesen enthalten, die in den Erscheinungen leben und »diese zum Atmen veranlassen«. Die heiligen Berge, die heute das Land der Navajo begrenzen, sind sowohl Erzeug-

Der heilige Berg des Ostens in einem Bild des Navajo-Künstlers Harrison Begay.

nisse als auch Quellen des Heiligen Windes. Zwar sind diese massiven Gebilde aus Erde und Stein Heimstatt einer großen Vielfalt von Tieren und Pflanzen, und aufgrund ihrer Höhe und ihres Mineraliengehalts verfügen sie über eine innere physische Kraft, aber das ist noch nicht alles. Sie sind, weit über ihre Gestalt hinaus, erfüllt von einer Urkraft, denn in ihnen halten sich die Heiligen Wesen auf, und durch sie atmen, denken, schützen und leben die Berge.

Die den Bergen innewohnenden Heiligen Wesen und die meisten natürlichen Erscheinungen verfügen über »Windseelen« und über lebenswichtige Winde von solcher Schönheit und Reinheit, daß die Navajo sie als »makellos« bezeichnen. Zwar sind wir, die auf der Erde Gehenden, aus denselben Winden zusammengesetzt wie die Heiligen Wesen, aber unsere inneren Winde sind noch nicht makellos. Wir sind noch nicht ermächtigt und daher an der Verwirklichung unserer spirituellen Kraft *(diyin)* gehindert; uns fehlt die volle Erkenntnis, was es bedeutet, ein Heiliges Wesen zu sein.

Die Winde, die durch die Berge strömen (die Windseele), sind samenähnliche

Emanationen vom Elternkörper des Heiligen Windes. Zwar stimmen die Aussagen in den Gesängen und Lehren der Navajo nicht in allen Einzelheiten überein, aber allgemein besteht Einigkeit über den grundsätzlichen Vorgang hinter den belebenden Winden der Berge und des Körpergeistes. Um diese äußerst subtile Ebene der Navajo-Wirklichkeit zu ergründen, beginnen wir an einem Punkt zwischen der materiellen Form und den angeborenen Winden des Lebens und des Geistes.

Jedem heiligen Berg, ja jeder wesentlichen Landschaftsform und jedem Wesen wohnt eine innere Gestalt *(bigistiin)* inne. Gesänge und Lehren besagen, daß in früheren Zeiten alle Wesen, darunter auch Pflanzen, Tiere, Wolken, Blitz und Sterne, eine sichtbare, teilweise menschliche Gestalt besaßen. Diese Gestalt ist heute nur noch mit Hilfe der Vorstellungskraft zu erkennen. Gary Snyder nennt die geistige Fähigkeit dazu »innen stehen«: das innere Wesen der Dinge erkennen. Die Navajo verstehen innerlich, daß bestimmte Heilige Wesen in diese natürlichen Erscheinungsformen versetzt worden sind, um deren Kräfte zu koordinieren, und oft drücken sie dies so aus: »Die innewohnende Gestalt lebt und atmet für sie; sie ist wie ein echter, atmender Mensch.« Die inneren Gestalten sind von der materiellen Gestalt der Berge »umkleidet« und verleihen jedem Berg seinen einmaligen Charakter. Verschiedene zeremonielle Abstammungslinien ordnen manchen Erscheinungen verschiedene innere Gestalten zu, aber sie alle dienen demselben Zweck: der Aufrechterhaltung des Gleichgewichts und der Synchronie in der heiligen Landschaft der Navajo.

Innere Gestalten gibt es in allen heiligen Orten, aber in den Bergen der vier Haupthimmelsrichtungen wohnen besonders wichtige Wesen. Betrachten wir zuerst den einflußreichsten dieser vier heiligen Berge, den Blanca Peak (Sisnaajiní) oder Berg des Ostens.

Blanca Peak ist ein auffallender, mit Kiefern und Tannen bewachsener Berg mit verschneitem Gipfel in den südlichen Rockies von Colorado. Er gilt als der »Führungsberg«, weil er als heiliger Berg des Ostens, der Morgendämmerung, dort liegt, wo alles beginnt. Er steht in Verbindung mit dem wegweisenden Tageslicht und den allgemein vom Morgengrauen angekündigten Eigenschaften. Wie alle bedeutenden Berge der Navajo wurde auch der Berg des Ostens von den ersten Menschen beim Heraustreten in die Fünfte Welt erschaffen und fest in der Erde verankert. Laut einer prächtigen Night-Way-Erzählung über die Schöpfung der Fünften Welt, die Washington Matthews Ende des 19. Jahrhunderts aufzeichnete, ist der Berg des Ostens durch einen Blitzstrahl, einen »Donnerkeil«, in der Erde befestigt; dessen intensives Licht sowie dessen Art der Energie sind der Morgendämmerung überaus angemessen.[3]

Der Berg des Ostens ist überzogen mit weißen Muscheln, weißen Blitzen, weißem Mais, dunklen Wolken (dunkel vor Feuchtigkeit und schöpferischem Potential) und dem dunklen, peitschenden »männlichen Regen« der Gewitterwolken. Auf dem Gipfel liegen zwei Eier von weißen Felsentauben (die an diesem Berg heimisch sind) in einer Schale aus weißen Muscheln. Die Eier werden nicht unter dem warmen Bauch einer Taube ausgebrütet, sondern sind von einer heiligen Lederhaut bedeckt, ähnlich der Decke über dem weißen und dem gelben Maiskolben, die in der vorangegangenen Welt-Wirklichkeit in den Ersten Mann und die Erste Frau verwandelt wurden. Ebenso wie die Windgottheit den Maiskolben Leben und Geist einhauchte, werden die inneren (eigentlich »innenstehenden«) Windseelen der Felsentaube und des heiligen Berges den Eiern eingehaucht.

In allen vier heiligen Bergen gibt es die ihnen innewohnenden (inneliegenden) Gestalten. Diese inneren Gestalten hat der zeitgenössische Navajo-Künstler Harrison Begay in seiner Gemäldeserie *The Four Sacred Mountains* eindrucksvoll visualisiert.

Er übersät die mit weißen Muscheln bedeckten Berghänge mit symbolischen wilden Tieren und Heilpflanzen. Über dem Gipfel treibt eine dunkle Gewitterwolke, und darüber erhebt sich ein schwarzes Donner-Wesen – eines der vier, die lebenswichtigen Regen bringen und die rohen Kräfte des oberen Lebens (des Himmels) verkörpern. Das Donner-Wesen der dunklen Wolke und der Pollen ist geschmückt mit Adlerfedern und allen Arten von Blitzen. Ein großer Blitzstrahl entspringt seinen Füßen und durchbohrt den Berg des Ostens, wodurch dieser fest in der Erde verankert wird.

Die überproportionale Größe der im Berg des Ostens wohnenden Gottheiten Bergkristall-Junge und Bergkristall-Mädchen veranschaulicht deren Bedeutung. Begay hat sie realistisch als Jugendliche dargestellt, in Kleidern, wie man sie vor dem 19. Jahrhundert trug. Aber vor dem geistigen Auge besteht ihr Kör-

Der heilige Berg des Südens der Navajo (Mount Taylor) liegt in Zentral-New-Mexico.

Der heilige Berg des Westens der Navajo (San Francisco Peaks) liegt im Norden von Mittelarizona.

per aus Bergkristall. Dies verwundert nicht, gilt doch der Verstand als kristallklar und Osten als die Himmelsrichtung des »Gedankens an sich«. Die Gottheiten streuen Pollen über die Berghänge und segnen diese Erhebung der Erdoberfläche. Auf diese Weise verleihen die innewohnenden Gestalten dem Berg des Ostens Macht, und dieser wacht seinerseits über die auf der Erde Gehenden. Die Tatsache, daß bei diesen Gottheiten beide Geschlechter vertreten sind, entspricht einem grundlegenden Lehrsatz der Navajo-Philosophie. Die beiden sind Ausdruck der Einheit komplementärer Energien und Manifestationen jener beiden Urwinde, aus denen der Heilige Wind zusammengesetzt ist.[4]

Mount Taylor, der Berg des Südens, ist ein gewaltiger erloschener Vulkan zwischen Albuquerque und Gallup im Staat New Mexico. In der Night-Way-Erzählung heißt es: »Den Berg im Süden befestigten sie mit einem großen Steinmesser, mit einem Stich von oben nach unten, an der Erde. Sie schmückten ihn mit Türkis, dunklem Nebel, weiblichem Regen und allen Arten von Wild. Auf seinen Gipfel legten sie eine Schale aus Türkis und dort hinein zwei Eier des Vogels Hüttensänger, die sie mit geheiligtem Wildleder bedeckten [...] Darüber zogen sie eine Decke aus blauem Himmel. Der Junge Mit Dem Einen Türkis und das Mädchen Mit Dem Einen Maiskorn, wurden auf den Berg gesetzt, um dort zu wohnen.«

San Francisco Peaks, der Berg des Westens, ist ebenfalls ein erloschener Vulkan; er erhebt sich über Flagstaff in Arizona. Matthews' Navajo-Erzähler fährt weiter: »Den Berg im Westen machten sie mit einem Sonnenstrahl an der Erde fest. Sie schmückten ihn mit Abalone-Muscheln, dunklen Wolken, männlichem Regen, gelbem Mais und allen Arten von Wild. Auf seinen Gipfel legten sie eine Schale aus Abalone-Muscheln und dort hinein zwei Eier des Vogels Gelber Waldsänger, die sie mit heiligem Wildleder bedeckten [...] Darüber zogen sie eine gelbe Wolke. Sodann sandten sie dorthin Weißer-Mais-Junge und Gelber-Mais-Mädchen, um dort zu wohnen.«

Hesperus Peak, der Berg des Nordens, ist ein auffallender Berg mit verschneiter Spitze in den San Juan Rockies im Süden des Staates Colorado. An klaren Tagen sieht man ihn wie schwerelos über der nördlichen Grenze des Navajo-Landes schweben. In der Night-Way-Erzählung wird er wie folgt beschrieben: »Den Berg des Nordens befestigten sie mit einem Regenbogen an der Erde. Sie verzierten ihn mit schwarzen Perlen, dunklem Nebel, verschiedenen Pflanzen und vielen Arten von Wild. Auf seinem Gipfel legten sie zwei Amseleier nieder und bedeckten sie mit heiligem Wildleder. Über all dies breiteten sie sodann eine Decke aus Dunkelheit, und ganz zum Schluß setzten sie dorthin Blütenstaub-Junge und Grashüpfer-Mädchen, um dort zu wohnen.«[5]

Mit anthropomorphen Formen symbolisieren die Navajo die tiefer liegende Wirklichkeit von Erscheinungsformen wie etwa Bergen, weil diese physischen Formen aus derselben feinstofflichen Materie bestehen, die auch den Menschen Leben und Gedanken verleiht. Für die Navajo sind unsere inneren Winde und der Verstand die entscheidenden Faktoren, die uns mit dem Kosmos verbinden, und zugleich die Instrumente, mit denen wir eine harmonische Beziehung zu diesem aufbauen können. Indem sie diesen inneren Kräften menschliche Formen geben, wird diese Beziehung gestärkt, was die Identifikation mit dem eigenen Universum einfacher macht: sie wird dadurch der Beziehung zu einem anderen Menschen vergleichbar.

Der Kreis der Navajo-Wirklichkeit

Stellen wir uns einen majestätischen, schneebedeckten Berg von überwältigender Gegenwärtigkeit vor. Der Morgen dämmert, und er erglüht in strahlendem Licht. Von seinem Fuß werden Ringe aus Regenbogenlicht in verschiedenen Farben wellenartig ausgesandt, den Ringen ähnlich, die entstehen, wenn man einen Stein ins Wasser wirft. Vom äußersten dieser Ringe

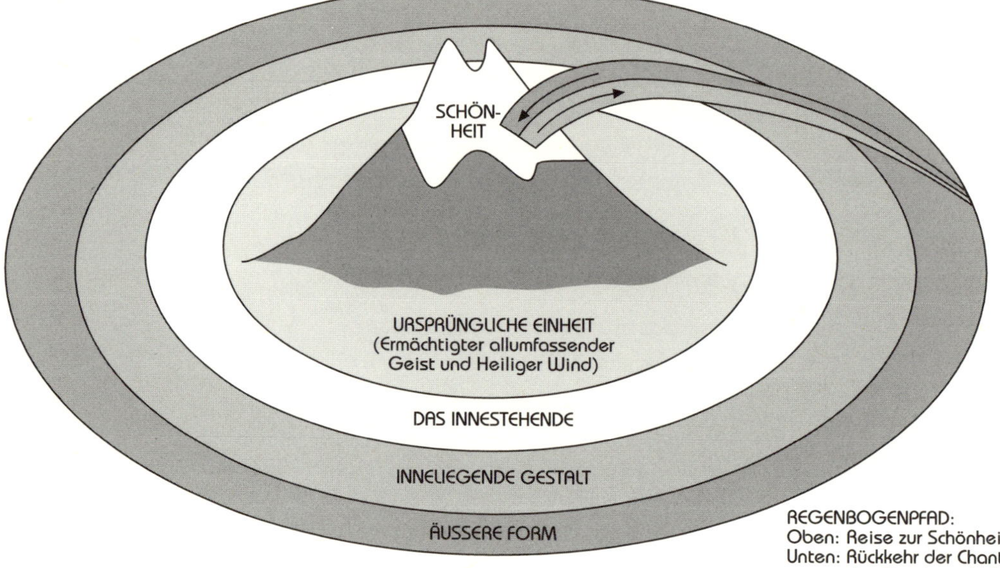

Kreis der Navajo-Wirklichkeit.

steigt ein Regenbogenpfad empor und führt geradewegs zum Gipfel in luftiger Höhe.

Die drei Ringe aus Regenbogenlicht auf dem Kreisrund der abgebildeten Darstellung der Navajo-Wirklichkeit (siehe Abbildung) beziehen sich auf natürliche Erscheinungen wie Berge, Polarlicht, Menschen, Tiere, Pflanzen und Himmelskörper sowie deren innewohnende »spirituelle« Gestalten und Energien. Ihre Gestalt und ihre energetische Qualität verfeinern sich zur Mitte hin, ähnlich wie auch eine Zwiebel gegen innen immer dichter wird. Im Kreiszentrum erhebt sich der metaphysische Berg. Er symbolisiert die Einheit dieser Wirklichkeitsebenen mit der Ebene des Heiligen Windes des Lebens und des allumfassenden Geistes, die am Fuß des Berges zusammentreffen.

Alle Aspekte der Navajo-Wirklichkeit ergeben sich aus dem unvergänglichen Zustand der Schönheit (Berggipfel). Die Regenbogenbrücke stellt die Reise der Navajo-Heldin oder des Navajo-Helden zum Zustand der Schönheit dar sowie ihre oder seine Rückkehr als ermächtigtes Wesen, welches die von den Heiligen Wesen erlernten heiligen Lebensweisen mit sich trägt und weitervermittelt.

Die Navajo glauben, daß die gesamte stoffliche Wirklichkeit der Erscheinungen in ihrem Ursprung auf die Partnerschaft des Heiligen Windes Nillchi'i mit dem Allumfassenden Geist Ntsehakéés zurückgeht, die beide den Kosmos durchdringen und selbst Ausdruck seiner Schönheit sind. Doch um einen Einblick in ihre Sicht der Wirklichkeit zu erhalten, gilt es Ebene um Ebene zu erforschen – von den vertrauteren äußeren Bereichen des Kreises der Navajo-Wirklichkeit nach innen zu, zur Mitte hin.

Wie die heiligen Berge der vier Himmelsrichtungen verstehen die Navajo auch alle äußeren Formen – Erscheinungen – als Behälter oder Hülle für innewohnende mächtige Wesen. Äußere Formen bewohnen im Kreis der Navajo-Wirklichkeit den äußeren Ring und besitzen weder Leben noch Geist. Diese Eigenschaften zeigen sich erst in tieferen Wirklichkeitsebenen.

Auf der zweiten Ebene des Kreises treffen wir auf Bigistiin: die inneliegenden Gestalten oder Innewohnenden der äußeren Erscheinungen. Sie gelten als von Natur aus göttlich, da sie über heiliges Wissen verfügen und »makellos« sind, dies dank der Reinheit ihrer inneren Winde. Sie existieren in einem Zustand des Sang'ah Nachai, des auf Schönheit aufbauenden »immerwährenden Lebens« (Bik'eh Hózhóng). Wir auf der Erde Gehenden besitzen diese Macht noch nicht und streben deshalb danach, dieses Wissen und diesen Daseinszustand durch stärkende Rituale zu erlangen, die uns von der Unordnung zur grundlegenden Ordnung der Schönheit führen sollen.

Die Innewohnenden beziehen ihre Lebenskraft und das Bewußtsein aus ihren inneren Winden. Pater Berard Haile nannte diese grundlegenden Winde die »Windseelen«. Die »Windseele« bildet das »Innestehende« *(bisizinii)*, und dieses ist in der dritten Ebene des Kreises der Navajo-Wirklichkeit angesiedelt. Der Charakter der Windseele ist nicht festgelegt. Es heißt, zunächst sende Morgendämmerung-Frau die grundlegende Windseele in den Körper eines werdenden Menschen; weitere Winde können später folgen, um das Kind bei der Reifung zu unterstützen.

In einigen Erzählungen wird der Ursprung der Winde durch die vier Grundelemente (Erde, Wasser, Feuer und Luft) sowie durch die Lichterscheinungen der vier Himmelsrichtungen zum Ausdruck gebracht.[6] Wieder in andern heißt es, die schwingende Kraft stamme aus den beiden Urwinden Lautloser Wind und Geschmeidiger Wind, die in der Mythologie unter ihren Namen Sang'ah-Nachai- und Bik'eh-Hózhóng-Wind bekannt sind und zusammen ein Paar bilden. Aus ihrer Vereinigung gehen verschiedene Formen von Körpergeist-Winden hervor. Dazu gehört etwa Kleiner Wind, der sich im Augenblick der Zeugung erhebt. Kleiner Wind verleiht dem Fötus Bewegung, Atem und Leben, kurz die Lebenskraft. Irgendwann kurz vor der Geburt tritt eine andere Art Wind (oder eine Gruppe farbiger Winde) in das Kind ein.[7] Dieser schenkt Wahrnehmung und alle notwendigen höheren Fähigkeiten zur Koordination der komplexen Vorgänge des Körpergeistes.

Gemäß Tall Mustache (Großer Schnurrbart), Pater Berard Hailes Hauptinformant, gibt es bestimmte gute Winde, die zu einer guten Windseele führen. Dazu gehören die farbigen Winde der vier Himmelsrichtungen sowie Lautloser und Geschmeidiger Wind. Sie werden rechtshändige Winde genannt, weil sie sich im Uhrzeigersinn um ihr Zentrum drehen (die rechte Hand ist gegen die Mitte gerichtet, wenn man sich im Uhrzeigersinn dreht). Einige Winde sind linkshändig, das heißt, sie drehen sich im Gegenuhrzeigersinn – gegen den Lauf der Sonne – und damit entgegen dem »richtigen« Lauf der Dinge. Zu diesen gehören beispielsweise Wirbelwinde und Zyklone. Auch sie können in den Körpergeist eintreten, bringen indes Krankheit und geistige Verwirrung.

Denker und Denkerinnen der Navajo gaben Pater Berard mehrere eindrucksvolle Beispiele der Identität der inneren Winde. In einem davon treten Morgendämmerung-Frau und Dunkelheit-Mann als inneliegende Gestalten des Lichts des Ostens und des Nordens auf. Morgendämmerung-Frau ist die Tochter der Gottheit Weißer Wind und erhält daher den Weißen Wind als Windseele. Dunkelheit-Mann ist der Sohn und Empfänger des Dunklen Windes (schützende Macht).

Weißer Wind ist eine besonders begehrenswerte Windseele. Einer andern Vorstellung zufolge ist Weißer Wind die Windseele von Sich Ändernde Frau, der Großen Göttin. In einer Erzählung wird der weiße Wind des Vaters von Morgendämmerung-Frau mit jenem von Erdfrau, ihrer Mutter, vereint, und es heißt, dadurch habe Morgendämmerung-Frau eine vollkommen weiße Windseele erhalten. Als Morgendämmerung-Frau ihre Reife erlangte, vereinigte sie sich mit Himmelsmann und brachte Sprechenden Gott zur Welt. Daher heißt es, Morgendämmerung-Frau wie auch Sprechender Gott »atmen über den weißen Wind«. Mutter und Sohn stammen somit aus dem Bereich des weißen Windes und Lichts; sie gehören zur Morgendämmerung und zum Osten. Morgendämmerung-Frau enthält und vergibt die Windseelen aller lebenden Erscheinungen (aller »Wesen«), während Sprechender Gott am Beginn des Lebens dieser Wesen steht und über dessen Fortgang wacht. Dies ist das Wesentliche in der Weiße der Morgendämmerung: der Anfang des Bewußtseins, der Beginn des Tages und des Lebenszyklus – der Augenblick des Erwachens zur persönlichen Verbindung mit dem Wesen der Dinge.

Die Grundlage des weißen Windes (und auch aller farbigen Winde der Windseelen) bilden zwei bereits erwähnte Urwinde, nämlich Lautloser Wind und Geschmeidiger Wind. Tall Mustache beschrieb Lautlosen Wind als denjenigen, »der im Sommer zuzeiten als lautlose kühle Brise die Luft durchstreicht, selbst wenn es heiß ist«; Geschmeidiger Wind zeigt sich, »wenn es kalt ist und eine warme Brise weht«. Tall Mustache gab zu verstehen, daß Lautloser Wind als die Windseele gelte, die dem Hauptwind des Ostens innestehe; dieses ist Weißer Wind, der Vater von Morgendämmerung-Frau und der Großvater von Sprechender Gott. Lautloser Wind gilt umgekehrt auch als Sang'ah-Nachai-Junge, das heißt Junge des immerwährenden Lebens. Er verkörpert die Lebenskraft und ist untrennbar mit Bik'eh-Hózhóng-Mädchen verbunden, dem Mädchen der Schönheit. Sie wird mit der warmen Brise von Geschmeidiger Wind in Verbindung gebracht und verkörpert das Wissen um das Wesen der Dinge.[8]

Lautloser Wind und Geschmeidiger Wind sind Verbindungsglieder zwischen

Menschen und Heiligen Wesen. Tall Mustache sagte, beide Winde seien »ohne jegliche Bösartigkeit«, ohne Fehl und Tadel. Da Lautloser Wind das innere Wind-Prinzip von Weißer Wind – dem Ahnen von Morgendämmerung-Frau und Sprechender Gott – bildet, ist auch dieser frei von Bösartigkeit. Um in Gedanken und Taten ganz makellos zu sein, das heißt, um bis ins hohe Alter gemäß den Grundsätzen der Schönheit spirituell erneuert zu leben, gilt es, Bösartigkeit und Bitterkeit aus dem Leben vollständig zu verbannen. Auf diese Weise übernimmt man die Eigenschaften der Heiligen Wesen, die als Potential bereits im eigenen Körpergeist vorhanden sind (in der Form der verschiedenen Winde der Windseele).

Diese Vielfalt von Winden erscheint vielleicht auf den ersten Blick erschreckend kompliziert, aber im Denken der Navajo löst sich dieser Wirrwarr schnell auf. Sieben Winde, vier Winde, zwei Winde: sie alle stammen aus einem einzigen Wind, dem Heiligen Wind. Vor noch nicht allzu langer Zeit erklärte ein Navajo-Denker: »Sie sind alle nur einer. Der eine, der in uns ist und mit dessen Hilfe wir sprechen, ist nur einer. Er leitet sich aus ihnen ab. Sie alle sind nur einer, aber man nennt sie bei verschiedenen Namen.« Und zur gleichen Zeit bot jemand anders die Version an: »Wir atmen nur über den einen, auch wenn wir über vier atmen.«[9]

Wie sich die Navajo den Heiligen Wind vorstellen, hat der Anthropologe James K. McNeley anschaulich zusammengefaßt:

> Der Geist des Heiligen Windes – das Instrument des Wissens und des Lebens – wurde in die vier Himmelsrichtungen gelegt und trat von dort in die Heiligen Wesen ein, die ihrerseits später dazu bestimmt wurden, in den natürlichen Erscheinungen dieser Welt Einsitz zu nehmen. Alle Elemente der natürlichen Welt [...] werden von den darin wohnenden heiligen Geistern belebt [...] und sie spenden Leben und die Fähigkeit, mit Hilfe der Kräfte des Wind-Geistes zu denken und zu handeln. So sind Erde, Himmel, Sterne, Mond, die Berge, die das Land der Navajo begrenzen, Gewässer, Tiere, Pflanzen und Menschen dieser Welt alle ausgestattet mit der Fähigkeit, über den alldurchdringenden Wind-Geist, der das allgemeine Medium der Gedanken ist, zu denken und mit andern zu kommunizieren. Sowohl menschliches als auch nicht-menschliches Denken ist bewußt und besitzt dieselbe grundlegende Natur, aber dem menschlichen Denken fehlt das volle Wissen, das die Heiligen Wesen auszeichnet. Die menschlichen Gedanken werden durch die höheren Gedanken dieser Heiligen geleitet und gestärkt.[10]

Durch den Erwerb solchen Wissens wird den Navajo ihre tiefe Verbindung zum Heiligen Wind, dem Stoff des Lebens, Sprechens und Denkens bewußt. Durch das Wissen über die Winde, die alle Wesen verbinden, erwacht in ihnen die unauslöschliche Verbindung zwischen dem einzelnen Menschen und dem größeren Kosmos. Als Grey Mustache (Grauer Schnurrbart), ein hochverehrter alter Sänger, seinen nichtindianischen Schüler John Farella vor dem Tod zum letzten Mal sah, richtete er die folgenden Worte an ihn: »Die Frage in diesen Dingen und allen andern wird sich letztlich auf Fragen der Verwandtschaft zurückführen lassen; auf welche Weise wir alle zu Anbeginn miteinander verbunden sind.«[11] Grey Mustache sah es so, daß wir unsere Beziehung zu den Dingen auf der grundlegendsten Ebene verstehen müssen, um die Wirklichkeit zu verstehen. Daß die Wirklichkeit nach dem Verständnis der Navajo auf dem Heiligen Wind und dem Allumfassenden Geist aufbaut und auf einer natürlichen Ordnung gründet, verleiht ihrem Leben ein Gefühl der Harmonie, Zentriertheit und Ganzheit.

Im Zentrum des Kreises der Navajo-Wirklichkeit befindet sich die Quelle der Winde und des Geistes. Die Vereinigung des Heiligen Atems (Höchster Heiliger Wind) mit dem Allumfassenden Geist ist kein Schöpferprinzip (im Sinne jener exoterischen Vorstellung, die Judentum und Christentum ihrem esoterischen Göttlichkeitsprinzip zusprechen). Nillchi'i, der Heilige Wind, ist die schillernde, pulsierende, atmende Verschmelzung aller beseelenden und belebenden Energien eines lebendigen Kosmos. Nillchi'i ist die Kraft hinter Ntsehakéés, dem Allumfassenden Geist, der alle Elemente und Erscheinungen des Kosmos durchströmt. Gemeinsam bilden und formen sie Hózhóng, jenen Stand der Schönheit, welchen der Gipfel des heiligen Berges versinnbildlicht.

Schließlich zeigt unsere Darstellung der Navajo-Wirklichkeit auch die Reise einer Navajo-Heldin oder eines -Helden über den Regenbogenpfad zur Schönheit. Der obere Weg führt vom Reich der Erscheinungen (dem äußersten Ring des Kreises) zum Gipfel des zentralen Berges. Dieser obere Weg ist vergleichbar mit dem Regenbogenpfad, den die Krieger-Zwillinge – die beiden halbwüchsigen Söhne von Sich Ändernde Frau – eingeschlagen haben, um von ihrem Vater, dem Sonnenträger, Ermächtigung zu erhalten. Aber wie die beiden Zwillinge müssen auch die Navajo in die gewöhnliche Welt der Erscheinungen zurückkehren, wenn sie ermächtigt worden sind, um die heilige Weisheit und die heiligen Praktiken zum Wohl aller andern zurückzubringen. Die Rückkehr wird durch das untere Band des Regenbogenpfades dargestellt. Es führt von der Schönheit des Berggipfels zurück zur potentiellen Schönheit der Welt der Heldin/des Helden, die ihn gegangen sind.[12]

Wind und Geist in der tibetischen Wirklichkeit

Für das tibetische Volk gehört der Wind zu den wesentlichen Bausteinen der Wirklichkeit, und er wird je nach Verständnis einer Person auf verschiedenen Ebenen wahrgenommen. In seiner elementarsten äußeren Verkleidung läßt der Wind Gebetsfahnen, sogenannte Windpferde, wie rasende Regenbogen vor tiefblauem Himmel flattern.[13] Diese Windform stellt die Kraft und Schnelligkeit des Wildpferdes dar, das dem kraftvollen, aber ungeläuterten »samsarischen« Geist entspricht. Wie das wilde Pferd ist auch dieser Geist noch nicht gezügelt. Aber wenn es durch »die Gerte des Mitgefühls« gelernt hat, sich führen zu lassen, erlangt es allumfassende Weisheit und führt Wohlstand, Gesundheit und Wohltaten wie wunscherfüllende Kleinodien auf seinem Sattel. Diese Art Wind verbindet einen ungeschliffenen Geist mit dem Schicksal oder »Glück« und führt den Körpergeist auf den Weg des *tashi deley*, des »vielversprechenden günstigen Schicksals«.

Die Darstellung des Windpferdes wird von Texten begleitet, in denen die bedeutendsten tantrischen Buddhas und Bodhisattvas über heilige Silben, sogenannte *mantras*, angerufen werden. Mantras sind bestimmte Wortfolgen, die den Körpergeist mit Hilfe der Atemkraft in einen Zustand versetzen, in dem es ihm möglich ist, Wohltaten einer bestimmten Schutzgottheit zu empfangen und deren Eigenschaften anzunehmen. Nach den Mantras folgen aufgedruckte Bitten um Wohlstand und Langlebigkeit für diejenige Person, die das Hissen der Fahnen bezahlt. Auf einer solchen Gebetsfahne steht zum Beispiel: »Mögen Lebenskraft, Körper, Stärke, Windpferd, Langlebigkeit, religiöse Verdienste und Ansehen wachsen! Sieg den [Schutz/Krieger-]Gottheiten!« Auf einer anderen Windpferd-Fahne, die Gesar von Ling gewidmet ist, dem epischen Kriegergott des indigenen Tibets, steht die Inschrift: »Meister der ruhmreichen Fahne des Windpferdes, großer König der Kriegergottheiten und Bezwinger der Dämonen, höchster aller Männer, Gesar, sei verehrt! [...] Sei unser mächtiger Po Lha [persönliche männliche Schutzgottheit]! Erhebe die Windsäule in den Himmel, zieh das *mu*-Seil [das feinstoffliche, regenbogenartige Seil, das die bewußten Wesen mit dem Himmel verbindet], das Tau des langen Lebens empor.«[14]

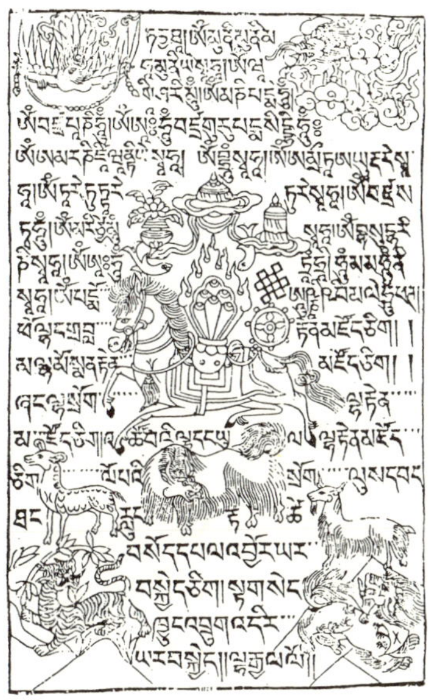

Mit Beschwörungen, Gebeten und Bildern spiritueller Tiere bedruckte Gebetsfahnen versinnbildlichen die im tibetischen Denken unauslöschliche Verbindung zwischen Wind und Geist.

Eine Windsäule sowie ein Seil aus Regenbogenlicht bilden die Verbindungen zwischen endlichen Erdenwesen und der Unendlichkeit des Himmels. Natürlich ist hier mit Wind mehr als die spürbare Luftströmung gemeint. Auf einer tieferen, eher feinstofflichen Ebene verweist das Windpferd auf eine grundlegendere Art Energie: die Energie des Überschäumens und Entzückens in einem blitzenden Wind, der in jeden Körpergeist eintritt und ihn durchströmt.

Laut Trungpa Rinpoche stellt das Windprinzip die Energie der »grundsätzlichen

Gutartigkeit« dar; er sagt, diese könne »eine gewaltige Ausstrahlung auf dein Leben bewirken«, und fährt fort, die grundsätzliche Gutartigkeit, die aus einem Leben in Übereinstimmung mit dem Kosmos stamme, »kann gezügelt werden, was dem Prinzip beim Pferd entspricht. Wer die Regeln des Kriegertums befolgt [...], kann sich den Wind der Gottheit nutzbar machen. Ganz läßt sich das Pferd in manchen Hinsicht niemals zähmen [...], aber man kann die erhabene Energie der grundsätzlichen Gutartigkeit im persönlichen Leben anrufen und unterstützen.«[15]

Im Tibet geht man davon aus, daß allen Gedanken, Äußerungen und Handlungen ein Wind zugrunde liegt. Bei diesem Wind handelt es sich um die Energie, die über die Geschlossenheit des Körpergeistes wacht: den äußeren, physischen Körper und den inneren, aus Energie bestehenden feinstofflichen Körper. Der feinstoffliche Körper kann mit technologischen Mitteln nicht einfach gemessen werden, da er aus hochfeiner, schwingender Energie besteht, die durch ebenso feine Kanäle strömt. Diese Energie wird am besten – ja im Grunde geht es überhaupt nicht anders – mit dem inneren Auge gemessen, da sie über unsere getrübten Sinne gar nicht wahrzunehmen ist. Im Tibet stellen die Menschen sich den feinstofflichen inneren Körper in menschlicher Gestalt vor, vor allem dann, wenn er sich während der Meditation in eine Gottheit verwandelt. Ähnlich sehen die Navajo ihre »inneliegenden Gestalten« – die feinstofflichen Körper praktisch all ihrer Erscheinungen – in einer göttlichen menschlichen Form. Beide Völker betrachten die menschliche Gestalt als passende »Repräsentation« auch der allerzartesten Windenergien.

Wind gilt in beiden Seelensystemen Tibets, dem urtümlichen (Bon-Religion) wie dem buddhistischen, als Atem des Lebens und Träger des Geistes. Das ältere System – das erste kognitive Paradigma des tibetischen Volkes – ist im traditionellen, ländlichen Tibet noch immer weit verbreitet. Hier wird das fühlende Wesen als eine Kombination von feinstofflichen und alldurchdringenden schwingenden Kräften betrachtet, die Leben und Gedanken erzeugen. Jedem Wesen, ja aller Lebendigkeit liegt die Lebenskraft *sok* zugrunde. Sok ist die Energie der Vitalität, welche die physische Gesamtbewegung veranlaßt und mit dem Atem fließt. Es handelt sich um eine windartige, schwingende Energie, die dem Herzen entspringt und den ganzen Körper durchströmt. Ihr Verlust ist gleichbedeutend mit dem, was wir Tod nennen. (Sok läßt sich daher gut mit dem Kleinen Wind der Navajo vergleichen.) Sok schafft die Grundlage des Lebens für ihre mentale Entsprechung *la*.

La ist eine Art Bewußtseinsprinzip, das aus den besonders fein schwingenden Energien entsteht, die den Körper und Atem durchströmen. Allerdings unterscheidet es sich klar von seiner körperlichen Grundlage, denn als Bewußtseinsprinzip muß La nicht im Körper bleiben, damit das Leben selbst weitergeht. Entfernt sich La jedoch für allzu lange Zeit aus dem Körper, führt dies im allgemeinen zu schweren Erkrankungen, die mit Hilfe von Ritualen geheilt werden müssen. Solche Rituale nennt man schlicht »die Seele rufen«. Es geht dabei um einen äußerst wichtigen Prozeß, denn ein wanderndes La verursacht Bewußtlosigkeit und – falls es verloren bleibt – schließlich den körperlichen Tod. Da der Verbindung von La und Sok eine bestimmte inhärente Lebensdauer gegeben ist, können auch Zeremonien abgehalten werden, um »das Leben im gegenwärtigen Körper zurückzuhalten«.[16] Solche Zeremonien gehen auf die *shen* zurück, die Praktizierenden des indigenen Schamanentums in der alten Bon-Religion.

In heutiger Zeit pflegt man in der Regel zu diesem Zweck deren buddhistische spirituelle Entsprechung, die *ngagpa* oder tantrischen »Zaubermeister«, die auch über besonderes Wissen verfügen, herbeizurufen.[17]

La kann sich nicht nur aus einem Körper entfernen, sondern auch gleichzeitig in mehr als einem Wesen oder Objekt wohnen. Das bedeutet, daß La sich (unterstützt durch die schwingende, windartige Lebenskraft Sok) in einem bestimmten Körper aufhalten kann und zugleich in einem äußerlichen Objekt der natürlichen Umgebung. So kann das La einer Person auch in einem Seelenbaum *(lashing)*, Seelensee *(lamtso)*, Seelenberg *(lari)*, Seelentürkis *(layü)* oder sogar in einem Seelenpferd *(lata)* vorhanden sein. Manchmal werden »Seelentiere« aus kostbaren Steinen wie etwa Türkis geschnitzt. Diese »äußeren Wohnorte der Seele« werden aufgrund ihrer inneren Verbindung zum Leben und Bewußtsein der betreffenden Person hoch verehrt. Was sie bedeuten und wo sie sich befinden, wird in der Regel geheimgehalten, denn wenn ein äußerer Wohnort der Seele entweiht oder zerstört wird, können Krankheit, Unglück oder gar Tod die menschliche Quelle des La heimsuchen. Wenn ein Tibeter oder eine Tibeterin ein Ritual zur Stärkung des La durchführt, kann der Lama ihn oder sie unter Umständen anweisen, stets einen besonderen Seelentürkis um den Hals zu tragen, um so ein allzu stark wanderndes La zurückzuhalten.[18]

Um diese Erörterung des ursprünglichen tibetischen Konzepts der Verbindung zwischen Wind und Geist abzuschließen, müssen wir noch auf den großen »Orakelsee« in Zentraltibet zu sprechen kommen. Lhamo Lamtso, der Seelensee der Göttin, ist in seiner Art wahrscheinlich der höchste in Tibet. Der Lamtso (Seelensee) enthält einen Teil des La von Palden Lhamo, der mächtigen Beschützerin der Lhasa-Tals, des tibetischen Staates und vor allem des Geschlechts der Dalai Lama. Daß dieser See und das Bild der grimmigen Göttin verschiedene Wesen sind, erklärt sich aus der unterschiedlichen schwingenden Qualität der beiden Medien. Das eine schwingt als See, das andere als Bild einer Göttin.[19] Wenn es eine menschliche Emanation der Göttin gäbe (was es angesichts ihrer unglaublich wilden Kraft nicht gibt), so wäre auch diese durchdrungen vom La der Göttin, allerdings hätte es eine andere – eine »menschliche« – Schwingungsfrequenz. Denn eine natürliche Erscheinung ist mit einem La ausgestattet, welches der Kraft und dem Charakter entspricht, die das betreffende Wesen oder der Ort hervorruft. Entsprechend ist der Seelensee von Palden Lhamo nicht etwa ein lauschiger Teich in einer Waldlichtung, sondern ein glasiger, eiskalter Kessel brodelnder »Gletschermilch« in einem öden, vom Wind gepeitschten Becken aus wildzerklüfteten Felsen und schneebedeckten Zacken.

Ein anderes Beispiel für die Verbindung La und See verkörpert der hoch gelegene Yamdrok Tso in Zentraltibet. Er gilt als Seelensee der gesamten tibetischen Bevölkerung und enthält so einen Teil des La einer jeden einzelnen Person. Der unlängst von China veranlaßte Bau eines Wasserkraftwerks an seinem Ufer bedeutet für das tibetische Volk deshalb eine genauso große Gefahr wie die chinesische Kolonialisierung.

Doch selbst unter den mächtigsten [Bergen] gibt es noch einige von derart außergewöhnlichem Charakter und mit einer so hohen Stellung, daß sie zu Sinnbildern für die höchsten Bestrebungen der Menschheit geworden sind, wie sie in uralten Kulturen und Religionen zum Ausdruck kommen: Meilensteine der ewigen Suche nach Vollkommenheit und höchster Verwirklichung, Wegweiser, die über unsere irdischen Belange hinaus auf die Unendlichkeit eines Universums verweisen, aus dem wir stammen und zu dem wir gehören.

Lama Anagarika Govinda

Was für eine bessere Umgebung hätte sich für solche mächtigen Seen finden lassen als die Hochgebirge in Tibet? Berge, diese so besonders massiven und unerreichbaren festen Objekte auf der Erdoberfläche, bilden die ideale Bühne für mächtige Orte. Berge sind unweigerlich »da«. Sie besitzen besondere und starke Schwingungen, die Fels, Erde, Schwerkraft, Wetter zum Ausdruck bringen. Sie sind Quelle von Wasser und Vegetation, und sie liefern Brennmaterial und Nahrung für Wesen, die viele Kilometer entfernt leben. Sie sind für den Tastsinn und die Augen klar zu erkennen, aber am höchsten Punkt ihres Gipfels verwandeln sie sich plötzlich in Nichts. Sie sind die Leiter, die Erde und Himmel verbindet, Erscheinungen und reine Idee. Und ebenso wie die heiligen Berge der Navajo durch innere, fein gestaltete menschenähnliche Gottheiten atmen, die durch den Heiligen Wind und Heiliges Wissen ermächtigt sind, so auch die Berge Tibets.

Es heißt, das La eines großen Kriegers, Königs oder (später in der spirituellen Geschichte Tibets) eines Bodhisattva-Helden oder einer Bodhisattva-Heldin könne zum inneren Empfindungsvermögen eines besonders herausragenden Berges werden. Entsprechend bringt man prägnante Berge, besonders solche, denen große Wasser entspringen und die über einen besonders machtvollen Charakter verfügen, mit den vornehmsten Gottheiten in Verbindung. Sie nehmen die Gestalt von Dra Lha (ursprünglichen Kriegergottheiten) an oder – wie der höchste Gipfel des Himalaja – jene der fünf Gebieterinnen des Langen Lebens genannten Schutzgöttinnen. Die Gottheiten stellt man sich als feinstoffliche Energiekörper aus Sok und La vor, als eine Verbindung also der vom Wind geborenen Lebenskraft mit dem Bewußtseinsprinzip.

Diese inneren Gottheiten der tibetischen Berge wohnen auf dem Gipfel in Palästen aus kristallhellem Licht. Und ebenso wie die innewohnende Gottheit untrennbar mit dem Berg verbunden ist, besteht auch eine untrennbare Verbindung mit allen Wesen in der geomantischen Sphäre rund um den heiligen Gipfel. Eine bedeutende Hüterin eines Seelenberges ist gleichzeitig und unweigerlich ein Kompositum aus Teilen des La aller Menschen – ja aller fühlenden Wesen –, die im Einzugsgebiet ihrer Wasser leben.

In Tibet gibt es einen eigenen Namen für eine solche besondere Berggottheit.

Khumbila, die Schutzgottheit der Sherpa in der nepalesischen Region Khumbu, reitet in dieser Darstellung auf einer Wolke über ihren heiligen Berg.

Er lautet *yül lha* (»Gebietsgottheit«) und deutet auf die weitreichende Macht und den Einfluß der innewohnenden Gottheit hin. Da Menschen, Tiere und andere fühlende Wesen sowie Erscheinungen – Elemente des Mikrokosmos – innerlich dieselbe Essenz aufweisen wie die Gebietsgottheit wird der Berg zur Leiter oder spirituellen Nabelschnur, die all diese Wesen mit dem Makrokosmos verbindet. Der Berg stellt sozusagen die Schnittstelle zwischen der »wirklichen Welt« und der idealen Welt-Wirklichkeit dar.
Wenden wir uns nun einigen bemerkenswerten regionalen Gottheiten Tibets zu, mit denen die Menschen dort ihre Herkunft in Verbindung bringen. *Khumbila* lautet der Ehrentitel, den die tibetischen Sherpas der Gottheit der Region Khumbu im nepalesischen Hochland verliehen haben.[20] Es handelt sich dabei um eine Kurzform von Khumbu Yül Lha, das heißt Gott des Landes Khumbu. Auf diesen auffallenden Berg, der über 6000 Meter in die Höhe ragt, trifft die einsichtige Aussage Lama Govindas über den besonderen und mächtigen Charakter heiliger Berge klar zu. Seine symmetrische Gestalt und die Art, wie er über dem Dorf Khumjung thront, verleihen ihm die vollkommenen physischen und metaphysischen Merkmale eines heiligen Gipfels.
Khumbila ist ein Kriegergott aus einer Gruppe von Gottheiten, die dafür bekannt sind, daß sie Dämonen, Feinde und Böses von einem Ort oder einer Person abwenden können. Seine Macht geht aus der Darstellung seiner visualisierten Gestalt deutlich hervor. Der Kriegergott reitet auf einem stolzen und vor

Der Berg namens Khumbila ist »Seelenberg« und Heimstätte der Gebietsgottheit der tibetischen Sherpas in der Region Khumbu im nepalesischen Himalaja.

Kraft strotzenden Pferd und ist häufig von Flammen umgeben. Er trägt Kriegerausstattung: Rüstung, Schild, Helm (manchmal mit Adler- oder Geierfedern und Flaggen). In der einen Hand hält er eine Lanze, mit der andern umfaßt er das Herz des Dämons oder der Dämonin, die das Land und die Bevölkerung von Khumbu in Angst und Schrecken versetzen wollten. Unter den Pferdehufen sieht man an grünen Berghängen Szenen aus dem Leben von Mensch und Tier. Manchmal wird auch Yeti, der abscheuliche Schneemensch, dargestellt, der wie alle andern Wesen unter Khumbilas Schutz steht und sein Wesen teilt.

Nimmt Khumbila in der spirituellen Streitmacht Tibets den Rang eines Generals ein, so ist der Schutzgott Nyenchenthangla sein Oberbefehlshaber. Sein Ehrentitel bedeutet »La der Großen Nyen der Steppen«. Als Kriegergott sieht er Khumbila sehr ähnlich, nur ist er um vieles erhabener. Er verkörpert die innewohnende feinstoffliche Gestalt des Berges und lebt in einem Palast aus Regenbogenlicht inmitten imposanter Wälder und Wasserfälle auf dem höchsten Gipfel des massiven Bergzugs, der das Tal von Lhasa und Kyichu von den windigen, einsamen nördlichen Steppen *(changthang)* trennt. Die Nyenchenthangla-Kette ist in der Geomantie des zentralen Tibet der heilige Berg des Nordens.

Eine Krieger-/Gebietsgottheit wohnt auch im Körpergeist einer jeden tibetischen Person. Es handelt sich dabei um eines von fünf oder sechs persönlichen spirituellen Schutzwesen, den sogenannten *goba'i lha*. Zwar tragen sie die Bezeichnung Lha (Gottheit), doch wird diese hier oft als austauschbar mit La (Bewußtseinsprinzip) verwendet. Genau gesagt handelt es sich bei diesen persönlichen Schutzgottheiten um »Teile« des La verschiedener schützender Machtwesen. Dazu gehören das *yül lha*, welches in direkter Verbindung zum La der regionalen Gebietsgottheit steht (in einigen Fällen mit dieser identisch ist), dann *mo lha* (oder *zhang lha)*, die Gottheit der Ahnen mütterlicherseits, *po lha*, die Gottheit der Ahnen väterlicherseits, ein *sok lha*, das heißt ein Schutzwesen für die Lebenskraft eines Menschen, sowie manchmal weitere persönliche Gottheiten. Sie alle bewohnen verschiedene Körperstellen. Diese Mächte werden mit einer bestimmten Person geboren und geleiten sie durch das Leben.[21] Sie enthüllen die gegenseitige Verbundenheit ihres Körpergeistes mit ihrer genetischen Abstammung und, im größeren Rahmen, mit dem Kosmos.

Das eindrucksvollste Beispiel für die Empfindungsfähigkeit und Macht eines Berges sind indes die La der fünf Gebieterinnen des Langen Lebens oder Tsering Chenga. Ihr Reich umfaßt das südtibetische Hochland oder Tö, das sich entlang der gesamten nördlichen Wasserscheide des Himalaja von Osten nach Westen erstreckt. Mitten im Zentralmassiv des Himalaja stehen die Gipfel,[22] die diese fünf ursprünglichen Schutzgöttinnen bewohnen und die sie verkörpern.[23] In der Mitte ihrer von Regenbogen erleuchteten Mandala-Wirklichkeit steht das Wahrzeichen ihrer Kräfte, die große Schwester Tashi Tseringma, die Glückverheißende Gebieterin des Langen Lebens.

Die fünf Gebieterinnen des Langen Lebens: Tashi Tseringma, die Glückverheißende Gebieterin des Langen Lebens, befindet sich in der Mitte, Miyolobsangma, die Unveränderliche Gebieterin des Himmels (Göttin des Chomolungma oder Mount Everest), oben links.

Uralte Texte und populäre, mündlich überlieferte Erzählungen schildern Tashi Tseringmas Leben in Glanz und Pracht in einem Kristallpalast auf jenem schneebedeckten Gipfel des Himalaja, den die tibetische und die Sherpa-Bevölkerung, die an seinen Hängen lebt, Tseringma nennt (in Nepal Gauri Shankar). Die weißhäutige, mit Edelsteinen geschmückte Göttin lebt inmitten wundervoller Gärten und Wasserfälle und reitet einen weißen Schneelöwen. Auf einem weiteren hohen Gipfel[24] lebt Miyolobsangma, die Unveränderliche Gebieterin des Himmels und berühmte Schwester von Tashi Tseringma, der Glückverheißenden Gebieterin des Langen Lebens. Sie trägt wie ihr persönlicher Berg den Ehrentitel Chomolungma, das heißt Muttergöttin der Erde; wir in spirituellen Belangen weiß Gott nicht besonders wachen westlichen Menschen haben diesen erhabenen Gipfel nach einem britischen Landvermesser mit dem Namen Mount Everest versehen.

Die fünf Göttinnen des Langen Lebens wurden von Milarepa, dem Yogi-Heiligen aus dem elften Jahrhundert, dazu überredet, zusätzlich zu ihren herkömm-

Chomolungma (Mount Everest), die Muttergöttin der Erde, erhebt sich im Mittelpunkt des Himalaja-Rückgrats. (links)

Miyolobsangma, die Unveränderliche Gebieterin des Himmels, fliegt auf ihrem spirituellen Tiger über ihren heiligen Gipfel Chomolungma. Chomolungma bedeutet Muttergöttin der Erde und ist der Name, den die Sherpas und das tibetische Volk dem Berg geben, den wir Mount Everest nennen. (rechts)

lichen Aufgaben die Verteidigung des buddhistischen Glaubens zu übernehmen. Milarepa meditierte und lehrte in zahlreichen Höhlen dieser Gipfel. Die Göttinnen leisteten Milarepa den Treueschwur und richteten danach ihr La neu aus, um der jüngsten kognitiven Sicht der Wirklichkeit zu dienen, welche die spirituelle Lebensweise Tibets erfüllte: dem tantrischen Buddhismus.

Der tantrische Buddhismus, auch Donnerkeil- oder Diamant-Weg genannt,[25] ist ein System der geistigen Entwicklung, das auf der Erfahrung gründet. Im Gegensatz zum stufenweisen System der mentalen Läuterung anderer buddhistischer Wege oder dem La-Sok-System des ursprünglichen tibetischen Glaubens ist Tantra ein aktiver, ja im Grunde wissenschaftlicher Prozeß, um das geläuterte Bewußtsein zu enthüllen und einen gereinigten Körper von Wind-(Schwingungs-)Energien zu entwickeln, in dem der geläuterte Geist bewahrt werden kann. Zusammen bilden sie Körper und Geist eines Buddha (symbolisiert durch das Bild der Gottheit Diamant-Körper).

Nach dem tantrischen System werden die Zustände des *sem* (des Bewußtseins vor der Erleuchtung) und des feinstofflichen Körpers einer Person durch deren Handlungen, Äußerungen und Gedanken bestimmt. Im Wesenskern ist Sem ein leuchtender und geklärter Bewußtseinszustand. Unter gewöhnlichen Umständen ist es jedoch blockiert durch fortwährende Anhäufung karmischer und

psycho-emotionaler Hindernisse, die das Strahlen des hell erleuchteten Bewußtseins trüben.
Ein Geist von unbestimmbarer Farbe, der ein diffuses Licht ausstrahlt (Sem), kann zu einem intensiv und kristallklar leuchtenden, mit einem Hauch von Regenbogenfarben versehenen Geist *(yeshe)* werden, der die Grenzen der gewöhnlichen Wirklichkeit überschritten hat. Er sollte wie ein Windpferd auf einem frei fließenden Strom unveränderlichen Lebenswindes und durch ebenso feinstoffliche Körpergeist-Kanäle, die frei von allen Behinderungen sind, gleiten können. Damit sich der gewöhnliche Geist (Sem) in seinen geläuterten Zustand des transzendenten Geistes (Yeshe) verwandeln kann, muß er von Winden unterstützt werden, die mit den richtigen Frequenzen und störungsfrei schwingen. Gelingt dies, verändert sich der gewöhnliche Körper. Nach manchen tantrischen Praktiken bildet sich dann ein neuer, äußerer feinstofflicher Körper (ein »illusorischer Körper«). Gemäß anderen Traditionen löst sich der stoffliche Körper einfach in seine feinere energetische Form auf (»leerer Körper«). Dies läßt sich mit richtiger Übung im Tiefschlaf, in Meditationen, die auf Visualisierungen beruhen, in bestimmten Traumzuständen, beim sexuellen Orgasmus oder mit der Auflösung der eigenen grobstofflichen Körperteile und Windenergien zum Zeitpunkt des Todes erfahren.
Der seelisch-alchemistische Verarbeitungsprozeß des Tantra führt zu einem immer feineren »reinen Körper« (geläuterten Zustand des Körpergeistes). Die fortgeschrittenen Stadien münden in einen leuchtenden, unzerstörbaren »Diamant-Körper« und letztlich zu einem unendlichen »spirituellen Körper«, der sich als Licht manifestiert. Dieser Zustand ist begleitet von der höchsten Erkenntnis *(sherab)* und dem reinen Bewußtsein *(rigpa)*. In Kürze: Der gereinigte Wind des Lebens, der die Form eines unzerstörbaren Lichtkörpers annimmt, dient als notwendiger Träger für die Energie des erleuchteten Geistes, der sich ebenfalls als Licht vorstellen läßt.[26]
Um eine Ahnung vom Tantra-Vorgang zu erhalten, betrachtet man ihn (und das ältere La-Sok-System) mit Vorteil im Zusammenhang mit dem Kreis der tibetischen Wirklichkeit.

Der Kreis der tibetischen Wirklichkeit

Der äußerste Ring im Kreis der tibetischen Wirklichkeit stellt den Zustand der äußeren Gestalt dar, des Grobkörpers, in dem sich der reine Geist und die Energie des heiligen Berges am wenigsten subtil, am ungeschliffensten zeigen. Es ist das Reich des physischen Körpers, das Reich aller Erscheinungen, das Reich all dessen, was wir im allgemeinen als »wirklich« betrachten. Relativ

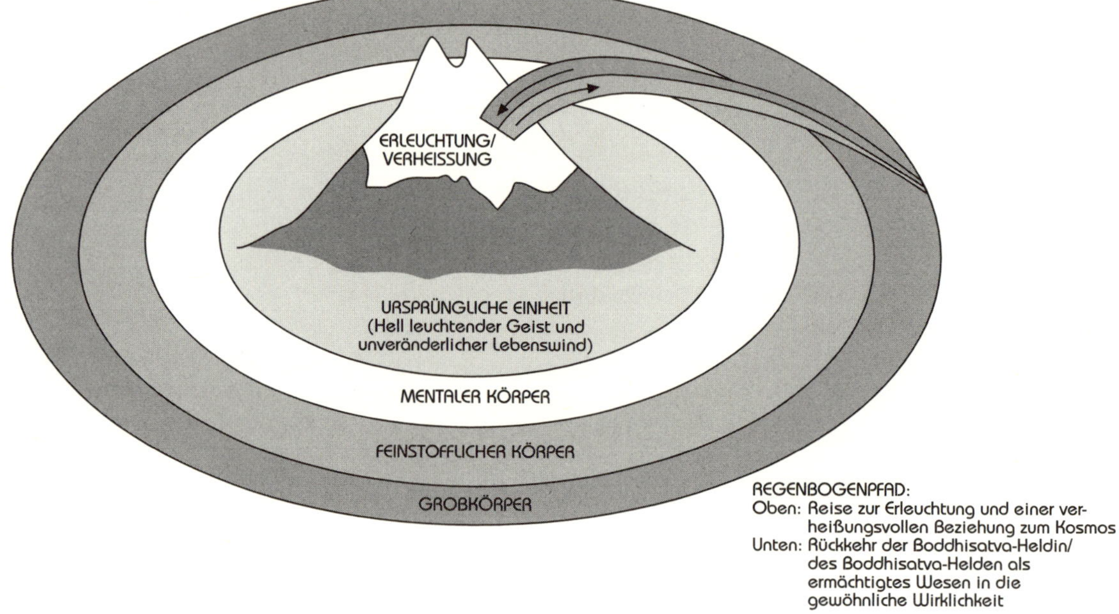

Der Kreis der tibetischen Wirklichkeit.

betrachtet existieren äußere Objekte, sie sind wirklich. Indes bedingt – wie die Navajo bestätigen würden – die Existenz der äußeren Gestalten, daß diese innere Wesen besitzen, die den unzerstörbaren Wind des Lebens in sich tragen und das Bewußtsein des Geistes, um sich darauf fortzubewegen.

Die Ebene der Körpergeist-Existenz des zweiten Ringes wird feinstofflicher Körper genannt. Er besitzt zwar menschliche Gestalt, aber diese besteht aus einer viel feineren Substanz als grobe Materie (die innewohnenden vorbuddhistischen Gottheitsgestalten in heiligen Stätten Tibets würden gut in diese Ebene passen). Gemäß der tantrisch-buddhistischen Sichtweise pulsieren solche feinstofflichen Winde durch ebenso feine Nervenkanäle, die so transparent und zart sind, daß wir sie mit unseren wissenschaftlichen Instrumenten (die natürlich im Einklang mit unserer Sicht der Wirklichkeit entworfen und programmiert wurden) nicht erkennen können.[27] Diese psychischen Kanäle bilden zusammen den feinstofflichen Körper, dessen Struktur jener der Kapillaren, Venen und Arterien sehr ähnlich ist, dem herkömmlichen Blick indes verborgen bleibt. Die äußerst feine, dem Atem ähnliche schwingende Kraft dieses feinstofflichen Körpers des zweiten Rings bezeichnet Giuseppe Tucci als von »reinster Art (in Wesen und Art dasselbe wie die universelle Respiration oder Atmung)«.[28] Er vergleicht die Verbindung zwischen dieser schwingenden Energie des Atems und des Bewußtseins mit dem, was »Feuer und Flamme« verbindet. Beide stammen aus einer Quelle und sind miteinander verbunden, manifestieren sich aber in unserer Wahrnehmung unterschiedlich.

Absolute Leuchtkraft geht einher mit Geist. Wer sie erreicht, gelangt zu einer ursprünglichen Einfachheit des Bewußtseins, in dem es keinen Unterschied in der Leuchtkraft gibt, ob man schläft oder wacht, bei Tag oder Nacht.

Dilgo Khyentse Rinpoche

Im tibetischen Tantrismus und in dessen Medizin bezeichnet man diesen universellen Atem als unveränderlichen Lebenswind. Er unterstützt den äußerst zarten Funken des Bewußtseins. Je ungehinderter und reiner der Lebenswind wird, desto weiter kann man den Weg *zurück* zum Ursprung gehen: zum Nichts der Leere, dargestellt durch den Gipfel des grünen Berges im Kreisdiagramm der tibetischen Wirklichkeit.

Durch Kenntnis und Ausübung des Tantra wird Lung, die grobe Windkraft, immer reiner. Dieser Körper der gereinigten Windenergie unterstützt ein immer wacheres und leuchtenderes Bewußtsein. Der blitz- oder diamantartige Körpergeist, der auf diese Weise geschaffen wird (versinnbildlicht durch den Buddha Diamantenes Wesen), ist der beste Zustand, um in Einklang mit dem Buddha-Wesen das Nichts der Leere *(sangye se)* zu erlangen.

Der dritte Ring im Kreis der tibetischen Wirklichkeit wird mentaler Körper genannt. Er entwickelt sich, wenn die schwingende Energie des feinstofflichen Körpers – seine psychischen Winde – durch die Kraft des Geistes aus ihren Nebenkapillaren und venenartigen psychischen Kanälen zu den Energiezentren *(chakras)* des Hauptkanals im feinstofflichen Körper bewegt werden. Dort destillieren die Windenergien zu Essenztropfen *(tigle* oder *bindu)* aus.[29] Der Essenztropfen, der sich im Herzmittelpunkt bildet, soll etwa die Größe eines Sesamsamens haben und in den fünf Farben des tantrischen Regenbogens schillern.[30] Eine Ansammlung solcher Tropfen schafft einen geläuterten feinstofflichen Körper und damit die ideale Grundlage, auf der ein helleuchtender Geist das leere Wesen der Wirklichkeit erfahren kann.

Das Bewußtsein einer spirituell wachen Person kommt dem Lichte gleich, das zum Zeitpunkt des Todes austritt; es erkennt die Identität zwischen diesem Licht und seinem eigenen strahlenden Wesen.

Giuseppe Tucci

Die ursprüngliche Einheit des helleuchtenden Geistes und des unveränderlichen Lebenswindes, also die Verbindung des subtilsten Geistes mit der subtilsten Materie, wird durch den inneren Ring am Fuß des tibetischen Berges der Wirklichkeit dargestellt. Bei diesen beiden Faktoren soll es sich um die Samen des Lebens und des Geistes handeln, die sich von einer Inkarnation eines erleuchteten Wesens zur nächsten bewegen. Ihre Einheit bildet das Fundament des heiligen Berges, und dessen Gipfel ist Symbol für die Erleuchtung. In Tibet wird diese Einheit durch das Murmeln heiliger Formeln zum Ausdruck gebracht, zu denen auch das buddhistische Mantra *Om mani padme hum* und der noch ältere geläufige Gruß *Tashi Deley* gehören.

Das Ziel jeder heldischen Reise zum tibetischen Bodhisattva besteht im Erreichen dieses verheißungsvollen, erleuchteten Zustandes auf dem Gipfel des Berges. Jede und jeder begibt sich am äußeren stofflichen Ring des Wirklichkeitskreises rund um den Berg auf den Regenbogenpfad der Lehren. Erreichen sie letztlich den Gipfel, müssen sie in die gewöhnliche stoffliche Welt zurückkehren, um den anderen zu dienen, die auf dem Weg zum Berg noch unterwegs sind. Nun ist die Bühne bereit. Vor unserem geistigen Auge sehen wir das Gewebe der unabsehbaren materiellen und konzeptionellen Matrix, in welche das tibetische Volk und die Navajo geboren werden. Wenn wir ebenso wie sie zur tiefen

Geist ist, was bewußt ist;
Wind ist die aktive Energie,
die dieses Bewußtsein
unterstützt.

Garma C. C. Chang

Wirklichkeit unserer heiligen Welt erwachen und eine verantwortungsvolle Beziehung dazu aufbauen können, wird vielleicht auch uns die Verbindung zu diesem lebendigen, pulsierenden Universum klar, dessen Gestalten, Energien und Ideen miteinander verbunden sind. Und können wir angesichts dieser Erkenntnis anders, als Staunen, Gelassenheit, Verantwortungsgefühl und – in seiner reinsten Form – Mitgefühl für alle Lebewesen und Dinge zu entwickeln, mit denen wir in dieser verblüffenden Wirklichkeit zusammenleben und uns durchmischen? Und ist diese Erkenntnis nicht gleichbedeutend mit wahrer Liebe? Wach werden für die persönliche Verbindung mit dem Gewebe des Lebens ist der erste allgemeine Grundsatz im Spirituellen Kreis. Danach gilt es einen Platz darin zu finden, die Balance zwischen den Polarkräften und Eigenschaften der äußeren und der inneren Wirklichkeit. Damit beschäftigt sich der zweite allgemeine Grundsatz des Spirituellen Kreises.

Dies wissen wir: Die Erde gehört nicht den Menschen, sondern die Menschen gehören der Erde. Alle Dinge sind miteinander verbunden wie das Blut, das uns alle vereint. Die Menschen haben das Gewebe des Lebens nicht gewoben, sie sind nur ein Faden darin. Was immer sie dem Gewebe antun, das tun sie sich selbst an.

Sealth, Häuptling der Seattle (zugeschrieben)

Betrachte alle Wesen als Buddhas
Höre alle Klänge als Mantras
Sieh alle Wirklichkeit als Mandala.

Traditionelle Anweisung zur tantrischen Lebensweise

Wo Menschen Natur zerstören, töten sie ihre eigene menschliche Natur.

Joseph Campbell

Die Natur ist stets treu all denen, die auf ihre Treue vertrauen.

Ralph Waldo Emerson, *Woodnotes*

Alle, die wach sind, haben eine einzige und gemeinsame Welt.

Heraklit

Teil 2

ERDE UND HIMMEL INS GLEICHGEWICHT BRINGEN UND VEREINIGEN

Menschenleben, Dauer eines Augenblicks wie ein Traum – kann glücklich sein, kann traurig sein. Ohne mir Freude zu ersehnen, ohne der Trauer auszuweichen, sei mir gegeben, getreu den höchsten Lehren leben.

Dudjom Rinpoche
Aus den persönlichen Gebeten

Es gibt einen großen Unterschied zwischen der Navajo- und der westlichen Lebensphilosophie. Das westliche Denken ist einseitig, es umfaßt eine große Fülle von Dingen, aber es ist ganz anders als das unsrige. Das Denken der Navajo ist auf stabile Ausgeglichenheit ausgerichtet, und diese fehlt dem Leben der Weißen.

Navajo-Weisheit

Kapitel 5
DER CODE DER EINHEIT

Einen zweiten Grundsatz der heiligen Lebens- und Denkweise des tibetischen Volkes und der Navajo könnte man mit den Worten »Erde und Himmel ins Gleichgewicht bringen und vereinigen« umschreiben. Dabei geht es zunächst darum, einen Ausgleich zwischen den entgegengesetzten Energien zu finden, die auf die einzelnen Menschen und den Kosmos insgesamt Einfluß nehmen; danach gilt es, diese Balance zu einer Verschmelzung des Individuums mit dem Kosmos zu erweitern. Diesen dialektischen Tanz der Natur muß jede Generation von neuem erlernen: es ist das »Zwei-in-Einem« oder »Eins-Sein«. In den Navajo- wie auch den tibetischen Lehren wird diese Ureinheit oft und zwar immer wieder anders beschrieben, doch die Metapher des heiligen Berges gehört immer dazu. Berggipfel sind außergewöhnliche Orte: Physisch kann man sie mit den Sinnen erfahren, metaphysisch kraft des Geistes. Jeder Gipfel ist ein Ort des ersten und letzten Kontakts zwischen Erde und Himmel, der Ort, wo »feste« oder »grobkörnige« Materie – Erde – mit dem vergänglichsten der vier Grundelemente, mit der Luft, verschmilzt (also Atome und Energien austauscht). Der Berggipfel vermittelt zwischen diesen beiden Aspekten unserer physischen Wirklichkeit und verkörpert auch beide. Er gehört in seiner massiven, felsigen Präsenz sehr stark der Erde an, aber gleichzeitig ist er an der Spitze ebenso unstofflich wie der Himmel.

Ein zeitgenössischer Sänger hat dieser allgemeingültigen Auffassung mit den lakonischen Worten »Der Berg ist die Verbindungsstelle zwischen Erde und Himmel« Ausdruck gegeben und damit über die materielle Vereinigung hinaus auf die metaphysische Vereinigung dessen hingewiesen, was in seiner Philosophie das untere und das obere Leben heißt. Dieser zweiteilige Navajo-Kosmos gründet auf der nahtlosen Einheit zwischen dem die männliche Energie verkörpernden Himmel (das obere Leben) und der die weibliche Energie verkörpernden Erde (das untere Leben).

Das untere Leben ist das Reich der Navajo-Erdgöttin Nahasdzaa, der Erdfrau. Als ihr Kopf gilt der Navajo Mountain, der höchste Punkt des Reservats. Ihr Körper breitet sich in der Mitte als Black Mesa aus, ihre Beine reichen weiter nach Süden als Balakai Mesa. Da diese Formation der geomantische Ausdruck der Mutter Erde ist, nennen traditionelle Navajo sie auch Blütenstaub-Bergkette, denn Blütenstaub ist Leben, genauso wie die Erde Leben ist, und die Erd-

In den Ursprungslehren der Navajo heißt es, daß sich bei der Erschaffung der Wirklichkeit der Fünften Welt die Erdfrau nach oben reckte und der Himmelsmann nach unten neigte, um ihre Essenzen von Regen und Tau zu vereinigen.

Die Stätte der Menschen befindet sich zwischen Mutter Erde und Vater Lufthülle. Der Austausch zwischen den beiden ermöglicht Leben.

Navajo-Denker Dean Jackson

frau steht für das Prinzip des irdischen Lebens und die Schönheit in allen Dingen: Bik'eh Hózhóng. Das untere Leben umfaßt die Summe aller irdischen – beseelten, pflanzlichen und mineralischen – Wesen. Irdische Wesen wiederum tragen in sich einen Stoff und ein Bewußtsein, die noch feiner sind als Blütenstaub, und zwar in der Form menschenähnlicher Heiliger Wesen und des Windes des Lebens und des Geistes.

Entsprechend ist das obere Leben das Reich der Sonnen-, Mond- und Sternenwesen, der Blitz-, Donner-, Himmelslichter- und Wolkenwesen, der Adler und Hüttensänger, der Fledermäuse und Schmetterlinge, der Libellen und vieler weiterer Wesen. Alle sind sie heilig, einzigartige physische Wesen und Energien, aber auch miteinander verbundene Aspekte des Himmelsmannes, welcher den spirituellen Weg hin zur Schönheit, oder Sang'ah Nachai, verkörpert.

Berge stehen zwischen diesen voneinander abhängigen Polen der unsichtbaren Einheit, und sie verbinden sie. Auf ihnen »neigen sich« Himmelsmann und Erdfrau einander zu – er nach unten und sie nach oben –, um die ihnen innewohnenden körperlichen und geistigen Essenzen zu vereinigen. Gemäß der

Navajo-Philosophie entstehen bei dieser Vereinigung Regen und Tau, die den weißen und den gelben Mais sowie deren Blütenstaub hervorbringen, und damit den Stoff des Lebens.
Diese Einheit können wir alle in uns fühlen. Der verehrte Sänger Curley Mustache sagte gegen Ende seines langen Lebens, der menschliche Körper habe zwei Seiten. Die linke Seite, die der Körperlichkeit und des Denkens, sei männlich; von dort komme das blaue Blut, das durch die blauen Erdadern fließe. Eine Troddel aus weißem Mais kröne die männliche Seite – Mais ist Ursprung des lebenspendenden Blütenstaubs – und gehöre zu dessen wichtigsten Heiligen Wesen, dem Weißer-Mais-Jungen und dem Maisblütenstaub-Jungen. Die rechte Seite unseres Körpers sei weiblich, und zu ihr gehörten der gelbe Mais und dessen beide wichtigsten Heiligen Wesen Gelber-Mais-Mädchen und Maiskäfer-Mädchen.[1] Von dieser Seite komme das rote Blut, das durch die roten Erdadern fließe, sauerstoffreich sei und Leben hervorbringe. Die rechte Seite kröne eine Quaste von gelbem Mais, der Farbe der Weiblichkeit. Die weibliche Seite stehe in Verbindung mit dem »emotionalen« (gefühlsmäßigen) Aspekt unseres Wesens. Und Curley Mustache fuhr fort mit der Erklärung, die beiden (meta)physiologischen Aderstränge träfen sich im Mittelpunkt unseres Körpers.
In der Tradition der Navajo entspricht die rechte Körperhälfte und damit die weibliche Seite in allen Aspekten exakt der Erdfrau und der großen Gottheit Sich Ändernde Frau, und beide wiederum Bik'eh Hózhóng. Entsprechend gilt die linke Seite einer Person als Essenz idealer Männlichkeit, das heißt jener des Sonnenträgers oder der Krieger-Zwillinge, und ist zugleich Sang'ah Nachai.
Wie im Makrokosmos, so im Mikrokosmos. Wie Erde und Himmel zusammengehören, so auch Frau und Mann: In jedem Einzelpaar sowie auch in der Gesamtheit aller Wesen findet sich der nicht weiter unterteilbare Tanz der Einheit zu zweit. Aber die Schöpfungslehren der Navajo zeigen, daß es sich nicht immer so verhielt:

Wir Männer und Frauen können nicht ohne einander leben. Die weibliche Seite [des Körpers] schützt die männliche; die männliche schützt die weibliche. Du sorgst dich um sie; sie sorgt sich um dich.

Zeitgenössischer Navajo-Sänger

> Es geschah, daß in der vorhergehenden Vierten Welt Frauen und Männer sich aus eigenem Antrieb für eine Zeit von vier Jahren trennten. Einige meinen, die Erste Frau und der Erste Mann hätten sich gestritten; andere berichten von sexueller Untreue. Was auch immer der Grund war, Frauen und Männer glaubten, ganz gut ohne einander leben zu können. So stellten die Männer Holzflöße her, und die Frauen paddelten darauf an das gegenüberliegende Ufer eines großen Flusses; die Flöße verwendeten sie später als Brennholz.
> Zunächst ging an beiden Flußufern alles gut. Die Frauen säten Mais; die Männer jagten. Bald aber gab es weniger Wild, und die Männer wurden im Jagen weniger gut. Bei den Frauen gab es Mißernten. Frauen und Männer litten Not, körperlich und noch stärker aus unbefriedigtem geschlecht-

lichem Begehren. So groß war ihr Kummer, daß sie ihre Bedürfnisse auf die seltsamsten Weisen zu stillen versuchten. Natürlich führte dies nur zu noch mehr Begehren und später zu großen Gefahren. Nach Jahren der Trennung kamen die Wesen des Alten Volks wieder zusammen. Aber bevor sie sich geschlechtlich vereinigten, mußten sie vier Tage lang Reinigungsrituale vollziehen.

Du hast die männliche Seite deines Wesens durch eine weiße Erziehung entwickelt. Nun mußt du deine weibliche Seite fördern, deine Kultur kennenlernen, beten und singen.

Navajo-Sänger zu einer »modernen« Navajo-Frau

Die auf den ersten Blick ersichtliche Moral dieser zentralen Legende in der Navajo-Überlieferung lautet, daß Frauen und Männer einander brauchen, damit die menschliche Gesellschaft weiterbesteht. Auf einer tieferen Ebene rät sie, die weibliche und die männliche Seite des menschlichen Körpergeistes zu vereinen, um geistig in Frieden und emotional richtig leben zu können. Und auf einer noch tiefer liegenden Ebene enthüllt sie zudem, daß man die ursprüngliche Einheit der weiblichen und männlichen Prinzipien (Sang'ah Nachai Bik'eh Hózhóng) nicht stören darf, daß die Menschen sich nicht polarisiertem Denken, Fühlen und Handeln hingeben dürfen, denn dadurch geraten sie unweigerlich aus dem Gleichgewicht der kosmischen Harmonie. Die Legende von der Trennung und Wiedervereinigung der Geschlechter (von der jedes Navajo-Kind schon früh hört) ist Modell für die Umwandlung des kosmischen Chaos *(hóchxó)* in die beständige Schönheit Hózhóng.

In jeder Frau und jedem Mann gibt es sowohl männliche als auch weibliche Energie. Ja, im Grunde sind wir alle als Person eine Vereinigung der allumfassenden Energie.

Lama Thubten Yeshe

Eine zentrale Vorstellung in der tibetischen Auffassung der Wirklichkeit drückt das gleiche aus, nämlich daß ungleich gewichtete gegensätzliche Energien und Gedanken mit dem Glück *(tashi)* in Einklang gebracht werden müssen, da sonst psychische und physische Krankheit *(tamishi)* entsteht. Das Konzept, Gegensätzliches zu harmonisieren, »Himmel und Erde zu vereinigen«, ist denn auch eine altüberlieferte Erkenntnis im ganzen innerasiatischen Raum. Uns ist es vom Taoismus her vertraut, jener spirituellen Bewegung in China, die ein festes Gedankengebäude um die Vorstellung einer immerwährenden, nicht weiter unterteilbaren Einheit, genannt Tao, errichtet hat. Auch außerhalb des Taoismus durchdringt diese Erkenntnis der Einheit das spirituelle wie das alltägliche Denken in ganz Nord- und Ostasien, darunter auch in Tibet.

Zwei taoistische Symbole haben in Tibet während Jahrtausenden gedient und die Menschen inspiriert. Das eine ist das *Yin-Yang* und steht für die untrennbare Einheit nicht allein existierender gegensätzlicher Energien. Das heißt: Auch wenn es scheint, daß polare Gegensätze in sich und aus sich existieren, kann es doch keinen ohne den andern geben. Eine der S-förmig begrenzten Hälften des Symbols stellt das Yin dar, die andere das Yang. Aber jede umschließt in sich einen Punkt der anderen Farbe, was auf ihre gegenseitige Durchdringung hindeutet. Ein Kreis umfaßt beide Hälften und versinnbildlicht so die vollkommene, unauflösliche Einheit der beiden. So setzt sich alles aus beiden Energien und Neigungen zusammen.

Beim Yin-Yang dürfte es sich um das eleganteste Modell für die Harmonisierung von Gegensätzen handeln, welches die Menschheit erfunden hat. Es ist der sichtbare Ausdruck einer Philosophie, die unsere Wirklichkeit als ständigen Fluß begreift – als ein System in einem dynamischen Gleichgewicht. Dieses System hat sich im Taoismus zu einem diagnostischen Werkzeug entwickelt, dessen innerer Code den natürlichen Vorgängen im Himmel und auf der Erde gleichkommt. Es ist als *I Ching* bekannt, und daraus stammt die zweite Reihe der Symbole für Himmel und Erde, die im tibetischen Code der Einheit eine zentrale Stellung einnehmen.

Das I Ching gründet auf dem ständigen, notwendigen Ausgleich gegensätzlicher Neigungen. Yin ist das passive, aufnehmende Energieprinzip. Es wird in Zusammenhang mit dem irdischen Imperativ gebracht: der nährenden, fruchtbaren, aufnehmenden weiblichen Erdenergie, die alle Erscheinungen hervorbringt und umschließt. Yin existiert in unteilbarer, aber dynamischer Partnerschaft mit seiner unabdingbaren Ergänzung, Yang, dem himmlischen Imperativ, das als aktives, männliches Prinzip von himmelsähnlicher Weite und zielgerichteter Bewegung verstanden wird.

Yin und Yang lassen sich auch durch zwei Trigramme darstellen, nämlich ☷ und ☰, die ihrerseits auf die Grundlinien – – und —— zurückgehen. Diese Grund-Trigramme gelten mit den Segmenten des Yin und Yang als die beiden grundsätzlichen Aspekte des Großen Ursprungs *(tai-chi)*. Tai-Chi ist die höchste Energie- und Geistesquelle, jenseits der Zweiheit, und das Ziel im Bestreben, das dualistische Denken und Handeln zu vereinen.

Die Trigramme werden in der tibetischen Astrologie und noch älteren Bräuchen verwendet, um die Kräfte und Empfindungen von Himmel *(sa)* und Erde *(nam)* zu symbolisieren und anzurufen. Das tibetische Volk betrachtet die Erde als ein materielles Reich voller Empfindung und Kraft. Die Zyklen von Wachstum und Verfall, Werden und Vergehen, die Bewegungen der Erde selber, alles besteht aus Energien, die nach einem bestimmten Muster zusammengesetzt sind – aus Energien, die aus den körperlichen Handlungen entstehen, dem Drang, sich zu äußern, und den Gedanken der empfindenden Wesen, welche die Erde bevölkern. Dieses Empfinden, diese Kraft ist weder gut noch schlecht. Sie *ist* einfach. Entsprechend dieser Kraft zu leben – das heißt in Übereinstimmung mit ihr – bringt Glück; nicht den Naturprinzipien gemäß zu leben macht krank an Körper, Sprache und Geist. Um dieses Gleichgewicht (Tashi) zu erreichen und zu bewahren, muß man allen Erdkräften materielle Opfergaben bringen und diese zusätzlich mit Gebeten (von Herzen kommenden Anrufungen und Visualisierungen) begleiten. Die Gesamtheit der Erdkräfte stellt man sich in Tibet traditionellerweise als eine alte, verrunzelte Frau in goldgelben Gewändern vor. Sie, die Alte Mutter Khönma, reitet auf einem Widder und hält eine goldene Schlaufe in der Hand. Ihr Sinnbild ist ein Widderschädel mit dem in Ocker gemalten Erdtrigramm auf der Stirn, der in einem Ritual namens »Die Tür der Erde schließen« benutzt wird.[2]

Das taoistische Yin-Yang-Symbol des Einklangs gegensätzlicher, einander ergänzender Eigenschaften und Energien in der Mitte eines buddhistischen Dharma-Rads (Tibet).

In entsprechender Weise verwendet man in Tibet das männliche oder Himmels-Trigramm in einem Ritual namens »Die Tür des Himmels schließen«. Dieses wird auf einen Hundeschädel gemalt und ist Teil eines Bildes aus geknüpften Fäden, das dem Alten Vater Khenpo dargebracht wird, der dem Himmel innewohnt. Er gilt als weißhaariger, verrunzelter Greis in weißer Kleidung und reitet mit einem weißen Stab in der Hand auf einem weißen »Himmelshund«.[3] Mit dieser Zeremonie bittet man um den Segen der Himmelskräfte, die ihm unterstehen. Dazu wird der Alte Vater (das heißt seine Eigenschaften) ähnlich wie seine Gefährtin, die Alte Mutter Erde, angerufen. Durch diese alten Rituale werden die energetischen Aspekte von Erde und Himmel, also die Grundkräfte des Weiblichen und des Männlichen, in der Wirklichkeit wie auch im Körpergeist des einzelnen Individuums harmonisiert.

Die Kräfte der Erde und des Himmels kennen

An dieser Stelle im Vergleich zwischen den Vorstellungen über die Einheit von Himmel und Erde in Tibet und bei den Navajo gilt es, uns noch einmal die Gesamtheit ihrer Naturgottheiten in Erinnerung zu rufen. Sie sind konkreter Ausdruck der natürlichen polaren Energien, die uns von innen und von außen bewegen und mit denen die Angehörigen beider Völker im Leben im Gleichgewicht bleiben wollen.

Zunächst die Kräfte der Erde: Felsen und Gewässer.

Gemäß der tibetischen Anschauung wohnen an den feuchten oder nassen Stätten der Erde Gegenwesen zu den Erdherren. Diese Lu manifestieren sich in der materiellen Welt als Schlangen, Frösche und Skorpione. Ihre feineren Formen stellt man sich indes als Frauen und Männer mit Schlangenkörper vor.[4] Und wie die Schlange eine gespaltene Zunge hat, ist ihnen eine gespaltene Persönlichkeit eigen. Solche Ausformungen der Energien des irdischen Kosmos machen aber keinen Unterschied zwischen Gut und Böse. Vielmehr reagieren sie – in einer natürlichen, wechselseitigen Beziehung – auf die Handlungen von Menschen, die ihre Quelle, ihren Bach, Fluß oder See verunreinigen oder ungehörig um Wohlstand bitten. Als spräche sie namens der tibetischen Weltanschauung, erklärte die ausgewiesene Kennerin der Navajo-Religion Gladys Reichard, es sei den Navajo »unmöglich, eine scharfe Trennlinie zu ziehen zwischen dem, was wir [westliche Menschen] als Gegensätze betrachten, zum Beispiel Gut und Böse. *Was einer Person schadet, wird sie auch heilen*, und in diesem Sinne sind Gut und Böse eins. Ein [heiliges] Wesen hat eine Kraft, die den Menschen fehlt«.[5]

Gemäß tibetischem Verständnis behalten die Lu, wenn man sie erzürnt, wertvolle, Wünsche erfüllende Edelsteine – Symbole für das Glück einer Person – zurück, die sie in erleuchteten Palästen in den Tiefen des Wassers horten. Die in den Märchen der Brüder Grimm beschriebenen Schatzkammern vermitteln eine passende abendländische Vorstellung dieser Schätze auf dem Meeresgrund, über welche Königin und König der Lu herrschen. Lebt eine Person in psychischer und ritueller Harmonie mit ihnen, wird es ihr wohl ergehen. Lebt sie aber mit diesen Schlangenkräften nicht mehr in Harmonie, kann sie erkranken (zum Beispiel an Haut- oder Geisteskrankheiten) oder gar sterben. Dem Naßkalten im Wasser und an feuchten Orten müssen sich die Menschen immer von neuem anpassen, denn es ist zugleich lebenswichtig und der menschlichen Erfahrung völlig fremd.[6]

Chu Sin, das den wilden Bergbächen Tibets innewohnende Kraftwesen.

Eine besonders altehrwürdige tibetische Verkörperung der schlangenhaften Wasserenergie ist Chu Sin Gyalmo, die Königin der Wasser-Sin (*sin* sind Kraftwesen der Umwelt aus der Bon-Religion). Chu Sin verkörpert die schiere Wasserkraft. Sie hat einen schlangenartigen Kopf, Hörner wie messerscharfe Korallenriffe oder Drachenhörner und scharfe Zähne, und sie schützt ihr Reich verbissen. In einer Erzählung wird sie mit einem Krokodil verglichen, in einer anderen mit einer Schildkröte. Abgesehen von ungenauen Assoziationen, gilt sie als verhältnismäßig wohlwollendes, aber ungeheuer mächtiges Wasserwesen.

Wer einen Bach oder einen See verschmutzt oder an einem Ort, dem solche Sin- oder Lu-Energien innewohnen, keine Opfergaben darbringt, setzt sich der Gefahr aus, zu erkranken. Eine solche Krankheit äußert sich meist als Hautausschlag oder als Geschwür, in der schlimmsten Form als Lepra. Deshalb hält man in Tibet besonders oft Zeremonien ab, die ein Familienmitglied oder eine ganze

Donnernder Bergbach im Himalaja, Sitz der Wassergottheit Chu Sin. Die auf dem Felsen eingeritzten Abbilder von Wünsche erfüllenden Edelsteinen und die Gebetsfahne zeugen von der Macht dieser Stätte und von deren innewohnendem Empfinden.

Familie mit den Lu wieder in Einklang bringen. Ebenso opfert man an Quellen oder sogar Wasserhahnen Speisen, Butter, Gebetsfahnen und *khata*-Schleifen, vor allem an Neujahr. In ganz Tibet finden sich überall an Flußufern und in Sumpfgebieten Felsenschreine voller Gebetsfahnen für diese Wasserkräfte.
Auch die Navajo betrachten Wasserwesen als mächtigen Ursprung von Krankheit und Unglück. Sie halten Fische und andere im Wasser lebende Organismen für eine Quelle von Hautkrankheiten. Dies hat dazu geführt, daß der Genuß von Fisch traditionell untersagt war; allerdings wird dieses Verbot seit mehreren Jahrzehnten nicht mehr strikt eingehalten. (Es ist übrigens interessant, daß Fisch auch in Tibet als Speise verschmäht wird. Dort gehören Fische zur Wirklichkeit der Lu und gelten, wie die mythischen »goldäugigen« Fische, als glückverheißende Wesen.)

Die heilsame Rücksicht der Navajo auf die Wasserkräfte stammt aus der Zeit, da das Alte Volk in die Fünfte-Welt-Wirklichkeit aufstieg. Die Überlieferungen (siehe Kapitel 2) berichten, daß während der Zeit der Trennung der Geschlechter zwei Frauen über den Fluß zu den Männern am anderen Ufer zu schwimmen versuchten, mitten drin jedoch vom Wasserwesen Teéhoolltsódii, einem gehörnten Wassergeschöpf, eingefangen und in die Tiefe gezogen wurden.
Ein Night-Way-Sänger erklärt, Sprechender Gott und Rufender Gott hätten auf ihrer Suche nach den verschollenen Frauen dank ihren »geheimnisvollen Kräften« sicheren Einlaß in das Zuhause des großen, büffelähnlichen Wasserungeheuers erhalten. Ihnen gefolgt sei Kojote, der schlaue, mächtige Navajo-Schwindler. In den Geschichten heißt es:[7]

> Die Retter betraten den erleuchteten mittleren der vier Räume, in denen das Wasserungeheuer lebte, und der Herrscher [in anderen Fassungen: die Herrscherin] über die Wasser der Erde grüßte sie. Er fragte nach ihrem Anliegen, und Sprechender Gott antwortete, daß sie ihre Enkelinnen holen wollten. »Hier sind die Frauen. Und nun geht rasch«, erwiderte Teéhoolltsódii.
> Keines der Heiligen Wesen wußte zu diesem Zeitpunkt, daß Kojote zwei Säuglinge des Wasserungeheuers unter seinem langen Mantel verborgen und entführt hatte. Als das Wasserungeheuer dies entdeckte, tötete es viele der Alten Wesen oder sperrte sie ein, und es schickte, was sich noch schlimmer auswirkte, aus allen vier Himmelsrichtungen eine ungeheure Flut, welche die ganze Welt und alles in ihr ertränkte. Zum Glück konnten die Wesen den sich ergießenden Wassermassen entkommen. Sie ließen einen Riesenschilfwald wachsen, der sich bis zu einem Loch im Himmel erstreckte, dorthin, wo der felsige Boden der Fünften Welt begann.
> Beim Eintreten der Heiligen Wesen in die Fünfte Welt quoll das Wasser gerade noch mit aus dem Loch. Es schwoll zu einer großen Flutwelle an, und

Wassermächte der Erde und des Himmels aus dem Shooting Way (Pfeilweg) der Navajo (von oben nach unten): Wasserpferd, Donnerwesen, Wasserbüffel.

daraus entstanden die Flüsse San Juan, Colorado, Salt und Jemez, dazu ein stets mit Wasser gefüllter See am Ort des Erscheinens. Erst dann entdeckten die Alten Wesen die Kinder des Wasserungeheuers beim Kojoten. Sie erkannten nun auch den Zusammenhang mit der Flut und legten die Säuglinge in einen Korb aus weißen Muschelschalen [ein zentrales Kleinod der Navajo]. Mit einem Gebet und aufrichtigen Entschuldigungen setzten sie den Korb auf den Strom, der aus dem Loch drang, und auf der Stelle versiegte die sprudelnde Flut.

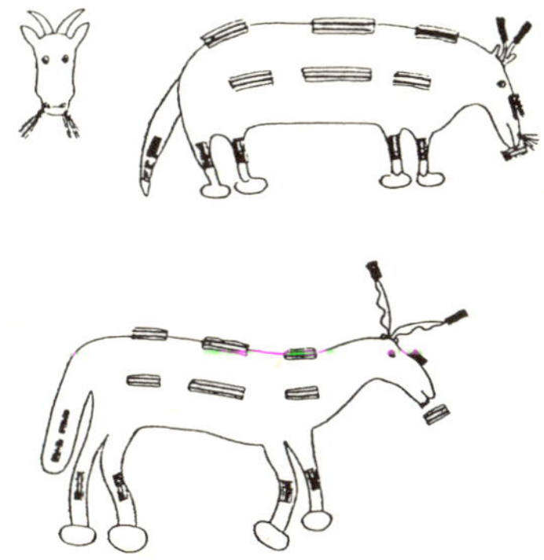

Wasserbüffel und Wasserpferd sind zwei den Gewässern der Erde innewohnende Mächte. Der Wasserbüffel beziehungsweise das Wasserungeheuer kommt in den Navajo-Lehren über die Entstehung der Welt oft vor.

Wie im irdischen unteren Leben spielt das Wasser auch in der spirituellen Landschaft des Gegenpols im Navajo-Kosmos, im oberen Leben des Himmelsreiches, eine wichtige Rolle. Wasser ist der Urstoff, der Himmel und Erde verbindet, und zwar als Regen, als schöpferischer Nektar, durch den die treibenden Kräfte von Erde und Himmel Leben hervorbringen. Kein Wunder, daß beide Kulturen die Wasserenergie des Himmels deutlich zum Ausdruck bringen.
Die Navajo beschreiben in ihren Gesängen und Gebeten große Donnerwesen. Halb Mensch, halb Riesenvogel (Adler) tragen sie an ihren Flügelspitzen Wind, Regen und Blitz (vergleiche hierzu in Kapitel 14 die Night-Way-Zeremonie und das Gebet an das Donnerwesen in der Gestalt einer dunklen Wolke, die für die Fruchtbarkeit des Regens steht). Die Donnerwesen sind himmlische Wassermächte mit der kinetischen Energie eines Gewitters. Es gibt sie wie alle bedeutenden Navajo-Gottheiten in allen vier Himmelsrichtungen. In den Lehren des Shooting Way (Pfeilweg) gesellen sie sich zum Wasserbüffel und zum Wasserpferd, den anfänglich innewohnenden Kraftwesen beider Wasserreiche.[8]
Ein Sandbild in der Abstammungslinie Bead Way (Perlenweg) über die transformative Weisheit und Praxis der Navajo zeigt vier gefiederten Schlangen.[9] Dargestellt ist, wie sie einem menschlichen Helden (dessen spirituelle Lebensbeschreibung die Grundlage für den »Mythos« des Bead Way bildet) zum Himmel, zum Reich der Adler, emporhelfen. Auf ihrer blauschwarzen Haut zucken Blitze, und ihr Körper ist geformt wie ein Blitz. Nicht verwunderlich, daß sich im Denken der Navajo Schlangen und Blitz fast immer austauschen lassen.

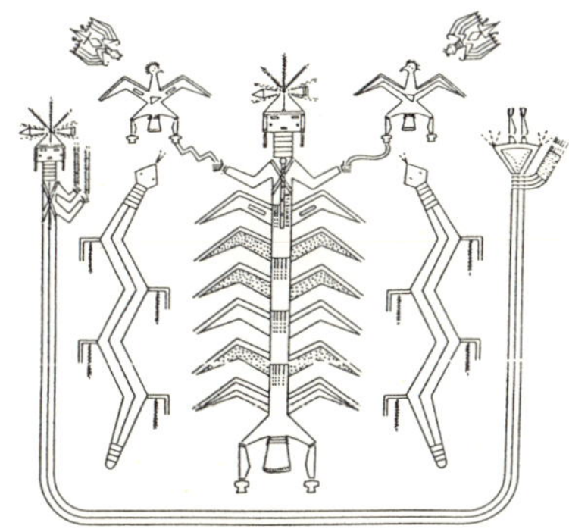

Gefiederte Blitz-Schlangen verhelfen der Heldengestalt des Navajo-Bead-Way (Perlenwegs) ins Reich der Adler.

In der tibetischen Philosophie ist es ähnlich: Gewitterwolken gelten als äußere Form innerer Energiewesen namens *druk* oder Gewitterdrachen. Ihre schlangenförmige Gestalt flackert förmlich – wie Blitze – vor Stacheln, Schuppen, Hörnern und Klauen. Ihre zischelnden Zungen *sind* Blitze und ihre Stimmen Donner. Sie beziehen ihre Kraft aus einem oder auch mehreren Norbu (Wünsche erfüllenden Edelsteinen), die ihre Basen und Vettern, die Lu, horten. Fiele ihnen der Edelstein, den sie fest umklammert halten, aus den Klauen, würden sie schrumpfen und vom Himmel stürzen.
Neben dem »schlangenhaften« Drachen gibt es den mythischen Riesenadler Cha Kyung (in Indien als Garuda bekannt). Er hält eine Schlange (Sinnbild

In Tibet wird die Einheit gegensätzlicher Ansichten mit Hilfe verschiedener spiritueller Phantasietiere dargestellt, die zur Zeit des neuen Anfangs, also zum neuen Jahr, erscheinen. Sie heißen »Vereinigung gegensätzlicher Tiere« und nehmen die Gestalt von Mischwesen aus Fisch und Otter (links), großem Adler und Schneelöwe (rechts) sowie aus Chu-Sin-Wasserwesen und Muschel (Mitte) an.

der irdischen Lu) im Maul.[10] Cha Kyung dient seinerseits dem Bodhisattva Vajra-Träger als Reittier, während er seinen Feinden Donner und Blitz entgegenschleudert.

All diese Tiersymbolpaare vermitteln die Botschaft von der Unteilbarkeit der Einheit von Erde und Himmel und von der Stätte der bewußten Wesen dazwischen.[11] Chögyam Trungpa Rinpoche nannte diese dem Himmel und der Erde innewohnende Struktur die natürliche Hierarchie der heiligen Welt. Sein System folgt einer Dreiteilung: Im Unterschied zum Schema der Navajo, in dem neben dem unteren Leben und dem oberen Leben eine Stätte für die Menschen und andere auf der Erdoberfläche lebende Wesen nur angedeutet wird, nennt das tibetische System diesen Ort ausdrücklich.

Die natürliche Ordnung in der heiligen Welt

Trungpa Rinpoche sagte, die richtige Beziehung zwischen Himmel und Erde (mit dem Regen als Verbindungsglied) mache die Dinge beweglich und die Erde fruchtbar.[12] Er lehrte, daß das Verbinden der kreativen Freiheit des Himmels mit der nährenden Macht der Erde die Grundlage bilde für eine gute menschliche Gesellschaft, die dazwischen besteht. Diese natürliche Ordnung versinnbildlichen drei ursprüngliche tibetische Machtwesen und ihr jeweiliger Wohnsitz.

Die ersten sind die Lu, die Wohlstand schenkenden Energien des dunklen Niederungen (und deren Gefährten, die Sadag, Erdherren der trockeneren Gebiete am Fuße der Berge). Die Lu entsprechen in der natürlichen Gliederung den reichen Möglichkeiten des Lebens. Die zweiten sind die Nyen, Urschutzgottheiten, welche die Berghänge verkörpern. Sie sind das Prinzip der »sanften Festigkeit« und ein Sinnbild für die Menschheit, für uns, die wir den heiligen Pfad des Lebens entlangwandeln mit dem Kopf im Himmel und den Füßen auf der Erde. Und die dritten sind die Lha (zu ihnen gehören auch Gebietsgottheiten und tantrische Gottheiten); sie leben in Lichtpalästen auf ihren heiligen Bergen, ähnlich wie die Heiligen Wesen der Navajo. In ihrer Erhabenheit und mit ihrem leitenden inneren Licht stehen sie für die höchste Ebene des »Wachseins«.

In seiner Auslegung des Lu-Nyen-Lha-Paradigma betont Trungpa Rinpoche, daß man auch bei den alltäglichsten Verrichtungen dieser natürlichen Ordnung folgen solle: Füße gehören auf den Boden, nicht auf den Tisch. Der Scheitel ist ein heiliger Ort, der höchste Punkt des Bewußtseinsflusses, und muß ehrerbietig behandelt werden, das heißt, er darf nicht berührt werden. Kopf und Hals einer Person sind Lha, der Rumpf ist Nyen, und die Beine und Füße sind Lu.[13] Daraus folgt, daß der Körper eines Menschen und seine Tätigkeiten in jedem Fall mit den Energien dieser drei natürlichen Ebenen des Gesamtkosmos harmonisiert werden müssen.

Es gibt wohl keinen schlagenderen Beweis für die untrennbare Verbindung zwischen Erde und Himmel als den Blitz.

Die Achtung der natürlichen Ordnung und des Gleichgewichts zwischen den Gegensätzen ist auch für die Navajo entscheidend. Washington Matthews bezeichnete diesen Aspekt als »Gesetz von Kopf und Fuß«. Viele Navajo-Zeremonien erfordern zum Beispiel als Opfergaben für die Gottheiten aus Ästen oder Zweigen geschnitzte Figürchen *(ketaan)*. Dabei achten die Navajo stets darauf, daß das wachsende Ende des Zweiges den »Kopf« des Ketaan bildet (oft mit aufgemalten Augen und Mund) und auf keinen Fall das dickere untere Ende.

Ich weiß noch, wie ich einst einen alten Navajo während einer Night-Way-Zeremonie zum Zweigeschneiden begleitete. Wir mußten einen ungefähr einen halben Meter langen, geraden Ast finden, etwa drei Zentimeter im Durchmesser, der gegen Osten aus einem Pinyon- oder Wacholderbaum wuchs. Er sollte Ghaaskidi als Stock dienen, dem Dickhornschaf-Schutzgott, der ein Bündel dunkler Wolken mit Samen der Fülle (die für die Verbindung von Himmel und Erde stehen) auf dem Rücken trägt. Wir mußten das obere und das untere Ende sehr sorgfältig kennzeichnen, denn es würde sich auf diese psychophysische Heilungszeremonie äußerst schädlich auswirken, sollte der maskierte Yei beim Hereinhumpeln in den zeremoniellen Hoghan den Boden mit dem falschen Stockende berühren. Viel schlimmer als Füße auf dem Tisch!

Selbst bei den Baumstämmen in den Wändes eines Hoghan muß das untere Ende gegen die östliche Wand zeigen und die Spitze stets Richtung Uhrzeiger-

Der rituelle (Hochzeits-) Korb der Navajo ist symbolträchtig. Die offene Form steht für die Erde (und wenn man sie umdreht, für die Himmelskuppel). Die Dreiecke stellen Berge und Gewitterwolken dar. Der Osten, Ort der Kraft und des Beginns, ist durch eine bewußte Unterbrechung im Muster gekennzeichnet, damit dort die Kraft des Ostens in das Innere strömen kann.

sinn beziehungsweise entsprechend dem Lauf der Sonne verlaufen: vom unteren zum oberen Ende. Und wenn die Navajo ein »Selbstopfer« mit Maisblütenstaub bringen, legen sie sich ein bißchen davon auf die Zunge (Sprache) und dann auf den Scheitel (Geist); danach verstreuen sie ihn mit ausladender Geste zuerst auf dem Erdboden des Hoghan und werfen ihn dann hoch zum Himmel. Ein deutliches Symbol. Zuerst soll die Gabe Erde und Himmel der opfernden Person kräftigen und reinigen, dann bringt diese sie auf angemessene Weise der Erde und dem Himmel des Kosmos dar, nämlich dem unteren und dann dem oberen Leben, vom Fuß zum Kopf, in der natürlichen Ordnung.
Für die Navajo wie für das tibetische Volk kennzeichnet der Dialog zwischen Erde und Himmel nicht die Trennung zwischen diesen beiden Aspekten der natürlichen Ordnung, sondern ihre untrennbare, bleibende Einheit. So kennen auch beide Kulturen ganz bestimmte Bezeichnungen und Lehren für die inhärente Einheit gegensätzlicher Energien und Eigenschaften.
Unter diesem Gesichtspunkt wird uns auch die grundlegendste Bedeutung der

Navajo-Erzählung über die Geschlechtertrennung verständlich. Darin heißt es, daß die irrigen Gedanken und die Selbstbefriedigung der ersten Frauen und Männer dazu führten, daß sie schreckliche übermenschliche Ungeheuer zeugten und zur Welt brachten, die dann das Navajo-Volk plagten. Die Erzählung lehrt also, daß es eine »Urtrennung« zwischen ergänzenden Energien und Handels-, Ausdrucks- und Denkweisen zu vermeiden gilt. Sie beschreibt die gefährlichen Folgen einer Trennung der (weiblichen) Bik'eh-Hózhóng-Seite von der (männlichen) Sang'ah-Nachai-Seite einer Person, ein Weg, der unweigerlich zu geistigen und körperlichen Problemen führt. Die eigentliche Botschaft lautet: Der Mensch darf nicht bestreiten, daß diese beiden Polaritäten ihm eigen sind, sondern muß vielmehr mit ihnen arbeiten.

Unmittelbarer warnt uns eine Lehre aus der Geschichte über die Trennung der Geschlechter für den Alltag. Sie besagt, daß eine Person, die polarisiert lebt, sich selbst, der Familie und dem Clan schaden kann. In seiner extremen Form wird ein solcher Mensch zur »Hexe« (im bösen Sinn des Wortes); man bezeichnet ihn oder sie als Navajo-Wolf oder »Fellgänger(in)« (da sie bei ihren Grausamkeiten angeblich mit Fellen bekleidet sind). In Tibet schreibt man solch extremes Verhalten der schwarzen oder linkshändigen (gegen den Lauf der Sonne) Magie zu.

Wenn sich Navajo übertrieben selbstsüchtig verhalten, ist dies ein Beweis dafür, daß sie sich auf dem Pfad der Verwirrung (Hóchxó) befinden. Um wieder in den Zustand des Gleichgewichts und der Harmonie (Hózhóng) zu gelangen, müssen sie »Vernunft entwickeln« (Alfred W. Yazzie). Ist dies nicht möglich, gilt es sie rituell wieder zur Schönheit zu führen: ein teurer, schwieriger und gefährlicher psychophysischer Vorgang. Anders ausgedrückt: Wenn die Geschlechter – in ihrem körperlichen oder geistigen Zustand – innerlich oder äußerlich getrennt werden, führt dies zur schlimmsten Ungesundheit oder Unordnung, und der Mensch verliert seinen Platz zwischen Himmel und Erde.

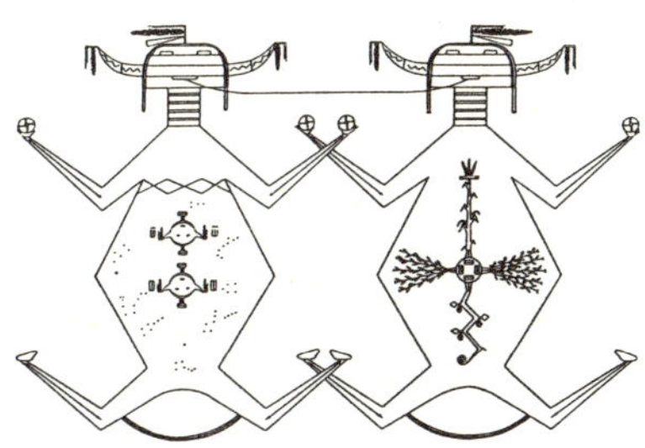

Himmelsmann und Erdfrau. Der Himmelsmann ist am schwarzen Körper zu erkennen und daran, daß er Sonne, Mond und Sterne in seinem Leib trägt. Die Erdfrau ist blau und trägt die vier Kulturpflanzen Mais, Bohnen, Kürbis und Tabak in ihrem Leib. Beide sind am Mund durch eine Kordel aus Maispollen – das schöpferische Prinzip – miteinander verbunden, was auf ihre untrennbare Einheit hinweist.

Urpaare

Die Denkvorlage für das Gleichgewicht von »Zwei-in-Einem«, zwischen entgegengesetzten Energien und Eigenschaften, heißt in der Sprache der Navajo *allkee na'ashi*, und bedeutet wörtlich übersetzt »diejenigen, die einander folgen« oder einfacher »Folgepaare«. Die Bezeichnung umschreibt die Einheit komplementärer Eigenschaften und Energien, die als Paare aus dem Volk der Heiligen Wesen personifiziert werden. In diesem Denkmodell »folgt« zum Beispiel der nährende Helfer Rufender Gott der gedankenschweren, mächtigen Führung von Sprechender Gott, und sie ergänzen einander.

Urpaarungen sind in der Navajo-Hochzeitszeremonie anschaulich beschrieben. Der Sänger oder Ältere, der die Zeremonie leitet, streut Maispollen auf einen eigens hergerichteten »Hochzeitskorb« mit Maismehlteig. Zuerst streut er eine Linie Blütenstaub (den Lebenssamen) von Osten nach Westen. Das ist die Achse von Sprechender Gott und Rufender Gott und stellt das Prinzip der Männlichkeit in aktiver und passiver Form dar. Dann legt er eine Blütenstaublinie von Süden nach Norden; sie stellt die weibliche Achse dar. Laut den Lehren des Blessing Way (Segensweg), welche die Grundlage für diese Zeremonie bilden, entsteht das Leben exakt an der Kreuzung der beiden Achsen.

Zur männlichen Achse gehören die energetischen Bewegungen der Sonne bei Tages- und Nachtanbruch (und die dazu parallelen Eigenschaften des Körpergeists in jeder Person). Die weibliche Achse stellt sowohl die höchste Anwesenheit der Sonne als auch deren völlige Abwesenheit dar: die absolute Doppelnatur aller Erscheinungen. Das männliche Prinzip ist Sang'ah Nachai, der heroische Prozeß, durch wiederholte spirituelle Erneuerung bis in das reife Alter zu leben, um das immerwährende Leben des weiblichen Prinzips, Bik'eh Hózhóng, zu erlangen. Bik'eh Hózhóng ist sowohl die Energie des Lebenspendens – wie jene der vollen Kraft der mittäglichen, im Süden stehenden Sonne – als auch die dunkle, mondhafte Macht über Leben und Tod. Die natürliche Einheit von Polaritäten aufrechtzuerhalten ist eine der grundlegenden Bedeutungen des Sang'ah Nachai Bik'eh Hózhóng sowie auch die Grundlage des Diné Be'iina, der Lebensweise der Navajo.[14]

Bik'eh Hózhóng und Sang'ah Nachai symbolisieren die Einheit des unteren und des oberen Lebens, so wie es Erdfrau und Himmelsmann verkörpern. Die »Mutter« (Erdfrau) und der »Vater« (Himmelsmann) werden in Sandbildern dargestellt. Sonne, Mond und Sterne wohnen im Körper des Himmelsmannes (er ist Sang'ah Nachai), und die vier Kulturpflanzen (Mais, Bohnen, Kürbis und Tabak) sprießen aus dem Nabel der Erdfrau (sie ist Bik'eh Hózhóng). Ihre Hörner weisen auf ihre außerordentliche Macht hin, und die vier farbigen Streifen auf dem Gesicht stehen für die vier Himmelsrichtungen, Winde, Elemente und früheren Welt-Wirklichkeiten. Beider Lippen sind durch eine Linie aus Maisblütenstaub miteinander verbunden.[15] Maispollen versinnbildlichten Funken und Samen der Empfindung. Und da die Sprache für die Navajo (wie auch in Tibet) zu den wichtigsten Aspekten der Ganzheitlichkeit einer Person gehört, heißt es, diese Heiligen Wesen sprächen die »Pollenwörter« Sang'ah Nachai und Bik'eh Hózhóng.

Himmelsmann und Erdfrau sind ein erlesenes Symbol für Allkee na'ashi. Sie verkörpern die Essenz nicht nur von Himmel und Erde, sondern auch von Unendlich und Endlich, von Universum und Individuum. Sie verkörpern, was im tibetischen Tantra *zinpa* heißt, also verbunden oder vermählt. Auch der Begriff *yab-yum* (Vater-Mutter) umfaßt diesen Zustand der Vereinigung des männlichen und des weiblichen Prinzips. Beides bezieht sich auf das visualisierte und künstlerisch wiedergegebene Bild von geschlechtlich vereinigten weiblichen und männlichen Aspekten einer einzelnen Schutzgottheit. Diese »gewagte« oder »verzückte« Pose dient als Grundvorlage für tantrische Gottheiten.

Bei den tantrischen Buddhas und Bodhisattvas handelt es sich um gedanklich erschaffene Verkörperungen der verschiedenen natürlichen Energien des inneren und des äußeren Kosmos. Die Yidam-Schutzgottheiten sind vollständig eins mit dem Nichts der Leere (oder mit der Schönheit, wie die Navajo dies nennen) und ihrer Definition nach vollständig, ganzheitlich, heilig. Sie gelten als Einheit komplementärer Energien und Neigungen von Himmel und Erde, die allen Menschen (und anderen fühlenden Wesen, die sich noch im Samsara befinden) innewohnt, von diesen aber nicht erkannt oder gar mißbraucht wird. In diesem Sinne ist der Geschlechtsakt natürlich viel mehr als nur ein körperlicher Vorgang; er bedeutet fleischgewordenen Geist und geistgewordenes Fleisch. Und Yab-Yum ist das unmittelbarste und eindrucksvollste Symbol für diesen Zustand des »Zwei-in-Einem«.

In der tantrischen Tradition ist das Bild des Ur-Buddhas oder Adibuddhas das höchste physische Sinnbild für diese Einheit von Gegensätzen. Läßt man den äußerlichen Schmuck beiseite, hat es ziemlich genau dieselbe Bedeutung wie bei den Navajo die Vereinigung zwischen Erdfrau und Himmelsmann und zwischen Bik'eh-Hózhóng-Mädchen und Sang'ah-Nachai-Jungen.

Die Identität des Adibuddha variiert nach der Lehrausrichtung des tantrischen Buddhismus, und es gibt Hinweise, daß der Keim in Tibet schon vor dem Aufkommen des Buddhismus gelegt war. Die ältere Bon-Religion kannte eine Gottheit, die wie der Ur-Buddha keine schöpferische Gottheit, sondern eine letzte Einheitsgestalt war. Als der Buddhismus mit der ursprünglichen Bon-Gottheit Padmasambhava aufkam, entwickelte sich vermutlich aus dem Göttlichen Schamanen Weißes Licht, Shen Lha Ö Khar, und der Wasser-Sin-Königin Chu Sin Gyalmo das erste Buddhapaar der (alten) Nyingma-Lehre des tibetischen Buddhismus, fortan bekannt als Kuntunzangpo/Kuntunzanmo, das heißt Grundgütiger Mann/Grundgütige Frau.

Möge der Segen des Lamas
in mich eintreten.
Möge meine Verkörperung dem
Himmel gleich werden.
Gib mir Segen, auf daß ich
Kuntunzangpos Thron erreiche.

Dudjom Rinpoche

Das Paar Grundgütiger Mann und Grundgütige Frau wird als eine lapislazuliblaue und eine kristallweiße menschliche Gestalt in geschlechtlicher Vereinigung visualisiert und dargestellt. Sie sind nackt, im Zustand des vollkommenen Einsseins, welcher das Wesen der Leere ist. Sie stellen auch die Vereinigung polarer Energien im psychischen Nervensystem eines Menschen dar: des Stroms feinstofflicher Winde und Bewußtseinsprinzipien durch den linken männlichen und den rechten weiblichen Kanal zum mittleren Kanal, in dem sich die Schwingungsenergien von Leben und Bewußtsein vereinigen, um in Tropfen geläuterten Körpergeistes zu erstarren.

Andere Versionen des tibetischen Tantra kennen wieder andere Sinnbilder für das Urpaar. Hier sind vor allem das untrennbar verbundene Paar Vajra-Träger (Dorje Chang/Vajradhara) und Mutter der Weisheit (Sherab Parchin/Prajna

Vajra und Glocke, zentrale rituelle Geräte des tantrischen Buddhismus und Symbol für die Ureinheit jenseits der Zweiheit.

Paramita) zu nennen. Häufig ist nur die männliche Gestalt abgebildet, die mit gekreuzten Armen einen Vajra und eine Glocke hält. Diese Geräte symbolisieren die männlich ausgerichtete, methodische, jedoch mitfühlende Reise zur glückseligen Vereinigung mit dem weiblichen Prinzip der Weisheit und der Energie des Kosmos. Die Glocke (deren offener Klang den Zustand reinen Bewußtseins im Wesen der Dinge versinnbildlicht) wird also mit dem Symbol für durchschlagendes psychophysisches Handeln, mit dem Vajra, zusammengebracht, und dies genügt, um die Vorstellung der Urvereinigung zu vermitteln, ohne daß die beiden Gottheiten ausdrücklich dargestellt sind.[16]

Aus den tibetischen und Navajo-Urpaaren sind all die weiteren Teilpaare hervorgegangen, aus denen das reiche Pantheon von Schutzgottheiten und anderen mächtigen Wesen beider Kulturen besteht. Bei den Navajo wie auch in Tibet ist der Kosmos mit einander ergänzenden Paaren göttlicher Wesen bevölkert, die das ganze Spektrum der Energien und Neigungen im Kosmos und im Körpergeist verkörpern. Sie heißen Yei bei den Navajo und Yidam in Tibet. Yei sind stilisierte Vorstellungen – passende Teile – der inneren Windseele zahlreichster Erscheinungen. Diese verschiedenen, regenbogenfarbigen Winde und elementaren Aspekte des Geistes werden zur Seele – zu Leben, Atem und Denken – ihrer Ausdrucksformen. Und da die grobstofflichen Energien und Neigungen des Kosmos gleichzeitig in uns allen sind, sind wir und die Yei in Wirklichkeit eins.

Die Yei stellen also unsere inneren Kräfte dar, und wenn eine Person aus dem Gleichgewicht mit der Schönheit gerät, muß sie sie rituell anrufen, um die Harmonie im gestörten Körpergeist wiederherzustellen. Während des großen Winterheilungsrituals, dem Night Way, treten alle, weibliche und männliche Yei, unter der Führung von Sprechender Gott in Erscheinung. Über sie werden hartnäckige Verstandestrübungen und Nervenkrankheiten behandelt und nichtinitiierte Navajo in die Geheimnisse der Schutzgottheiten eingeführt.

Die Yidam der tibetischen Tradition sind ähnlich reine und regenbogenfarbige Visualisierungen von Idealwesen. Sie besitzen grundsätzlich menschliche Gestalt sowie die reinen und erleuchteten Eigenschaften des Körpergeists, die in allen empfindenden Wesen angelegt sind. Jede Yidam-Schutzgottheit ist ein vollständig erleuchtetes Wesen – ein Buddha –, hebt aber in Körper, Sprache und Geist eine besondere Art erleuchteter Weisheitsenergie hervor. Im tibetischen System wählt der Lama das Yidam für eine Person aus – je nach deren psychischen und karmischen Anlagen –, und es wird ihr ein Leben lang als Modell oder Anleitung bei der Entwicklung zu ihrer idealen Gestalt dienen.

Es ist bezeichnend, daß die Schutzgottheiten in der Regel in beiden Systemen paarweise auftreten. Dieses Sinnbild eignet sich hervorragend, um das notwendige Gleichgewicht komplementärer Energien und Eigenschaften des Körpergeistes zu veranschaulichen. Wenden wir uns nun einigen besonders bedeutenden heiligen Zweier-Einheiten in der Navajo- und der tibetischen Kultur zu.

Wir erinnern uns: Nach dem tantrisch-buddhistischen Schöpfungsparadigma schuf der Bodhisattva Grenzenlose Liebe (Chenrezi/Avalokiteshvara), eine Emanation des Buddhas der westlichen Sonne namens Grenzenloses Licht (Öpame/Amitabha), die Wirklichkeit der gegenwärtigen, Vierten Welt; Grenzenlose Liebe wacht über unsere Welt-Wirklichkeit und bereichert sie. In seinem Paradies in Potala verbindet sich mit ihm in ihrer weißen Gestalt die Große Göttin (Dölma/Tara), von der es heißt, sie sei aus einer Träne in Chenrezis Auge geboren worden, als dieser die Leiden der empfindenden Wesen sah. Es gibt unzählige solcher Paarformen, und das tibetische Pantheon erscheint uns auf den ersten Blick vollkommen verwirrend und unübersichtlich. Um überhaupt zu verstehen, wie das System der Gottheiten funktioniert, müssen wir uns klar bewußt sein, daß all diese Formen je nach Bedarf aus der immerwährenden Einheit entstehen, dem Nichts der Leere.

Grenzenlose Liebe und die Muttergöttin Tara nehmen zahlreiche Formen an. Die Schöpfungslegende Zentraltibets erzählt von einem Affen in einer Höhle hoch oben am Berg Konpori, einem heiligen Berg im Yarlung-Tal, und einer wilden Gottheit der fesigen Schründe, die in einer benachbarten Höhle lebte. Aus ihrer ungewöhnlichen ehelichen Vereinigung gingen wilde, »rotgesichtige« Kinder hervor: die ersten Tibeterinnen und Tibeter. In Tibet glaubt man, der Affenvater sei eine Emanation Chenrezis gewesen und die grimme Mutterfelsgöttin Tara.

Ähnliches erzählen die Navajo: Die große Göttin Sich Ändernde Frau, hervorgegangen aus der Vereinigung von Bik'eh Hózhóng und Sang'ah Nachai (Erde und Himmel), wuchs rasch heran. Sie vereinigte sich mit einem Sonnenstrahl

Im Denken der Navajo gelten Morgendämmerung und Osten als Zeit und Ort des Beginns und des Gedankens.

Maisblütenstaub konzentriert deinen Geist. Dein Geist befindet sich im Mittelpunkt deiner Augen. Er erneuert Geist und Erinnerung.

Navajo-Weisheit

und dem Strahl eines Wasserfalls, und sie zeugten Frucht. Der herausragende Sänger Sandoval erklärte zu Beginn des 20. Jahrhunderts, sie habe sich eigentlich mit dem Sonnenträger und seiner Entsprechung, dem Wassersprenger, vereinigt und so die Frucht gezeugt. Kurz darauf gebar sie die Krieger-Zwillinge und schuf später die Navajo. Seither leben Sich Ändernde Frau und Sonnenträger auf ihrer prächtigen, mit Edelsteinen besetzten Insel im Reich der untergehenden Sonne im Pazifik.[17]

Ein weiteres göttliches Urpaar grundlegender Art findet sich im göttlichen Haus des Tantra: das Diamantene Wesen des Ostens (Dorje Sempa/Vajrasattva) und seine westliche Ergänzung, der Buddha Grenzenloses Leben (Tsepame/Amitayus). Der Körper des Buddhas Grenzenloses Leben strahlt die orangerote Glut des Sonnenuntergangs aus; im Schoß hält er ein Gefäß mit dem Nektar der Langlebigkeit in diesem Leben und Unsterblichkeit der Buddhaschaft.

In Tibet rufen die Menschen die nährende, anziehende Energie des Grenzenlosen Lebens mit einem Ritual namens Tsewang (das heißt Lebensermächtigung) an, das ein langes Leben sichern soll. Der vorsitzende Lama bittet Grenzenloses Leben, vorbereitete Kügelchen aus Tsamba (Gerstenmehl) und Zucker sowie Gefäße geweihten Wassers und Chang (Weizenbier) mit lebenserhaltender Energie zu erfüllen. Die Kraft wird in diese Symbole überführt, die die Men-

schen dann zu sich nehmen. Wenn sie die Kügelchen schlucken, gelangen die lebenspendenden Kräfte der Gottheit in den Energieknoten (Chakra) ihres psychischen Nervensystems, der sich in der Herzgegend befindet. Nach dem Austrinken der Flüssigkeiten zerreiben sie die letzten Tropfen auf dem Scheitel (auch ein Chakra), um das La, ihre Lebenskraft, zu weihen. (Vergleiche hierzu die Parallele der »Selbstsegnung« mit Maispollen während der täglichen und heilenden Zeremonien bei den Navajo.)

Im Denken der Navajo gelten Sonnenuntergang und Westen als Zeit und Ort, wo die Lebenskraft genährt und gestärkt wird.

Auf den tieferen Ebenen der Tantra-Lehre ist Grenzenloses Leben »reines Bewußtsein« und »leuchtendes Selbstlicht der Erkenntnis«. Sein Gefäß enthält die gemischten und geweihten erneuernden Fluide, deren Grundlage die weiblichen und männlichen Winde oder Bodhicitta bilden.[18] Das Gemisch heißt auch Nektar der Unsterblichkeit. Kraft ihrer Vorstellung und mit Hilfe der symbolischen Gaben spüren die Tibeterinnen und Tibeter beim Trinken dieses Nektars das klare Licht des reinen Bewußtseins, und dies erfüllt ihren Körpergeist mit höchster Glückseligkeit.[19]

Ist dies geschehen, rufen sie das Diamantene Wesen, also die östliche Entsprechung von Grenzenloses Leben an, und zwar mit einem heiligen Felskristall (der »Farbe« seines Körpers und des klaren geistigen Lichtes). In der Anrufung bitten sie um die »letztendliche Verwirklichung der himmlischen Erkenntnis, der Verkörperung des Zwei-in-Einem«.[20] Die geweihten Kügelchen, Wasser und Bier lassen sich also als Ursprung von Geist, Sprache und Körper der Einheit des Diamantenen Wesens mit dem Grenzenlosen Leben betrachten.

Gepaarte Mächte aus Ost und West, Morgendämmerung und Sonnenuntergang spielen auch im Denken und in den Ritualen der Navajo eine zentrale Rolle. Rufender Gott ist die Essenz des Westens und des Sonnenuntergangs; er heißt auch Erntegott, was auf sein lebenserhaltendes und Überfluß hervorbringendes Wesen weist. Rufender Gott ist die Entsprechung zu Sprechender Gott. In den Mythen und Ritualen scheinen sie zwar zuweilen einzeln zu handeln, doch im Grunde bilden sie ein Ganzes. Rufender Gott und Sprechender Gott sind insofern ein »Folgepaar«, als Sprechender Gott als Auslöser und Rufender Gott als Haltender gilt. Rufender Gott hat einen gelben Körper; für die Navajo ist dies die Farbe des Sonnenuntergangs und des westlichen Reiches. Gelb ist die »weibliche Entsprechung zum männlichen Weiß und auch die Farbe von Maisblütenstaub – dem Symbol, das den Navajo-Körpergeist ebensosehr stärkt wie der Nektar der spirituellen Unsterblichkeit die Menschen in Tibet.

Beide erwähnten Paare bilden in ihrer idealen Realität die Ost-West-Achse. Ost-West gilt als Einheit von auslösender, aktivierender Energie und reflektierender, nährender Kraft, wichtigen Marksteinen sowohl im Tagesablauf wie im Leben einer Person. Die Süd-Nord-Achse des Navajo-Mandala versinnbildlicht den solaren Tag mit seiner bereichernden und die lunare Nacht mit ihrer schützenden Kraft. In der Night-Way-Überlieferung ist der Süden das Reich des nährenden Wassersprenger-Gottes (ein Aspekt des Sonnenträgers) und der Norden die Stätte des kalten Sternenfeuers, das der allmächtige Schwarze Gott verwaltet. Der Norden wird in anderen Überlieferungen auch mit dem Mondträger in Verbindung gebracht, dem rätselhafteren und gefährlicheren Verbündeten des Sonnenträgers.[21]

Sich gepaarte polare Energien vorzustellen ist im Verlauf der psychospirituellen Umwandlung von grundlegender Bedeutung, denn dabei wird die Wirklichkeit reiner/heiliger, erleuchteter Energien des Körpers und des Geistes im Einklang geschildert. Die tiefgreifende Erfahrung eines derartigen Zustandes von Gleichgewicht läßt die Kräfte der Schutzgottheiten im eigenen Körpergeist wirken und löst »Heilung« aus, Wiederherstellung von Harmonie, Reinheit, Erleuchtung, Schönheit und Heiligkeit. Diese ursprüngliche Einheit sehen die Navajo und die Menschen in Tibet als Partnerschaft von Erde und Himmel, von weiblichen und männlichen Eigenschaften, von haltenden und bewirkenden Energien. Die beiden Gottheiten stellen in beiden Kulturen so wichtige Gedankenmodelle für den spirituellen Lebensweg dar, daß sie in der Vorstellung sowohl zusammen als auch einzeln auftreten: die Kosmische Mutter und der spirituelle Held, diese allgemeingültigen Gestalten, die aller menschlichen Spiritualität zugrunde liegen.

Kapitel 6

DIE KOSMISCHE MUTTER

Alles, was du dir vorstellen kannst
Alles, was du sehen kannst
Hat die Göttin geschaffen.

Joseph Campbell

Das tibetische Volk und die Navajo leben im ständigen Bewußtsein, daß »in allen Dingen die Göttin tanzt«, daß das universelle weibliche Prinzip unserem Leben zugrunde liegt, Tag für Tag. Sie, die Göttin ist das ewige Fundament der Wirklichkeit, ist Schönheit und die Leere. Unglücklicherweise begreifen viele Menschen im Westen und im industrialisierten Osten diese immergültige Wahrheit nicht mehr.

Während des vergangenen halben Jahrtausends ist die Göttin von der westlichen Lebens- und Geistesauffassung erfolgreich aus der natürlichen Partnerschaft mit ihrem männlichen Gefährten herausgedrängt worden. Wir haben Inanna, die alte Große Göttin des Orients, und ihre früheste Vorform, die altsteinzeitliche Venus, mit unserer abwegigen »patriarchalischen« Auslegung der jüdisch-christlich-islamischen Doktrin sozusagen mit Stumpf und Stiel ausgerottet. Nur wenige Überbleibsel, und auch diese brutal unterdrückt, haben im Abendland überlebt. Dazu gehören die keltische Tara, die Fatima im Mittelmeerraum, Maria in Mitteleuropa und Tonantzin, die aztekische Mondgöttin, in ihrer neuen Erscheinung als Heilige Muttergottes von Guadalupe in Mexiko.

Was bedeutet es, Mutter zu sein? Natürlich kann ich als Mann unmöglich anfangen, die körperliche und geistige Erfahrung des Gebärens auszumalen – es sei denn, man betrachte eine Person, die Ideen und Bücher hervorbringt (zwar kein körperlicher, aber dennoch ein sehr anstrengender Vorgang) als qualifiziert dafür. Aus meinen Überlegungen und aus meiner Lebenserfahrung kristallisieren sich indes zwei Aspekte der Mutterschaft und Weiblichkeit heraus, die universell erscheinen.

Den ersten Aspekt der Kosmischen Mutter können wir Umsorgende Mutter nennen. Sie ist der Körpergeist, der uns geboren hat, die Fürsorgliche Ernährerin und Beschützerin, die uns auf den Lebensweg gestellt hat, unsere Ratgeberin in den Wechselfällen des Lebens.

Ihre Ergänzung können wir Energische Mutter nennen. Sie ist die zugrundeliegende Lebenskraft, die den mütterlichen Körpergeist mit demjenigen des Kindes verbindet. Sie tritt in den liebevollen, besänftigenden Worten zutage, die Verwirrung und Furcht lindern. Sie ist der Impuls, der das Kind mit immateriellen und materiellen Gaben überschüttet. Sie ist die Willenskraft, die das Kind durch Zureden und Darstellen seiner Möglichkeiten zum Glück führt und nötigenfalls mit großem Zorn straft. Die Energische Mutter ist für das Kind die allererste Friedensstifterin, Wohltäterin, Geliebte und Zuchtmeisterin. Sie ist Morgengrauen, Sonnenschein, Dämmerung und finsterste Nacht – je nach der zu einem bestimmten Zeitpunkt benötigten Energieeigenschaft. Richtig umgesetzt, führen ihre Energien das Kind zur richtigen Beziehung mit der Welt und versetzen es in die Lage, seine optimale Gestalt zu erlangen.

Umsorgen und energisch Führen sind einander ergänzende Aspekte eines Ganzen, das in Tibet Gyalyum, Große Mutter, heißt. In ihrer am leichtesten erkennbaren Gestalt tritt diese als Dölma auf, ein Name, der »Die Erlösende« (von Leiden) bedeutet. Für die Navajo ist sie Asdzááng nadleehé, »Die sich immer wieder Verjüngende« oder Sich Ändernde Frau.

Der bekannte tibetische Lehrer Chögyam Trungpa Rinpoche sagte einst, die Kosmische Mutter sei letztlich weder weiblich noch männlich, sondern ein Prinzip des kosmischen Aufbaus, die alles aufnehmende, tragende Grundlage.[1] Oft nennt man sie Schoß der Dharma, Ursprung aller Existenz. In diesem Sinn übersteigt sie die Mutterschaft; sie ist weder Mutter noch Vater, sondern gleichzeitig beides miteinander, da sie vorher kommt. Sie ist die von vornherein notwendige ideale Ursache der Existenz allen relativen Lebens und allen Bewußtseins in unserer »realen« Welt.

Das Sandbild *Weites Maisfeld* verwenden die Navajo bei einem Blessing Way (Segensweg), um eine gute Maisernte und reichlichen Regen zu erbitten. Darauf steht Sich Ändernde Frau in ihrem Maisfeld zwischen einer weißen, männlichen und einer gelben, weiblichen Maisstaude. Die Linie, die sie mit ihren sechs Fußstapfen verbindet, stellt ihren Weg und ihren Geist dar. Sie steht still, eingefaßt von einem Regenbogen.

Umsorgende Mutter

Die Navajo nennen die Gesamtheit der Umsorgenden Mutter Shima, »Meine Mutter«. Es gibt aber zahlreiche weitere Namen für sie, je nach den berücksichtigten Eigenschaften. Wir haben sie bereits als Sich Ändernde Frau kennengelernt, aber sie ist zum Beispiel auch das Prinzip der Mutter Erde in der göttlichen Gestalt der Erdfrau. Im engen Miteinander von Mythos und dem fruchtbaren Vorstellungsvermögen der Navajo ist sie »in Erde gekleidet«, in deren vier Kostbarkeiten oder Ausgestaltungen Erde, Bäume, Wasser und Mais. Sie ist die eigentliche Shima der Navajo. Sie hat die ersten vier Navajo-Paare geformt, indem sie Haut von verschiedenen Stellen ihres Körpers zu Kügelchen drehte. Diesen hauchte sie den Atem des Lebens und des Denkens ein, und ihnen allen setzte sie schließlich eine innere (»innestehende«) menschengestaltige Windseele ein. Den Lehren des Blessing Way (Segensweg) zufolge sind diese Wesen die Ahneltern der vier ursprünglichen Clans des Volkes.

Vom Zeitpunkt ihrer wundersamen Geburt nach der Vereinigung der Windseelen von Erdfrau und Himmelsmann über ihre erste Menstruation bis zu ihrer

Schwangerschaft, die mit der Geburt der Krieger-Zwillinge endet, ist Sich Ändernde Frau allgemein bekannt als Weiße-Muschel-Frau oder Weiße-Perle-Frau. Diese Namen erhielt sie im Morgengrauen ihres zehnten Lebenstages. Die Morgendämmerung ist die Zeit des weißen Lichts und dessen »Weiße-Muschel-Energie«. Es ist das Viertel des Tages, in dem alle Dinge entstehen und deren zur Reife führendes Wachstum beginnt.

Ich bin das Kind des
Innestehenden von Sich
Ändernder Frau,
Ich bin ihr Enkelkind,
Ich bin vollendet in
Schönheit,
Ich bin vollendet in Schönheit.
Gebet an Sich Ändernde Frau

Blessing Way

Wie der neue Tag, wenn er anbricht, wie weibliche Tiere und Pflanzen beim ersten Sprießen in ihrem Lebenszyklus, wie Weiße-Muschel-Frau/Sich Ändernde Frau, so erfahren auch alle menschlichen Frauen den Schub der Fruchtbarkeit beim Eintritt in die Adoleszenz und der sexuellen Reife. Es handelt sich um ein so eminent bedeutsames Ereignis im Lebenszyklus, daß dieser Übergang bei den Navajo mit dem Mündigkeitsritual Kinaalda, einem »Ast« des Blessing Way, gekennzeichnet wird. Dieses Ritual und die dazugehörigen mythischen Schilderungen erzählen das Kinaalda von Weiße-Muschel-Frau. Und die werdende Frau, für die das Ritual stattfindet, erlangt Ganzheit, indem all jene Eigenschaften von Geist, Stimme und Körper auf sie übergehen, die Weiße-Muschel-Frau zu Beginn ihrer eigenen Existenz als Frau besaß.

Die viertägige Initiation auf den Weg zur Frau ist sorgfältig darauf ausgerichtet, in der werdenden Frau die Keime des Frauseins zu legen und ihren Übergang zu einer gesunden und ausgeglichenen Person einzuleiten. Die Initiandin wird mit besonders schönen Kleidern und Schmuck versehen – wie sie zu Weiße-Muschel-Frau passen, zu der sie bald werden wird. Sie lernt die Werte und Verantwortungsbereiche der Frau kennen. Eine weise alte Frau massiert sie und formt und streckt sie dabei, damit sie einen starken und gesunden Körper bekommt. Sie läuft zum ersten von vielen Malen der Sonne entgegen, um sich immer stärker mit der Energie der Heiligen Wesen zu erfüllen. Und sie beginnt mit dem anstrengendem Maismahlen, um am vierten Tag aus dem gewonnenen Mehl in einem in der Erde ausgehobenen Ofenloch einen Ritualkuchen zu backen, dessen Mitte sie der Erdfrau darbringt und dessen Rand sie allen an der Zeremonie Anwesenden reicht.

In der Nacht vom dritten Abend zum vierten Morgen des Rituals bleibt sie die ganze Zeit wach und nimmt an der No Sleep (Kein Schlaf) genannten Zeremonie teil, die ein Sänger des Blessing Way leitet. Die Gesänge und Gebete segnen die Initiandin, den Hoghan, verschiedene wertvolle Besitztümer in Zeremonienkörben und alle Anwesenden. Nach den heiligen Gesängen und Gebeten des Morgengrauens läuft sie ein letztes Mal dem Morgenlicht entgegen. Beim Fest mit dem Ritualkuchen am letzten Morgen wird ihr Körper zum letzten Mal rituell geformt. Nun ist sie heilig und wird es weitere vier Tage lang bleiben. In dieser Zeit darf sie alle Menschen, Tiere oder Gegenstände segnen, die dessen bedürfen. Sie *ist* Weiße-Muschel-Frau, das heißt Sich Ändernde Frau. Durch die Gebete, Gesänge und Lektionen während ihres Kinaalda gehen die Eigenschaften von Weiße-Muschel-Frau auf sie über, sie wird auf natürliche

Die Weiße Tara verkörpert Nahrung und Fürsorge, fruchtbare Fülle, Mitgefühl und Langlebigkeit.

Weise heilig, als Verkörperung der großen Göttin Sich Ändernde Frau, der Mutter aller Wesen.

Sie gilt nun als Frau im vollkommen ausgebildeten Stand, mit der Fähigkeit Leben zu gebären. Sie steht am Scheitelpunkt der ersten Bewegung in ihrem Lebenszyklus als Frau. Sie kann in allen Bereichen und vertrauensvoll die umsorgende und energische Führerin ihrer zukünftigen Kinder werden, denn sie besitzt Körper, Stimme und Geist von Weiße-Muschel-Frau. Wenn sich dann ihr Frausein zusätzlich durch Schwangerschaft und Geburt manifestiert, wird sie wie Sich Ändernde Frau, nämlich zu »Derjenigen, die sich immer wieder verjüngt«.

Weiße-Muschel-Frau ist so sehr Teil der Gestalt von Sich Ändernde Frau, daß selbst die Navajo deren Beziehung häufig durcheinanderbringen. Einige sagen, es handle sich bei den beiden um dieselbe Göttin mit verschiedenen Namen, andere betrachten sie als Zwillinge, und wieder andere erklären, weil »Weiße Muschel« jede Ansammlung von Kostbarkeiten bezeichnen könne, stünden die beiden Göttinnen für die Kleinodien der vier Himmelsrichtungen: Weiße Muschel, Türkis, Abalone und Gagat, die ihrerseits für die vier Aspekte von Sich Ändernde Frau stehen. Alle haben recht.[2]

In Tibet feiern die Menschen die Weiße Tara (Dölkhar) als den jugendlichen, fruchtbaren Aspekt der Gesamtheit der Kosmischen Mutter. Sie ist geschmeidig, schön, fruchtbringend und besteht aus durchsichtigem weißem (klarem) Licht, das nichts anderes ist als das Licht des reinen Bewußtseins. Sie ist die besondere Verkörperung von Mitgefühl und Langlebigkeit. Ihre friedliche Haltung und die Handbewegung, mit der sie Hilfe gewährt, sind Ausdruck dieser Qualität von Körper, Sprache und Geist. In ihrer emanativen Beziehung mit dem Wesen Grenzenlose Liebe ist sie die Umsorgende Essenz: die Mutter Liebe. Als solche ruft man sie in Tibet um die Gnade für ein langes Leben an. Diese energische und doch milde junge Frau, die gerade der Pubertät entwachsen ist und schwanger geht mit mütterlichem Mitgefühl und erleuchteter Erkenntnis, wacht über die fühlenden Wesen. Wenn ein Initiierter oder eine Initiierte die Weiße Tara in den täglichen spirituellen Übungen visualisiert, betrachtet diese jedes Wesen als ihr Kind, und zwar von einem Punkt *in* diesem Kind aus. Ihr Name, Dölkhar, gehört in Tibet zu den meistverbreiteten Frauennamen. Ja, es besteht eine unausgesprochene Übereinstimmung unter tibetischen Frauen, daß sie wie ihre Muttergöttin werden wollen. Die Weiße Tara besitzt sieben Augen: Zu den beiden ursprünglichen kommen zwei an den Fußsohlen, zwei in den Handflächen und eines auf der Stirn; dadurch wird sie zu einem mächtigen Symbol für das umfassende Wachen über alles Leben.

Mein Körper ist erfüllt mit dem Nektar der Unsterblichkeit, und weißes Licht strömt aus allen Poren meines Leibes; es formt eine Aura, einen Strahlenkranz um mich. So meditierend, beschwichtigt der weiße Strahlenkranz Krankheit, böse Geister, negative karmische Kräfte, geistige Verirrung und Hindernisse auf dem Weg zur Vollendung meiner natürlichen Lebensspanne.

Aus der Praxis der Weißen Tara

Energische Mutter

Die Energiekomponente der kosmischen Mütterlichkeit wird in Tibet und bei den Navajo als reife Verkörperung der Göttin visualisiert. Im Nyngma-Buddhismus gibt es ein Visualisierungmodell, durch welches der große Guru Rinpoche, Padmasambhava, von einer Gestalt der Tara in die Geheimnisse der Göttin eingeweiht wurde.[3] Die Energie, die durch seine psychischen Kanäle strömte und sein Bewußtsein ermächtigte, die Vision der Tara zu erzeugen, war die Energie feinstofflichen Windes (Lung). Die feinstofflichen Energien werden in menschlicher Gestalt als weibliche Gottheiten visualisiert und sind unter der Bezeichnung »Ätherwanderinnen« *(khadroma/dakini)* bekannt.[4] Im mächtigen Pfad des Tantra wird der Energieaspekt der großen Göttin oft als junge Frau mit rotem Körper und eher grimmiger Miene dargestellt, die einladend auf einem Bein tanzt. Sie ist die Vajra-Muttersau (Dorje Phagmo/Vajra Varahi) und verkörpert die Gesamtheit der psychophysischen Energie in jeder und jedem von uns, jene, die wir läutern und zum psychischen Wachstum führen müssen.

Dakini sind inspirierende Impulse mit der Fähigkeit, die von ihnen genutzten Kräfte zu verstärken, zu konzentrieren und zu integrieren, bis sie in einem weißglühenden Punkt gebündelt sind und die zur Erleuchtung führende heilige Flamme der Inspiration entzünden.

Lama Anagarika Govinda

Tsültrim Allione beschreibt in *Tibets weise Frauen* die Erfahrung einer Geist-zu-Geist-Übertragung mit Hilfe einer Dakini als etwas, »das völlig jenseits von Worten und Form lag. [...] Es war eine Erfahrung von Raum, der sich nach außen erstreckte, ohne irgendeine Bezugsmöglichkeit als Rückhalt zu liefern. Dieser Raum war leuchtend und wonnevoll, eine Erlösung.«[5] Die Dakini oder Ätherwanderin ist sowohl die visualisierte spirituelle Führerin einer Person als auch jene Energie des Körpergeists, die angespannt und gereinigt werden muß, damit die Erleuchtung kommt.

Ehre sei Dir, Tara, deren Finger Dein Herz schmücken
Mit der Geste der drei kostbaren Kleinodien
Dein Rad (der Geistkraft) schlägt in alle Richtungen aus
Mit der Gesamtheit Deines inneren Lichts.

Praxis der einundzwanzig Taras (übertragen von Tashi Phara)

Die Aspekte der Ätherwanderinnen stehen für verschiedene Verstandes- und Verhaltenseigenschaften, die in allen Menschen vorhanden sind. Sie können friedlich sein und dadurch geistige Erregung lindern. Sie können praktizierende Personen bereichern, indem sie sie umsorgen. Manchmal sind sie einfach, anziehend und magnetisch. Sie können aber auch schrecklich wild sein und Hindernisse auf dem Weg zur Erleuchtung gewaltsam beiseite schaffen. Wie bei der Energie der Natur verhält es sich auch bei der Energie der Psyche. Verständlich, daß zu jeder Form der Ätherwanderin eine Himmelsrichtung, ein Urelement und eine reine Form der Weisheitsenergie des Geistes des Buddhas gehört.

Um die Bedeutung des Energieprinzips Ätherwanderin/Dakini für das spirituelle Brauchtum in Tibet zu verstehen, müssen wir verschiedene Gruppen dieser Energischen Mütter betrachten. Einer Ansicht zufolge gibt es einundzwanzig Emanationen der Großen Energischen Göttin, und deren Verkörperung ist die strahlend schöne grüne Göttin namens Grüne Tara (Döljang). Ihr Gesicht und ihre Gestalt beben vor Lebensenergie, ihre Augen funkeln. Sie streckt das rechte Bein leicht nach außen, um zu zeigen, daß sie stets bereit ist, vorzutreten und

Die große Göttin Grüne Tara (Döljang) nimmt in der tibetischen Kultur eine so zentrale Stellung ein, daß ein ganzer Berg als mit ihrem Geist und ihrer Lebenskraft erfüllt gilt. Ihr Bild ist dem Dölmari, das heißt Dölmas – oder Taras – Gipfel, eingeritzt, ihrem Geburtsfelsen über Shigatse.

allen empfindenden Wesen zu helfen. Mit den Händen führt sie die Geste *mudra* aus, welche Freundlichkeit und Weisheit gewährt.

Frauen der Region Derge in der osttibetischen Provinz Kham tragen aufwendig gefertigten Kopfschmuck mit Türkisen. Dieser Stein kann als Gefäß für das La oder Bewußtseinsprinzip der Grünen Tara dienen. So haben die Frauen von Kham zu allen Zeiten Zugang zur Sphäre ihrer Großen Göttin.

Die Grüne Tara (Döljang) tritt in einer weiteren Vorstellung der »Weisheitsenergie« in Erscheinung. Ihre dunkelgrüne Farbe weist auf das nördliche Reich des transzendenten tantrischen Buddha-Mandala, und sie steht in Verbindung mit den alles vollendenden, erleuchteten Taten, für welche diese Farbe steht. Ihr als Gemahl zugesellt ist der tantrische Buddha des Nordens, der Unerschütterlichen Kraft.[6] Ihre grüne Farbe legt ein fruchtbares Energiefeld nahe, das auch dunklere siegreiche Mächte im Dienst des Erleuchtungspfades umfaßt. Im Mandala der fünf transzendenten tantrischen Buddhas findet sie sich in fünf Hauptformen von verschiedener Gestalt, Energie, Farbe und weiteren körperlichen Attributen. Es sind dies die Energieimpulse für die von den fünf transzendenten Buddhas verkörperten erleuchteten Weisheiten.

Die mächtigsten Sinnbilder der Energischen Mutter sind vier, manchmal auch fünf Ätherwanderinnen, dargestellt als tanzende Aspekte von Vajra-Muttersau. Eine Visualisierung zeigt sie, rotes Licht ausstrahlend, im Zentrum eines Mandala, an dessen vier Kardinalpunkten weitere ihrer Art tanzen. Es sind dies die weiße Ätherwanderin der besänftigenden Energie im Osten, die gelbe Dakini der bereichernden Energien im Süden, die rote Mutter, die magnetisiert und Hindernisse wegräumt, im Westen und die dunkelgrüne oder blauschwarze Ätherwanderin der ungestümen Energie im Norden.

Als Gesamtheit agiert Vajra-Muttersau als laszive, mächtige Verführerin des Ego und als spirituelle Führerin für Yogis und Yoginis. Sie ist die ideale elementare Energie, um den wunschorientierten Körpergeist einer Person in ihren

Bann zu ziehen und zu dem eines Buddha zu wandeln. Wer sich ihre Eigenschaften zunutze macht, erhält von ihr den notwendigen Impuls verliehen für den Durchbruch aus dem Dunkel der Unwissenheit zum innerlich bereits vorhandenen, aber noch verborgenen Licht. Kein Wunder, daß Vajra-Muttersau – als der Grundlage der Weisheitsenergie – große tantrische Schutzgottheiten wie zum Beispiel Diamantenes Wesen (Dorje Sempa) oder Demchok (Samvara) zugesellt sind, dessen Name Höchste Glückseligkeit bedeutet. Vajra-Muttersau und Höchste Glückseligkeit leben auf dem Gipfel von Tibets heiligem Berg Kang Rinpoche und symbolisieren zusammen die Nutzbarmachung der erleuchtenden Kräfte glückseligen Mitgefühls und erleuchteter Weisheitsenergie.

Die rote Ätherwanderin besitzt mächtige Energien, deren sich in der tantrischen Praxis Geübte bei entsprechender, richtiger Schulung von Körper, Sprache und Geist in unserer Wirklichkeit indes bedienen können. Nirgends in der tantrischen Tradition Tibets kommt die Macht der roten Dakini stärker zum Ausdruck als im Ritual namens *chod*, das die Umklammerung des Ego um den hellen, klaren Geist zu lösen sucht.

Die große Forscherin und Praktikerin Alexandra David-Néel nannte Chod ein furchterregendes Ein-Personen-Rätsel. Die handelnde Person, ein Yogi oder eine Yogini (das ist Sanskrit; tibetisch heißen sie *naljorpa* oder *naljorma)*, beschwört durch die Mächte des Geistes die lebendige Anwesenheit von Vajra-Muttersau herauf, sowie einer Horde der schrecklichsten Geister und Dämonen, die man sich vorstellen kann.[7] Beim Selbstexorzismus des Chod wird das Ego erschlagen und der Geist wiedergeboren durch einen lebhaften Dialog zwischen der praktizierenden Person und ihren persönlichen Dämonen.[8] Diese Dämonen stellen ihre mentalen und emotionalen Verunreinigungen dar, die Kletten am Spiegel des kristallinen Bewußtseins, die sie durch die Visualisierungen im Ritual so veräußerlicht, daß die innere Zeremonienmeisterin des Rituals, Vajra-Muttersau, leichter mit ihnen fertig werden kann.

Als die rote tanzende Dakini, das Symbol für die dämpfende und magnetisierende Energie des Körpergeistes einer Person, ist Vajra-Muttersau die Wirkkraft bei dieser mächtigen Umwandlung. Doch in diesem Ritual kann es zu möglicherweise gefährlichen Nebenwirkungen kommen, ähnlich wie in der Medizin, wo stärkere Heilmittel eine Krankheit zwar rascher und wirksamer bekämpfen, aber auch größere Risiken bergen.[9] Die Körpergeistenergie, die beim Tanz einer Yogini oder eines Yogi mit Vajra-Muttersau entsteht, ist daher eine nicht zu unterschätzende Kraft. Aber Vajra-Muttersau ist nicht nur energisch, sondern im selben Maß umsorgend und wohlwollend; auch beim Beseitigen von Verblendungen bleibt sie die, welche von demselben Strom der Verstandesenergie wie die Weiße Tara stammt.

Die Navajo haben ihre Formen der Energischen Mutter in Sich Ändernde Frau. Sie ist die Umsorgende Mutter in ihrer Gestalt als Weiße-Muschel-Frau und,

Vajra-Muttersau (Dorje Phagmo/Vajra Varahi), magnetisierende Ätherwanderin, die das Ego eines Yogi oder einer Yogini zu verführen vermag und es dann vom Körpergeist abzieht.

Die meisten Krankheiten haben ihren Ursprung in bestimmten Geisteszuständen. Diese wiederum haben ihren Ursprung in der falschen Auffassung der Bedeutung des Selbst oder des Ich.

Geshe Topgyal Kangjur Rinpoche zur Bedeutung des Chod-Rituals in ihren vier zyklischen Gestalten zusammengefaßt, die Große Energische Mutter. Wie die Weiße Tara in Tibet ist Weiße-Muschel-Frau jene Gestalt von Sich Ändernde Frau, die Leben erschafft und dieses umsorgt. In der Navajo-Ordnung der »Folgepaare« wird ihre aktivere Form manchmal der Türkis-Göttin zugeschrieben – eine andere Art, Sich Ändernde Frau in ihrer Rolle als Energische Mutter zu beschreiben. Wie die Grüne Tara steht Türkis-Frau als Aspekt von Sich Ändernde Frau für deren reife Kraft. Beide sind sie Mutter Natur.

Wie die tantrischen Ätherwanderinnen ist Sich Ändernde Frau das Symbol für die vier natürlichen Energien, die uns im großen Kosmos und in unserem Körpergeist zur Verfügung stehen. Sie bewegt sich um den Kreis des Lebens und des Geistes wie die Viertel des Tages, die Jahreszeiten und die Lebensphasen. Als Weiße-Muschel-Frau vertritt sie die Friedlichkeit und das Potential der weißen Morgendämmerung und des Wachstums von der Kindheit zur Pubertät, als Türkis-Frau in höchster Sommerblüte die volle Kraft der Mittagssonne, die ihre wachstumsfördernden Strahlen über den ganzen tiefblauen Mittagshimmel wirft, als Abaloneschalen-Frau das ausgereifte, herbstliche Dämmerlicht und vollentfaltete Wesen einer Frau im Zentrum der Fülle allen Lebens und der Familie, und als Schwarzer-Gagat-Frau vertritt sie die ehrwürdige Greisin, die in der winterlichen Nachtzeit des Lebens auf den Fersen kauernd der gefährlichen Kälte mit innerer Glut trotzt.

Als Gesamtheit kann Sich Ändernde Frau immer wieder ins Leben zurückspringen, sich stets wieder verjüngen. Am Ende der Jahreszeitenrunde ist Schwarzer-Gagat-Frau sofort wieder als Weiße-Muschel-Frau da. Sich Ändernde Frau ist Vier-in-Einem; all ihre Gestalten sind Aspekte des Prinzips der Energischen Mutter. Wie Tara, die Mutter der Buddhas und, mit ihrem Gemahl Grenzenlose Liebe, Anführerin unserer Welt-Wirklichkeit, ist Sich Ändernde Frau die Mutter der Krieger-Zwillinge und des Volkes der Navajo und leitet mit ihrem Gemahl Sonnenträger unsere Welt-Wirklichkeit. In beiden Kulturen steht die Große Göttin für das grundlegende Fundament des Kosmos. In Tibet gilt sie als Verkörperung der idealen Wirklichkeit: der Leere, die frei ist von allen konventionellen Formen, aber voll allen Potentials, und deren Zustand der Glückseligkeit (Tashi). In dieser Auffassung ist sie der universelle erzeugende weibliche Aspekt des ursprünglichen Buddha-Paars. Für die Navajo ist die Göttin in ihrem eigentlichen Wesen das universelle Prinzip der Schönheit, die immanente Ordnung und Harmonie des Kosmos, die alle traditionellen Navajo in ihrem täglichen Denken, Sprechen und Handeln anstreben, und damit der universelle weibliche Aspekt der ursprünglichen Einheit.

Kapitel 7

DER SPIRITUELLE HELD

Die vertrauensvoll auf ihren Traum zugehen und danach streben, ihr bildhaft vorgestelltes Leben zu leben, werden Erfolg erzielen, wie er in gewöhnlichen Zeiten nicht zu erwarten ist.

Henry David Thoreau

Wenn die Kosmische Mutter der ideale Seinszustand ist – das Ziel des spirituellen Pfads –, wie gehen wir dann mit der nicht so vollkommenen Wirklichkeit um, in der wir uns alle befinden? Wie finden wir (zurück) in den Schoß von Mutter Natur? Die Antwort hängt sehr davon ab, wie wir unser Leben führen, hier und jetzt, in der realen Welt. Der ideale und der reale Zustand existieren notwendigerweise in einer dynamischen Partnerschaft. Ebenso wie Gestalt und Geist einander durchdringen, müssen Religion und Alltag ein und derselbe Weg sein. Da die gewöhnliche »wirkliche« Welt in unser aller Leben eine Tatsache darstellt, gilt es ihre Unzulänglichkeiten und Hindernisse zu überwinden, oft in übertriebener »heldenhafter« Weise, um das »Ideale im Realen« zu enthüllen. Das Symbol für die Methode, diesen idealen Seinszustand zu erreichen, ist der Große Vater in der Gestalt des spirituellen Helden. Diese archetypische Vorstellung findet sich in der Kunst praktisch aller Kulturen.

Manchmal findet sich sein Bild in nächster Nähe zu dem der Kosmischen Mutter (zum Beispiel in altsteinzeitlichen Höhlen Frankreichs und Spaniens, wo Felszeichnungen von Wildtieren beschwörenden Jäger-Schamanen und ausgeformte Skulpturen weiblicher »Venus«-Gestalten nur wenige Meter voneinander entfernt entdeckt wurden). In manch anderen, zeitgenössischen Traditionen – wie etwa der unseren –, welche die Menschen von ihren göttlichen Wurzeln getrennt haben, ist die Göttin indes praktisch verschwunden. An ihrer Stelle wird darin das männliche Prinzip künstlich aufgeblasen und stürmt in wilder Hast durch sein Narrenparadies der Wirklichkeit, blind für die letzten Überreste ihrer idealen Wirklichkeit oder diese neiderfüllt verdrängend. Indes gibt es noch Kulturen wie jene der Navajo oder des tibetischen Volkes, in denen das weibliche und das männliche Prinzip weiter gemeinsam bestehen, einander durchdringen und die Menschen bereichern.

In beider Spiritualität besitzt der Archetyp des Männlichen stets ein Gegengewicht, ein inneres Gleichgewicht. Es kann Charakter- und Energieeigenschaften zum Ausdruck bringen, die einmal friedlich und einmal gewalttätig auftreten. In ihrem idealen Wesen sind Körper, Sprache und Geist indes stets von

reiner Absicht, weil sie auf umfassendem Verantwortungsgefühl (Tibet) und Vernunft (Navajo) gründen – Wesenszüge, denen Mitgefühl zugrunde liegt.
Die idealisierte männliche Gestalt der Navajo und Tibets ist jener allumfassende »Heros in tausend Gestalten«, den Joseph Campbell dem Westen so beredt nahegebracht hat. Als Teil unserer alltäglichen Realität – der wirklichen Welt – macht sich der spirituelle Held in seiner typischen Gestalt auf die Suche nach dem Reich des Heiligen, um privilegierte Erkenntnisse zu erlangen: spirituelle Heilkunde und Methoden, um psychophysische Krankheiten zu behandeln (Navajo), oder psychophysische Weisheit und Übungen, die zur Erleuchtung führen (Tibet). Als Geschöpf der gewöhnlichen Wirklichkeit, das auf seiner Suche nach dem Ziel heiliger Erkenntnis einen ganzen Irrgarten mit Hindernissen durchqueren muß, die meist Leben oder Ich bedrohen, ist der spirituelle Held als Gestalt des idealisierten Männlichen in Wirklichkeit ebenso männlich wie auch weiblich. Ungeachtet ihres Geschlechts müssen alle Menschen diese heroische Reise zum idealen Seinszustand antreten.

Der mitfühlende Krieger

In seiner ersten Verkörperung ist der spirituelle Held der mitfühlende Krieger, der die Ungeheuer und Dämonen der Welt vertreibt, welche der Harmonie und der natürlichen Ordnung schaden. Die Navajo haben ihre Kriegergötter, und in Tibet gibt es Kriegerkönige. Mutter Erde hat beide geboren und mit dem Himmel gezeugt. Kriegergottheiten haben in beiden Kulturen vielerlei Formen (zwei oder vier bei den Navajo und ein ganzes Heer in Tibet). Man ruft sie rituell an, um äußerlich oder innerlich geschaffene Hindernisse im Alltag oder im kosmischen Gleichgewicht aus dem Weg zu schaffen.
Für die Navajo ist der beispielhafte mitfühlende Krieger in den Krieger-Zwillingen veranschaulicht, den heldischen Söhnen der großen Göttin Sich Ändernde Frau. Die Suche dieser »Zwei in Einem«-Wesen nach ihrem Vater, dem Sonnenträger, war ein Streben nach spiritueller Ermächtigung, die sie für das Bezwingen der zahlreichen psychischen Ungeheuer benötigten, welche die vollkommene Fünfte Welt ihrer Mutter verwüsteten. Diese Ungeheuer haben bezeichnende Namen wie Schmetterfelsen, Ungeheuer-das-Menschen-in-den-Abgrund-stößt, Treibsand, Riesengeflügelter, Fährtensuchender Bär oder Riesenungeheuer und sind aus verschiedenen Liebeleien des Sonnenträgers oder durch Selbstbefriedigung der ersten Frauen während der Zeit der Geschlechtertrennung in der vorherigen Welt-Wirklichkeit hervorgegangen. Es handelt sich dabei um Verirrungen von Körper und Geist, schreckenerregenden Kräften der natürlichen Welt, mit denen sich die Vorfahren der Navajo versöh-

nen mußten, damit die ideale und die reale Welt wieder übereinstimmen können. Um zu ihrem Vater zu gelangen, mußten die Krieger-Zwillinge mehrere solcher Ungeheuer bezwingen oder ihnen ausweichen.

Nach der Navajo-Erzählung des Kriegerrituals erreichten die Krieger-Zwillinge das Haus ihres Vaters schließlich in der Morgendämmerung, auf einer Insel weit draußen im östlichen Meer, wo die Nebel des weißen Lichts des Ostens am Horizont schimmern. Seinen prächtigen Hoghan schützten wilde Wachtiere der vier Himmelsrichtungen. Die Zwillinge konnten sie aber mit Hilfe verschiedener übernatürlicher Schutzgottheiten, darunter der Spinnen-Großmutter, besänftigen.

Im Haus des Sonnenträgers trafen sie auf seine Frau und (laut einigen Erzählungen) auch seine Tochter. Beide waren schön und freundlich, im Gegensatz zum Vater, der zunächst sehr zornig reagierte. Seinem Wesen gemäß unterwarf er die heranwachsenden Jünglinge qualvollen Prüfungen zum Beweis, daß sie wirklich seine Söhne waren. Sie überlebten dank ihrer starken Motivation und natürlich den beiden Frauen (sowie mit Hilfe anderer übernatürlicher Wesen und Gegenstände). Als sie die Prüfungen bestanden hatten, anerkannte Sonnenträger sie als seine Söhne und verwandelte sie zusammen mit den Donnerwesen in erwachsene spirituelle Krieger. So ermächtigt, erhielten die Zwillinge die neuen Namen Monster-Töter und Für das Wasser Geborenes Kind. Sie kehrten über einen Regenbogenweg in das heilige Land der Navajo und zu ihrer Mutter Weiße-Muschel-Frau/Sich Ändernde Frau zurück. Dann machten sie sich auf, um die Fünfte Welt-Wirklichkeit von den allerschrecklichsten Ungeheuern zu befreien.

Als Ausdruck des Kräftespektrums, das heißt der dunklen und hellen Energien, von Sich Ändernde Frau umfaßt die Einheit der Krieger-Zwillinge die Eigenschaften des »mitfühlenden Kriegers«. Die Verbindung von furchtlosem Beschützen und großzügigem Zusammenwirken gilt als wesentliche Eigenschaft der idealen Navajo-Persönlichkeit. Dieses Gleichgewicht von Kriegereigenschaften wird durch die außergewöhnlichen Taten der Helden und Heldinnen in den großen Heilungsritualen der Navajo gestärkt. Die heiligen Geschichten, die sie in diesen Riten nachspielen, schildern zunächst deren heldenhaftes Überwinden von Hindernissen, um spirituelle Heilkraft und Erkenntnis zu erlangen. Haben sie ihre beschützende Aufgabe erfüllt, stellen sie sicher, daß die heiligen Lehren wieder unter das Volk kommen und darin verankert werden.

Der mitfühlende Krieger nimmt auch in der tibetischen Psyche eine zentrale Stellung ein. Oft übernimmt König Gesar von Ling in dieser Heldenvision die Hauptrolle; der Geschichtenzyklus über ihn enthält sowohl die nationalen Epen Tibets wie der Mongolei. Sein Ursprung liegt so verhüllt im Dunkel der Zeit, daß die fahrenden Barden, die noch heute auswendig von seinen Taten singen, ihn als Mischung aus altsteinzeitlichen schamanistischen *(bonpo)* und buddhistischen Elementen präsentieren. Das Gesar-Epos beschreibt in mythi-

König Gesar von Ling, der spirituelle Krieger Tibets und der Mongolei. Seine Heldentaten, die aus alter Zeit mündlich überliefert sind, geben Anstöße, um die Herausforderungen des Lebens zu meistern.

Meister der ruhmreichen Fahne des Windpferdes, Großer König der Kriegergottheiten und Bezwinger der Dämonen; bester der Männer, Gesar, sei verehrt! Sei verehrt und gelobt, Großer und Mächtiger! Sei unser mächtiger Gott des Männlichen […]! Erhebe die Windsäule zum Himmel, spanne das Mu-Seil des langen Lebens! Möge von den Gipfeln der drei Welten der Donner erhabenen Ruhms widerhallen, unerreicht in seiner Größe und Macht! Möge die Welt uns [unterworfen von uns] untertan sein.

Anrufung des Kriegerkönigs Gesar auf einer Gebetsfahne (nach einer Übertragung von R. A. Stein)

scher Form den Kampf zwischen den Mächten der Erleuchtung und denen der Dunkelheit, die Geschichte eines spirituellen Kriegers auf der Suche nach einer Ordnung, aber nicht totalitärer Art, sondern einer, die mit dem Kosmos harmoniert (Tashi).

Gesar-Barden singen von einer Zeit auf Erden, in der überall Unordnung herrschte, worauf eine Himmelsgottheit einen ihrer Söhne, nämlich Gesar, mit Hilfe eines Regenbogen-Mu-Seils zur Erde schickte. Dieser diente hinfort den Menschen als Leiter. Da seine Vatergottheit zum Gipfel eines heiligen Berges gehörte und die Mutter Königin der schlangenartigen Lu-Kräfte war, gilt Gesar (laut dieser vorbuddhistischen Version) als Sohn der Erdengewässer und des ätherischen Himmelslichts – ähnlich wie die Navajo-Einheit aus den Kriegerzwillingen Monster-Töter (von Sich Ändernde Frau mit einem Sonnenstrahl gezeugt) und Für das Wasser Geborenes Kind (von Sich Ändernde Frau mit dem Strahl eines Wasserfalls gezeugt).

Gesar begegnet zahllosen Gefahren in der Welt und in seiner eigenen Familie. Aber wie die Navajo-Zwillinge erhält er auf seinem Prüfungsweg Unterstützung; so steht ihm ein mächtiges geflügeltes Pferd zur Seite. Mit dessen Hilfe gewinnt er ein grimmig umkämpftes Pferderennen und gebietet danach über das in der osttibetischen Region Kham gelegene Königreich Ling.[1]

Als König von Ling[2] trägt Gesar einen magischen Helm und eine magische Rüstung. Er reitet ein türkisfarbenes Windpferd und führt seine spirituellen Gefährten auf den Kriegszügen gegen Dämonen und Riesenungeheuer, welche die Menschen und ihre Welt heimsuchen.

Gesar und seine spirituellen Krieger sollen nach Erfüllung ihrer Aufgaben in Shambhala als Gottheiten wiedergeboren worden sein. Dort warten sie zur Zeit auf Befehle des Königs von Shambhala, um sich durch eine Öffnung in einem Felsen am östlichen Ufer des Seelensees von Shambhala vorzuwagen. Gesar, jetzt (nach buddhistischer Ansicht) eine Verkörperung des Bodhisattvas Grenzenlose Liebe, wird dann sein Heer gegen barbarische Horden führen, die den Buddhismus außerhalb des reinen Landes Shambhala zerstört haben.[3] Gemäß dieser Prophezeiung werden sie die Feinde der Rechtschaffenheit und andere dämonische Mächte besiegen, und dies wird die Welt in eine Ewigkeit von Frieden und Licht führen.[4]

Trungpa Rinpoche erläutert in *Shambhala: The Sacred Path of the Warrior* die Bedeutung des Krieger-Konzepts für den spirituellen Lebensweg. Er hat diese Arbeit, in der er das eigentliche Wesen spiritueller Kriegerschaft enthüllt, nicht zufällig Gesar von Ling gewidmet. »Kriegerschaft«, so schreibt er, »bedeutet, die Macht, Würde und Wachheit aufzudecken, die uns allen als menschlichen Wesen innewohnt. Sie besteht darin, unser menschliches Urvertrauen zu wecken, das uns ermöglicht, zuversichtlich zu werden, Visionen zu entwickeln und Erfolg zu haben in dem, was wir tun.«[5] Wenn immer eine Person heldenhaft die Weisheit und die unbegrenzten Möglichkeiten in unserer gewöhnlichen Welt umsetzt, entdeckt sie den Zauber der Wirklichkeit, »die ursprüngliche Weisheit der Welt, wie sie ist«, schließt Trungpa Rinpoche.

Trungpa Rinpoche nennt diese natürliche Weisheit und dieses reine Bewußtsein *drala*, das heißt »über dem Feind« oder »über den Feind hinaus«. Der Wortbestandteil *la* (mit den Begriffen für Bewußtseinsprinzip und Bergpaß verwandt) bedeutet »über einer Sache sein«, und *dra* bezieht sich auf einen Feind oder ein Hindernis. Trungpa Rinpoche setzt das Drala-Prinzip mit »Weisheit über die Aggression hinaus« gleich und fährt fort: »Das Drala-Prinzip bedeutet für einen Menschen die Erkenntnis, daß seine persönliche Weisheit nicht von den Dingen, wie sie sind, zu trennen ist.«[6] Wenn daher eine Person ihre Verbindung mit der Quelle der Wirklichkeit und der Macht begreift und sich von selbstlosem Mitgefühl leiten läßt, wird sie ermächtigt, den Dämonen und Hindernissen des Lebens entgegenzutreten. Sie gewinnt Drala – und steht damit über dem Feind.

Wer mir feind ist, lehrt mich am meisten.

Tenzin Gyatso,
der vierzehnte Lama

In Tibet und bei den Navajo weiß man, das der Kosmos voller Wesen ist, mit denen die Menschen sich versöhnen müssen. Sie erreichen dies dadurch, daß sie im eigenen Körpergeist und in ihrer unmittelbaren Umgebung ein Gleichgewicht schaffen. In Trungpas Drala-Lehren erschafft der spirituelle Krieger oder die spirituelle Kriegerin einen heiligen (geomantischen) Raum aus der unmittelbaren Umgebung (dem äußeren Drala) und setzt dann die Einheit seiner oder ihrer inneren, körperlichen Wirklichkeit mit der natürlichen Ordnung der Dinge um (inneres Drala). Schließlich erreicht die davon betroffene Person das entscheidende Ziel, welches Trungpa als »gewaltige Wachheit, gewaltige Jetztheit in jemandes Geisteszustand« bezeichnet. Er nennt es »geheimes Drala«.

Eine moderne Windpferd-Gebetsfahne zeigt das spirituelle Roß geflügelt, einen Pegasus, der mit den vereinten Kräften von Pferd und Wind fliegt und einer Pferdestärke, die herkömmliche Maße in den Schatten stellt.

Mit dem Streben nach dem geheimen Drala steht zweifellos der einzigartige tibetische Brauch in Verbindung, Gebetsfahnen aufzuziehen, die ihres in der Mitte aufgedruckten geflügelten Tieres wegen gemeinhin als »Windpferde« bekannt sind. Das geheime Drala, so Trungpa Rinpoche, besteht »in der Erfahrung, das Windpferd zu wecken, einen Wind der Freude und Kraft zu erwecken und auf dieser Energie zu reiten, sie also auch zu bändigen«.[7]

Das Aufziehen der Windpferd-Fahnen steht rituell für die Überwindung der feindlichen Hindernisse des Lebens und des Körpergeistes mit Hilfe des Drala-Prinzips. Ruft eine Person im Opferritual – von dem die Gebetsfahnen ein Teil sind – die friedlichen Schutzgottheiten an, lenkt sie die (in den fünf Fahnen angezeigten) elementaren Mächte Erde, Wasser, Feuer, Luft und Raum. Die Energie des Windpferdes trägt sie wie einen berittenen Krieger von Shambhala, und sie erschafft heldenhaft ihre persönliche, gewöhnliche Welt in der Art einer heiligen Welt neu.

Um diese Aufgabe zu erfüllen, braucht der spirituelle Krieger ein mitfühlendes Herz.[8] Er muß die Wirklichkeit im klaren Licht eines wachen Geistes (wie von den klaren ersten Strahlen der Morgensonne erleuchtet) erblickt haben und

Freundliche Schwingen des Windpferds
Zeigen Mitgefühl in diesem weiten Land;
O mein Schönes!
Die Schwingen des Windpferds zu sehen
Erinnert mich daran, wie weit die Erde ist
Und wie weit meine Reise
Und wie ich mir wünsche,
Deine Schwingen zu nutzen.

Aus einem alten Volkslied aus Lhasa

sich richtig verhalten, um die Schleier (Feinde oder Hindernisse) zu vertreiben, die ihn davon abhalten, die Wirklichkeit als »heilige Welt« zu erfahren. (Siehe Anhang 4, »Schutzmächte nutzbar machen«.)

Der unbesiegbare Lehrer

Der mitfühlende Krieger in seiner Weisheit und Motivation hat nun den Feind erkannt, angegriffen und (hoffentlich) besiegt. Aber es bleibt noch ein Schritt auf dem Weg des spirituellen Heldentums, und dies ist in mancher Hinsicht der schwierigste: die heilige Erkenntnis und die heiligen Verhaltensweisen an andere weiterzugeben. Dafür muß die Gestalt des spirituellen Kriegers fehlerlos, ja unbesiegbar lehren und führen können. Diesen zweiten Aspekt des spirituellen Helden können wir den unbesiegbaren Lehrer nennen. Die spirituellen Geschichten der Navajo und des tibetischen Volkes erzählen von Menschen, denen es gelingt, das Reich der Gottheiten zu erreichen. Sie erlangen dort, nach großen Anstrengungen, spirituelle Ermächtigung und gelangen damit in den Besitz heiligen Wissens und heiliger Methoden. Ihre größte Leistung aber besteht darin, diese Weisheit zum Wohl aller in ihre Welt zurückzubringen. Es gibt mehrere Vorbilder dieser Gestalt des unbesiegbaren Lehrers, an denen man sich bei den Navajo und in Tibet orientiert.

Die Reise des Träumers in das Land der Gottheiten

Der Träumer, der Held des Night Way (Nachtweg), begab sich auf die Suche nach heiligem Wissen, und die Yei-Schutzgottheiten führten ihn in ihr Heim im Weißen Haus im Canyon de Chelly, wo er einer Night-Way-Zeremonie für eine Gottheit beiwohnte.

Die Legenden der Navajo erzählen von Helden und Heldinnen, die das Leben der auf der Erde Gehenden mit heiligen Lehren und Gebräuchen bereichern, die sie während eines Aufenthalts bei den Heiligen Wesen kennengelernt haben. Sie bringen sie einem jüngeren Geschwister bei, welches dann als erstes singend von den Lehren dieser neuen spirituellen Abstammungslinie kündet. Held oder Heldin kehren nach vollbrachter Tat auf einem Regenbogen oder einem Sonnenstrahl ins Erdinnere oder in den Himmel zurück. Dort werden sie zu Heiligen Wesen, erfüllt vom immerwährenden Leben in Schönheit. In der spirituellen Legende des Night Way (Nachtweg),[9] verkörpert der Träumer (Bi'alltatini: »seine Visionen«) den unbesiegbaren spirituellen Lehrer. Er begibt sich in seinem Streben nach heiliger Weisheit auf die gefährliche Reise in die ideale Wirklichkeit der schützenden Yei:

> Bei dem Träumer handelte es sich um einen jungen Mann mit häufigen deutlichen Visionen von Wesen mit blauem Gesicht. Er erzählte seinen

Brüdern davon, doch diese nahmen ihn nicht ernst. Ja, wenn sie auf die Jagd gingen, lachten sie und rieten ihm spottend, doch besser zu Hause bei seinen Gesichten zu bleiben. Doch der Junge wollte ein Jäger sein, und so folgte er ihnen.

Eines Nachts, als sich die anderen auf der Jagd befanden, träumte er, seine Brüder hätten mutwillig zuviel Wild erlegt und zwei heilige Vögel noch dazu, und diese Tat habe sie aus dem Stand der Schönheit mit den Heiligen Wesen ausgestoßen. Tatsächlich erwies sich dieser Traum als wahr. Danach kreuzte kein Wild mehr seiner Brüder Wege.

Eines Tages erblickte der Träumer auf dem Heimweg nach der Jagd vier Dickhornschafe. Er schlich sich an sie heran. Viermal versuchte er einen Pfeil mit seinem Bogen zu spannen, und viermal krampfte sein Arm sich zusammen und wurde taub. Er konnte nicht auf sie schießen. Dann erst entdeckte er ihre blauen Gesichter – Gesichter in der Farbe des Himmels, in der Farbe der Gesichter der Wesen in seinen Träumen, der Heiligen Wesen. Die je zwei männlichen und zwei weiblichen Ghaaskidi (Dickhornschaf-Yei) gingen gelassen zu dem schmerzgeplagten Jungen hinüber und geboten ihm, sich auszuziehen und ein Schaffell und Hörner anzulegen. So wurde er einer der Ihren. Er schloß sich ihnen an und trottete mit ihnen an den Rand der Steilhänge von Tseyi [Canyon de Chelly], und gemeinsam betraten sie den Abgrund. Als die Brüder sich auf die Suche nach ihm begaben, fanden sie nur vier Schafspuren und eine Mokassinspur, die zusammentrafen, und dann fünf Schafspuren, die an den Sandsteinklippen des Canyonabgrunds endeten.

Die Heiligen Dickhornschaf-Wesen brachten den Träumer zur Kinninakhai, die nun Ruine des Weißen Hauses heißt. Sie befindet sich in einer weiten Felshöhle direkt über der Talsohle und ist das Heim einer Yei-Familie. Und hier begann alsbald die erste Night-Way-Zeremonie, und zwar für die Tochter des Rufenden Gottes des Weißen Hauses.

Während der Zeremonie erstarrte der Träumer; er vernahm deutlich den Ruf »Wu! Hu! Hu! Hu!« von Sprechender Gott, und die Dickhornschaf-Wesen brachten ihn zurück in den Stand der Schönheit. Dann leiteten sie ihn im Erlernen der Gesänge und Gebete an, und er schaute die ganze Nacht den tanzenden Yei zu, um das Ritual des Night Way zu erlernen.

Es heißt, der Träumer habe alle neun Nächte und Tage der Zeremonie miterlebt. Er lernte die Gesänge, Gebete, Tänze und körperlichen Behandlungen für die Besungenen. Er lernte auch, die kunstvollen Sandbilder herzustellen, die in den letzten Tagen des Rituals verwendet werden, um Verwirrung, Kopfschmerzen, Blindheit, Taubheit und Lähmungen zu heilen.

Als er selbst geheilt war und das heilige Wissen besaß, kehrte der Träumer zu seiner Familie zurück. Er blieb lange genug, um seinem jüngsten Bruder das Night-Way-Ritual beizubringen. Der Bruder wurde der erste Night-

Way-Sänger des Volkes. Bei der ersten Zeremonie, die sein Bruder durchführte, kamen die Leute von überall her, um sich wieder in den Stand der Schönheit versetzen zu lassen. Auch viele Heilige Wesen wohnten dieser Zeremonie bei, und danach gingen sie und nahmen den Träumer mit. Bevor er ging, sagte der Träumer zu seinem Sänger-Bruder, er gehe nun in das immerwährende Leben mit den anderen Heiligen Wesen ein und werde immer über sein Volk wachen. Es werde seine wachsame Anwesenheit an seiner Stimme erkennen, »der Stimme des Donners und des fallenden Regens«. Sprach's und verschwand mit den anderen Heiligen Wesen.

Der Lehrer der Welt

Wie bei den Navajo genießen spirituelle Helden und Heldinnen als große Lehrende auch in Tibet Hochachtung. Ihr wichtigstes Vorbild ist der archetypische Held des Buddhismus, ein tibeto-buddhistischer Fürst, der vor über zweieinhalbtausend Jahren lebte. Zuerst hieß er Gautama der Sakya-Sippe, später wurde er als Sakyamuni-Buddha und als »Lehrer der Welt« bekannt. Sein persönliches Streben nach Einsicht in das Wesen der Wirklichkeit ging mit großem Leid und Heldentum einher.

Die Geschichte setzt ein mit der Weissagung an Gautamas Vater, einem Lokalfürsten, sein Sohn werde entweder ein großer König oder ein spiritueller Lehrer. Der Fürst wollte ihn lieber als großen König sehen und schirmte seinen Sohn von der rauhen Wirklichkeit ab, um ihn zu adeln und in ihm jeglichen Wunsch, Lehrer zu werden, zu ersticken. Doch Gautama wollte unbedingt die weite Welt kennenlernen. Schließlich gab der Fürst nach, und auf seinem ersten Ausflug außerhalb der Palastmauern sah der junge Gautama vier Zeichen, welche die Hindernisse des gewöhnlichen Daseins darstellen: Er sah einen Greis (Alter), einen schwerkranken Menschen (Krankheit), eine Leiche (Tod) und einen umherziehenden Yogin (Person, die dem Blendwerk der materiellen Aspekte der Welt entsagt hat). Diese Zeichen des Samsara beeindruckten Gautama so stark, daß er seinen Reichtum und seine Stellung aufgab, um einen Weg zu suchen, andere von den Leiden dieser Welt-Wirklichkeit zu erlösen.

Er bestand viele Abenteuer und überwand zahlreiche Hindernisse auf seiner heldenhaften spirituellen Reise. Aber die entscheidende Episode auf seiner Suche ereignete sich, kurz bevor er die volle Erleuchtung erlangte, in einem Wald in Nordindien. Während einer tiefen Meditation über das Wesen der Wirklichkeit materialisierte sich vor dem zukünftigen Buddha der Dämon der Illusion, Mara. Als Mara erkannte, daß Gautama, sein potentiell größter Feind, vor ihm friedlich in Meditation versunken saß, ersann er einen Weg, um dessen Erleuchtung zu verhindern.

Mara rief nach seinen drei »Töchtern« Zorn, Sehnsucht und Unwissenheit und

Sakyamuni-Buddha vertreibt unter dem Bobaum die Mächte Maras, des Dämons der Täuschung.

hieß sie verführerisch vor Gautama tanzen. Aber es gelang ihnen nicht, den Meditierenden abzulenken. Da verwandelte Mara sich in einen Boten und schützte vor, des Prinzen Eltern bedürften unbedingt seiner Hilfe. Aber dank bereits erworbener Einsicht und Weisheit wußte Gautama, daß dies nicht zutraf.

Als letztes rief Mara sein Heer zusammen und hieß es alle Waffen und Kräfte der Illusion auf den jungen Mann schleudern. Aber als die Spitzen ihrer Lanzen, Pfeile und Fackeln in die Aura des neuen Buddhas eintraten, verwandelten sie sich in Blumen.

Nun wollte Mara außer sich vor Erregung von Gautama wissen, weshalb ausgerechnet er, der doch nur ein Mensch sei, sich mit der Gabe der Erleuchtung versehen wissen sollte, und sagte: »Ich, Mara, müßte der rechtmäßige Lehrer der Welt sein!« Und seine streitbaren Dämonen der Illusion unterstützten diese Behauptung. Dann setzte Mara die Frage hinzu: »Wer bezeugt deinen Anspruch auf Buddhaschaft?« Und der Buddha antwortete, indem er mit der rechten Hand zur Erde wies: »Die Erde ist meine Zeugin.« Auf diese Bewegung hin erhob sich die Erdgöttin und bestätigte die Antwort voller Hochachtung mit gefalteten Händen.

Mara war besiegt. Seine – und Gautamas eigene – irreführende Sicht der Wirklichkeit und die daraus entstehende Unwissenheit waren der Entschlossenheit und geistigen Reinheit des jungen spirituellen Helden gewichen. Von dem Zeitpunkt an war Gautama der große Lehrer unseres Weltzeitalters.[10]

Ich bin über die Welt des
Leidens hinausgelangt,
Ich bin glückselig.
Ich lehre die Welt,
Ich verehre.

Aus dem Wortlaut
des tantrischen Tak-nyi

Als er das Licht reiner Erkenntnis und die Fähigkeit erlangt hatte, das wahre Wesen der Dinge zu sehen, öffnete er während des folgenden halben Jahrhunderts sein Herz allen Wesen und gab seine Weisheit zum Nutzen anderer zurück in die Welt. Es überrascht nicht, daß der Buddha in späteren Jahrhunderten für einen großen Teil der Menschheit zum bedeutendsten Vorbild für die Gestalt des heldenhaften spirituellen Lehrers wurde.

Milarepa

Die heldenhafte Reise zum idealen Seinszustand ist auch in der Lebensgeschichte von Milarepa anschaulich beschrieben, dem meistgefeierten tibetischen Yogi-Heiligen. Milarepas Leben begann mit einem Betrug in der Familie und einer Tragödie: ein böser Onkel beutete Milarepas verwitwete Mutter und deren Kinder aus. In seiner Verzweiflung und Unkenntnis wollte sich der Jüngling mittels Schwarzer Magie rächen und brachte dabei versehentlich Verheerung über seine Familie und das Dorf. Als er das Unglück mit Entsetzen als Folge seiner Tat erkannte, suchte er den großen Yogi Marpa auf, um sich in buddhistischer Lehre unterweisen zu lassen. In seiner Klugheit zwang Marpa ihn, sein negatives Karma zu erschöpfen, indem er ihm harte und entmutigende Prüfungen zu bestehen gab. Erst dann nahm er Milarepa als Schüler auf. Milarepa erlangte nach Jahren des Meditierens und des Praktizierens in abgeschiedenen Höhlen an den nördlichen Hängen des Himalaja schließlich Erleuchtung. Als er in sein zerstörtes Dorf zurückkehrte, um sich den Folgen seiner Handlung zu stellen, erfuhr er, daß seine Mutter in der Zwischenzeit gestorben war. Dies regte ihn wie nichts anderes an, die buddhistischen Lehren als Gegenmittel für menschliches Leiden zu verbreiten.

Milarepa wurde zum größten volkstümlichen spirituellen Lehrer des 11. und 12. Jahrhunderts, und seine Lehren sind in Liedern und Gedichten verbreitet. Noch heute kennen die meisten Menschen in Tibet viele der hunderttausend Lieder auswendig, die er während der Jahre seiner Askese komponiert haben soll. Milarepas Name bedeutet »in Baumwolle gekleideter Mila« und bezieht sich darauf, daß er sich stets nur in ganz leichte Baumwollkleidung hüllte, kaum mehr als ein weites, gegürtetes Hemd – und dies im extremen Klima auf 4000 Metern über dem Meer. So hart sein Weg auch war, gewann er indes Bereicherung durch inneres Wachstum und weil er die wohltätige Auswirkung auf jene sah, die zu ihm kamen, um zu lernen und seinen Segen zu empfangen.

Solange der Raum besteht
Und solange es Lebewesen gibt,
So lange befasse ich mich damit,
Das Elend der Welt zu vertreiben.

Shantideva

Selbst als Milarepa durch die Hand eines eifersüchtigen Mönchs starb (er nahm, der Gefahr voll und ganz bewußt, vergiftetes Essen an), nutzte er dies als Lehre; er erkannte nämlich, daß sein Tod dem irregeleiteten jungen Mönch eine Lektion erteilen würde.

Milarepas Geschichte spiegelt das Mahayana-buddhistische Ideal des heldenhaften Lehrers, der, nachdem er auf seiner Reise zur Erleuchtung große Mühsal erlebt hat, freiwillig das endgültige Aufgehen in der Leere aufschiebt, um anderen fühlenden Wesen auf ihrem Weg zur Erleuchtung beizustehen. Er ist den Weg der Bodhisattvas gegangen – jener Wesen, die über die Leiden des gewöhnlichen Bewußtseins hinausgelangt sind, weil sie sich psychisch mit dem Idealzustand des Nichts der Leere verbinden, aber ihre endgültige Rückkehr zu den regenbogenfarbigen und sonnenstrahlenden Buddha-Gefilden noch aufschieben, bis sie ihr Gelübde, anderen zur Erleuchtung zu verhelfen, erfüllt haben. In diesem Zusammenhang werden angehende Bodhisattvas des menschlichen Reichs in den Mahayana-buddhistischen Lehren manchmal als Bodhisattva-Heldinnen oder Bodhisattva-Krieger bezeichnet.[11]

Ein persönliches Opfer zu bringen, um andere auf den heiligen Pfad des Lebens zu führen und sie darauf zu leiten, ist das Hauptmerkmal der spirituellen Gestalt des unbesiegbaren tibetischen oder Navajo-Lehrers. Sie stellt den integrativen Aspekt des allumfassenden Prinzips spirituellen Heldentums und die natürliche Ergänzung zum mitfühlenden Krieger dar. Dieser bereitet den Grund vor, auf dem die Saat der Weisheit des unbesiegbaren Lehrers aufgehen kann.

Kapitel 8
DIE HÖCHSTE VEREINIGUNG

Form ist Leere, Leere ist Form.
Leere ist nichts anderes als Form,
Form ist nichts anderes als Leere.

Aus dem Herz-Sutra

Symbole für die Vereinigung von Gegensätzen sind sowohl in der spirituellen bildenden Kunst Tibets wie auch der Navajo weit verbreitet. Beide Kulturen verwenden für die natürlich vorkommenden polaren Energien, die sich im Tanz des Lebens unaufhörlich anziehen und abstoßen, oft sexuelle Sinnbilder wie zum Beispiel jenes der Erdfrau und des Himmelsmannes oder das Ur-Buddha-Paar. Das Bedürfnis, komplementäre Kräfte ins Gleichgewicht zu versetzen, wollen ernsthaft praktizierende Gläubige in beiden Kulturen täglich, ja stündlich und manchmal alle Minuten in Worten zum Ausdruck bringen.

In Tibet verwendet man zwei Bezeichnungen für eine Person, die spirituell mit dem Kosmos tanzt. Das ältere Mantra ist Tashi Deley und bedeutet »Langes Leben, Gesundheit und Glück [Lebensweg] in einer glückverheißenden Beziehung mit dem Kosmos [Lebensziel]«. Die »neuere« heilige Wortfolge ist Om mani padme hum und bedeutet »Glückseliges Mitgefühl [Lebensweg] auf der Suche nach Erkenntnis des wahren Wesens des Kosmos [Lebensziel]«. »Traditionelle« Navajo vertonen in heiligem Gesang und Gebet das »Mantra« Sang'ah Nachai Bik'eh Hózhóng, was sich annähenrd übersetzen läßt als »erfolgreich ein gesegnetes Alter erreichen durch tägliche spirituelle Erneuerung [Lebensweg] in Übereinstimmung mit der allumfassenden Schönheit des Kosmos [Lebensziel]«. So weiß man auch in beiden Kulturen, daß sich alle Menschen oder fühlenden Wesen in der Schwebe befinden zwischen zwei gleichzeitigen Wirklichkeiten und sie in sich tragen, nämlich die reale und die ideale Welt, die durch die heldenhafte spirituelle Reise miteinander verbunden werden müssen, um dem Leben einen Sinn zu geben.

Mit nur einem Flügel kann ein Vogel nicht fliegen. Ohne Mitgefühl und Weisheit kann man die Höhen der Buddhaschaft nicht erreichen.

Tibetisches Sprichwort

Die konventionelle »reale« Welt der äußeren Formen nehmen wir eingeschränkt über unsere Sinnesorgane wahr. In Tibet sieht man sie als eine von psychophysischen Leiden und vor allen Dingen dessen Ursache – Verwirrung stiftender Unwissenheit – durchsetzte Wirklichkeit, betrachtet sie indes trotz dieser mißlichen Lage als einen Zustand voll großer Kraft und voller Möglichkeiten, selbst wenn darin das strahlende, allwissende Wesen des Geistes durch die eigenen inneren Verschleierungen und feinen physikalischen Ungleichgewichte blockiert ist. Der Körpergeist ist vorübergehend gefangen in einem Netz, das er selbst gesponnen hat, und dies führt zu den für das Samsara typischen geistigen und körperlichen Leiden. Tibeterinnen und Tibeter wissen, daß das Ende dieser Leiden und das Einssein mit dem Nichts der Leere allen offenstehen, wenn sie nur dem Beispiel der spirituellen Helden und Heldinnen folgen, die das ideale Reich über den tantrischen Pfad bereits betreten haben.

Für die Navajo ist die Wirklichkeit von Himmel und Erde voller Kraft und natürlicher Ordnung. Aber die auf der Erde gehenden Wesen – die Menschen – befinden sich mit dieser spirituellen Schönheit nicht ganz im Gleichgewicht, sie sind nicht richtig davon erfüllt, obwohl sie ein inneres Bewußtsein und eine Lebenskraft aus demselben Stoff besitzen wie der Kosmos. Die Navajo wissen, daß das »Innestehende« – der innere Geist und Wind – die reale Person ausmacht. Reinigt eine Person dieses Innestehende von seinen Makeln – gemäß den Glaubenssätzen und den Übungen des Chantway-Pfads –, erlangt sie immerwährendes Leben in Schönheit.

Man braucht Gegensätze;
man braucht Negatives in der
Bewegung des Lebens;
man braucht die ganze Kraft.

Navajo-Weisheit

Der Einblick in die allumfassende Weisheit, die Erkenntnis der Gleichzeitigkeit von gewöhnlicher und idealer Wirklichkeit veranschaulichen die Lehren des Blessing Way (Segensweg) in lebendiger Weise. Sie schreiben – zumindest exoterisch – den Gedanken und Taten, ja selbst den materiellen Gegenständen der Ersten Frau und des Ersten Mannes, jenes ersten Paars, welches das alte Volk lehrte und führte, auch eine negative magische Seite zu. Einige Navajo glauben, die beiden seien während der Zeit der Auftauchens in die Irre gegangen, und erklären damit die Notwendigkeit einer neuen göttlichen »Regierung« (unter der Führung von Sich Ändernde Frau und Sprechender Gott). Doch die Überzahl der bedeutenden Sänger und Denkerinnen weichen scharf von diesem oberflächlichen Glauben ab. Sie sind sich grundsätzlich darin einig, daß das erste Führungspaar negative Seiten ganz bewußt und mit gutem Grund in seine Taten und Gegenstände einschloß: Angesichts des Wesens der Dinge ist die Existenz von Schönheit unentwirrbar mit dem Trachten danach verbunden. Es muß daher den Tod geben, damit das immerwährende Leben zu erlangen ist. Und um Schönheit (Hózhóng) zu gewinnen, muß es Hindernisse und Feinde *(naayéé)* und ähnliche Verkörperungen der Gegenschönheit (Hóchxó) geben, wie eben negativen Zauber.

Die Navajo erzählen oft von »Fellgängern«, nachts umgehenden bösen Hexen und Zauberern, die durch unschöne Gedanken, Worte und Werke die Lebenskraft von Familienmitgliedern und anderen Mitgliedern der Navajo-Gemeinschaft schwächen. Damit machen sie deutlich, wie wichtig es ihnen ist, einen Zustand der Schönheit zu erreichen – wenn sich auch die meisten dessen nicht bewußt sind. Ähnlich bestärkt man sich in Tibet mit haarsträubenden Geschichten von *rolang* (Zombies) und *dre* (Geister) in der Motivation, dem Leiden einer Wiedergeburt in Samsara zu entkommen.

Um die kreative Spannung zwischen Schönheit und Gegenschönheit zu verstärken, haben die Navajo eine Weltanschauung entwickelt, die der westliche

Denker John Farella als paradox bezeichnet.[1] Die Navajo wissen, daß Konkurrenz, also ichbezogenes Handeln – eine in der gewöhnlichen menschlichen Wirklichkeit gegebene Größe – zu Schaden führen kann, wenn der daraus resultierende Überfluß nicht mit anderen geteilt, wenn also der sogenannte Weg der Hexerei beschritten wird. Entstehen aus Konkurrenz aber Vorteile für alle, ist sie Teil des Wegs der Schönheit. Das Paradoxe besteht darin, daß man etwas erreichen, im Leben erfolgreich sein soll, dies aber gemeinsam und mitfühlend tun muß. Farella nennt dies »eigen-, aber auch gemeinnützig« sein. Es gilt, nach Erfolg und Gewinn zu streben, dann aber den Reichtum oder das Wissen zum Nutzen aller weiterzugeben.

Du kannst die Wirklichkeit nicht außerhalb deiner selbst suchen, denn du bist die Wirklichkeit.

Lama Thubten Yeshe

Beim Navajo-Paradox geht es also darum, wie eine Person die Energie und die Gegebenheiten des gewöhnlichen Zustands der Welt (Sang'ah Nachai) auf dem Weg zum absoluten oder idealen Seinszustand (Bik'eh Hózhóng) einsetzen soll.[2] Ähnlich rufen uns tantrisch-buddhistische Lehrkräfte in Erinnerung, daß es keinen Unterschied gibt zwischen dem Leidenszustand Samsara und dem Glückszustand Nirwana; es sind die Seiten derselben Münze, nämlich der Wirklichkeit. Die Schwierigkeiten setzten dann ein, wenn absolute Größen wie Samsara und Nirwana oder Gut und Böse oder ich und du als abgesondertes, für sich allein existierendes Ganzes betrachtet werden statt als Teile ein und derselben unteilbaren Ordnung.[3]

Die dynamische Einheit des Idealen im Realen läßt sich optimal in der Vorstellung erfahren, doch es ist auch ein Reich, das man mit täglichem spirituellem Heldentum anstrebt. Obwohl das ideale Ziel sich in der Regel zu Beginn noch außer Reichweite einer Person befindet, sind die Mittel, es zu erreichen, sehr wohl Teil der realen Welt.

Lama Govinda beschreibt die höchste Vereinigung von Innen und Außen, von Realem und Idealem, wenn er metaphorisch bemerkt: »Wir können ein Stück magnetisierten Stahles so oft wir wollen zerteilen, dennoch werden wir nie imstande sein, den positiven von dem negativen Pol zu trennen. Jedes Teil wird immer beide Pole haben. Dies zeigt, daß Polarität nur ein Aspekt der Einheit ist, nicht aber eine willkürliche Dualität darstellt, sondern einem untrennbaren Ganzen angehört.«[4]

Es wäre wichtiger und vernünftiger, unseren Geist zu materialisieren, statt zu versuchen, Materie zu »spiritualisieren«.

Lama Anagarika Govinda

Materie ist der Kontext und der Prozeß, um das Ziel des Geistes zu erreichen. Die reale Welt ist der einzige Weg zum Idealen, denn das Ideale ist unentwirrbar verknüpft mit dem Realen.

Bodhisattva Grenzenlose Liebe beschrieb dies treffend in einer Lektion für seinen Schüler Shariputra, die heute als Herz-Sutra bekannt ist. Ein Abschnitt lautet: »Form ist Leere, Leere ist Form. Leere ist nichts anderes als Form, Form ist nichts anderes als Leere. Auf dieselbe Art und Weise sind Gefühle, geistige Ereignisse, Karma bildende Handlungen und das Bewußtsein im Grunde alle leer. Daher, Shariputra, sind alle Erscheinungen leer und ohne für sich allein existierende Eigenschaften. Sie sind weder geboren, noch enden sie.«

Die Spannung zwischen Materie und Geist – der realen und der idealen Welt in uns allen – ist der Tanz zwischen dem Leben auf der mangelhaften mikrokosmischen Ebene und dem makrokosmischen Ideal. Aber um zu tanzen, sind ein sehr waches Bewußtsein und der Mut eines spirituellen Kriegers erforderlich. Es gibt keinen anderen Weg. Die Alternative ist, für immer innerhalb der Mauern des selbstgeschaffenen Käfigs zu schlafwandeln.

Das Unglück des Menschen kommt von seiner Größe; es kommt davon, daß es ein Unendliches in ihm gibt, das er mit all seiner Geschicklichkeit nicht ganz dem Endlichen unterordnen kann.

Thomas Carlyle

Die Reise zur Vereinigung zwischen dem endlichen Körpergeist und der unendlichen Quelle, von der er einen Teil bildet, läßt sich am besten durch heilige Musik, Dichtung und bildende Kunst ausdrücken. Es gibt eine Reihe bestrickender heiliger Navajo-Gesänge, in denen sich die Singenden als Sprechender Gott und Rufender Gott beim Aufbruch zu einer heldenhaften Reise visualisieren. Diese Reise besteht darin, daß die betreffende Person auf der ziellosen Wanderung im Zustand der Gegenschönheit innehält und schließlich zum idealen Zustand der Schönheit in ihrem Inneren zurückkehrt. Die Refrains der Gesänge beschreiben die Fortschritte der singenden und der besungenen Person auf dieser heilsamen Reise. So lautet der erste: »Ich, ich wandere jetzt umher.« Dann folgen weitere: »Ich, ich habe mich jetzt umgedreht«, »Ich, ich bewege mich jetzt nicht mehr«, »Ich, ich kehre jetzt zurück«, »Ich, ich setze mich jetzt«.[5]

Diese musikalische Wiedergabe der reintegrativen Reise dauert mehrere Minuten. Sie umfaßt zahlreiche Zeilen, die alle ganz genau und in der richtigen Reihenfolge gesungen werden müssen (sonst würde die Kraft des Gesangs geschwächt oder sogar nicht wiedergutzumachenden psychophysischen Schaden auslösen). Darum gibt es aufgezeichnete Erinnerungsstützen für die spirituelle »Buchhaltung«.

Der große Sänger Son of Bead Chant Singer (Sohn des Perlengesang-Sängers) hat in den frühen fünfziger Jahre eine solche Skizze angefertigt. Eingebettet in die symbolische Kurzschrift aus einfachen Zeichen findet sich ein bedeutendes Symbol der höchsten Vereinigung.

Das Große Symbol

Das erste aller Symbolpaare steht für die Gesangszeile Sang'ah Nachai und stellt die relative, menschliche Erfahrung der heiligen Welt dar. Sang'ah Nachai ist entweder ein einfaches Kreuz oder ein Kreuz, dessen einer Achse zwei »Beinchen« hinzugefügt werden. Die Vervollständigung zum Zeichen für den Bi'keh-Hózhóng-Zustand absoluter Schönheit erreicht man durch Hinzufügen bestimmter zusätzlicher Linien. Dies verleiht dem Kreuz Dynamik. So wird die gewöhnliche Wirklichkeit derer, die singen, und derer, die besungen

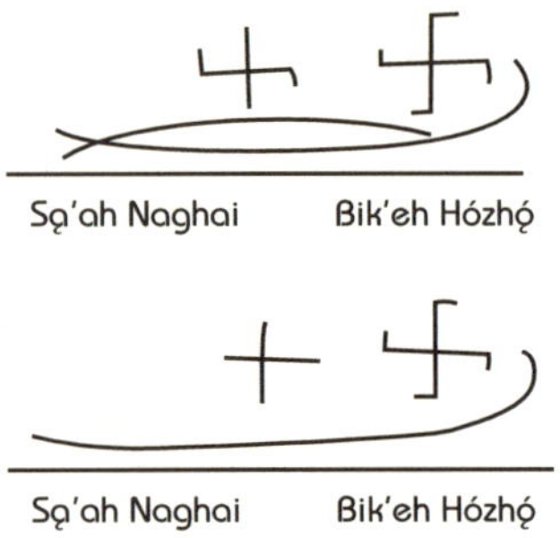

Die Swastika in der »Eselsbrücke« von Son of Bead Chant Singer (Sohn des Perlengesang-Sängers).

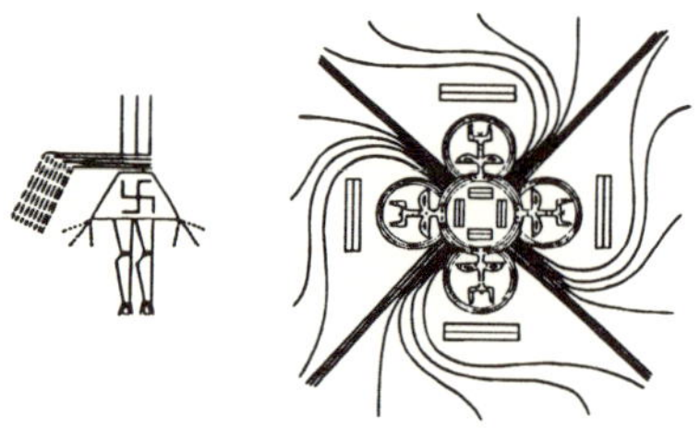

Die Swastika: ein weitverbreitetes Element in der heiligen Kunst der Navajo.

werden, in der Zeremonie gemäß den Grundsätzen der Schönheit in die richtige Bewegung und Ordnung versetzt.

In der Gesangskizze des Son of Bead Chant Singer ergibt sich daraus nichts anderes als eines der bedeutendsten und, leider, am schrecklichsten mißbrauchten antiken Symbole: die Swastika.[6] Historisch gilt die Swastika allgemein als zentrales Symbol des lebendigen Gleichgewichts und der ewigen Erneuerung von Harmonie in Zeit und Raum. Ihr Name entstammt der alten indischen Philosophie und bedeutet »günstiges« *(suas)* »Zeichen« *(tika)*.

Lama Govinda, dessen Weisheit jene tibetischer Spiritualität transzendierte, nannte die Swastika das »Symbol ewiger Schöpfung«. Ewig deshalb, weil sie mit der Bewegung des Kosmos eins ist und und alle spirituellen Heldinnen und Helden danach streben, im Einklang mit ihr die göttliche Fassung ihrer selbst zu erlangen.[7]

Wir haben das allumfassende Kreuz bereits als Einheit seiner zwei Achsen kennengelernt. Die veränderliche Achse zwischen Morgengrauen und Abenddämmerung, das heißt Ost und West, ist der Vektor der konventionellen Erfahrung in der »realen Welt« (der Weg und das »männliche« Prinzip). Die unveränderliche Achse von Mittag bis Nacht, das heißt Süd und Nord, ist der Vektor der Erfahrung der absoluten, »idealen« Welt (das Ziel und das »weibliche« Prinzip). Wird die Swastika in Bewegung versetzt, symbolisiert das sich drehende Kreuz die höchste Vereinigung der beiden »Welten«, nämlich des individuellen Körpergeists und des Kosmos.

Für das tibetische Volk und die Navajo spiegeln alle geistig vorgestellten und körperlich erfahrenen Aspekte der Wirklichkeit die sich ergänzenden Energien aus der nahtlosen Vereinigung von Selbst und Kosmos. Ihr Kosmos ist ein ewiger Tanz dualer Tendenzen. Und den Tanz tanzen zwei, die wir »Sie, die weiß« (der ideale Seinszustand) und »Er, der zu verstehen versucht« (der Weg zum idealen Zustand) nennen könnten.

Daß die Menschen in den beiden Kulturen ihre Wirklichkeit auf diese dialektische Weise sehen, enthüllt, daß sie mit einem dialektischen mathematischen Modell arbeiten. Mitte der achtziger Jahre veröffentlichte ein Informatiker in *Current Anthropology* einen fast unbeachtet gebliebenen, aber höchst bedeutenden Aufsatz.[8] Er verglich darin die Struktur des tantrischen Mandala mit dem Zeichensystem, das die Navajo in ihren Sandbildern verwenden, und es zeigte sich bei näherer Betrachtung, daß bei den Navajo und im tantrischen Buddhismus dasselbe (und das effizienteste) System Verwendung findet, um spirituelle Informationen zu verschlüsseln.

In beiden Kulturen war damit die allumfassende »spirituelle Computersprache« neu geschaffen (oder bewahrt), in der der Geist als Zentralrechner dient und die Künste und Rituale als Software, um die Daten erkennbar und lesbar zu machen. Sollen und werden wir unseren psychosomatischen Computer so verwenden wie die Navajos und Tibeter, zur geistigen Erleuchtung? Oder werden wir

Die Swastika: ein weitverbreitetes Element in der tibetischen rituellen und weltlichen Kunst. Die Swastika aus Gerstenmehl vor dem Haus weist auf die Ankunft des neuen Jahres hin (links oben). Aneinandergereiht ist die Swastika ein Lieblingsmotiv in tibetischen Teppichen (unten).

weiterhin Informationen anhäufen, die keinerlei Verbindung zur Erkenntnis haben?

Die Art und Weise, in der man in Tibet und bei den Navajo den Binärcode des Geistes im täglichen Denken und Leben anwendet, ist der Schwerpunkt des dritten Prinzips: die Mitte im Mandala des eigenen Selbst und des Kosmos zu finden.

Erst wenn die Menschheit den Dualismus und die äußeren Erscheinungsbilder überwindet und das natürliche Einssein aller Lebewesen erkennt, wird sie einen tragfähigen moralischen Konsens formulieren können [...] der ganz auf dem weltweiten bodhisattvischen Altruismus gründet.

W. Y. Evans-Wentz

Teil 3

DIE MITTE IM MANDALA DES SELBST UND DES KOSMOS FINDEN

In Schönheit vor mir gehe ich,
In Schönheit hinter mir gehe ich,
In Schönheit unter mir gehe ich,
In Schönheit über mir gehe ich,
In Schönheit rund um mich herum gehe ich,
Es ist vollendet in Schönheit,
Es ist vollendet in Schönheit,
Es ist vollendet in Schönheit,
Es ist vollendet in Schönheit.

Segensspruch der Navajo

Tantrische Initiierte gelangen zu einer Identifikation mit dem Zentrum des Mandala, dem Punkt, von dem alles ausgeht und zu dem alles zurückkehrt – und von dem die archetypischen Essenzen in leuchtenden Strahlen ausströmen, die ganze Welt erfüllen, um sie vom Nichts zu erheben und wieder in sich aufzunehmen.

Giuseppe Tucci

Ich sah mich selbst auf dem Berg im Zentrum der Welt, dem höchsten Ort, und ich hatte eine Vision, denn ich sah die Welt in heiliger Weise ... der Berg im Zentrum ist überall.

Black Elk, Lakota-Sioux

Kapitel 9

IM ZENTRUM DER HEILIGEN WELT

An der Oberfläche gibt es eine unendliche Vielfalt von Dingen, in der Mitte aber Einfachheit und Einheit der Ursache.

Ralph Waldo Emerson

Der reale und der ideale Zustand des Lebens, Denkens und Sichäußerns sind letztlich nicht voneinander trennbar. Aber damit dieses Wissen im Leben zum Tragen kommen kann, müssen die Menschen an dem ihnen eigenen Platz zwischen Himmel und Erde vollumfänglich präsent, also wach und bewußt sein. Es gilt diesen Ruhepunkt im Zentrum des vor Energien und Tendenzen sirrenden Feldes der Erde zu finden – Energien und Tendenzen, die bei jedem Schritt auf dem spirituellen Pfad des Lebens an einem zerren und einen stoßen. Das tibetische Volk wie auch die Navajo haben das Wissen um diese Vorgänge zum Mittelpunkt ihres Lebens gemacht. Und als Orientierungshilfe auf dem Weg, der die beiden Wirklichkeiten miteinander verbindet, haben sie für kommende Generationen etwas entwickelt und bewahrt, das man als Mandala-Sicht des eigenen Selbst und des Kosmos bezeichnen könnte.

Uns Menschen im Westen scheint es angesichts unserer äußerst komplexen und zersplitterten Welt unmöglich zu sein, uns im »Hier und Jetzt« zu zentrieren. Um uns inspirieren zu lassen, müssen wir uns deshalb sogenannten Urvölkern und religiösen Mystikern zuwenden. Sie sehen die Welt als ein dynamisches, aber organisches Ganzes, eine »ganzheitliche« Welt voll des vollkommenen Potentials, mit einem Spektrum von Kräften, die einem entweder helfen oder einen daran hindern, den idealen Daseinszustand im Leben zu verwirklichen.

Urvölker, Mystikerinnen und Mystiker kennen im allgemeinen ihren Platz im Zentrum eines heiligen Kreises. Der Kreis ist die eleganteste Darstellung allumfassender Geschlossenheit, Stabilität und Einheit, das am weitesten verbreitete Symbol der Menschheit, und findet sich sowohl in der spirituellen Kunst jeder Kultur und Epoche als auch in allen natürlichen Systemen. Westliche spirituelle Gelehrte, von Plato bis Carl Gustav Jung, haben ihre schöpferischen Kräfte dazu eingesetzt, die Bedeutung des Kreises in Träumen, in der Kunst, in Religion und Natur zu erforschen. Ihre Schlußfolgerung lautet, einfach ausgedrückt, daß der Kreis der grundlegende Ausdruck (»Archetyp«) für die nahtlose Einheit zwischen der individueller Psyche und dem Geist des Kosmos als Ganzes ist.

Im tibetischen Denken und auch bei den Navajo wird die Einheit des persönlichen Selbst und des Kosmos als Kreuz in einem Kreis mit einem kleineren Kreis im Kreuz dargestellt.[1] Der große Kreis definiert den allumfassenden Charakter der idealen Wirklichkeit, sei dies die Schönheit oder die Leere, während der kleinere Kreis für die eigene, gewöhnliche Wirklichkeit steht. Die durch das Kreuz geschaffenen vier Segmente stehen für naturgegebene Merkmale der gewöhnlichen Zeit und des Raums wie Tageszeiten, Jahreszeiten, Lebensalter oder ähnliches. Sie stellen zudem die Art und Weise dar, wie sich Gedanken, Kräfte und Handlungen einer Person natürlicherweise manifestieren und auf einen Zustand des Gleichgewichts hinbewegen.[2]

Diese Mandala-Sicht der Wirklichkeit wird bei den Navajo und im Tibet schematisch wie folgt dargestellt:

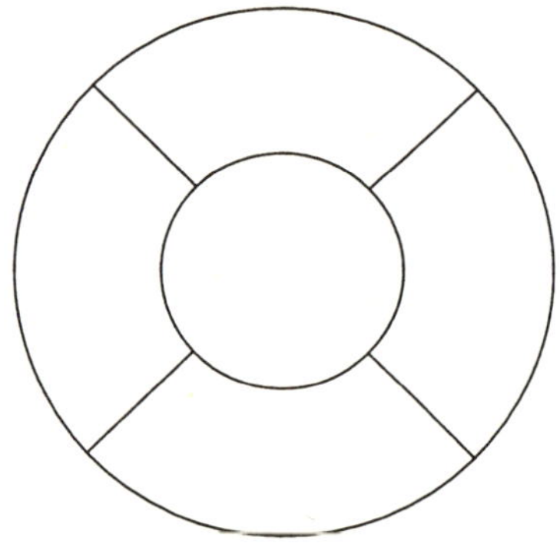

Jedes Viertel im Kreis des Geistes steht für eine grundlegende Eigenschaft, eine Energie oder einen Aspekt des Wissens, deren Gesamtsumme der größere und gleichzeitig auch der kleinere Kreis ist. Die vier natürlichen Vektoren verbinden den äußeren und inneren Kreis von Makrokosmos und Mikrokosmos, der idealen und der realen Welt, des Himmels und der Erde, der Natur und des individuellen Körpergeistes. Die Parallelen in der Art, wie sich Tibeter und Navajo diese Einheit über die Metapher eines Mandala vorstellen, brachten Joseph Campbell dazu, sie als zwei sehr unterschiedliche Kulturen mit derselben Metaphorik und denselben Energien zu beschreiben.[3]

Trungpa Rinpoche bezeichnete das Mandala als ein allgemeines Muster, das uns mit der übrigen Welt verbindet. Ein solches Netzwerk von Energien, Vorstellungen und Neigungen, mit dem eigenen Körpergeist im Zentrum, kann entweder ein auf das eigene Ego zentriertes samsarisches Mandala oder ein göttlich inspiriertes Erleuchtungsmandala sein. Das erste beschreibt unsere befleckte Körpergeist-Wirklichkeit, das zweite dagegen ist das Modell, dem wir nacheifern müssen. Im Tibet und bei den Navajo strebt man danach, sich selbst und sein Leben gemäß dem idealen Mandala-Modell zu gestalten.

Das Mandala ist fast immer visueller Ausdruck des vollkommenen Musters in allen Dingen und eine ursprüngliche Metapher für die Suche des spirituellen Helden nach dem ruhenden Pol in einer sich verändernden Welt. Der Sinn für das persönliche Selbst verschmilzt mit dem Muster der Energien und Neigungen, die sich aus dem ergeben, was die westliche Mystik den Urgrund nennt – dem makellosen, erleuchteten und ursprünglichen Daseinszustand. Im Urgrund wird das persönliche, gewöhnliche Selbst aufgelöst und gegen einen idealen Zustand des Bewußtseins und der Vitalität eingetauscht, welchen – wenn einmal entdeckt – der spirituelle Held/die spirituelle Heldin vom Zentrum des Mandala zum Wohle der anderen zurückträgt.

Ständig erinnert die Mandala-Sicht auf das persönliche Selbst und den Kosmos daran, dieses Zentrum im Trubel des Alltags zu bewahren. Zudem lehrt sie, Achtung für alle anderen denkenden und empfindenden Wesen zu haben, mit denen wir das Licht des Geistes und den Atem des Lebens teilen und die ebenso nach dem Zentrum des eigenen Mandala streben.[4]

In Tibet wird für Mandala die Wortverbindung *kyin-khor* verwendet. Darin verweist *khor* auf ein Rad, einen Umfang oder eine Umgebung (das heißt einen Kreis), während *kyin* ein Zentrum bezeichnet. Zusammengenommen stellt somit jedes Mandala ein Symbol für eine der zahlreichen Versionen einer idealen Wirklichkeit dar, die von idealen Wesen bevölkert wird (tantrischen Schutzgottheiten) und die letztlich aus dem formlosen Urgrund der Leere stammt.

Das Göttliche ist ein Kreis, dessen Mitte überall und dessen Umfang nirgends ist.

Hermes Trismegistos zugeschrieben

Die Navajo beziehen sich bei der Benennung der Mandalas weniger auf die physische Struktur dieser »Psychokosmogramme« als auf ihren psychokosmischen Zweck. Ihre (allgemein) kreisförmigen Sandbilder heißen *iikááh*, was soviel bedeutet wie »wo sie [die Schutzgottheiten des Chantway] kommen und gehen«. Wie die tibetische Version des allgemeingültigen Musters enthalten auch die vierteiligen Navajo-Mandalas Bilder der Gottheiten, die als Wahrzeichen der Körpergeist-Energien und -Eigenschaften aus einem Zustand der Schönheit hervorgehen.

Das vierteilige Mandala-Muster ist beim tibetischen Volk ebenso wie bei den Navajo Modell für die Landkarten der heiligen Welt. Aber wie die in den rituellen Mandalas dargestellte Wirklichkeit stellen sie sich auch die gewöhnliche Wirklichkeit als idealen Bereich vor, dies, weil ihre Wirklichkeit gar nie als gewöhnlich oder profan gegolten hat. Diese Völker wurden nie aus dem Garten Eden vertrieben. L. Augustine Waddell, ein Kenner der tibetischen Religion aus dem neunzehnten Jahrhundert, schrieb, das tibetische Volk lebe in einer Welt des Wunderbaren – eine Beobachtung, die ebenso für die Navajo zutrifft. Das Wunderbare ist nichts anderes als das Ideal, das die reale Welt durchdringt, und das läßt sich am besten im Bild des Mandala ausdrücken. Indem wir diese Sichtweise im Auge behalten, können wir uns nun dem Code und den Varianten der wunderbaren Mandalas der Navajo und Tibets zuwenden.

Das Mandala der Navajo

Bei der Suche nach einem Symbol für den Aufbau und das Ziel des Navajo-Bildungsprogramms der Rough Rock Community Schools wurde ein angesehener Sänger mit dem Entwurf betraut. Das Ergebnis – in Form eines Posters – ist ein getreues Abbild der inneren Struktur häufig dargestellter Sandmandalas.

Es erhielt den Titel »Philosophie der Navajo-Lehre: Vom Zentrum des Lebens in die vier Himmelsrichtungen sowie das untere und das obere Leben«. Darin kodiert sind die grundlegenden Elemente des Chantway-Pfades hin zur Schönheit, und das Ergebnis ist ein modellhaftes Mandala, das die gegenseitige Verbundenheit aller Dinge, Gedanken und Energien zum Ausdruck bringt.

Um dieses Modell-Mandala zu verstehen, müssen wir uns die Lehre des Blessing Way in Erinnerung rufen, daß sich Schönheit aus einer harmonischen Beziehung zwischen Himmel und Erde ergibt. Daher muß das Navajo-Mandala nicht nur seitwärts (vom Zentrum in die vier Himmelsrichtungen) gelesen werden, sondern, im Hinblick auf die Einheit zwischen Himmel und Erde, auch senkrecht. Tatsächlich sind die Grundsätze des Zwei-in-Einem eine wesentliche Voraussetzung, um den Code aller Mandalas sowohl der Navajo als auch Tibets zu verstehen.

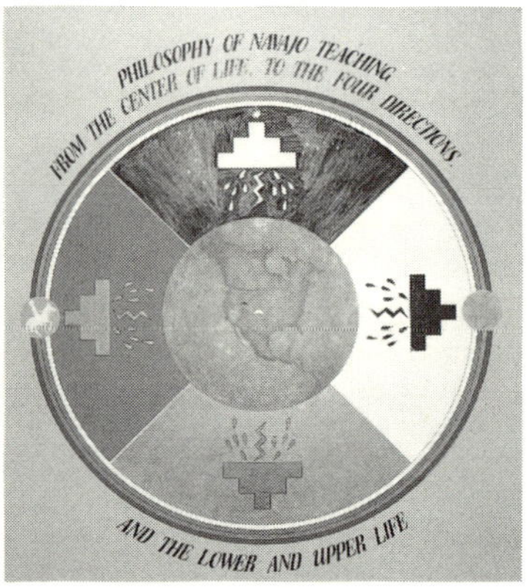

Vom Zentrum des Lebens in die vier Himmelsrichtungen sowie das untere und das obere Leben.

In diesem heiligen Kreis stellt das Zentrum (die Erde, unsere Mutter) das untere Leben dar. Es ist gleichbedeutend mit der Schönheit (Bik'eh Hózhóng), die sich hier manifestiert. In der Mitte dieser Erde sind die Umrisse von Nordamerika dargestellt, und wiederum mittendrin stehen die vier heiligen Berge. Sie bezeichnen und schützen die heilige Welt der Navajo, ihrerseits durch einen konischen männlichen Hoghan mit einem brennenden Feuer in seiner Mitte versinnbildlicht. Dieses Feuer in der Mitte ist die Mitte des Lebens.[5]

Rund um das untere Leben ist wie ein breiter Ring das obere Leben (der Himmel, unser Vater) angeordnet. Es stellt dar, wie die Suche nach Schönheit zum immerwährenden (spirituellen) Leben eines Heiligen Wesens (Sang'ah Nachai) führt.[6] Die beiden »Leben« sind durch Wind und Regen miteinander verbunden. Der Regen entsteht aus verdunstetem Wasser der Erde, das sich zu Wolken materialisiert und von der Energie von Blitzen durchdrungen wird; dann fällt es zur Erde und wird verbraucht, um wiederum zu verdunsten: dies eine nüchternde Beschreibung dessen, was für die Navajo ein heiliger Vorgang ist, der das obere mit dem unteren Leben verbindet.

Ein vierfarbiger Regenbogen umgibt diese beiden Bereiche. Der äußere Ring ist rot, die Farbe des Blutes und der Vitalität, aber auch die Farbe der Gefahr und des Schutzes.[7] Blau, ihre kühlere und ruhigere Gegenspielerin, ist die Farbe des nächstinneren Rings. Rot und Blau reichen aus, um im Denken der Navajo den Schutzcharakter des Regenbogens zu symbolisieren. Die beiden Ringe ganz in-

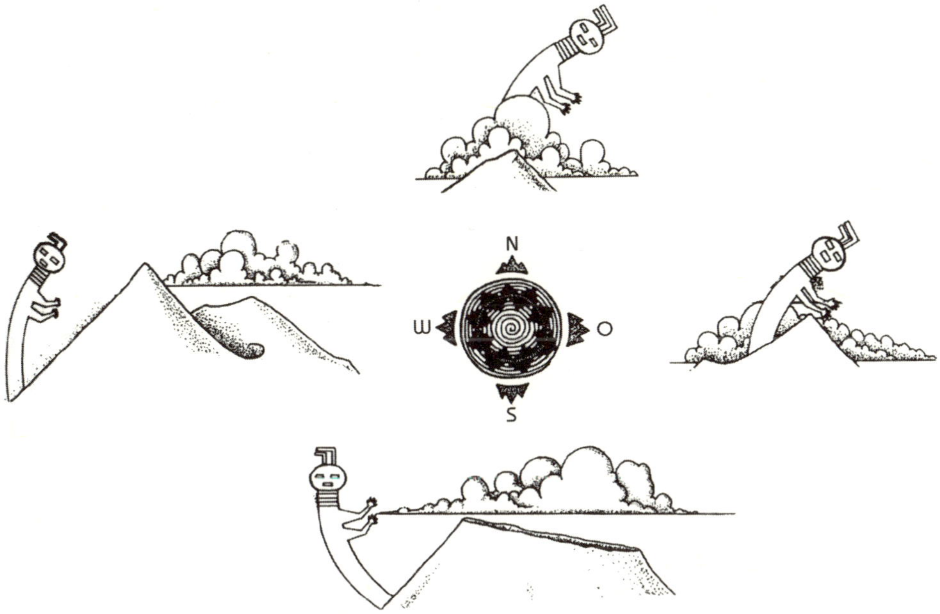

nen sind gelb und weiß, haben also die Farben von Mais und stellen die Einheit des weiblichen (gelben) und männlichen (weißen) Grundsatzes der Lebenskraft dar; der rote/blaue Regenbogen schützt sie. Zusammen betrachtet sind die vier Farben auch ein Symbol für die vier Welt-Wirklichkeiten, die vor der gegenwärtigen vielfarbigen Fünften Welt bestanden haben.
Und schließlich sind, als würden sie auf dem Regenbogen reiten, auch Sonne und Mond abgebildet und darin auf dem Türkis-Pferd und auf dem Weiße-Muschel-Pferd die innewohnenden Gottheiten Sonnenträger und Mondträger. Zusammen bilden sie im Denken der Navajo ein ursprüngliches Paar.
Jeder Viertelkreis wird von einem andersfarbigen Lichtnebel erleuchtet (ebenso wie die vier heiligen Berge auf der Erde), und zwar weiß (Osten), blau (Süden), gelb (Westen) und dunkel beziehungsweise schwarz (Norden). Jedes Viertel ist von einem Lichtwesen durchdrungen. Die Navajo sagen, daß diese Nebel der Erde das Denken und das Atmen ermöglichen, ja es heißt, daß farbige Winde die Lebenskraft und den Geist eines jeden Wesens beherrschen.
Jeder Viertelkreis entspricht einer Tageszeit, einer Jahreszeit und einem Lebensabschnitt, und jeder enthält Gewittersymbole (Wolken, Regen und Blitz). Die Farbe dieser Zeichen entspricht im Süden und Westen der Farbe des entsprechenden Himmelslichts, während die schwarzen und weißen Gewitterwolken in den jeweils entgegengesetzt gefärbten Vierteln zu finden sind. Dafür gibt es drei mögliche Gründe.
Erstens stellt eine schwarze Wolke eine Regenwolke dar, mit deren Wasser zu-

Die Lichterscheinungen an den vier Himmelsrichtungen treten im Laufe der vier Tageszeiten am Horizont auf. Die Navajo stellen sie sich mit innewohnender menschlicher Gestalt vor. Die Wesen der Himmelsrichtungslichter erscheinen hier zusammen mit ihrem jeweiligen heiligen Berg.

sammen die Erde Frucht trägt. Daher gehört diese Wolke am ehesten zum Beginn des natürlichen Zyklus der Dinge. Ebenso passen die weißen (leeren) Wolken des Winters am besten zum nördlichen Viertel des Mandala.

Zweitens könnte die Farbumkehrung damit zusammenhängen, daß die Navajo einen ausgeprägten Sinn für das Beschützen haben. Da der Osten den Beginn des Lebenszyklus darstellt, ist schützende Energie (symbolisiert durch das Schwarz der Gewitterwolke) dort vonnöten. In bestimmten Gebeten des Night Way wird der Schutz des »führenden« Donnerwesens des Ostens, die »dunkle Wolke«, angerufen.

Die dritte Erklärung ist eher metaphysischer Art und nimmt auf einen Sinn für Geschlossenheit Bezug. Kreise müssen geschlossen sein, dürfen keine Lücken aufweisen; Anfang und Ende müssen vereint werden. Auf diese Vorstellungen werden wir an anderer Stelle genauer eingehen (siehe »Den Kreis schließen« in Kapitel 10: »Grundelemente des Mandala«).

In der Symbolik der Navajo stehen Wolken für das Reich der vier Donnerwesen, während sich die Hintergrundfarben der vier Viertelkreise auf die Wind-Führer und die farbigen Windseelen in den Lichtnebeln der vier Himmelsrichtungen beziehen. Wind ist ein Hauptsymbol in den vierteiligen (Mandala-)-Modellen der Navajo-Philosophie. Etliche hochverehrte Navajo erzählten dem Ethnologen Herbert Benally, wie vier Worte (Äußerungen der Windenergie) von Mutter Erde dazu führten, daß die vier farbigen Urwinde in jeden Menschen gelangten. Diesen Kreis der Heiligen Winde kann man sich so vorstellen:

Der Kreis der Heiligen Winde.

Der Weiße Wind des Ostens ist der aktive »führende« Wind, Ursprung der weißen Windseele, welche Morgendämmerung-Frau in eine bereitstehende Form entsendet und somit die koordinierende Geisteskraft (das Bewußtsein), die das Leben erfüllt. Der Blaue Wind des Mittags schenkt Bewegung und befähigt, zielgerichtete Handlungen auszuführen, um Leben zu schaffen und zu bewahren. Der Gelbe Wind der Dämmerung treibt den Vorgang ganzheitlichen Denkens und die Reflexion über vergangene Ereignisse des Tages, Jahres oder Lebens an. Und der Dunkle Wind des Nordens ist der Geistesatem der gefährlichen Nacht, aber auch die starke Kraft, die uns hilft, Hindernisse beim erfolg-

reichen Durchführen von Plänen aus dem Weg zu räumen. Alle vier sind Aspekte des alldurchdringenden, vielfarbigen »Glitzernden« Großen oder Heiligen Windes.
Ein anderes traditionelles Mandala-Paradigma dient dem Diné Educational Philosophy Project des Navajo Community College. Es schreibt den vier Himmelsrichtungen bestimmte Lebensvorgänge zu:

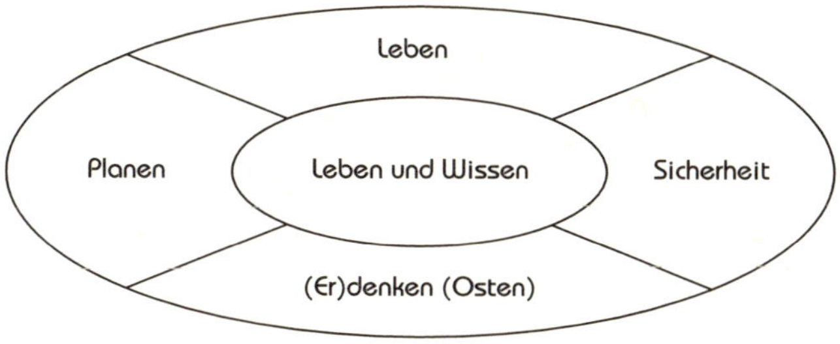

Der Kreis der Lebensabläufe.

Osten ist der Ort, an dem sich das Denken oder das Bewußtsein erhebt. Dinge »dämmern« dem Geist, und er erwacht, um den Organismus durch den Tag oder das Leben zu leiten. Süden ist der Ort, an dem der Geist das Leben plant und mit der vollen Energie der im Zenit stehenden Sonne im Sinne dieser Pläne zu handeln beginnt. Der Westen (Sonnenuntergang) ist der Ort, um die Früchte der eigenen früheren Gedanken, Pläne und Taten zu ernten und um die Familie in der Wärme des Hoghan um sich zu scharen. Es ist die Summe des »Lebens« auf der Erde. Und wenn diese Vorarbeit einmal geleistet ist, dann begegnet man der Ruhe des Schlafs mit einem Gefühl der Sicherheit (hat man doch während der Tagesstunden in Übereinstimmung mit der Schönheit gelebt), das durch einen gesunden Respekt vor den potentiell gefährlichen Mächten der langen, dunklen Nacht im Zaum gehalten wird.
Obwohl diese zwei Navajo-Kreise des Geistes geringfügig andere Methapern verwenden, vermitteln sie dieselbe grundsätzliche Botschaft: Das Leben ist eine zyklische, ganzheitliche Erfahrung, die auf der natürlichen Bewegung des Kosmos beruht. Wir können die beiden Ansätze folgendermaßen zusammenfassen: Im Osten erwacht das Bewußtsein, um Leben auf dem täglichen spirituellen Weg zu initiieren. Im Süden verschmelzen Planung und Handlung, um ein Mittel zum Überleben zu schaffen. Der Westen ist ein Ort, an dem reflektiert wird und die Ergebnisse der eigenen Gedanken und Handlungen gesammelt werden. Und der Norden, wo Auflösung und Gefahr drohen, ist zugleich auch ein Ort der Sicherheit, da er aus der Energie der Dunkelheit Schutz und Erfüllung bezieht.
Der unmittelbarste Ausdruck dieser vier Aspekte der Totalität findet sich im Navajo-Verständnis des Tagesablaufs. Jeder wache Moment ist für die Navajo idealerweise mit Schönheit getränkt, was jeden Tag zu einem heiligen Tag

macht. Der angesehene Blessing-Way-Sänger Frank Mitchell beschrieb den heiligen Tag der Navajo als Kreis von der Morgendämmerung zur Dunkelheit. Seine Worte sind im folgenden, beginnend mit der Aussage über die Morgendämmerung, in konkreter, mandalaähnlicher Form wiedergegeben:

Der heilige Tageszyklus der Navajo

Die Navajo stellen sich Geist und Materie ganz allgemein in Mandala-Form vor. Vom Zyklus des Tages, der Jahreszeiten und des Lebens über die Energien und Elemente der Erde und des Himmels bis zu den Merkmalen des persönlichen Körpergeistes bewegt sich alles in einem vierteiligen Kreis, der auf der Vervielfachung von Folgepaaren beruht.
An dieser Stelle erinnere ich mich an den großen Segensspruch, der Teil der meisten Chantway-Lieder bildet und zum täglichen Gebet aller Navajo gehört. Dabei handelt es sich um ein verbal formuliertes Mandala, das die Navajo-Sicht der Beziehung zwischen dem persönlichen Selbst und dem Kosmos wunderschön zusammenfaßt:

In Schönheit nun vor mir, gehe ich (vor = Osten)
In Schönheit nun hinter mir, gehe ich (hinter = Westen)
In Schönheit nun unter mir, gehe ich (unter = Erde)
In Schönheit nun über mir, gehe ich (über = Himmel)
In Schönheit rund um mich herum, gehe ich (rund herum = Makrokosmos)
In Schönheit nun in mir, gehe ich (in = Mikrokosmos)
Es ist vollendet in Schönheit.[8] (alles entspricht der Schönheit)

Grundlegendes tibetisches Mandala

Das tibetische Mandala

Das universelle Modell für den Kreis des Geistes ist in allen tibetischen Mandalas zentral. Nehmen wir das grundlegende Mandala-Bild (Abb. links), das unsere heutige Welt-Wirklichkeit darstellt, wie sie unter Sonne und Mond schwebt. Rund um die Innenbereiche der meisten tantrischen Mandalas befinden sich bis zu vier Schutzringe. Der äußerste ist eine Art Regenbogen mit Abschnitten in den vier Farben der Himmelsrichtungen (OSWN): Blau, Gelb, Orangerot und Dunkelgrün, jeder mit etwas Weiß auf dem Scheitelpunkt. Dieser Ring heißt Berg des Feuers und wird mit den Feuern verglichen, die am Ende eines jeden Weltzeitalters brennen. Seine Flammen stehen für die fünf Weisheitsenergien, welche die Wahnvorstellungen opfern, aus denen das ursprüngliche Unwissen besteht.

Der nächstinnere Ring der idealen Mandala-Wirklichkeit ist ein Dorje- oder Vajra-Zaun aus Donnerkeilen. Deren diamanthartes Wesen und die Blitzenergie symbolisieren den unzerstörbaren tantrischen Weg zur Erlangung eines wachen Geistes. Vajras werden auch in Exorzismus- und Reinigungsritualen verwendet, um die Kräfte des Bösen und des verwirrten Geistes unter Kontrolle zu bringen. Im Mandala erfüllen sie dieselbe Aufgabe.

Der dritte konzentrische Ring ist freiwillig in dem Sinne, als er nur in Mandalas verwendet wird, welche die Wirklichkeit wilder Gottheiten darstellen. Er steht für die Leichenstätte, wo der Leib aufgeschnitten und den Raubvögeln in einer Form der »Himmelsbestattung« dargebracht wird. Dieser Ring symbolisiert das Wegschneiden von Knochen und Fleisch der Illusion auf dem Weg zum Urgrund im Zentrum des Mandala. In einigen Mandalas steht er außerhalb des Ringes für den Berg des Feuers.

Das doppelte Diamantzepter Dorje Gyaltram dient als Grundlage der tantrischen Mandalas.

Der vierte Ring besteht aus einer Lotosblütenhecke. Dies ist die feine Grenze zum inneren Bereich des göttlichen Palastes, der in die vier Himmelsrichtungen blickt, der erleuchteten Wirklichkeit, die aus dem klaren Licht des Geistes besteht und in der tantrischen Praxis das Ziel der heldenhaften Suche nach der Mitte ist.

Die inneren Bereiche des tantrischen Mandala sind von mächtigen gekreuzten Vajra-Zeptern gestützt, die man sich häufig als irgendwo im Raum über dem zentralen Berg des Kosmos schwebend vorstellt. Der heilige Berg der Weltachse erhebt sich in der Mitte von sieben konzentrischen Ringen aus goldenen Bergen und sieben Seen. Über seinem Gipfel schwebt auf Lotosblütenwolken der Palast der tantrischen Schutzgottheit.

Unsere gegenwärtige Welt-Wirklichkeit gründet auf den südlichen (unteren) »Kontinenten«, die auf einem Urmeer treiben. Im Weltsystem gibt es einen großen und zwei kleinere Kontinente. Alle sind auf eine Himmelsrichtung ausgerichtet. Ihre Formen entsprechen jeweils den ältesten geometrischen Symbolen der Menschheit: Halbkreis (O), Dreieck (S), Kreis (W) und Viereck (N). In rituellen Mandalas wird der Weltberg kaum je dargestellt. Statt dessen steht der Palast der Schutzgottheit im Mittelpunkt (in Abbildung Seite 164 auf dem Gipfel) und darin ihre Emanationen, oft in Vereinigung mit ihren Gefährtinnen oder Gefährten. Sie stehen im Zentrum des Palastes und an den vier Kompaßpunkten, wobei die vier Segmente jeweils mit den stilisierten Eingängen zum Palast übereinstimmen.

Bei einem Tsewang-Sandmandala (Mandala der Lebensermächtigung) sind in den vier Blättern der inneren Lotosblüte Symbole von vier tantrischen Buddha-Familien abgebildet: Vajra (Osten), Edelstein (Süden), Lotos (Westen) und Schwert (Norden). Die fünfte, die Buddha- oder Dharma-Chakra-(Gesetzesrad-) Familie, stellt man sich in der Mitte vor, ohne sie indes darzustellen. Hier steht im Zentrum ein Zepter des Mitgefühls, das aus der Lotosblüte der Weisheit hervorwächst.

In tantrischen Mandalas, welche die Einheit der fünf transzendenten oder »siegreichen« Buddha-Familien darstellen, werden deren Weisheitsenergien durch ihre Gestalten und durch symbolische Wahrzeichen versinnbildlicht. In der Mitte des Mandala kann dann etwa das achtspeichige Rad der spirituellen Lehren stehen oder auch eine weiße Gottheit: Der Alles Sichtbar Machende (Nampa Nangdze/Vairochana), der in das klare, weiße Licht des makellosen Bewußtseins gebadet ist.

Die östliche Buddha-Familie wird durch einen Vajra dargestellt und ist in blaues Licht getaucht. Es ist das Reich des Buddhas Der Unerschütterliche (Mikyöpa/Akshobya), kann aber auch das Diamantene Wesen enthalten.[9] Das südliche Viertel ist vom gelben Licht der Mittagssonne durchflutet und wird durch eine Gruppe flammender Kleinodien symbolisiert. Es ist das Reich des Buddhas Als Juwel Geborener (Rinchen Chungden/Ratnasambhava). Das westliche Viertel, dargestellt durch eine Lotosblume in voller Blüte, ist orangerot wie die untergehende Sonne. Es ist das Reich des Buddhas Unermeßliches Licht (Öpame/Amitabha). Der Norden stellt (in der Farbe des mitternächtlichen Himmels) das dunkelgrüne Reich des Buddhas Unerschütterliche Kraft (Dönyö Drupa/Amoghasiddhi) dar, dessen Symbol ein flammendes Schwert ist. Dieses wird manchmal durch einen Doppel-Vajra ersetzt, der für die Stabilität der Vollendung und der Bewegung des Kosmos steht.

Diese (über das samsarische Leiden) »siegreichen« Buddhas und ihre Gefährtinnen, die Ätherwanderinnen, verkörpern die fünf transzendenten Weisheiten und lebenswichtigen Kräfte.[10] Sie bestehen aus demselben Stoff wie die fünf »Aggregate«, die das gesamte Wesen einer Person ausmachen: Gestalt (Körper), Gefühle (Emotionen), kritisches Urteilsvermögen (Gedanken und Wahrnehmungen), Wille (Konzepte und Handlungen) sowie Wissen (Bewußtsein), das sie alle koordiniert.[11]

Die durch Weisheiten erleuchtete psychophysische Gesamtheit des Menschen und die damit verbundenen Buddha-Familien werden im folgenden Mandala-Modell zusammengefaßt:

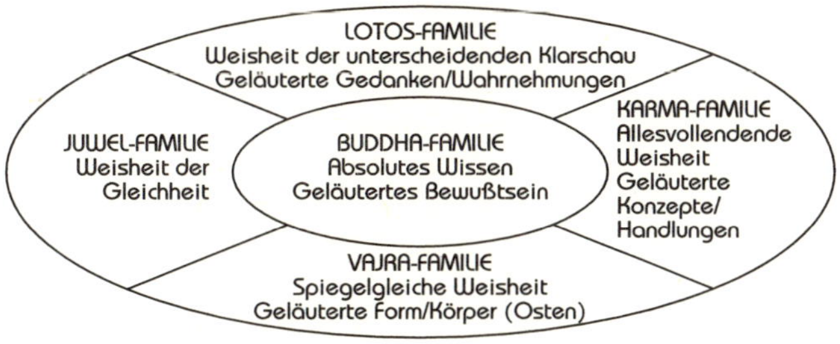

Mandala-Diagramm der tantrischen Buddha-Familien

Die spiegelgleiche Weisheit des Ostens ist die Fähigkeit, in der Erscheinungswirklichkeit den persönlichen Platz so zu sehen, wie er tatsächlich ist, nämlich als Spiegelbild. Dies bedeutet, daß in der gewöhnlichen Welt alles so erscheint, als lebte man lediglich von und durch sich selbst (ausschließlich als »Selbstexistenz« also), wo dagegen im absoluten Wesen der Dinge der persönliche Körpergeist in dauernder Veränderung und in Tat und Wahrheit »leer« ist von definierbaren Formen und aller Selbstexistenz. Da das klare, reflektierte Licht des Spiegels dem Licht eines Blitzstrahls (Vajra) und dem weißen Licht der Morgendämmerung entspricht, paßt der Vajra gut als Wahrzeichen für die Weisheitsenergie des Ostens.

Die ausgleichende Weisheit des Südens besteht in Wissen, daß man selbst vollumfänglich mit allen anderen Wesen verbunden ist und mit ihnen den Funken des Bewußtseins und den Wind der Lebenskraft teilt. Die Lamas umschreiben dies mit den Worten: »Im Laufe unzähliger früherer Lebenszeiten sind wir alle die Mütter aller anderen gewesen.« Ebenso wie man die eigene Mutter ehren soll, muß ein Mensch die inneren Qualitäten eines jeden Menschen erkennen lernen und fähig werden, die eigenen Gefühle durch Altruismus gegenüber andern »auszugleichen«. Wenn man die eigenen von Herzen kommenden Gefühle und die psychophysische Weisheit auf diese Weise vergrößert, ist dies, als breite die Mittagssonne ihre warmen Strahlen über eine Blumenwiese aus. Für die »steigernden« oder spendenden Kräfte der ausgleichenden Weisheit stehen sechs flammende, Wünsche erfüllende Kleinodien, die aus einer Lotosblüte wachsen. Deshalb ist der Edelstein das Zeichen für die Weisheitsenergie im südlichen Viertel der fünf Buddhas.

Die Weisheit der unterscheidenden Klarschau im Westen bezieht sich auf das erleuchtete Wissen, das erlangt, wer die eigene mentale Energie dazu benutzt, über das wahre Wesen der Wirklichkeit zu meditieren, sich also die eigenen Gedanken und Wahrnehmungen zunutze macht, um den Geist in einen Zustand des Gleichgewichts und der Ruhe gleich jener bei Sonnenuntergang zu versetzen. Hier fließen die Windenergien so rein, daß das Bewußtsein voll empfänglich ist für Betrachtungen über die eigene Gestalt und die persönlichen Gefühle. Da das reine, helleuchtende Licht des Geistes aus einem dunklen Sumpf unreiner Gedanken, Gefühle und Taten emporsteigt, wird die Weisheitsenergie dieser Buddha-Familie durch einen Lotos versinnbildlicht. Die wunderschöne Lotosblüte wächst aus dem Schlamm am Boden eines trüben Brunnens, ebenso wie der Geist der Erleuchtung aus den Niederungen des gewöhnlichen Geistes emporsteigt.

Die alles vollendende Weisheit des Nordens wird erlangt, wenn man das wilde Pferd des Körpergeistes zügeln kann, um Konzepte und Handlungen hervorzubringen, die zwar kraftvoll, aber ohne negative Folgen sind. Das universelle Gesetz von Ursache und Wirkung (Tibetisch *ley*, Sanskrit *karma*) lehrt, daß es angesichts unserer Existenz im Leidenszustand zwingend notwendig ist, unseren Körpergeist aktiv von negativen Ideen und Handlungen zu reinigen, jedoch ohne dadurch aufzuhören, »in der Welt zu leben«. Erreichen wir diese Weisheit, können wir alle Hindernisse überwinden, die uns bei der Erfüllung unserer Aufgaben im Weg stehen, und dies ohne negative Folgen. Da der Norden für das tibetische Volk (ebenso wie für die Navajo) ein Ort der ehrfurchtgebietenden Macht, der Gefahr und zugleich des Schutzes ist, bietet seine Dunkelheit den passenden Rahmen für die Bildung dieser erleuchteten Weisheit in Vollendung. Das Schwert ist Wahrzeichen für diese bezwingende, alles vollendende Weisheitsenergie.

In der Mitte steht die Gesamtsumme dieser vier Weisheiten: die absolute Weisheit. Sie wird mit dem koordinierenden Wissen in Verbindung gebracht, mit dessen makellosem und helleuchtendem Bewußtsein. Die Energie des Bewußtseins zu reinigen und das Wissen im höchsten Wesen der Wirklichkeit zu unterweisen (dem Nichts der Leere) erfordert die Mitwirkung der anderen Weisheiten und der mit ihnen verbundenen Energien.

Die absolute Weisheit steht im Mittelpunkt des Mandala-Rades als Stillstand, in dem man sich ganz im Gleichgewicht befindet, aber nicht in einem starren, sondern in einem dynamischen Gleichgewicht, wie ein sich drehendes Gyroskop. Das Symbol der absoluten Weisheit ist das achtspeichige Rad der buddhistischen Lehren. Buddha Sakyamuni hat »das Rad des Buddhismus in Bewegung versetzt«, als er erstmals im Wildpark von Sarnath seine Lehre verkündete, und entsprechend ist das Rad Wahrzeichen der zentralen, umfassendsten aller Weisheitsenergien, nämlich jener der im Zentrum des Mandala stehenden Buddha-Familie.

Das tibetische Mandala ist somit ebenso eine spirituelle schematische Darstellung vom Reich der tantrischen Gottheiten wie ein Modell für die ein organisches Ganzes bildende und »erleuchtete« Persönlichkeit (Körpergeist). Es zeigt, daß alle Aspekte des Geistes und der Gestalt systematisch mit der Bewegung der äußeren und der inneren Wirklichkeit verbunden sind. Dadurch wird die Meditation mit einem tantrischen Mandala zu einem wirkungsvollen Mittel, um das Individuelle mit dem unvergänglichen Wesen der Dinge zu verbinden. Es ist deshalb nicht verwunderlich, daß sich die tibetische Mandalas und jene der Navajo auf geradezu unheimliche Weise gleichen.

Kapitel 10

GRUNDELEMENTE DES MANDALA

In Tibet und bei den Navajo sehen sich die Menschen in der Mitte eines beweglichen und sich verändernden vierteiligen Musters von Energien, Eigenschaften und Ideen, aus denen ihre Erscheinungswelt besteht. Ihre spirituellen Lehren liefern in der Form von Mandalas Modellmuster, durch die sie Zugang zu den idealen Eigenschaften ihrer Gottheiten und ihrer selbst finden können.

Ihre Schutzgottheiten Yei und Yidam werden im allgemeinen in ihren eigenen Mandala-Welten dargestellt. Da die Gottheiten praktische Verkörperungen der Naturkräfte sind, die außerhalb und innerhalb unseres Körpergeistes wirksam sind, drücken sie zusammen mit ihren Mandalas das höchste Muster aller Dinge aus: Schönheit und Leere. Beide Traditionen kennen eine Vielzahl solcher Mandalas, und diese sind mit Gottheiten, Farben und Objekten kodiert, die bestimmten Merkmalen des Körpergeistes und des Kosmos entsprechen, wie sie für verschiedene Zeiten und verschiedene Individuen typisch sind. In der Folge gehen wir auf einige wichtige Beispiele aus beiden Traditionen ein.

Variationen im Mandala-Code: Beispiele der Navajo

Unser erstes Beispiel für ein rituelles Sandmandala stammt aus dem Shooting-Way-Ritual. Die legendäre spirituelle Reise, um die es im Shooting Way geht, dreht sich um Episoden im Leben der Krieger-Zwillinge, ihrer Mutter Sich Ändernde Frau und ihres Vaters Sonnenträger.

Die Donnerwesen und Energieführer der vier Himmelsrichtungen hatten die Krieger-Zwillinge während der Suche nach ihrem Vater Sonnenträger zum vollen Kriegertum ermächtigt.[1] Später wurden sie einer besonderen Metamorphose unterzogen, indem der Monster-Töter und das Für das Wasser Geborenes Kind in vier Krieger emanierten. Das neue Mitglied beider Paare stellte eine jeweils mildere Abwandlung des Originals dar. Die Erklärung dafür lautet, daß das zweite Paar aus der Nachgeburt der ersten Zwillinge entstanden sei. Aber in erster Linie handelt es sich um spirituelle Klone. Sie sind sehr reale Phantasiegebilde der machtvollen kollektiven Vorstellungskraft der Navajo, die wissen, daß letztlich jede Wirklichkeit aus dem Geist kommt. In einem Kommentar zu dieser Vier-in-Einem-Identität der Krieger-Zwillinge meinte die herausragende Kennerin der Navajo-Religion Gladys Reichard: »Begreift man die Vorstellung der Navajo, daß nichts in und für sich selbst oder absolut zu einer bestimmten Zeit oder an einem bestimmten Ort existiert, sind auch die Legenden, auf denen die zeremoniellen Vorgänge günden, recht gut verständlich.«[2] Mit diesen Worten drückte sie, ohne sich dessen bewußt zu sein, zugleich auch die tibetische Sicht der entleerten Wirklichkeit und des Vorgangs aus, wie aus dieser Leere verschiedene ideale Wesen mit idealen Eigenschaften und Mächten des Körpergeists emanieren.

Die vierteiligen Krieger-Zwillinge nehmen in den Erzählungen der männlichen Linie (Version) der Shooting-Way-Legende eine wichtige Rolle ein. Sie kehren zum Heim ihrer Mutter Sich Ändernde Frau im Zentrum der Welt zurück. Dort, am Berg Um den Gekreist Worden Ist und wo sie geboren wurden, versucht jeder auf seine Weise, Sich Ändernde Frau davon zu überzeugen, ihr angestammtes Heim zu verlassen und zu Sonnenträger in ihre neue Inselheimat im Westen

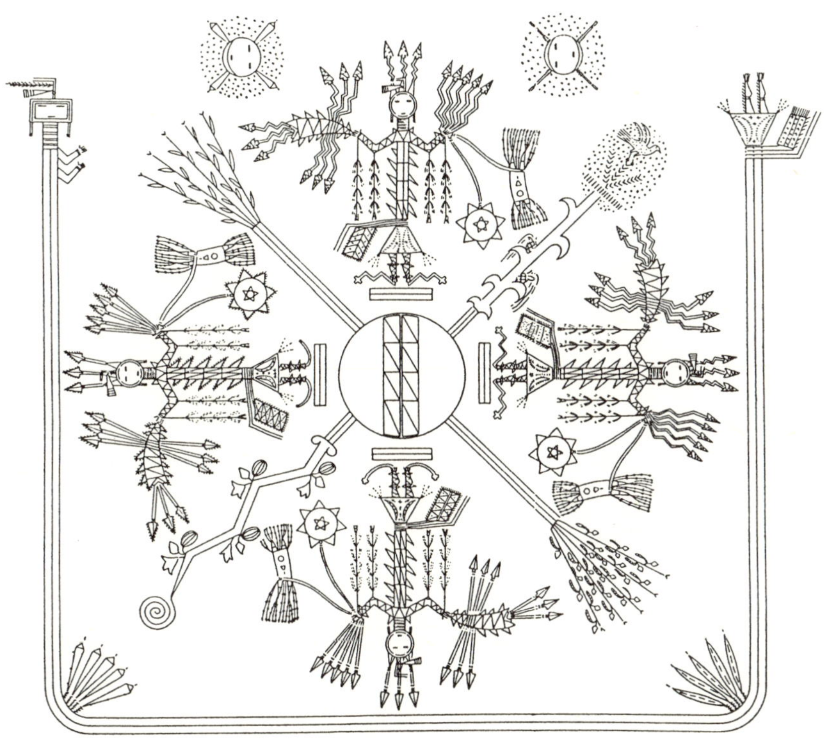

Sandbilddiagramm »Haus der Vielen Punkte« aus dem männlichen Shooting Way. Die Krieger-Zwillinge sind hier in vier Wesen emaniert, welche die heilige Bergheimat ihrer Mutter, der Göttin Sich Ändernde Frau, umgeben.

zu ziehen. Beim Versuch, sie zu überzeugen, müssen die Zwillinge auch ihre ungeheuren Kräfte einsetzen, denn Sich Ändernde Frau hängt sehr am Zentrum der heiligen Navajo-Welt.

Das Shooting-Way-Sandbild mit der Bezeichnung »Haus der Vielen Punkte« veranschaulicht diese Ereignisse.[3] Die »älteren« Zwillinge Monster-Töter und Für das Wasser Geborenes Kind schwingen gewaltige Zickzackblitze, ihre milderen Komponenten sind dagegen mit geraden Blitzen ausgestattet. Aus dem Hoghan von Sich Ändernde Frau wachsen die vier Anbaupflanzen Mais, Bohnen, Kürbis und Tabak, und die ganze Ordnung steht unter dem Schutz der Regenbogen-Göttin, der Sonne und des Mondes.

Mehr noch als legendäre Gottheiten stellen die vier Zwillinge vier verschiedene Arten der siegreichen Energie und Tat dar. Monster-Töter ist die oft wütende, »heißblütige«, schützende und kriegerische Energie. Er ist die impulsive, unaufhaltsame Kraft, die durch die Sorge um das Wohlergehen seiner Mutter angetrieben wird. Als Führer und Wahrzeichen ihrer gemeinsamen Macht steht Monster-Töter im östlichen Viertel des Mandala. Im Westen steht seine mildere Plazenta-Emanation Der Im Berg Aufgewachsene. Auch er ist ein grimmiges und schützendes Wesen. Allerdings gebraucht er Worte statt Taten und kann sich reichlich aggressiv und respektlos verhalten. Zusammen bilden die beiden in der Wirklichkeit des Sandmandala die aktive Ost-West-Achse.

Für das Wasser Geborenes Kind verkörpert die wichtigste Komplementärenergie zu Monster-Töter. Ist sein aktiverer Bruder fort, um gegen Hindernisse anzukämpfen, überwacht es psychisch sein Wohlergehen, wobei es dafür seine sprechenden Gebetsstäbe als Instrumente der Weissagung benutzt. Es ist die Essenz der Vorsicht des Kriegers, der Energieerhaltung und der durchdachten Vorbereitung auf den Kampf. Seine Emanation heißt Sich Änderndes Großkind. Es ist bekannt für seine Fähigkeit, zornige Gottheiten zu beschwichtigen, und es gebraucht diese Fähigkeit gar dazu, Monster-Töters furchterregende Wut zu besänftigen. Im allgemeinen steht es für Friedfertigkeit und Konzentration, Eigenschaften, die der Krieger braucht, um seine Ziele zu erreichen und mit einem ausgeglichenen Geist aus dem Kampf zurückzukehren. Diese beiden nährenden Aspekte des Kriegertums bilden zusammen die Süd-Nord-Achse.

Als Teil einer Vier-in-Einem-Einheit verkörpert jeder der vier einen Aspekt eines ganzheitlichen spirituellen Kriegers, der alle vier Eigenschaften in sich aufnehmen muß, um Feinde, die von außen und innen drohen, zu bezwingen. Diese Eigenschaften sind entschlossenes Vertreiben oder Zerstören von Hindernissen (Osten), schützendes Nähren (Süden), starke Überzeugungskraft durch Worte (Westen) und die Fähigkeit, Frieden zu schließen (Norden).

Die Positionen der vier Krieger-Zwillinge im Sandbild geben den vier Kräften gemäß dem Lauf der Sonne um das heilige Zentrum Ausdruck. Da es sich dabei um ein Mandala des Kriegertums handelt, beginnt es mit der mächtigsten Emanation der Zwillinge im Osten und kehrt zu ihrer friedvollsten Form, dem nördlichen, rosafarbenen Krieger-Zwilling, zurück (Rosa wird anstelle von Weiß verwendet, wenn es um Machtsituationen geht).

In der Kriegerzeremonie der Navajo gibt es ein Sandbild, in dem die Zeit beschrieben wird, nachdem die Krieger-Zwillinge große Hindernisse auf ihrer Reise zum östlichen Heim ihres Vaters überwunden hatten. In einer Version des Sängers Jeff King sind die vier Berge farbig dargestellt, aber nicht in der üblichen Reihenfolge Weiß (O), Blau (S), Gelb (W), Schwarz (N), sondern Blau und Gelb sind vertauscht. In einem Kommentar zu diesem Ritual erklärt Joseph Campbell, dadurch werde der Code »Normalstärke« (die Navajo nennen dies die segnende Seite des Liedes) auf »höhere Stärke« umgestellt.[4] Gleichermaßen sind die vier Krieger-Zwillinge zu dem Zeitpunkt, da sie in der Legende ihre Schutzfunktion auf der höchsten Intensitätsebene ausüben, im Mandala-Code der »heroischen Stärke« dargestellt: Schwarz (O), Blau (S), Gelb (W) und Weiß oder Rosa (N). Eine Variation des Codes der heroischen Stärke ist Schwarz, Gelb, Blau und Weiß oder Rosa, was bedeutet, daß nicht nur die Farben von Osten und Norden, sondern auch diejenigen von Süden und Westen vertauscht werden.

Etwas gewagt könnte man die Farbabfolge dieser Variation der »heroischen Stärke« in Begriffen der Zwillingseigenschaften der Macht interpretieren. Das Sandmandala Haus der Vielen Punkte dient hier wiederum als Modell.

Das östliche Viertel, das den koordinierenden Wind des Geistes und des Denkens darstellt, wird vom schwarzen Monster-Töter bewohnt, wodurch die Führungsposition des Mandala eine wilde Kraft erhält. Wildes Denken ist nötig, um die Aufgabe zu lösen, die im Sandmandala aufgezeichnet wird. Während Monster-Töter die siegreiche Kriegerenergie darstellt, die schützend wirkt und Sich Ändernde Frau dazu bewegt, in ihre neue Heimat im Westen zu ziehen, wirkt seine mildere Emanation, der blaue Der Im Berg Aufgewachsene, als unterstützender Aspekt dieser Kriegerkraft. Im Mandala ist diese Figur daher im westlichen Viertel des Lebens und des introspektiven Denkens angesiedelt. Seine Farbe, Blau, entspricht in der spirituellen Ästhetik der Navajo der Neben- und Komplementärfarbe von Schwarz. Der südliche Krieger, Für das Wasser Geborenes Kind, ist gelb und wohnt im Reich des Überlebens durch Handeln und Planen. Dem entsprechen seine mächtigen ernährenden und bereichernden Eigenschaften. Das nördliche Viertel, üblicherweise das Reich der dunklen, gefährlichen Kraft, wird durch das rosafarbene Sich Ändernde Großkind besänftigt, was darauf hindeutet, daß die gemeinsamen Handlungen der vier Krieger in Zukunft positive Ergebnisse zeitigen werden.

Im Navajo-Mandala scheint es eine Art »Drehscheibensystem« für Ideen und Energien zu geben, wobei ein dialektisches Muster von »Folgepaaren« verwendet wird. Im Mandala-Haus der Vielen Punkte (siehe Abbildung Seite 171) bleibt die farbliche Anordnung der beiden Achsen, welche die vier Viertel bestimmen, erhalten und wird lediglich um neunzig Grad gedreht. So wird aus der weißgelben Achse von Osten und Westen jene von Norden und Süden, die schwarzblaue von Norden und Süden dagegen zu der von Osten und Westen. Eine Erklärung dafür lautet: »Die Stellung der Heiligen Wesen in den Himmelsrichtungen läßt sich je nach Bedarf verändern.« Dazu zwei Beispiele. Eines ist das Diagramm eines Sandmandala aus der Blessing-Way-Linie zur »Einsetzung« eines neuen Sängers:

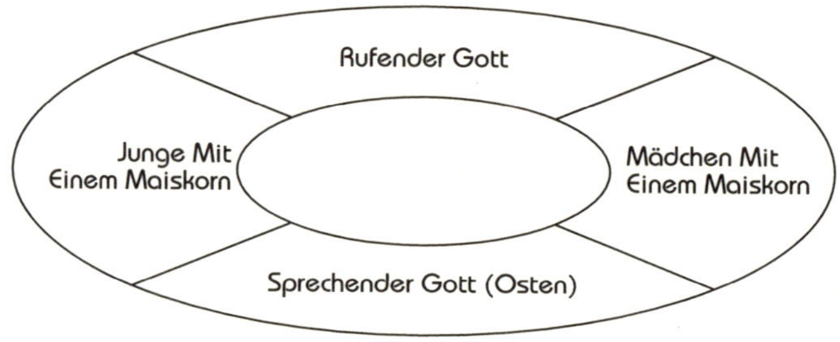

Kreis zur Einsetzung eines neuen Sängers.

Darin befinden sich Sprechender Gott und Rufender Gott an ihrem herkömmlichen Platz, weil sie dem neuen Sänger aktiv als Schutzgottheiten dienen. Die Schutzgottheiten im Süden und Norden sind der Junge Mit Einem Türkis, als Stellvertreter von Sonnenträger, seinerseits die Kraft der Mittagssonne, sowie das Mädchen Mit Einem Maiskorn; sie steht für das nächtliche Reich und wird von den Navajo als Metapher für Mondträger verstanden. Nach dem Blessing-Way-Schema befinden auch sie sich an ihrer üblichen Position. Joseph Campbell hätte dies als gewöhnliches Machtsystem bezeichnet.
Ebenfalls im Blessing Way wird im Zusammenhang mit dem Pflanzen von Getreide das zweite Sandbild aufgezeichnet. Darin erhalten die Heiligen Wesen die folgenden Positionen:

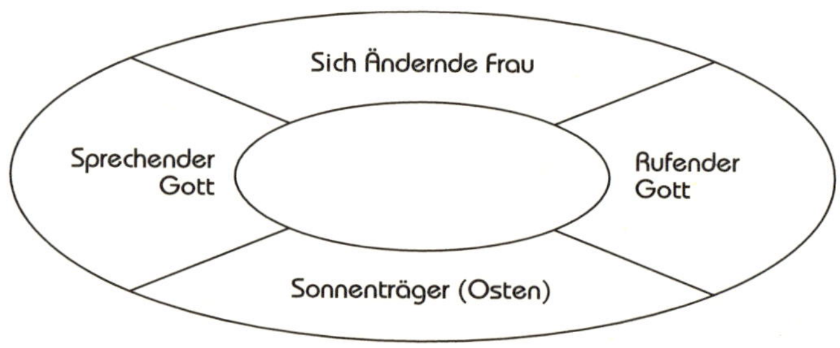

Kreis der Blessing-Way-Pflanzzeremonie.

Das östliche Viertel, wo das Denken und die Bewegung beginnen, wird mit Sonnenträger besetzt. Als seine Ergänzung und nötiger Ausgleich steht im westlichen Viertel Sich Ändernde Frau. Beide sind in den Blessing-Way-Lehren sehr wichtig. Sie symbolisieren die Kräfte der Erde und des Himmels, des Weiblichen und des Männlichen bei der Erschaffung von Leben. Sprechender Gott und Rufender Gott nehmen aus diesem Grund die »Neben«-Positionen von

Mittag und Nacht ein (Süd-Nord-Achse). Aus der Sicht der Navajo-Dialektik halten Sonnenträger und Sprechender Gott die vorausgehende Position auf ihrer jeweiligen Achse, während Sich Ändernde Frau und Rufender Gott ihnen haltgebend folgen. Die Stellung der Paare hat sich verändert, um die lebenschöpfende Funktion des Rituals wiederzugeben.

Das Windpferd (oben) gab den farbenfrohen Fahnen seinen Namen, die den tibetischen Schutzgottheiten dargebracht werden. Die Gebets- oder eben Windpferd-Fahnen dienen auch als Banner für den inneren spirituellen Krieger. Der Tiger (unten) verkörpert die Duldsamkeit, aber auch die Macht des spirituellen Kriegers.

Variationen im Mandala-Code: Beispiele aus Tibet

Zwei tibetische spirituelle Ordnungen verwenden das vierteilige Mandala-Muster, um Eigenschaften und Vorgänge der psychophysischen Umwandlung zu Ausdruck zu bringen. Der erste tibetische Ausdruck des vierteiligen Schemas spiritueller Kraft findet sich in der weitverbreiteten Gebetsfahne, dem sogenannten Windpferd. In den aufgedruckten Versen wird um Gesundheit und Glück für die Person gebeten, die das Aufziehen der Fahne bezahlt hat. Rund um die gedruckten Gebete mit dem Bild eines Windpferdes in der Mitte finden sich die vier Machttiere Waldtiger, Schneelöwe, mythischer Adler und Gewitterdrache. Sie stellen die vier Eigenschaften dar, die das spirituelle Kriegertum pflegen muß. Eine Interpretation, gemäß dem achten Khamtrul Rinpoche von Tashi Jong, bezeichnet diese Tiere als Attribute König Gesars von Ling. Der Tiger ist sein Geist, der Schneelöwe seine physische Kraft, der große Adler seine Weisheit und der Drache seine Stimme und sein hohes Ansehen.

Chögyam Trungpa Rinpoche verweist in seinen Lehren über das spirituelle Kriegertum auf den tieferen Sinn der Beziehung zwischen den Tieren auf der Gebetsfahne und dem Körpergeist. Er erklärt, daß die erworbenen Tugenden und Vorzüge eines Menschen in dessen Gesamterscheinung zum Ausdruck kommen und diese »authentische Präsenz« eines Kriegers von vier Eigenschaften des Körpergeistes abhängen. Diese nennt er die Vier Würden; sie werden durch die vier Machttiere in den Ecken der Gebetsfahnen dargestellt, und man heißt sie *ta-seng-kyung-druk* (Tiger-Löwe-Adler-Drache).[5]

Der Tiger *(ta)* verkörpert die Würde des Kriegers, die sich aus seiner Sanftmut ergibt. Obwohl er grimmig sein kann, bahnt er sich seinen Weg mit gelassenem Selbstvertrauen behutsam durch den Dschungel. Diese Behutsamkeit im Auftreten ist eine Form der Bescheidenheit und des unselbstsüchtigen Ausstrahlens des eigenen inneren Lichts. Wie der Tiger besitzt auch das »sanfte Kriegertum«, wie Trungpa es nennt, eine unbegrenzte potentielle Energie und kennt den Kosmos in seiner ganzen Weite. Trungpa hält fest, ein solcher Krieger sei weder aufgeblasen noch arrogant, sondern bescheiden, freundlich und selbstbeherrscht im Umgang mit anderen.[6]

Der Schneelöwe (oben) verkörpert die Keckheit und Energie des spirituellen Kriegers. Der große Adler (Mitte) ist ein Sinnbild für seine furchtlose Kraft, und der Gewitterdrache (unten) steht für seine unergründliche Herrschaft.

Der Schneelöwe *(sengye)* steht Tibet von allen vier Machttieren am nächsten, ist er doch das Wappentier der Nation. Ein Schneelöwenpaar, welches das flammende dreifache Juwel des Buddhismus hochhält, ziert die tibetische Flagge. Schneelöwem gelten zudem als Geist der Gletscher, die sie angeblich bewohnen. Die buschige Mähne, der Schwanz und die Haarbüschel an den Tatzen sind türkisfarben, der Rest des Körpers dagegen schneeweiß. Schneelöwen gelten als so stark, daß es heißt, sie könnten mit Leichtigkeit von einem Gipfel zum nächsten springen und besäßen soviel Energie, daß sie sich dort umdrehen und zum Ausgangspunkt zurückspringen könnten, ohne die Gipfel überhaupt je physisch berührt zu haben! Die Energie, die der Schneelöwe dem spirituellen Krieger bringt, ist jene der »Keckheit«. Der fröhliche, jugendliche und energiegeladene Geist ist keck. Keck sein bedeutet zudem, die eigenen Pläne vertrauensvoll voranzutreiben. Keckheit ist der Zustand, in dem der Krieger nicht von Zweifeln übermannt wird und seine Aufgaben lustvoll, fröhlich, ja eben keck erledigt.

Der große Adler *(cha kyung)* ist das Ursymbol Innerasiens für die Weite und die Macht des Himmels. Im Westen ist er vor allem in seiner südasiatischen Form, als Garuda, bekannt geworden. Trungpa Rinpoche sagt, der große Adler sei in voller Größe aus dem Ei geschlüpft und dann sofort in den äußeren Raum emporgestiegen, »ohne Hoffnung und ohne Angst«. Solcherart sei die Energie des Königs der Vögel, und auf das spirituelle Kriegertum übertragen, stelle er die Würde »Unglaublichkeit« dar, die zugleich an das Wunderbare grenze. In diesem Sinn ist der große Adler das unglaubliche Symbol für den Geist und die Energie, die die Grenzen unserer gewöhnlichen Wirklichkeit bei weitem übersteigen. Der Krieger der Unglaublichkeit verkörpert Furchtlosigkeit und Stärke. Er ist laut Trungpa Rinpoche weder von Hoffnung noch von Angst gefangen; daher verfügt er über Weitsicht und kennt keine Angst, Fehler zu begehen.

Schließlich materialisiert sich aus dem brodelnden Gewirbel der geballten Gewitterwolken der Drache *(druk)*. Sein Körper sind die Wolken, der Donner seine Stimme und der Blitz seine zuckende Zunge. Er ist die höchste Verkörperung der Mächte der himmlischen Wasser, zugleich aber auch ausgesprochen irdisch. Im Winter schläft er in der Erde, dann steigt er himmelwärts und bläst während der Sommerzeit Regenstürme aus den Wolken. Zwar ist er furchterregend mächtig, aber auch wohltätig, in seinen doppeldeutigen Eigenschaften jedoch vor allen Dingen unergründlich. Der Drache ist das Sinnbild für die Würde »Unergründlichkeit«. Er ist unergründlich in seiner steten und unausgesprochenen Fähigkeit, sich jeder Lage gewachsen zu zeigen und vertrauensvoll das zu tun, was getan werden muß, um eine dynamische Weltordnung zu schaffen. Trungpa Rinpoche nennt diese Eigenschaft des spirituellen Kriegers »die Erfahrung der Erfüllung und der ungekünstelten, spontanen Errungenschaft« und fährt fort, dessen Geist selbst werde so unergründlich wie der Raum, deshalb erreiche er die völlige Herrschaft über die Welt der Erscheinungen.

Nun, da wir all dies wissen, können wir die Gebetsfahne mit neuen Augen betrachten. Abbildung Seite 178 zeigt eine solche aus dem Jahr des Waldschweins. Die begleitenden Verse preisen die Qualitäten der Vier-Würden-Tiere. Die in den vier Machttieren der Gebetsfahne verkörperten Eigenschaften sind Aspekte eines zentralen spirituellen Tieres, des Windpferdes. Das Windpferd stellt in Tibet gemeinhin den Zustand des persönlichen Glücks *(lungta)* dar, und das tibetische Wort für Windpferd hat denn auch die Bedeutung Glück angenommen. Dieser Zustand, das heißt ob das eigene Windpferd hoch oder niedrig steht, hängt in Wahrheit davon ab, in welchem Ausmaß man authentische Präsenz und Verdienste des spirituellen Kriegertums erreicht hat. Wie ein irdisches Pferd einen herkömmlichen Krieger in die Schlacht trägt, trägt das Windpferd den spirituellen Krieger mit authentischer Präsenz über die vielen Hindernisse auf der Reise zur heiligen Welt. Und die Machttiere der Windpferd-Gebetsfahne verkörpern die Eigenschaften der allgemeingültigen tibetischen Symbolgestalt für das spirituelle Kriegertum, König Gesar von Ling. Entsprechend wird ihm ein fliegendes Zauberpferd zugeschrieben.

Die vier Würden des tibetischen Urkriegers entsprechen ziemlich genau denen, welche die beiden Paare der Krieger-Zwillinge bei den Navajo verkörpern. Diese wiederum lassen sich gut mit den tantrischen Weisheitsenergien der Vier Yogas vergleichen, nämlich Frieden stiften, bereichern, unterwerfen und zerstören. Trotz stilistischer Unterschiede geben beide Ordnungen ein Grundmuster für die Mandala-Eigenschaften Denken, Sichäußern und Handeln wieder, die auf der heldenhaften spirituellen Reise durch das Leben wohlüberlegt genutzt werden müssen.

Wie in den Mandalas der Navajo verändern oder verschieben sich die Bedeutung und die Farbsymbolik auch in tibetischen Mandalas in der Art einer Wählscheibe beim Telefon. Die verschiedenen Farbpositionen im Mandala-Kreis, die alles andere als zufällig sind, bezeichnen verschiedene Eigenschaften des Geistes, der Energie und der Handlung, die zu einer Gottheit und einer Linie des spirituellen Wissens und der Praxis gehören. Betrachten wir das besonders komplexe tantrische Mandala der Schutzgottheit Rad der Zeit (Tunkyi Khorlo/Kalachakra). Dessen Code ist mit einem Schema der »heroischen Stärke« in den Sandmandalas der Navajo (Schwarz, Gelb, Blau, Rosa) identisch.

Die Farben der vier Viertel im Kreis des Kalachakra-Palastes in der Mitte des Mandala entsprechen jenen der vier Gesichter der innewohnenden männlichen Gottheiten; es sind dies Blauschwarz (Osten), Rot (Süden), Gelb (Westen) und Weiß (Norden). Der Aspekt der Gestalt und des Bewußtseins im östlichen Viertel verkörpert Hindernisse und selbstzerstörerische Energie. Dies wird durch die blauschwarze Hautfarbe und das grimmige östliche Gesicht der Gottheit dargestellt. Solche Dunkelheit und Macht finden sich sonst im nördlichen Viertel der »normal starken« tibetischen Mandalas. Aber das Schema des Mandala Rad der Zeit ist eines der »heroischen Stärke«.[7] Daher wechselt

Beschwörung (oben): Om Ah Hung He He, Tiger-Löwe-Adler-Drache. Sarva Du Du Ho! Mögen sie das Glück desjenigen vergrößern, der im Jahr des Waldschweins geboren ist, und all seine Schwächen beheben. *Swa Sita Drum (Mantra).*

Tiger: Ebenso wie für den farbigen Tiger mit seinem Mut, seinem Können und seinem wilden Wesen, so soll es auch für den im Jahr des Waldschweins Geborenen eine Steigerung seiner Kraft, seiner Macht und seines Mutes geben. Und möge das Glück von Kunga Lhundrup Phopa Tayey unverhofften Reichtum bringen. *Maha Chagi Sarva Shri Mana Punitam Guru Ho!*

Schneelöwe: Furchtlos und mächtig wie der Schneelöwe und die Pracht des Jahres um vieles erhöhend, mögen das eigene Glück und die Macht in allen Richtungen siegreich sein und die Kräfte der anderen überwinden. Mögen Glück und Einfluß des im Jahre des Waldschweins Geborenen ins Unendliche steigen. *Maha Sengha Sarva Shri Mama Punitam Kuru Ho!*

Großer Adler: Wie der König der Vögel Macht über alle hat, möge sich diese außergewöhnliche Eigenschaft des Waldschwein-Jahres ausbreiten. Und mögen das Glück der unvergleichlichen Macht, des Reichtums und der Kraft steigen und sich alle Wünsche erfüllen. *Maha Garuda Sarva Shri Mama Punitam Kuru Ho!*

die herkömmliche Süd-Nord-Achse auf die primäre Ost-West-Position (und die üblichen Farben von Osten und Westen, nämlich Weiß und Rot, erscheinen im Norden beziehungsweise im Süden). Auf diese Weise verstärken das östliche blauschwarze und das westliche gelbe Gesicht die Energien der Zerstörung und der Bereicherung: die bedeutendsten Komplementäreigenschaften dieser Gottheit. Sie sind zugleich die Körperfarben des Herrn des Rades der Zeit und der Mutter der Vielfalt, die gemeinsam die volle tantrische Gottheit bilden.

Die vier Gesichter der beiden Gottheiten haben ein grimmiges Aussehen. Diese mächtige Eigenschaft steht im Einklang mit der weltgestaltenden Prophezeiung des Kalachakra-Tantra über den Zufluchtsort: das reine Land Shambhala. Sie besagt, daß ein Heer von spirituellen Kriegern hervortreten werde, angeführt vom großen Kriegerkönig Gesar, um die Feinde, die die Lehren bedrohen, in die Flucht zu schlagen. Entsprechend ist die Weisheitsenergie des Kalachakra erobernd; sie räumt, aus rein altruistischen Gründen, für alle Wesen in jeder Zeit und in jedem Raum Hindernisse zur Erleuchtung aus dem Weg. Und der Farbcode des Mandala gibt diesen mächtigen Daseinszustand wieder.

Den Kreis schließen

Die letzte Variation im Mandala-Code, die es zu beachten gilt, ist die Symbolik, die mit den »Schließen des Kreises« zu tun hat. Durch das Vertauschen der Farben wird gewissermaßen ein unantastbarer heiliger Raum geschaffen. Zudem werden in diesem Prozeß die realen und idealen Bereiche der Existenz zu einem nahtlosen Ganzen verwoben.

Betrachten wir das bedeutende Sandmandala der tibetischen Schutzgottheit mit dem Namen Geheime Versammlung (Sangwa Dupa/ Guhyasamaja). Darin wird das weiße Dharma-Rad (im allgemeinen in der Mitte eines tantrischen Mandala zu finden) mit einem blauen Vajra (gewöhnlich im östlichen Viertel) vertauscht. Da die angerufene Gottheit mit der östlichen Buddha-Familie in Verbindung steht, wird folgerichtig deren Symbol, ein Vajra, zur Mitte des Mandala hin verschoben.

Die Verschiebung hat jedoch noch eine tiefere Bedeutung: die Vereinigung der relativen (gewöhnlichen) mit der absoluten (idealen) Wirklichkeit. Dies wird subtil angedeutet, indem der Farbhintergrund der Mitte und des östlichen Viertels im Mandala vertauscht werden. So ist Osten (der persönliche relative Stand der Dinge) weiß statt blau und der gewöhnlich weiße Hintergrund des Zentrums (der ideale Zustand der Leere) blau.

Lama Anagarika Govinda hat viel Verwirrendes um diesen Vorgang geklärt, indem er darauf hinwies, daß diese Verschiebung der Farben die Rückkehr der absoluten Weisheit des Zentrums in das Reich der konventionellen (körperlichen) Gestalt, also den Osten, darstelle. Zugleich verschiebt sich die spiegel-

Drache: Ebenso wie der Drache, dessen Donnerstimme alle Himmelsrichtungen erfüllt, möge der melodische Klang dieses Jahres alle drei Bereiche durchdringen. Möge das Wachstum an Glück alle Wesen unter die eigene Kontrolle bringen und alles finden, was gut und ausgezeichnet ist.
Mama Mega Nata Sarva Shri Mama Punita Guru Ho!

Windpferd (Mitte): Ebenso wie für das wendige Pferd mit wundersamer Kraft und Stärke möge es eine Steigerung an Glück, Lebenskraft, Gesundheit, Einfluß [authentischer Präsenz] und Verdienst geben. Auf daß ich alles vollenden möge, ebenso wie der Wunsch erfüllende Edelstein.
Sarva Punitam Kuru Tey!

Gebetsfahne, nach einer Übertragung von Tenzing Dorje

Das Kalachakra-Mandala oder Mandala Rad der Zeit und seine Gottheit sind in ihren Farben und Formen ein Code für die Merkmale des buddhistischen spirituellen Kriegertums.

Die tantrische Schutzgottheit Guhyasamaja mit allen Aspekten.

gleiche Weisheit des Ostens, hervorgebracht durch die gereinigte Kraft der Form, zum Zentrum des Mandala. Damit wird angedeutet, daß das letztliche Wesen der Form – Erscheinungen – aus demselben Material hervorgeht wie das reine Bewußtsein: Form ist Leere, und Leere ist Form.

In Visualisierungen in Verbindung mit dieser Art Mandala stellt man sich vor, daß der blaue Buddha des Ostens vom psychischen Tropfen seines Herzzentrums ein weißes Licht ausstrahlt: das weiße Licht der absoluten Weisheit des Bewußtseins. Ebenso stellt man sich vor, daß der weiße Buddha im zentralen Feld von seiner Herzmitte ein blaues Licht der spiegelgleichen Weisheit in der Form strahlender Tropfen aussendet. Indem ein Individuum durch spirituelle Pilgerschaft die absolute Weisheit in die Welt der Formen bringt, wird es ermächtigt, ganzheitlicher und glücklicher an der realen Welt teilzunehmen. Dadurch wird der Mandala-Vorgang vollendet; der Kreis schließt sich.

Ich glaube, daß das Bedürfnis, den Kreis durch die Vereinigung des Realen und des Idealen zu schließen, auch als tieferer Sinn hinter der Tatsache liegt, daß in der Philosophie des Mandala des Navajo-Bildungsprogrammes die schwarzen und weißen Wolken in der weißen Morgendämmerung beziehungsweise den nächtlichen Himmel plaziert werden (siehe Kapitel 9). Die Wolken in den südlichen und westlichen Vierteln haben dieselbe Farbe wie ihre jeweiligen Lichtnebel. Nur an den natürlichen Antipoden des gemäß dem Lauf der Sonne vergehenden Zyklus, also am Anfang (in der Morgendämmerung) und am Ende (in der dunkelsten Nacht) findet der Farbaustausch statt und wird der Kreis geschlossen.

Im Gegensatz zum tibetischen Tantra-Schema wird im Mandala der Navajo das Zentrum eher als Element im Modell einer idealen Wirklichkeit verstanden als aktiv als solches mit einbezogen. Es heißt, das Zentrum sei die Summe der Energien und idealen Gedanken, Äußerungen und Handlungen der vier Himmelsrichtungen. Deshalb finden im System der Navajo Austausch und Schließen des Kreises natürlicherweise zwischen dem nördlichen und dem östlichen Viertel statt und nicht zwischen Zentrum und Osten wie im tibetischen System. Dennoch bleibt die tiefere Bedeutung dieselbe: Die Reise durch die Tage, die Jahreszeiten und die Phasen des eigenen psychischen Lebens findet ihren Abschluß in einem erhöhten Gespür für den Punkt, an dem das Ideale und das Reale eins werden.

Ein weiteres Beispiel für ein Schließen im Mandala-Code, das auf die Einheit des realen und des idealen Selbst und des Kosmos hindeutet, ist die Bedeutung der beiden Achsen zwischen den Viertelkreisen. Die Verwendung des Zeremonienkorbs während der Hochzeiten der Navajo illustriert dies besonders gut. Die Bestätigung des Ehebundes findet um den »Hochzeitskorb« statt. Dabei wird dessen Inhalt, ein Maisfladen, gesegnet und danach vom Paar in ritualisierter Weise verspeist.

Mais bedeutet natürlich Leben. Der zentrale Anteil des Korbes steht für das

Das Guhyasamaja-Sandmandala weist auf die östliche Herkunft seiner Schutzgottheit hin, indem das Symbol der östlichen Buddha-Familie (der Vajra) in seinem Zentrum steht.

Leben: das Leben aller Wesen (deren Anzahl sich dank dieser Ehe erhöhen wird). Die Mitte des Korbes (umgeben von geflochtenen Symbolen für Regen und heilige Berge) ist zugleich Ort der spirituellen Wiedergeburt, der physischen Nahrung und der psychophysischen Stärke. Gesegnet wird der Maisfladen, indem man, einem Mandala ähnlich, Maispollen über den Korb streut: zuerst von Osten nach Westen, dann in einer Linie von Süden nach Norden und zum Schluß, mit Beginn im Osten, kreisförmig im Uhrzeigersinn.

Im Navajo-Mandala ist die Ost-West-Achse Vektor der Gedanken und des Denkens; der weiße östliche Wind ist »derjenige, der das Leben leitet«, und der gelbe westliche Wind »derjenige, der das Denken verleiht«. Süd-Nord ist die Achse des Handelns, der Vektor der praktischen Teilnahme an der Welt. Im Süden ist der blaue Wind, »der die Kraft der Bewegung schenkt«, und im Norden der schwarze (oder dunkle) Wind, der sich erhebt, »wenn wir unsere Pläne ausführen«. Gleichermaßen stellt im tibetischen Mandala Ost-West die Achse der Selbstbeobachtung dar. Der Gedanke wird durch das kristalline, blitzartige Licht des Ostens ausgelöst, und über seine Bedeutung sowie darüber, daß er von sich aus nicht existieren kann, wird im meditativen orangeroten Licht des Westens nachgedacht. Die Süd-Nord-Achse ist jene der Teilnahme an den Dingen der Welt. Die Handlung nimmt im gelben Licht des Südens ihren Anfang, angetrieben durch das Gefühl der Gleichheit mit anderen, die auf diese Weise durch das eigene leuchtende, sonnenähnliche Wesen Bereicherung erfahren. Diese erleuchtete Anteilnahme an der realen Welt wird durch das Schwert der alles vollendenden Handlung des Nordens ergänzt, welches die dunklen Mächte der Nacht in den Dienst des Lichtes stellt.

In beiden transformativen Überlieferungen ermöglicht es der Ost-West-Vektor

Geht Sich Ändernde Frau nach Osten, ist sie Weiße-Muschel-Frau.

Navajo-Sänger

Beim Übergang zwischen Norden und Osten geht alles auf die vier Grundelemente zurück.

Navajo-Denker

dem Körpergeist, sich in die ideale Welt des Geistes zu begeben, während die Süd-Nord-Ebene den Körpergeist im Gleichgewicht hält, indem sie dessen Anteilnahme an der realen Welt leitet. Diese symbolische Einheit des Realen und des Idealen ist ein wichtiges allgemeines Grundelement im Kreis des Geistes. Wo sich die beiden Achsen kreuzen, erhebt sich die Quintessenz – die »fünfte Essenz« – des universellen Geistes und der Energie, in Tibet *nyingpo nga* genannt, das fünfgeteilte Herz. Es wird zuweilen in Form von Strahlen in den Regenbogenfarben dargestellt, die vom Herzen (der Brust) eines Buddhas ausgehen, und ihm liegt die transzendente Weisheit des helleuchtenden Geistes zugrunde, angetrieben durch den grundlegenden Wind des Lebens. Ebenso sprechen die Navajo von einem allumfassenden Geist, der das volle Wissen um die Schönheit besitzt und durch den Heiligen Wind ermächtigt ist. Ihm liegen vier farbige elementare Winde zugrunde, die in einen fünften vielfarbigen oder »glitzernden« Wind verschmelzen oder aus ihm hervorgehen.
Betrachtet man nun erneut, wie der Kreis des Geistes aufgebaut ist, sieht man ihn mit klareren Augen. Der äußere Umkreis bezeichnet ein integriertes System von Körpergeist und Kosmos, in dem die Welten des Realen und des Idealen eins sind. Die gekreuzten Achsen des Mandala und der symbolische Austausch der Farben am Anfangs- beziehungsweise Endpunkt erinnern die Navajo und die Tibeter an diese untrennbare Einheit der Wirklichkeiten und an ihren Platz im Zentrum der Welt des Empfindens und der Macht. Wie könnten wir nun, da wir dies wissen, jemals wieder den Fluß des Tages und der Jahreszeiten, das Fortschreiten eines Lebens, die Spiralen der Galaxien und die Bewegungen des Körpergeistes in der bisher gewohnten Art betrachten?

Das große Erwachen

Betrachtet man ein Navajo-Sandbild, wird man stets eine umgebende Figur mit einer Öffnung gegen Osten erkennen, durch die der neue Geist hereinströmen kann. Als Buddha unter dem Bo-Baum saß, blickte er gegen Osten – die Richtung der aufgehenden Sonne.

Joseph Campbell

Es entspricht ebenso dem Navajo- wie dem tibetischen Denken, diese allgemeine Diskussion über den Schlüssel zu ihrem jeweiligen Kreis des Geistes abzuschließen, indem wir wieder auf den Beginn des universellen Kreises zurückkommen: das östliche Viertel des Mandala.
Der von der Regenbogengöttin in Navajo-Sandbildern offen gelassene Raum

befindet sich immer im östlichen Viertel. Aus dieser Richtung kommen die Heiligen Wesen, und in diese Richtung gehen sie. Ebenso wird im rituellen Korb der Navajo das kreisförmige Muster durch eine Öffnung durchbrochen, die vom Rand zur Mitte führt; es ist der östliche Weg in das Herz des Korb-Mandala.

Auch das große Siegel der Navajo-Nation stellt den Osten als Portal der Macht und des spirituellen Lebens dar. Wie in den Sandbildern ist auch hier der kreisförmige Regenbogenring im Osten durchbrochen (in dieser Figuration oben). Ein Ring von Speerspitzen aus Feuerstein – grundlegende Schutzinstrumente des spirituellen Kriegers – umgibt den Regenbogen.[8] Im östlichen Kreisviertel scheint die Sonne. Sie steigt über den Berg des Ostens, der zusammen mit den drei übrigen heiligen Gipfeln der vier Haupthimmelsrichtungen dargestellt ist. In ihrem heiligen Kreis sind verschiedene Haustiere zu sehen und darunter zwei Maisstauden. Sie alle bilden die Lebensquelle der Navajo und werden von der aufgehenden Sonne gestärkt.

Die Existenz ergibt sich aus den vier Elementen.
Die Essenz sind die vier Elemente. Ihre Quelle ist der Allumfassende Geist.

Navajo-Denker Dean Jackson

Der Osten ist für die Navajo stets Anfang und Ende aller Dinge. Wenn »traditionelle« Navajo am Morgen aufstehen, wenden sich all ihre Gedanken dem Osten zu. Sie treten aus dem kreisrunden, mandalaförmigen Hoghan in das Licht der Morgendämmerung. Sie atmen das heraufziehende Licht ein und beten zu den Gottheiten, die Ausdruck davon sind, bringen ihnen ihre heiligen Lieder und Kostproben von Maispollen dar. Zu diesen Gottheiten gehören Sprechender Gott, Morgendämmerung-Frau, Bergkristall-Junge und Bergkristall-Mädchen sowie Weißer-Mais-Junge. So beginnen die Navajo den neuen Tag im Wissen, daß Geist, Stimme und Körper der Heiligen Wesen zugleich Geist, Stimme und Körper ihrer selbst sind.

In einem Gespräch mit einer Navajo-Sängerin und mir bemerkte ein tibetischer Lama, für sein Volk gelte: »Osten bringt Glück und Langlebigkkeit. Osten ist der Ort, an dem das Haus anfängt und wo die Tür sein sollte. Es ist der Ort, an dem das Mandala anfängt.« Darauf wandte sich die Navajo-Sängerin mir zu und nickte zustimmend, denn nach Osten muß auch jeder Hoghan weisen. Osten ist der Ort des Glücks, des immerwährenden Lebens in Schönheit. Osten ist der Ort, an dem auch das Navajo-Mandala anfängt.[9]

Das große Siegel der Navajo-Nation.

Chögyam Trungpa Rinpoche hielt es für grundsätzlich, im Leben eine östliche Orientierung zu haben.[10] Er lehrte, daß es zwei Arten von Menschen auf dieser Welt gebe, nämlich Menschen des Sonnenaufgangs, mit der Großen Sonne des Ostens als Lebensvision, und Menschen des Sonnenuntergangs. Menschen des Sonnenaufgangs suchen die aufstrebende Energie der aufgehenden Sonne für ihr tägliches Leben aus. Sie beginnen mit strahlenden Augen und einem strahlenden Ausblick. Weil sie sich auf die Morgendämmerung eingestimmt haben, stehen sie auch im Einklang mit den Energien der verschiedenen Tages- und Nachtzeiten und, allgemein gesehen, mit den Jahreszeiten ihres Lebens. Ein solch einfaches Bewußtsein und Lebensmuster ist der wunderbare Schatz der

Die Nationalflagge von Tibet.

Menschen des Sonnenaufgangs. Leider entzieht sich diese klare Logik den Menschen des Sonnenuntergangs. Trungpa Rinpoche sah ihre Wirklichkeit als erfüllt von endlosen Kämpfen, Hindernissen und unerfüllten Versprechen. Diese Menschen wenden sich dem Okzident der Dinge zu. Sie beginnen beim abfallenden Zyklus des Tages und ihres Lebens. Zwar gehört auch die Zeit des Sonnenuntergangs zu den entscheidenden Aspekten im Mandala des Lebens, aber sie bleibt der dritten Phase unseres Tages vorbehalten und muß der Ordnung der Welt gehorchen. Nur unter genauester Kontrolle sollte man das eigene Mandala in diese Richtung ausrichten. Nimmt man es einfach so als Ausgangspunkt für den persönlichen Zyklus der Wirklichkeit, führt dies zu vorzeitiger Auflösung und Verwirrung. Deshalb muß man sich immer nach der Großen Sonne des Ostens ausrichten, wie Trungpa sie genannt hat: dem höchsten Symbol der spirituellen Kriegertradition des alten Asien.

Es gibt kein besseres tibetisches Symbol für die Große Sonne des Ostens als die tibetische Nationalflagge. Ebenso wie das große Siegel der Navajo-Nation schließt auch die tibetische Flagge weit mehr ein denn Nationalität. Sie ist Sinnbild für den Zustand von Geist und Seele. Auf dieser Flagge sendet eine strahlend gelbe Sonne im Aufgehen abwechselnd blaue und rote Strahlen über einen weißen Schneeberg aus, auf dessen Gletscher eine Schneelöwin und ein Schneelöwe stehen. Sämtliche Zeichen der tibetischen Flagge stammen von der Großen Sonne des Ostens ab oder sind von ihr erleuchtet.[11]

Wie die traditionsbewußten Navajo stehen auch »altzeitliche« Angehörige des tibetischen Volkes vor der Morgendämmerung auf. Sie räumen ihr Zimmer auf und bringen den Altar in Ordnung, das heißt sie füllen frisches Wasser in die Opferschalen, geben Butter in die Butterlampen und stecken Weihrauch in Brand. Auch erschaffen sie den Kosmos neu, indem sie im Geist ein Opfermandala als Geschenk für die spirituellen Lehrkräfte und Schutzgottheiten entwerfen. Ebenso können sie all denen, die den Glauben beschützen, sowie Özer

Changma, der Göttin der Morgendämmerung, Opfer darbringen. Mit den täglichen Gebeten, Gesängen und Visualisierungen *(duthop/sadhana)* treten sie, kraft der Vorstellung, durch das östliche Tor im Mandala einer bestimmten tantrischen Schutzgottheit und verwandeln sich in jedem Viertel des Mandala nacheinander in deren Emanationen. So sehen die tibetischen Vorbereitungen bei der ersten Drehung des Rades am Morgen aus. Durch diese Handlungen in der Morgendämmerung sind sie wie die Navajo auf harmonische Art und Weise in ihren Alltag eingebunden. Der persönliche Kreis kommt zur Übereinstimmung mit dem universellen Kreis. Die gewöhnliche und die ideale Wirklichkeit werden eins. Der Tag sowie die eigenen Gedanken, Äußerungen und Handlungen finden im Muster des Mandala einen Widerhall.

Kapitel 11
REISE ZUM URGRUND

Ihre Mandala-Sichtweise des persönlichen Selbst und des Kosmos bereitet die Angehörigen des Navajo- und des tibetischen Volkes auf die Reise zur idealen Wirklichkeit – zum Urgrund – vor. Reise und Ziel werden in den Lehren und Mandalas aller größeren spirituellen Abstammungslinien beider Völker in Leben gerufen. Die Mandalas sind gleichsam spirituell erfüllte schematische Darstellungen eines idealen Orts, der von Gottheiten, also von idealen Wesen, bewohnt ist. Indem die Sandmandalas durch verschiedene rituelle Vorgänge und durch die Vorstellungskraft von Heiligkeit durchdrungen werden, sind sie nicht mehr länger bloß Muster, sondern heilige Wirklichkeiten, Abwandlungen des idealen Zustands, der auf dem Urgrund der Schönheit und der Leere herrscht.

Wirklichkeiten der Navajo-Sandmandalas

In der Navajo-Tradition stellen die Sandbilder Heilige Wesen dar, die in der heiligen Welt aktiv sind. In den Mythen interagieren sie manchmal mit solchen, die Auf der Erde Gehen, aber dies wird im Sand nie aufgezeichnet. Eine solche Frau oder ein solcher Mann, ein solches Mädchen oder ein solcher Junge ist Heldin oder Held des Chantway und ein Vorbild, dem die Navajo nacheifern. Der spirituelle Held und die spirituelle Heldin sind zukünftige Heilige Wesen, die ihre Suche nach heiligem Wissen erfolgreich beenden, indem sie mit Diyin ermächtigt werden und die Gestalt der verallgemeinerten blaugesichtigen Yei-Schutzgottheiten *hashch'baad* (weiblich) und *hashch'baka* (männlich) annehmen. Indem sich die spirituellen Helden und Heldinnen mit den Heiligen Wesen des Sandmandala zutiefst identifizieren, beginnen sie als Besungene (für deren direkten Nutzen das Sandmandala-Ritual abgehalten wird) die idealen Gedanken und Energien in sich aufzunehmen, die ihrerseits Aspekte des Geistes und der Energie des gesamten Kosmos sind.
Die Navajo gestalten ihre berückenden schematischen Abbilder der spirituel-

len Wirklichkeit mit feinem, naturfarbenem Sand. Zunächst sammeln sie an Ort und Stelle in der Regel lachs- oder beigefarbenen Sand und bereiten eine glatte Fläche vor. Dann streuen (meist vier oder mehr) Maler und Malerinnen, unter anleitenden Gesängen, mit Daumen, Zeigefinger und Mittelfinger einen feinen Sandstrahl aus. Manchmal verwenden sie dafür auch Blüten, Maispollen oder sogar zerstoßene Edelsteine.

Dies ist *iikááh*, »wo sie kommen und gehen«, die heilige Arena, wo die ermächtigten Heiligen Wesen ebenso mit denjenigen interagieren, die am Ritual teilnehmen, wie die spirituelle Heldin und der spirituelle Held in der Zeitspanne, in welcher der Chantway sich formte, den Gottheiten begegneten. Sind die Kräfte der Heiligen Wesen angerufen, das heißt in das Sandbild eingebracht, wird die besungene Person, deren Körpergeist in Schönheit verwandelt werden soll, psychisch und physisch in das Zentrum des Mandala versetzt. In diesem Sinn ist das Sandbild der Navajo eine rituelle osmotische Membrane, in deren idealen Wirklichkeit sich die Heiligen Wesen mit dem oder den noch nicht ermächtigten Menschen vermischen, für die das Ritual abgehalten wird.

Je nach Anzahl der zur Verfügung stehenden Malerinnen und Maler und dem Entgelt, das die Familie der Person entrichtet, für die das Ritual abgehalten wird, nimmt das Sandbild entweder eine lineare (mit einer Linie) oder radiale (mandalaähnliche) Form an. Letztere ist beliebter, obwohl sie nicht unbedingt nötig ist, um die Kräfte und den Segen der Heiligen Wesen anzurufen. Bei einem Sandbild in Mandala-Form wird von der Mitte her in die vier Himmelsrichtungen nach außen gearbeitet. So verwandelt sich zerstoßener bunter Stein allmählich in einen Altar des äußeren Kosmos und des inneren Universums.

Diese symbolisierte ideale Wirklichkeit betrat zum ersten Mal ein spiritueller Held oder eine spirituelle Heldin, die sich entweder freiwillig auf die heroische Reise begaben oder dazu gezwungen wurden, um heiliges Wissen zum Wohl ihrer selbst und des ganzen Volkes zu erlangen. Das vielleicht klarste Beispiel der heiligen Reise eines Navajo zum Urgrund des Mandala findet sich in einer Episode aus dem Leben des spirituellen Helden des Night-Way-Rituals, des Träumers.

Der Träumer und seine Vision der Wirbelnden Baumstämme

Von allen Sandbildern, die in einem Night-Way-Ritual erstellt werden können, ist Sillneole, das Sandmandala der Wirbelnden Baumstämme, die klarste Beschreibung des vom Träumer lange verfolgten Ziels im Herzen der heiligen Night-Way-Wirklichkeit. Um die volle Bedeutung dieser im Sand und in der Vorstellung vorhandenen Vision zu verstehen, müssen wir dem Träumer auf der visionären Reise zum See der Wirbelnden Wasser folgen, wo er die Vision der Wirbelnden Baumstämme erblickte.[1]

Der Träumer war entschlossen, zum engen, durch Canyons abgeschlossenen See der Wirbelnden Wasser zu gelangen. Die Yei hatten ihm das auf eine Wolke gemalte Abbild dieses Sees während der ersten Night-Way-Zeremonie im Weißen Haus von Tseyi (Canyon de Chelly) gezeigt. Etwas tollkühn richtete er zu diesem Zweck aus dem ausgehöhlten Stamm einer Pyramidenpappel ein Boot her, doch es war leck. Dennoch befuhr er damit den heiligen San-Juan-Fluß, aber das Boot sank rasch, und er ertrank beinahe. Zum Glück wurde der Träumer von den Heiligen Wesen gerettet. Eigentlich wollten sie ihm auf seiner Reise nicht helfen, aber er überredete sie dazu. Die Heiligen Wesen bauten einen robusteren Einbaum für ihn, ausgestattet mit Quarzkristallfenstern. Zudem geleiteten ihn einige von ihnen mit langen Stöcken durch die gefährlichen Stromschnellen und Windungen.

Nachdem er viele Hindernisse überwunden hatte, darunter ein Zusammentreffen mit dem mächtigen Wasserwesen Teéhoolltsódii (das er mit spirituellen Gaben besänftigte), steuerte der Träumer seinen Einbaum in den ersten der beiden Seen (der zweite war sein Ziel).[2] Sein Boot umkreiste den See gemäß dem Lauf der Sonne viermal, dann legte er am südlichen Ufer an.

Der Träumer stieg aus und betrat den Hoghan der Fransenmaul-Yei. Diese Heiligen Wesen waren am Leib halb rot, halb blau bemalt. Sie bewegten sich wie Hirsche, trugen Helme aus Gewitterwolken und lebten zu Land und zu Wasser. Das also war der Hoghan der Wasser-Fransenmaul-Yei.

Nachdem der Träumer ein Bild der Fransenmaul-Yei angeschaut hatte, das auf eine Wolke gemalt war, betraten ein Fransenmaul und eine Hashch'baad-Göttin den Hoghan, begleitet von Trommeln und Rasseln. Da fiel der Träumer in einem heftigen Anfall zu Boden. Die Fransenmaul-Yei heilten ihn mit Liedern, Ritualen und Weihrauch und brachten ihm bei, sein Volk ebenso zu heilen. Dann zeigten sie ihm, wie er das Wolkengemälde der Heiligen Wesen mit farbigem Sand nachahmen konnte.

Nachdem dies getan war, bestieg der Träumer wieder sein Boot. Nachdem er den See viermal umkreist hatte, ließ er es am Nordufer auf Grund laufen und betrat den Hoghan von Sprechender Gott und Rufender Gott. Dort erblickte er ein großes Wolkenbild (ähnlich demjenigen, das am siebten Tag des Night-Way-Rituals erstellt wird und das die Tanzenden am letzten, am neunten Tag interpretieren). Es zeigte zwei Reihen tanzender Yei. Dabei wurden die sechs männlichen Yei von Sprechender Gott angeführt, und die sechs weiblichen kamen mit Wassersprenger-Gott. Bei der Gelegenheit bekam der Träumer mitgeteilt, wie man die besondere Kräutermedizin für den Night Way herstellt.

Erneut bestieg der Träumer seinen Einbaum und trieb flußabwärts durch einen engen Kanal zwischen roten Sandsteinklippen. Bald erreichte er den verborgenen See der Wirbelnden Wasser, der weder Abfluß hat noch

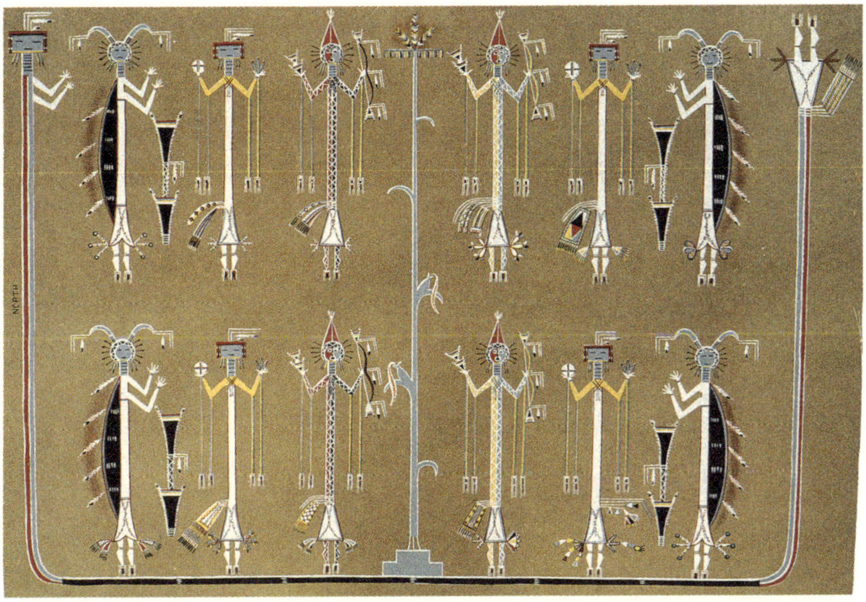

Sandbild der Fransenmaul-Yei aus dem Night Way.

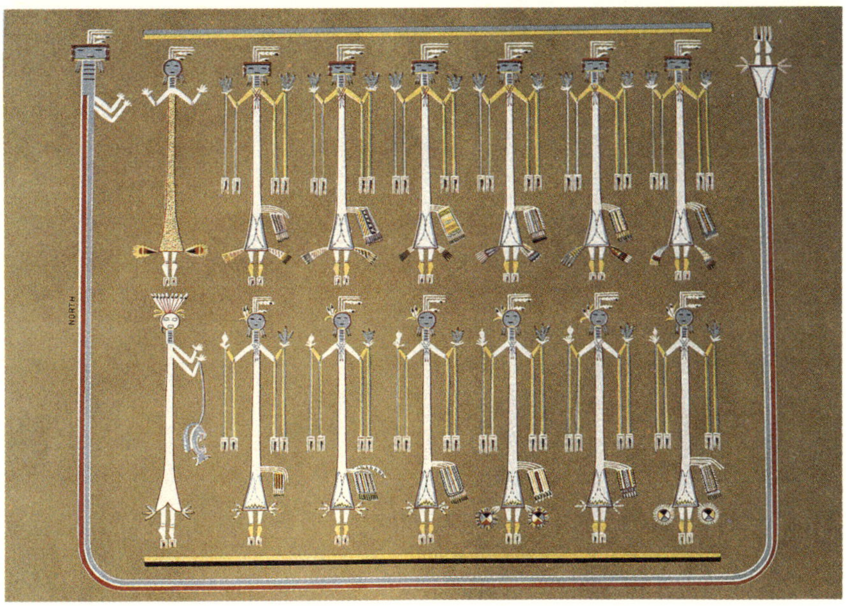

Sandbild des Yeibichei-Tanzes aus dem Night Way.

Grund.[3] In der Mitte trieben zwei gekreuzte Fichtenstämme. Sie drehten sich dem Lauf der Sonne gemäß um das Seezentrum (also nicht primär um ihr eigenes). An allen vier Enden saßen Yei, insgesamt also vier Paare. Aus dem heiligen See wuchsen vier Maispflanzen in den Farben der vier Himmelsrichtungen.[4]

Das Baumstammkreuz drehte sich in einer wachsenden Spirale im See, den nun Regen verhüllte. Schließlich erreichte es das Westufer, wo die acht Yei an Land und in ihren Hoghan gingen. Der Träumer folgte ihnen und betrat den Hoghan ebenfalls. Dort sah er das Bild der Wirbelnden Baumstämme auf einer Wolke, die auf dem Boden ausgebreitet lag. Das Bild zeigte dieselbe Szene, deren Zeuge er soeben geworden war. Als eine Yei-Schutzgottheit ihn fragte, weshalb er gekommen sei, antwortete er: »Ich bin hergekommen, um euer Bild zu sehen und eure Heilmittel [und euer Wissen] kennenzulernen.« Darauf erhielt der Träumer heilige Medizin, welche die jungfräulichen Kinder der auf den Stämmen sitzenden Gottheiten zubereitet hatten, um die auf der Erde Gehenden zu behandeln.[5]

Nachdem sie ein weiteres Bild betrachtet und viele Lieder gesungen hatten, verließen sie alle den Hoghan und gingen zum Baumstammkreuz, das nahe dem Ufer auf dem Wasser trieb. Jetzt sandte es Blitze aus. Das erste göttliche Paar nahm seinen Platz an der Westspitze des Baumstammkreuzes ein. Dann stieg der Träumer über eine kurze Regenbogenbrücke vom Ufer aus auf das Kreuz. Er setzte sich in dessen westlichem Teil zwischen die weibliche und die männliche Yei-Gottheit, während die drei anderen Paare ihren Platz im Norden, Osten und Süden einnahmen. Zu neunt trieben sie auf ihrem blitzenden Baumstammkreuz auf die Mitte des heiligen Sees zu und drehten sich dort viermal. Dann kehrten sie an das Seeufer zurück, wo sie ihre Fahrt angetreten hatten.

Nach Verlassen des Sees lernte der Träumer die vier Arten von Mais anzubauen, die er gesehen hatte. Mit Samen in den Händen kehrte er in Begleitung einiger Heiliger Wesen zu seinem Volk zurück. Auf einem kurzen Regenbogen gelangten sie in das Reich der Erdoberfläche zurück, und umgeben von einer Wolke kamen sie beim Heim der Familie des Träumers an. Die Schutzgottheiten sagten anerkennend zu dem Träumer:

»Du bringst guten weißen Mais, guten blauen Mais, guten gelben Mais und guten Mais aller Art (buntscheckigen Mais) mit.

Du bringst guten schwarzen Pollen, gute Wolken, guten schwarzen Nebel, gute Blitze, gute Regenbogen, guten männlichen Regen (Wolkenbrüche), guten weiblichen Regen (sanften, regelmäßigen Regen) mit.

Du bringst die Medizin der Heiligen mit, ihre Bilder, Riten und die Lieder des Ackerbaus.

Das sind die guten Dinge, die du mitbringst. Du kennst nun alle Geheimnisse der Diyin ... Bewahre die Bilder, Riten und Lieder, die sie dir gegeben haben, im Gedächtnis und bringe sie anderen bei.«[6]

Dann verschwanden die Heiligen Wesen Sprechender Gott und Wassersprenger-Gott, welche Rufender Gott geheißen hatte, den Träumer zu seinem irdischen Heim zu geleiten, ganz plötzlich. Und so endet die heilige Reise des Träumers.

Im Laufe seiner visionären Reise erlangte der Träumer die spirituelle Ermächtigung als Heiler. Er wurde in Schönheit verwandelt, indem er von einer Krankheit des Nervensystems genas und indem er auf dem Baumstammkreuz saß, während dieses sich um die Mitte des heiligen Sees drehte. So ging er ein in das Mandala der Schutzgottheiten, welche die ursprünglichen Energien und das heilige Wissen der idealen Wirklichkeit des Night Way verkörpern – seinen Urgrund also.

Mit Hilfe der voll ermächtigten Heiligen Wesen brachte der Träumer seinem Volk eine große, integrierte Vision der heiligen Welt, und zwar über die Erzählungen des Night Way und dessen Riten sowie die Sandbilder, die seine visionäre Reise neu in Szene setzten. Er kehrte mit den Früchten einer psychischen und einer physischen Ernte zurück: dem Wissen, der Medizin und den Segnungen der Heiligen Wesen, wobei er selbst im Begriff war, ein Heiliges Wesen zu werden. Die Rückkehr des Träumers von der idealen auf die gewöhnliche, menschliche Ebene mit heiligem und rituellem Wissen ist für die Navajo das Zeichen für die größte Errungenschaft einer spirituellen Heldin, eines spirituellen Helden.

Das Sandmandala der Wirbelnden Baumstämme

Kennt man die tiefere Bedeutung und Rolle der visionären Reise des Träumers, kann man diese Night-Way-Vision eines »Ortes, wo die Heiligen Wesen kommen und wohin sie gehen«, das heißt das Sandbild der Wirbelnden Baumstämme selbst, in seinem ganzen Ausmaß verstehen.

Das Sandmandala der Wirbelnden Baumstämme (siehe Abbildung Seite 192) mißt im Durchmesser mehrere Meter (es reicht beinahe bis zu den Wänden des zeremoniellen Hoghan) und liegt auf einer Unterlage aus feinem Sand, erstreckt sich also auf einer Ebene zwischen Erde und Himmel, ein Mikrokosmos des Universums, gemalt in Schönheit. Es liegt außerdem genau in der Mitte zwischen der gewöhnlichen Wirklichkeit (durch seine Sandgestalt) und der idealen Wirklichkeit (durch das, was es symbolisiert und, nach der Weihe, enthält). Es ist Schauplatz dessen, was Gladys Reichard als »spirituelle Osmose« zwischen den Kräften der Heiligen Wesen und »Füßen, Händen, Körper, Geist und Stimme« der Menschheit bezeichnete.[7] Das Sandbild wird zur Arena für das Aufgehen des einen im anderen.

Die Mächte der Yei (die sorgfältig in Sand gemalt und über zahlreiche Gebete und Lieder herbeigerufen werden) gehen in die besungene Person ein, wenn sie auf dem westlichen Balken des Baumstammkreuzes aus Sand sitzt, genauso, wie der Träumer auf dem visionären Baumstamm saß. Und kraft der Vorstellung beginnt die besungene Person, über den Zustand ihres Körpergeistes, der sich in Disharmonie mit dem Kosmos befindet, hinauszugehen. Sie betritt auf diese

Die Quellen des Wissens sind die vier Grundelemente … Die Menschen haben erst gerade angefangen, einen kleinen Teil dieses umfassenden Wissens zu entdecken und kennenzulernen. Dieses Wissen um Materie, Ordnung und harmonische Bewegung bildet die Grundlage der Navajo-Gebete [und] -Gesänge und damit das Zentrum der Navajo-Kultur.

Dean C. Jackson,
Navajo-Denker

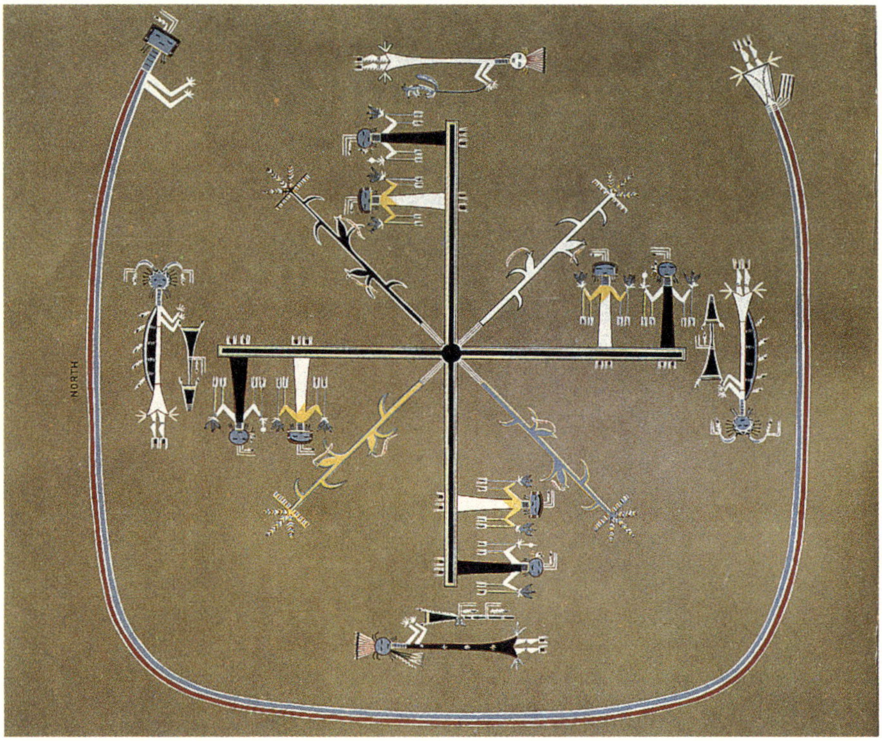

Sandbild der Wirbelnden Baumstämme aus dem Night Way.

Weise, über das Sandmandala, die ideale Wirklichkeit des Träumers und der Heiligen Wesen.

Das von einer Regenbogen-Göttin umfangene und so geschützte Baumstammkreuz aus Sand steht für den Vorgang, mit dessen Hilfe man das Gleichgewicht und das Zentrum in einem idealen Kosmos findet. Die Baumstämme emanieren aus den vier Vierteln der heiligen Welt in Schönheit und weisen in die vier Himmelsrichtungen. Kein Wunder, daß ein Kreuz in einem Kreis als Symbol unter den Urvölkern Amerikas ebenso weit verbreitet ist wie das Mandala in Asien.

Im eigentlichen Sandbild kreuzen sich die Sandbaumstämme in einer kleinen, mit Wasser gefüllten Schale: ein Sinnbild für den See der Wirbelnden Wasser. Zwischen den Stämmen »wachsen« in sandiger Gestalt die vier heiligen Pflanzen; sie weisen in die Zwischenhimmelsrichtungen. Ihre Farben entsprechen dem zugrundeliegenden Schema (gemäß dem Lauf der Sonne und beginnend im Südwesten sind dies Weiß, Blau, Gelb und Schwarz), und ihre weißen Wurzeln erstrecken sich bis in den See hinein. Der See ist die Nabe, die Quelle der Elemente und Mächte der Himmelsrichtungen, welche die vier Paare von männlichen und weiblichen Yei auf den Stämmen verkörpern.[8] Die acht Schutzgottheiten sind die Einheit der männlichen und weiblichen Energie- und Körpergeistmerkmale, aus denen die Navajo-Lehren der vier Himmelsrich-

tungen bestehen. Bildlich gesehen formen Baumstämme und Gottheiten eine Swastika und damit das Symbol der höchsten Einheit.
Das Sandmandala der Wirbelnden Baumstämme stellt einen Kosmos in Bewegung dar, der gleichzeitig im eigenen Körpergeist existiert. Das Kreuz und seine heiligen Reiter und Reiterinnen sind die Attribute und Elemente dieses idealen Universums im Urgrund, und es wird auf dem heiligen See in Bewegung gesetzt durch die Vision eines spirituellen Helden, der eins wird mit der besungenen Person (und derjenigen, die singt).
Diese tiefgreifende Identifikation wird durch verschiedene Handlungen des Sängers und derer, die ihm helfen, gegenüber der besungenen Person verstärkt; diese sitzt auf dem westlichen Mandalaviertel und blickt gegen Osten. Mehrmals tritt unvermutet eine maskierte Yei-Gestalt in den Hoghan und beginnt sie zu behandeln. Die Hilfsmaske des Sängers benetzt dazu die Hände mit einer Flüssigkeit aus einer Medizinschale in den ausgestreckten Händen der alles umfangenden Regenbogengöttin. Zuerst berührt sie mit nassen, flachen Händen zum Beispiel den Kopf einer Gottheit auf dem Bild und dann den Scheitel der besungenen Person sowie entsprechend die übrigen Körperteile und Hauptenergiepunkte des Körpers. Die Kräfte der Yei werden dadurch auf die leidende Person übertragen, ebenso wie sie der Träumer auf seiner Reise zum See der Wirbelnden Wasser erhalten hat.[9]
Das Sandmandala ist das symbolische Medium, durch das Leidende wieder in einen Zustand der Schönheit überführt werden. Mit Hilfe der Vorstellung, des Sandbildes, der überwältigenden Stimmung, die durch Gesänge, Gebete und Masken geschaffen wird, aber auch mit Hilfe des bereits bestehenden Wissens über dieses Ritual wird die besungene Person selbst zum Träumer. Auch sie hat eine lange und schwierige Transformation vom fehlerhaften, gewöhnlichen Zustand des Körpergeists zum idealen Zustand hinter sich, in dem die Heiligen Wesen leben. Sie ist wieder erfüllt mit Diyin, der spirituellen Kraft des Allumfassenden Geistes, und damit wiederhergestellt in Schönheit.
Der Vorgang wird durch die rituelle Zerstörung des Sandbildes besiegelt, nachdem andere am Ritual Anwesende Gelegenheit hatten, sich durch Auflegen der Sandkörner vom Körper der Gottheiten auf die entsprechenden Teile ihres eigenen Körpers zu segnen. Die Navajo sagen dazu, das Sandmandala werde zerstört, damit man seine Kraft nicht mißbrauchen könne und damit das veränderte Bild die Gottheiten nicht erzürne. Da das Sandbild von der Kraft der Heiligen Wesen durchtränkt ist, muß der Sand nach der Zerstörung in die Himmelsrichtung der Macht und des Schutzes (nach Norden) weggebracht werden. Auf einer ursprünglicheren Ebene betrachtet, erfüllt das Bild gerade dadurch, daß es zerstört wird, eine wichtige Aufgabe. Zu diesem Zeitpunkt ist die Umwandlung des Körpergeistes der leidenden Person bereits weit fortgeschritten. Würde sie sich nun zu stark auf eine dauerhafte Gestalt des idealen Bereichs stützen statt auf ihre eigene Erinnerung und Vorstellung, hätte die Umwand-

lung eine minimale Wirkung. Vielleicht ist dies der Grund, weshalb sich die Heiligen Wesen weigerten, dem Träumer die »dauerhaften«, auf Wolken gemalten Mandalas zu geben.

Wirklichkeiten der tibetischen Sandmandalas

Die Welt des Träumers und die Art und Weise ihrer visuellen Darstellung ist Tibeterinnen und Tibetern nicht fremd. Wie die Navajo wissen auch sie, daß wir in einer einzigen Wirklichkeit leben, die das eigene Selbst und das andere, Mikrokosmos und Makrokosmos, nahtlos vereint, obwohl wir uns dieser allgemeinen Wahrheit oft nicht bewußt sind. Sie wissen, daß es dieselben Kräfte sind, die im großen Kosmos über uns wirken und die unsere Gedanken und Atemzüge beeinflussen. Diese Kräfte und ihre gegenseitigen Beziehungen nehmen als »Schutzgottheiten« anthropomorphe Gestalt an und heißen in Tibet Yidam. Die Gottheiten leben in idealen Wirklichkeiten und Beziehungen, und ihr Symbol sind die Mandalas. Diese Mandalas der idealen, ermächtigten Wesen stehen ihrerseits ebenfalls in Beziehung zu allen anderen Mandala-Wirklichkeiten, da sie sich aus dem Nichts der Leere geformt haben und sich ebenso einfach wieder darin auflösen können.

Wie das Sandmandala der Navajo ist auch das tantrische Mandala, besonders dasjenige aus Sand, die Arena, in die man die Schutzgottheiten ruft, um in der praktizierenden Person eine psychophysische Umwandlung zu bewirken. Diese Person nimmt die idealen Eigenschaften und die Weisheitsenergien der leuchtenden zentralen Gottheit an, die am Ruhepunkt, im Herzen des Mandala, wohnt und deren Emanationen den restlichen Raum darum herum ausfüllen.

In Tibet wird der Begriff Mandala zur Beschreibung eines jeden ausgeglichenen, idealen Systems von Ideen und Energien verwendet. Wie wir bereits gesehen haben, stellt man sich die ideale Welt-Wirklichkeit als Mandala vor, und es ist deshalb die am besten geeignete Opfergabe, die man den idealen Wesen, Gottheiten und Lamas etwa, mental darbringen kann. Ebenso gilt der Ort, an dem eine Zeremonie stattfindet, als Mandala, sobald er von Hindernissen gereinigt und ein Schutzkreis darum herum markiert worden ist, ein wichtiger einleitender Schritt bei den Vorbereitungen für große tantrische Initiationen wie etwa jene der Gottheit des Rades der Zeit (Kalachakra/Vishvamata).

Mandalas können Girlanden sich drehender Lichter oder Ringe aus sich drehenden mantrischen Silben sein. Sonne und Mond sind Mandalas. Auch die Feinstofflichkeit unseres eigenen Körpers kann ein Mandala sein, nämlich das Muster von Windenergie und Geisteslicht. Und natürlich sind auch die Zyklen des Tages, der Jahreszeiten, der Weltepochen und der Zeitalter auf ihre eigene Art und Weise Mandalas.

Die Form, die wir am häufigsten als Mandala erkennen, ist indes jene, die in der formellen tantrischen Praxis verwendet wird, um den Körpergeist umzuwandeln. Dieses Mandala zeigt den Körper einer Gottheit, Emanationen, ein prunkvolles Reich mit Gärten, mit mehreren Ringen – spirituellen Barrieren – darum herum. Es ist sehr wichtig, stets in Erinnerung zu behalten, daß all das ein Ausdruck des zentralen idealen Wesens ist, mit dem sich Praktizierende oder Leidende zu identifizieren suchen.

Die äußerlichen Proportionen eines Mandala sind mathematisch bestimmt. Dadurch entsteht die richtige vibratorische Resonanz, welche die Farben und damit gemalte Bilder verstärken. Es soll sogar bereits genügen, ein Mandala zu betrachten, ohne dessen Bedeutung zu kennen, um ein Bewußtsein und eine feine Macht zu spüren. Die Tatsache, daß ein gut erstelltes tantrisches Mandala (ebenso wie ein Sandbild der Navajo) die Aufmerksamkeit auf das Zentrum zu ziehen vermag wie ein Magnet die Eisenspäne, ist ein klarer Beweis für seinen besonderen Charakter.

Das Mandala ist eine zwei- oder dreidimensionale schematische Darstellung des leuchtenden, regenbogenfarbenen Palastes und der Wirklichkeit einer Schutzgottheit. In den Räumen, auf den Terrassen, neben den Eingängen und in den Gärten leben oft andere idealisierte Wesen: Emanationen der zentralen Gottheit. Der Palast steht, metaphysisch betrachtet, im Zentrum eines idealisierten Weltsystems, am Schnittpunkt eines gewaltigen gekreuzten Doppelvajra, und schwebt über dem Gipfel des heiligen Berges im Zentrum. Es sind dies die grundlegenden Merkmale des indotibetischen Mandala, das die einer Gottheit zustehenden idealisierten Lebensbedingungen zum Ausdruck bringt. Metaphysisch stellt es das innere Allerheiligste, das ideale Reich des Körpergeistes dar.

Wenn der Palast, seine Gärten und alle, die darin wohnen, dem idealen Seinszustand angehören, gilt es, sie entsprechend vor dem noch nicht idealen Zustand der Wirklichkeit der »realen Welt« zu schützen. Zu diesem Zweck sind rund um die heiligen Bereiche mehrere Schutzringe errichtet (siehe Kapitel 9, wo sie näher beschrieben werden). Weil die praktizierende Person ihre Reise zur eigenen Umwandlung in den idealen Zustand von außen in Angriff nimmt, bilden die verschiedenen Schutzringe auch die notwendigen Barrieren, die sie überwinden muß, bevor das Bewußtsein mit dem idealen Zustand verschmelzen kann, der durch das Paradies der Gottheit dargestellt wird. Der gewöhnliche und der ideale Bereich der Wirklichkeit werden zu Beginn der tantrischen Praxis als getrennt wahrgenommen. Das Mandala stellt die Schnittstelle zwischen diesen beiden Wirklichkeiten dar. Sein Inneres ist die ideale Wirklichkeit, der Raum darum herum unser fehlerhafter Daseinszustand, aber zugleich auch die Leere, aus der alles entsteht.[10]

Das tibetische Sandmandala ist seinem Navajo-Gegenstück sehr ähnlich: ein Ort, wo die Gottheiten kommen und gehen und der zudem als osmotische Membrane dient, in welcher der Körpergeist der Person, für die das Ritual abgehalten wird, mit den Eigenschaften der in den Sandkörnern angedeuteten idealen Wesen verschmilzt. Wie bei den Navajo schafft auch das tibetische Sandmandala für die Dauer des Rituals ein heiliges Universum. Und ebenso muß es dergestalt sein, daß es nach der Zeremonie rasch zerstört werden kann. Die Zerstörung ist unumgänglich, weil das Ideale innerhalb des persönlichen Körpergeistes zu verwirklichen ist und nicht außerhalb dessen erhalten werden darf. Deshalb muß der Unterschied zwischen den beiden sich durchdringenden Wirklichkeiten aufgehoben werden, sonst bindet sich das Bewußtsein an den materiellen Ausdruck (zum Beispiel das physische Mandala) statt an die idealen Eigenschaften der Gottheiten, die am besten in aller Ruhe im Gedächtnis und in der Vorstellung erfahren werden.

Sobald man sich tief mit der zentralen Gottheit des Mandala und ihrer Bewußtseins- und Weisheitsenergie identifiziert hat, beginnt die Rückkehr von dieser Reise. Dahinter steht das Bodhisattva-Ideal, laut dem man mit neugewonnenem Wissen in die Welt zurückkehrt, um anderen zu helfen, die sich ihrerseits auf der spirituellen Reise befinden. Man verläßt das Mandala der Yidam-Schutzgottheit durch die nun weichenden Barrieren und steigt von den Höhen des Mandala-Universums hinunter, um sich zu denen zu gesellen, die noch der Ermächtigung durch die erleuchtete Weisheitsenergie harren.

Durch die Praxis des Mandala und des täglichen Sadhana an seine Gottheit gelangt man zur Einsicht, daß es in Tat und Wahrheit keine Trennung zwischen den beiden Wirklichkeiten des Idealen und des Realen gibt. Wer mental im Idealen weilt, wird mit einer höheren Bewußtseinsebene ermächtigt, um in der realen, gegenwärtigen Welt wirkungsvoller handeln zu können. Yogis und Yogini sowie andere geübte Praktizierende kehren mit einer solchen neuen Einsicht von ihren Meditationen in unsere herkömmliche Welt zurück. Sie sehen Menschen, Tiere und sogar nichtkörperliche Wesen (Geister) als Yidam-Schutzgottheiten. Sie empfinden die Energien, Handlungen, Objekte und Geräusche der gewöhnlichen Welt als ideale Erscheinungen. Sie sehen die ganze Welt als Mandala, als ein samsarisches und leidendes zwar, aber auch als Mandala voller Möglichkeiten zur Harmonie und Erleuchtung für alle.

Eine der tiefgreifendsten Mandala-Beschreibungen der Einheit beider Wirklichkeiten steht im uralten tibetischen Lehrbuch zur Schulung des Bewußtseins mit dem leider falsch übersetzten Titel *Das Tibetanische Totenbuch*. Zutreffender wäre *Buch der Buddhaschaft*. Wird neben einem Verstorbenen daraus zitiert oder bei legendigem Leib darin gelesen, dient es als Leitfaden zum schrittweisen Erlangen des Bewußtseins für die Reise in die Mandala-Welt der Gottheiten und, hoffentlich, zum Zustand der Ur-Buddhaschaft jenseits von Tod und Wiedergeburt. Besonders bedeutsam an den Mandala-Visionen darin ist die Tatsache,

daß es sich nicht um entrückte, weltfremde Bilder handelt. Sie sind Ausdruck der inneren, psychischen Welt.
Um die tiefere Bedeutung des Mandala zu begreifen, folgen wir nun einem kurzen Teil der letzten spirituellen Reise: dem heroischen Weg durch den Tod.
Das feinstoffliche Bewußtsein einer verstorbenen Person bleibt noch während mehrerer Tage im Körper zurück. In der ersten Phase dieser Zeit erhält dieser einen regenbogenfarbenen Lichterkranz, aus dem zweiundvierzig Gottheiten austreten. Die Person, die der oder dem Verstorbenen die Anweisungen für den Übergang zum Tod vorliest, sagt dann:

> O Edelgeborene(r), diese Reiche rühren nicht von irgendwo außerhalb (deiner selbst). Sie kommen von innerhalb der vier Abteilungen deines Herzens, die, den Mittelpunkt hinzugerechnet, die fünf Richtungen ausmachen. Sie kommen von da innen heraus und scheinen auf dich. Auch die Gottheiten sind nicht von irgendwo sonst gekommen: sie existieren von Ewigkeit her innerhalb der Fähigkeiten deines eigenen Geistes. Wisse, daß sie von solcher Natur sind.[11]

Zu verstehen, daß das Mandala aus dem psychischen Zentrum des Körpers und zugleich aus den Weisheitsenergien des Kosmos – den Gottheiten der Leere – entstand, ist das Hauptziel bei den Visualisierungen der Yogis und Yogini, in denen sie eins werden mit der Schutzgottheit. Der tibetische Meister Namkhai Norbu Rinpoche nannte diesen Vorgang die individuelle Energie wieder in jene des Universums eingliedern.[12]

Khamtrul Rinpoches Traumreise nach Shambhala

Zu den wirkungsvollsten Methoden, um in die ideale Wirklichkeit des Mandala einzutreten, gehören Vision und Traum. Wie die Navajo den Träumer, verehrt man auch in Tibet visionär begabte Personen, welche die illusorischen Grenzen des Körpers und des erwachenden Bewußtseins übersteigen und in die ideale Wirklichkeit eintreten. Eine der bedeutendsten zeitgenössischen Traumreisen hat der tibetische Lama Garje Khamtrul Rinpoche unternommen. Seine klare Traumvision *(milam)* nahm sein Bewußtsein und seinen feinstofflichen Körper mit auf eine Reise in das heilige, mandalaförmige Land Shambhala, die Stätte des ursprünglichen Mandala genannt Rad der Zeit.[13]
Auf einer Fahrt durch die unendlichen Weiten Tibets verbrachte Khamtrul Rinpoche im Jahre 1948 eine Nacht in der Nähe eines heiligen Bergs. In den frühen Morgenstunden, der Tageszeit, in der die Träume frei sind von den Gedanken und Ereignissen des vorangegangenen Tages, begab er sich auf seine visionäre Reise. Eine Frau, die dem Aussehen nach aus dem Himalaja stammte,

suchte ihn auf. Sie weckte ihn und forderte ihn auf, mit ihr zu gehen, denn sein Lama-Guru erwarte ihn, und er, Rinpoche, sei der Mensch, der zu diesem Zeitpunkt das richtige Karma habe, um diese Reise zu unternehmen. Er lehnte ihr Ansinnen ab, aber sie bestand darauf und machte ihm deutlich, daß ihn seine Zweifel nur behindern würden. Als er sich weiterhin weigerte, wies sie auf ihre Hände, die Füße und das Gesicht, und er sah, daß sie insgesamt sieben Augen hatte. »Ich bin Phakma Chendunma, Die Edle Mit den Sieben Augen, eine Gestalt der Weißen Tara«, erklärte sie.

Sie schnalzte mit den Fingern, und Rinpoche fühlte, wie sein physischer Körper wegschmolz. Er schrumpfte, aber seine Gedanken blieben klar. Da hob sie ihn auf und verschluckte ihn. Nachdem Rinpoche einen ihrer psychischen Nervenkanäle passiert hatte, traf er auf eine andere, der ersten gleiche Göttin, die zu seiner Führerin wurde. Sie nahm ihn auf eine unglaubliche Reise durch die Kanäle und Energieknoten (Chakra) im Nervensystem der Göttin mit und stellte ihn den Gottheiten vor, die dort wohnten.

Beide, der Lama und seine Führerin, verließen sodann den Körper der Großen Göttin gleich einer Geburt durch ihren Schoß, und die Kleine Göttin geleitete den geistig geläuterten Lama in den Himmel und auf eine Reise um die Welt von oben.

Sie landeten in einem runden Land aus acht Gebirgszügen (die sich von der Mitte her ausbreiteten wie die Speichen eines Rads), das von weiteren schneebedeckten Gipfeln umgeben war. Die Göttin beschied ihm, sein Lama wohne im Zentrum dieses Mandala-Landes.

Sie kamen an einen See und überquerten ihn über die niedrigste von drei Brücken. Am Ostufer begaben sie sich auf die Suche nach einer Stelle in den Felsen, an der spirituelle Krieger hervorzutreten pflegen, um dem Oberhaupt von Shambhala in Zeiten der Bedrängnis beizustehen. Danach gelangten sie zu einem Türkispalast auf einer großen Wiese südlich des Sees. Daneben graste ein blaues mystisches Pferd, jenes, das der Kriegerkönig reiten wird, wenn er die Feinde der Religion niederschlägt. Das Pferd war in Tat und Wahrheit eine Emanation des Bodhisattvas Grenzenlose Liebe. Die Göttin führte Khamtrul Rinpoche hernach an das Westufer des Sees und zu einem anderen Palast. Auf einem Thron in seinem Zentrum saß sein Lama: ein alter Mann. Doch unvermittelt verwandelte er sich in seine wahre innere Gestalt, nämlich jene eines vierarmigen Buddhas Grenzenlose Liebe, eines gütigen Jünglings, mit einem Wünsche erfüllenden Edelstein in der Hand.

Khamtrul Rinpoche – oder vielmehr sein Bewußtsein und sein feinstofflicher Körper – erfuhr von der Lama-Gottheit viele spirituelle Lehren und Prophezeiungen über Tibet und äußerte den Wunsch, in diesem Paradies bleiben zu dürfen. Aber Grenzenlose Liebe bestand darauf, daß er wieder gehe und seine neu gewonnene Weisheit zum Wohle anderer verwende.[14] Rinpoche ging zurück und folgte dabei dem Weg, den er mit der Göttin gekommen war, und nachdem er seine physische Gestalt wieder angenommen hatte, erwachte er unvermittelt aus seinem »Traum«.

Diese Traumreise führte Khamtrul Rinpoche in das heilige reine Land Shambhala, wo das Kalachakra-Tantra, die buddhistischen universellen Lehren über die natürliche Philosophie und damit der Schwerpunkt der tibetischen Religion, zuerst bewahrt wurde, um sich dann der Sage nach in ganz Innerasien auszubreiten. Tatsächlich findet sich in Shambhala der bedeutendste Ausdruck der tibetischen Mandala-Sicht der Wirklichkeit, das Tunkhor Kyinkhor oder Mandala Rad der Zeit, in dreidimensionaler Gestalt vor dem königlichen Palast, der seinerseits im Zentrum dieses sagenhaften mandalaförmigen Landes steht.

In Shambhala ließ Grenzenlose Liebe gewisse grundlegende Lehren in den feinstofflichen Körpergeist von Khamtrul Rinpoche überfließen, so daß dieser das ideale Reich Shambhala nicht mehr verlassen wollte. Aber Grenzenlose Liebe setzte dies durch, wohl wissend, daß Rinpoche den Bodhisattva-Kriegerpfad einschlagen und mit seiner Weisheit in die Welt des Samsara zurückkehren mußte. Das ist es schließlich auch, was Milarepa und Gautama, die Krieger-Zwillinge und der Träumer, letztlich lernen mußten. Wer in ein Mandala eintritt und dessen Weisheiten und Energien erlangt, muß diesen idealen Zustand auch wieder verlassen und in die große Welt zurückkehren, um den Nutzen mit anderen zu teilen.

Nach der Auflösung seines Körpergeistes in seine subtilste Form führte die Göttin Khamtrul Rinpoche durch ihr gesamtes psychisches Nervensystem und in die fünf Energiezentren. So erfuhr er die Wiedergeburt aus der Gebärmutter ihres größeren Körpergeistes, und ihre weniger körperliche Emanation (die kleinere Göttin) geleitete ihn durch den Himmel, viele Länder und schließlich nach Shambhala. Die Berge und Täler von Shambhala hatten die Gestalt einer achtblättrigen Lotosblüte, also eines Mandala. Im inneren Kreis der Berge lag ein großer See. Sie überquerte ihn mit ihm auf der niedrigsten der drei Brücken, was bedeutet, daß er damals erst die erste Verständnisebene des spirituellen Pfades erreicht hatte.

Göttin und Lama kamen auf dem mystischen Pferd, möglicherweise ein Sinnbild für die Kraft der Zirkulationswinde, die das Bewußtsein an den feinen Kanälen des psychischen Nervensystems zu bewegen vermögen (ebenso wie der Wind die mit einem Windpferd bedruckten Gebetsfahnen in einer steifen Bergbrise). Ein solches magisches Pferd entspricht demjenigen des großen spirituellen Kriegers Gesar von Ling. Die Göttin deutete das Pferd als Inkarnation von Grenzenlose Liebe, auf dem das zukünftige Oberhaupt von Shambhala im Kampf gegen die Mächte des Unwissens reiten werde, die Shambhala und seine kostbaren Lehren bedrohen. Dieses besondere Oberhaupt wird eine Verkörperung des Bodhisattvas der Transzendenten Weisheit (Jambayang) sein. Und also wird der spirituelle Krieger die Kräfte und das Wissen der Bodhisattvas der Weisheit und des Mitgefühls in sich vereinen.

Am Westufer des Sees betraten sie den Palast des »wahren Lama« von Khamtrul Rinpoche, der niemand anders war als Grenzenlose Liebe selbst. Entsprechend gilt das Oberhaupt von Shambhala als Verkörperung von Kalachakra und sein Palast als Kalachakra-Mandala: jener Palast und jene Wirklichkeit, die in der Mitte des Kalachakra-Mandala stehen und rituell mitten im Herzen von Praktizierenden visualisiert werden. Tatsächlich sind sowohl die achtblättrige Lotosblüte, die man sich in der Mitte des Mandala vorstellt, wie die Form von Shambhala und das psychische Zentrum des Herzens allesamt Ausdrücke des einen universellen, vierteiligen runden Musters.[15]

Das Mandala Rad der Zeit

Da es für die meisten Menschen eher schwierig ist, sich diese Mandala-Formen vorzustellen, haben Yogis, Yogini und Lamas dazu visuelle Hilfen entworfen. Eine davon ist der Tunkhor Lhakhang, das Haus des Kalachakra-Gottes (Schreinraum) im Potala-Palast, der im Herzen des irdischen Mandala mit dem Namen Lhasa liegt. Dieser Schreinraum ist ein zimmergroßes dreidimensionales Mandala aus Gold und Silber. Aber auch dieses große Gebilde vermag die Merkmale des durchscheinenden, von einem Regenbogen erleuchteten Palastes der Gottheit im Herzen des reinen Landes Kalachakra nur ansatzweise zu erfassen, der dort auf einem riesigen gekreuzten Wind-Vajra über dem Berg im Zentrum des Universums schwebt.

Die Vorstellungskraft der meisten Menschen muß durch einfacher zugängliche Mandalas in gemalten Bildern *(thangka)* unterstützt werden. Als spirituelle Diagramme konzentrieren die Thangka-Mandalas den Geist darauf, seine eigenen Geheimnisse zu erforschen. Die wirklich überzeugende Visualisierung der Wirklichkeit des Rades der Zeit findet sich aber nur im großen Sandmandala, das jeweils für jedes Kalachakra-Ermächtigungs- oder -Initiationsritual erstellt wird.

Das tibetische Mandala kann erstaunlich große Ausmaße annehmen; das Kalachakra-Sandmandala mißt im Durchmesser bis zu drei Meter. Sandmandalas müssen auf einer Holzplatte oder auf dem Boden erstellt werden. Das Sandmandala Kalachakra oder Rad der Zeit entsteht auf einer Holzplatte, indem man zeichnend mit einer in Kalk getränkten Schnur proportionalen, mit einem Kompaß aufgezeichneten Linien folgt.

Früher wurde ein solches Mandala ausschließlich aus feinem Sand hergestellt, der im allgemeinen vom Boden in der Nähe heißer Quellen stammte, wo die konzentrierten, aus der Erde gelaugten Mineralien den feinen Kieselkristallen lebhafte Farben verleihen. Heute werden zum Legen der Sandbilder speziell eingefärbte Steinpulver benutzt. Doch es gibt auch Mandalas aus anderen Materialien, etwa aus Blütenblättern, kostbaren Edelsteinen und gefärbten Reis-

Dieses dreidimensionale Chenrezi-Mandala in der Bibliothek tibetischer Werke und Dokumente in Dharamsala (Indien) stellt eine vereinfachte Fassung der Wirklichkeit des Rades der Zeit dar. So könnte man sich den Shambhala-Palast von Khambtrul Rinpoches idealem Lehrer Chenrezi vorstellen.

körnern. Um Verdienste für das Karma zu sammeln, eignen sich pulverisierte Edelsteine am besten.

Die Mönche arbeiten in alle vier Haupthimmelsrichtungen von der Mitte nach außen.[16] Dafür gibt es zwei Gründe, wobei der erste praktischer Art ist. Nur so ist es nämlich möglich, ein großes, symmetrisches Bild gleichmäßig und proportional richtig zu erstellen. Der zweite Grund liegt tiefer. Die Wirklichkeit des Mandala liegt im Zentrum, und von dort geht alles aus. Die vier Viertelkreise und die Peripherie sind Aspekte des Zentrums, und der Entstehungsprozeß eines Mandala ist notwendig verbunden mit seiner symbolischen Form und seiner tiefsten Bedeutung.

Der Sand wird durch Reiben an der rauhen Seite eines feinen, röhrenförmigen Trichters aufgetragen. Da der Trichter einen Sandvorrat enthält, fließen die Körnchen stetig, wodurch es überhaupt erst möglich wird, die äußerst feinen Einzelheiten des Mandala auszuarbeiten. Trotz größter Detailliertheit ist das Sandbild Rad der Zeit aber noch immer die gröbste Art, um das Universum des Kalachakra-Mandala zu erleben. Um das Mandala Rad der Zeit am wirksamsten zu erfahren, muß man sich mit Hilfe der Vorstellungskraft ein Bild davon machen.

Das geistige Auge erblickt ein Gebilde, das aussieht wie ein quadratischer Hochzeitskuchen auf mehreren runden Unterlagen. Der Palast und die Gärten des Mandala liegen auf den Schichten aus Grundelementen und -energien, und gleichzeitig schwebt das Mandala im Raum über dem kosmischen Berg im Zentrum des Universums. Der quadratische Palast liegt auf einer gelben Erdscheibe. Diese wiederum befindet sich auf einer blauen oder weißen Wasserscheibe. Darunter folgt eine rosa oder orangerote Feuerscheibe und noch weiter unten eine graublaue (oder auch schwarze) Windscheibe. Zwischen der Ebene des Feuers und des Windes stellt man sich acht große »Friedhöfe« (Leichenstätten oder Orte der Feuerbestattung) vor, die von grimmigen Wächtern bewohnt sind, dargestellt durch die achtspeichigen Räder an den Kardinal- und Halbkardinalpunkten. Darunter und über all dies hinausragend befindet sich eine dünne grüne Scheibe, die für den materiellen Raum steht.

Weiter nach außen gelangt der Geist zu zwei Schutzringen, die in allen tibetischen Mandalas vorhanden sind. Eine Wand aus Vajras von diamantener Härte und blitzartiger Kraft steht auf dem grünen Kreis, der den Raum darstellt. Dahinter erhebt sich der regenbogenfarbene Ring des Feuerbergs: eine Mauer aus Hitze und loderndem Licht.

Das Kalachakra-Mandala ist von den in Tibet üblichen Psychokosmogrammen das komplexeste. Im Grunde handelt es sich um ein mehrfaches Mandala mit vier (oder fünf, je nach Art des Zählens) abgestuften Residenzen für alle 722 göttlichen Emanationen der männlich-weiblichen Schutzgottheit Herr des Rades der Zeit (Kalachakra) und Mutter der Vielfalt (Vishvamata). Dabei muß man sich stets vor Augen halten, daß alle Emanationen ebenso wie der Mandala-Palast selbst identisch sind mit den Vater-Mutter-Gottheiten, die die verschiedenen Abläufe in Zeit und Raum verkörpern. Letztlich sind die Gottheitspaare, ihre Emanationen und die Umgebung Ausdruck des alldurchdringenden Nichts der Leere.

Bleiben wir beim Bild des Hochzeitskuchens, um den zentralen Teil des Mandala zu beschreiben. Die oberen Etagen dieses Mandala-Kuchens sind quadratisch und nicht rund wie die elementaren Grundlagen, auf denen sie ruhen. Die eckigen Türme des Palastes verfügen über beeindruckende Portale, die sich in vier Richtungen öffnen, und Treppen führen hinauf in die oberen Stockwerke.[17] Die Mauern des Palastes und alles, was sich darin befindet, ob Verzierungen oder Gottheiten, bestehen aus Regenbogenlicht. So sollen diese Gestalten zwar für das geistige Auge völlig »real« wirken, aber eigentlich bestehen sie aus dem geistigen Licht des Bewußtseins. Der Grundriß jeder Ebene ist entsprechend der Farbe der vier Kalachakra-Gesichter gefärbt. Auf einer tieferen Verständnisebene sind Himmelsrichtung und Farbe jeweils mit einem psychophysischen Aspekt des idealen Wesens namens Kalachakra verbunden, das in Vereinigung mit seinem komplementären Aspekt Vishvamata auf dem Gipfel des Weltachse-Palastes des Mandala steht.

Diese vierseitige Bergpyramide des Geistes besteht ihrerseits aus vier Mandala-Ebenen, und zwar (von unten nach oben betrachtet) der Ebene des Körpers, der Ebene der Sprache, der Ebene des Geistes und der Ebene der Verzückung (oder Gnosis). Mit Hilfe der gut entwickelten und kontrollierten Vorstellungskräfte betritt das Bewußtsein des Yogis, der Yogini oder anderer Praktizierender die Gärten dieses universellen Palastes (er wird auch Tempel, Pyramide oder

Zikkurat genannt) und trifft dort auf das leuchtende, bewegliche spirituelle Bauwerk des Kalachakra-Körpergeistes.

Das »Erdgeschoß« ist das Mandala, das dem Körper von Kalachakra Ausdruck verleiht, bewohnt von verschiedenen Machtwesen der Erde, des Himmels und der natürlichen Zyklen der Wirklichkeit. Zu den Letztgenannten gehören auch 360 Gottheiten für alle Tage im Jahr (zwölf Mondmonate mit je dreißig Tagen). Diese Ebene verkörpert den äußeren Aspekt der Lehren und der Phänomene, die das sogenannte äußere Kalachakra ausmachen. Dazu gehören die zyklischen Bewegungen der Planeten, der Sterne, der Sonne und des Mondes, der Jahreszeiten und der Tageszeiten, aber auch die Gezeiten, die menschheitsgeschichtlichen Epochen sowie die natürliche Ökologie der Weltzeitalter mit ihrer zyklischen Wiederkehr von Wachstum und Zerfall. Die tibetische Astrologie, die umfassendste der Welt, stimmt mit den Grundsätzen des äußeren Kalachakra überein.

Das Bewußtsein des Yogis, der Yogini tritt durch das östliche Tor des Körper-Mandala ein und sieht all dies. Es »erklimmt« die Treppen an den Mauern aus durchsichtigen Schichten von verschieden gefärbtem Licht und erreicht dann das Mandala der Sprache, das ebenfalls aus regenbogenfarbenem Licht aufgebaut ist.

Das Mandala der Sprache besteht aus feinstofflicheren Winden und aus feinerem Geisteslicht. Hier wohnen achtzig mit Edelsteinen geschmückte Gottheiten, die in immerwährendem Vergnügen leben. Ihre evokativen Gestalten leuchten mit einer Energie, die mit Sprache in Zusammenhang steht. Das Wissen und die Vorgänge, die mit dem Mandala der Sprache in Verbindung gebracht werden, nennt man inneres Kalachakra. Es bezieht sich auf die Zyklen des Denkens und die Energie, die sich in diesem zwar wunderbaren, aber dennoch rohen Ausdruck des Kosmos manifestiert, den wir als Körpergeist wahrnehmen. Außer den eher körperlichen Flüssen von Blut, Galle, Lymphe, Sauerstoff und Kohlendioxid wird unser Körper auch von feinstofflichen Energiewinden angetrieben, die durch ebenso feine psychische Kanäle fließen und als Transportmittel für das Licht des Geistes dienen. Das innere Kalachakra lehrt, wie dieser komplexe Körpergeist funktioniert und wie er mit dem äußeren Kalachakra in Verbindung steht. Der wichtigste Ausdruck dieser Ebene im Tantra Rad der Zeit manifestiert sich in der tibetischen Heiltradition.

Das Bewußtsein des Yogis, der Yogini steigt die Treppe weiter empor, vorbei an Mauern aus gefärbtem Licht, hin zum Mandala des Geistes. Dessen Eingänge werden von grimmig blickenden, aber mitfühlend gestimmten Schutzgottheiten bewacht. Im Inneren befinden sich männliche und weibliche Bodhisattvas in Begleitung von Gaben spendenden Göttinnen, die sie mit den besten Dingen des Universums versorgen. Es ist das Reich des alternierenden Kalachakra, und hier werden die Winde des Körpergeistes bei der psychophysischen Umwandlung der Yogini oder des Yogis am wirkungsvollsten kanalisiert. Gewöhn-

Kalachakra/Vishvamata: Herr des Rades der Zeit und Mutter der Vielfalt. Kalachakra hat vierundzwanzig Arme. In den Händen hält er verschiedene Instrumente für sein psychophysisches Tun. Mit den beiden Beinen zertrampelt er innerlich und äußerlich geschaffene Hindernisse auf dem Pfad zur Erleuchtung (dargestellt in menschlicher Gestalt). Er verfügt über vier Köpfe, die alle in eine jeweils andere Richtung blicken und verschieden gefärbt sind: dunkelblau (O), rot (S), gelb (W) und weiß (N). Die Viertel der Ebenen im Kalachakra-Mandala tragen die entsprechenden Farben. Vishvamata besitzt acht Arme. In den Händen hält sie die Symbole für ihr psychophysisches Tun. Sie hat ebenfalls vier Köpfe und zwei Beine, und ihr Körper ist zum Zeichen ihrer Energie der Bereicherung gelb gefärbt. Kalachakras Leib ist dunkelblau, was nicht nur auf seine Zugehörigkeit zur Vajra-Buddha-Familie hindeutet, sondern auch ein Zeichen dafür ist, daß er sich die grimmi-

lich sind die Kanäle und Winde des psychischen Nervensystems durch die Wirkungen des persönlichen, individuellen Daseins im Samsara blockiert. Die Winde sitzen in zwei Nebenkanälen fest und können daher nicht wirklich in den zentralen Kanal des feinstofflichen Körpers einfließen, um die fünf Energiezentren zu erreichen (die man sich als Kreise oder Räder vorstellt). Damit sich diese »männlichen und weiblichen Winde« richtig vermischen, müssen die Kräfte des Geistes genutzt werden. Das Ziel ist, geistig (und mit einigen körperlichen Yoga-Übungen) einen gereinigten Körper zu schaffen, damit dieser einem Geist, der das Wesen der Dinge klar erkennt, als stützende Grundlage dienen kann. Dieses Wissen und die dazugehörigen Praktiken nennt man alternierendes Kalachakra. Über das alternierende Kalachakra läßt sich das Mandala der äußeren und inneren Kräfte (Körper und Sprache), die die herkömmliche Wirklichkeit des Kosmos ausmachen, versöhnen.

Die Vorstellungskraft hat nun die Treppe zum vierten Stockwerk, dem Gnosis-Mandala, erreicht. Darin sind die Zustände Reines Bewußtsein und Höchste Glückseligkeit vereint. Beim ersten handelt es sich um das geläuterte Bewußtsein mit dem Wissen um das Wesen der Leere, beim zweiten um die glückselige Art, zu diesem Wissen zu gelangen. Gemeinsam stellen sie den höchsten Ausdruck der Zwei-in-Einem-Einheit dar.

Das Gnosis-Mandala hat zwei Unterebenen. Auf jener des Reinen Bewußtseins residieren sechzehn tantrische Buddhas, vier auf jeder Seite; im Zentrum stehen die Buddhas der östlichen Vajra-Familie, denn dies ist die Familie, aus der Kalachakra emaniert. Im Zentrum der oberen Unterebene, jener der Höchsten Glückseligkeit, befindet sich eine achtblättrige grüne Lotosblüte. Auf jedem Blütenblatt steht eine Göttin-Gefährtin, als Verkörperung einer grundlegenden psychophysischen Energie. In der Mitte stehen Kalachakra/Vishvamata, die Vater-Mutter-Verkörperung des Nichts der Leere und Erzeugerin (durch Emanation) der 720 übrigen idealen Wesen, welche das Mandala bewohnen. Da Kalachakra und Vishvamata sich in sexueller Vereinigung zeigen, ist dieser Teil des Mandala nach der ähnlich großen Glückseligkeit benannt, die eintritt, wenn man schließlich das Wissen (Leere) der wahren Natur der Dinge erlangt.[18]

Sehr geübte Praktizierende können sehen, wie sich die Gottheit aus dem Raum materialisiert und vor ihren Augen schwebend erscheint. Es ist der erste Schritt in der Entwicklung dessen, was man den »Stolz der Gottheit« nennt. Um eine tiefgreifende Identifikation mit dem Zustand der idealen Wesen herbeizuführen, muß es indes zu einer umfassenden Verschmelzung des persönlichen Denkens, Sprechens und Handelns mit dem der Gottheit kommen. Fortgeschrittene Praktizierende sind offenbar in der Lage, ihren Körpergeist in den der Schutzgottheit zu verwandeln und über die Kraft der Vorstellung tatsächlich durch deren Augen zu blicken. In dieser Form spielt sich der geistige Prozeß ab, mit dem man an das Kalachakra-Mandala herangehen muß.

Als »halbwilde« Schutzgottheit der östlichen Buddha-Familie mit dem Vajra besteht Kalachakra aus demselben psychophysischen Stoff wie Der Unerschütterliche (Mikyöpa) und das Diamantene Wesen (Dorje Sempa). Kalachakra meint auch die Verschmelzung des Herrn des Rades der Zeit (Kalachakra) und der Mutter der Vielfalt (Vishvamata). Vishvamata ist die Vielfalt der Gestalt, während Kalachakra die Zyklen der Zeit verkörpert. Gemeinsam bilden sie das Kontinuum in Raum und Zeit sowie auch jenseits davon.

Während der tantrischen Kalachakra-Initiation wird für alle Anwesenden ein Ritual durchgeführt, das unter der Bezeichnung »Das Mandala Sehen« bekannt ist. Sind die äußeren Formen des Mandala und des zentralen Gottheitspaares eingeführt, führt der Lama Initiandinnen und Initianden mit Hilfe ihrer Vorstellungskraft durch das Mandala. In dieser Phase der Initiation (die in Teil 4 beschrieben ist) sehen sich die Teilnehmenden als Kinder von Kalachakra/Vishvamata und werden dadurch ermächtigt, »ihr« Mandala zu betreten. Geistig treten sie durch das östliche Tor in das Mandala ein. Sie durchqueren die vier Viertelkreise und erklimmen nacheinander alle Mandala-Ebenen. Bei jedem Quadranten verwandeln sie sich in die entsprechende tantrische Buddhagestalt und kehren schließlich zum Osttor zurück, um das Mandala zu verlassen.

gen Mächte der Dunkelheit dienstbar macht, um Hindernisse auf dem Pfad zum inneren Licht zu zerstören. Und da sich das Kalachakra-Tantra mit den rohen Mächten des Kosmos befaßt, ist es nur allzu gut verständlich, daß die Gesichter beider Persönlichkeiten dieser Gottheit grimmig blicken.

Diese Kalachakra/Vishvamata-Statue dominiert den Schreinraum dieser Gottheit im Potala-Palast in Lhasa.

Dieses Vorgehen, um mit dem Mandala vertraut zu werden, findet bei den Navajo seine Entsprechung in den Erfahrungen des Träumers, der vier Paaren weiblicher und männlicher Yei folgte, um auf deren Baumstammkreuz eine Rundreise um den heiligen See zu unternehmen, nachdem er Zeuge der Rituale und Lehren der Schutzgottheiten geworden war. Die paarweisen Heiligen Wesen verkörpern ebenso wie die tantrischen Buddha-Paare in den vier Vierteln des Mandala Rad der Zeit Aspekte des Wissens und der Energie seiner Mandala-Wirklichkeit.

Dem Kreisen kommt in beiden Mandala-Erfahrungen ebenfalls hohe Bedeutung zu. Die psychophysikalische Ermächtigung des Träumers erfolgte durch seine Identifikation mit den auf den Stämmen sitzenden Gottheiten der vier Himmelsrichtungen, wobei sich die Wirkung mit jeder Drehung des Baumstammkreuzes (insgesamt vier) um den heiligen See noch verstärkte. Ebenso wird die in das Rad der Zeit einzuweihende Person ausgiebig durch die heiligen Stätten geführt und den Gottheiten vorgestellt. Wie der Träumer das Kreuz der wirbelnden Baumstämme von Osten besteigt, betritt sie das Mandala Rad der Zeit durch das östliche Tor, und dort beginnt der Ermächtigungsprozeß. Und ob bei den Navajo oder in Tibet: Stets kehren die neu Ermächtigten nach der Reise in den Kreis des Geistes in ihre gewöhnliche östliche Wirklichkeit zurück, und zwar als stärker integriertes Wesen, ermächtigt mit der heiligen Energie der Diyin oder Wang.

In beiden Traditionen bildet das Sandmandala die Bühne, auf der die psychophysische Umwandlung stattfindet. Mit Hilfe der Mandala-Erfahrung wird die Vorstellung mit allen Informationen versehen, die notwendig sind, um einen idealen Zustand des Körpergeistes zu erreichen. Werden die Schutzgottheiten in das Mandala gerufen, üben sie eine so starke Wirkung auf die einzelne Person aus, als wären sie körperliche Wesen, ja sogar ohne Zweifel eine um so stärkere, als sie geistiger Art sind. Ihr feinstofflicheres Wesen macht sie in Tat und Wahrheit realer.

Obwohl die großen Sandmandalas Tibets und der Navajo eine umfassende, abgeschlossene Erfahrung an sich vermitteln, sind sie lediglich Brennpunkte eines größeren heiligen Ereignisses. Es handelt sich bei diesem Ereignis um die höchste Annäherung an die ideale Wirklichkeit, die sich in unserer gewöhnlichen Wirklichkeit erreichen läßt. Indem Menschen diese Erfahrungen machen, unternehmen sie die Reise des spirituellen Helden, der spirituellen Heldin schöpferisch neu. In unserer »modernen Welt« kennen wir für dieses umfassende Einbeziehen des gesamten Umfelds von Symbolen, Ausgestaltungen und sorgfältig geleiteten Handlungen Begriffe wie »Zeremonie«, »Ritual« und »Ritus«, doch sie vermögen dem Ganzen nicht gerecht zu werden.

Die Angehörigen des tibetischen Volkes und der Navajo wissen, daß die Mandala-Reise identisch ist mit dem eigenen Lebensweg. Für sie gibt es keine Trennung des persönlichen Selbst und des Kosmos: Wir alle sind göttlich, nur haben wir unsere angeborene Göttlichkeit noch nicht voll verwirklicht. Sie sind durch ihre spirituellen wissenschaftlichen Verfahren, bei denen das Sandmandala als Altar dient, in der Lage, die nahtlose Einheit mit dem Zustand der Schönheit und des Nichts zu verwirklichen. Durch solche Umwandlungsriten wird man neu geboren, wiederhergestellt, in den persönlichen idealen Zustand umgewandelt, das heißt in die beste Version seiner selbst. Und auf diese Riten richtet das vierte Prinzip im Kreis des Geistes sein Augenmerk: das Werden.

Navajo-Sänger: »Wir rufen die Mächte der vier Himmelsrichtungen um Schutz an: Bär, Blitz, Schlange und Großer Wind.« Tibetischer Lama: »Auch wir rufen in unserer Schutzzeremonie die Schutzmächte der vier Himmelsrichtungen an.« Navajo-Sänger: »Vielleicht sollten wir uns zusammentun [lacht]. Ich achte dieselben Dinge wie er.«

Auszug aus einem Treffen in Santa Fe, New Mexico
September 1989

Finde deine Mitte, und du wirst geheilt.

Tao-Sprichwort

Teil 4

WERDEN: HEILIGE RITUALE DER UMWANDLUNG

Kapitel 12
DIE HEILIGE REISE

Die Schönheit des Rituals ... ist die Schönheit des eigentlichen Wesens einer Person. Wenn eine Person an dem Ritual teilnimmt, den Geist mit der Schönheit vereint, den göttlichen Pfad begeht, wird sie zutiefst ruhig. ... Der göttliche Pfad ist der Weg zum Sitz der Energie in der Seele.

Joseph Campbell

Mit den ersten drei Prinzipien, auf denen der Kreis des Geistes beruht, habe ich zu umreißen versucht, was Joseph Campbell so treffend als »jene Lektionen auf dem Weg zur Ganzheitlichkeit« bezeichnete, »welche die Menschen jahrtausendelang als ihren kostbarsten Besitz bewahrt haben«.[1] Um den Kreis zu vollenden, ist indes ein vierter Teil erforderlich. In diesem vierten Prinzip, dem des Heilig- oder Ganzheitlichwerdens, geht es darum, wie eine Person die ersten drei Grundsätze praktisch umsetzen kann, wenn sie an einem Umwandlungsritual teilnimmt.

Gemäß den Navajo- und den tibetischen Paradigmen können alle Wesen das ewige Leben oder die Buddhaschaft erreichen, wenn sie die Schönheit oder die Leere begreifen und vollständig damit verschmelzen. Aber diesen Zustand können sie nur über ein sorgfältig geplantes rituelles Vorgehen erlangen, nämlich das Ritual der Umwandlung.

In Ritualen stellen die Menschen mit Energien und Elementen der gewöhnlichen Welt die ideale Wirklichkeit dar. Rituale geben den Weg vor, auf dem eine Person ihr höchstes Potential wiedererlangen oder entwickeln kann, indem sie die transformativen Kräfte des heiligen Zeichens und die Energie des Körpergeistes vereint nutzt. Diese Kräfte strömen in ihrem rituellen Netz von ermächtigenden Handlungen, Gesängen, Gebeten und geführten Visionen zusammen. Rituale vollziehen den Weg nach, den in alter Zeit angehende Helden und Heldinnen auf ihrer spirituellen Reise gegangen sind. Die Lehren der Navajo und Tibets beschreiben diesen Weg oft als einen von einem Regenbogen erleuchteten Pfad zu einer idealen Wirklichkeit, in der die Heldin oder der Held lernt, in sich selbst spirituelle Schönheit zu erschaffen und diese nach außen auszustrahlen.

Da die weltlichen Aspekte unserer Lebensreise unser Bewußtsein in reichlichem Ausmaß in Anspruch nehmen, gilt es die heilige Seite unseres Wegs mit wirksamen Ritualtechniken zu fördern und auszubauen. Es gibt zwar viele Kulturen, die diese äußerst kostbaren spirituellen Systeme der Menschheit noch

Der Himalaja ist das höchste Gebirge der Welt – und geologisch gesehen das jüngste. Hier der Paß Lakpa-la oberhalb von Nyelam.

kennen, aber die Navajo und das tibetische Volk haben Formen entwickelt, die einen besonders allumfassenden Anspruch erfüllen.

Die große Reise in die Heiligkeit und die Rückkehr mit einem neugefundenen Bewußtsein ist wohl eine glückverheißende, doch manchmal auch erschreckende Erfahrung. Die Ganzheit des Universums im persönlichen Mandala umzusetzen, um das eigene universale Wesen zu spüren, ist nichts weniger als ein Kampf auf Leben und Tod zwischen dem begrenzten Ego und dem grenzenlosen Geist.

Um den Vorgang des Heilig- oder Ganzwerdens durch ein heiliges Ritual (von jetzt an kurz »Werden« genannt) einzuleiten, suchen Navajo, Tibeter und Tibeterinnen eine weise, integre Person mit persönlicher Kraft auf, um sich von ihr auf den heiligen Weg führen zu lassen. Bei den Navajo ist dies eine darin gründlich ausgebildete Mittelsperson, die sie *haatalli* nennen. (Die Bezeichnung »Medizinmann« verwenden nur Nichtnavajo.) In Tibet wenden sich die Menschen an Lamas oder Tulkus. Diese gelten als reinkarnierte menschliche Erscheinungsformen von sehr fortgeschrittenen Praktizierenden, Bodhisattvas oder Buddhas. Sie haben den Geiststrom der Erleuchtung und werden von Kindheit an streng darauf ausgerichtet, ihr innewohnendes Buddhawesen zu entfalten und damit meisterliche spirituelle Mittelspersonen für jene zu werden, die dem heldenhaften Pfad des Buddha folgen wollen.[2]

Sänger und Lamas gelten in ihrer jeweiligen Kultur als höchste »Zeremonienmeister«. Im Taoismus würde man sagen, sie verbinden Himmel und Erde. Da diese Zeremonienmeister am Berührungspunkt der beiden Wirklichkeiten stehen, zeigen sie anderen den Weg in den Kreis des Geistes.

Während bestimmter Rituale erfüllt eine große spirituelle Kraft (Diyin) den Navajo-Sänger, und er wird göttlich. Daher muß er dabei sehr strenge Verhaltensregeln befolgen. 1937 beschrieb Gladys Reichard diese Gottwerdung eines Sängers des Shooting Way und die Umwandlung einer behandelten Person folgendermaßen: »Der Sänger *ist* während dieser Zeit ein Gott. Das Singen ... *macht* aus ihm oft den mächtigsten aller Kriegsgötter, den Töter Fremder Götter [Monster-Töter] selbst.« Ebenso ist, so fährt sie fort, »die Besungene im Laufe der Dienste, die der Sänger verrichtet, nicht die lächelnde Navajo, sondern einmal das eine und dann ein anderes der Heiligen Wesen«.[3]

Bei einem Lama nimmt die Übertragung spiritueller Kraft (Wang) sogar noch ausgeprägtere Züge an. Während des Shedur-Rituals (siehe Anhang 5, »Zwei Rituale der Geisterbeschwörung«) wurde Lama Yeshe Dorje Rinpoche zur großen Schwarzen Dakini, um den Körpergeist eines Patienten läutern zu können. Auch verwandelt sich der Lama während großer tantrischer Initiationszeremonien wie des Ermächtigungsritus Rad der Zeit durch strenge geistige Vorgänge in die Schutzgottheit Kalachakra, und die Initiierten akzeptieren ihn vorbehaltlos als diese. Wissender Glauben ist denn auch grundlegend dafür, daß sich spirituelle Kraft rituell übertragen läßt.[4]

Lama und Sänger erleichtern der leidenden oder praktizierenden Person die rituelle Umwandlungsreise mit einer allgemeingültigen Vision, die erstmals eine visionäre Gestalt irgendwann in der Vergangenheit hatte, und betten sie in eine Erzählung über die Reise ein, die im Westen oft skeptisch als »Mythos« bezeichnet wird. Aus der ehemals privaten ist durch den allumfassenden Anspruch und die lebhafte Beschreibung der idealen Wirklichkeit eine öffentliche Vision geworden.

Auf einer solchen öffentlich gewordenen Vision der Reise eines spirituellen Helden oder einer spirituellen Heldin der Vergangenheit führen Lama und Sänger sodann ihre Schülerinnen/Patienten mittels des Umwandlungsrituals. Wir wissen, wie dieser Vorgang abläuft. Joseph Campbell hat ihn für uns in Form seines *Heros in tausend Gestalten* festgehalten: 1. Held oder Heldin streben danach, den Urgrund der idealen Welt zu betreten. 2. Haben sie das heilige Wissen und göttliche Eigenschaften erlangt, werden sie initiiert. 3. Sie müssen aus dem Glück und der Vollendung in der idealen Wirklichkeit des Mythos zurückkehren und die ideale Weisheit und Kraft in die »reale« Welt zurückbringen, um das Leben anderer Menschen zu bereichern. 4. Dann (und erst dann) können sie ihren letzten Zustand von Heiligkeit oder Frieden erreichen.[5]

Angehörige der Navajo und des tibetischen Volkes können eine solche Reise unternehmen, weil sie die Welt auf besonders ganzheitliche und intensive Weise sehen. Bereitwillig gehören sie einer natürlich geordneten, von verschiedenen Kräften erfüllten Welt des Wunderbaren an. Sie wissen auch, daß sie sich auf eine innere Reise begeben müssen, um den idealen Seinszustand zu erreichen. In diesem Sinn sind sie, sofern sie ihrer Tradition treu bleiben, von Natur visionäre Träumende und Schamanen. Einige sind geschickter oder begabter als andere, aber alle betrachten die Dinge gleichermaßen als umwandelbar. Den Vorgang dieses Idealwerdens aber setzen sie durch ihre Umwandlungsrituale in Gang.

Das Umwandlungsritual besteht aus dem rituellen Nachspielen von Episoden in einer öffentlichen (»traditionellen«) Vision. Haben eine Navajo oder ein Tibeter die ideale Welt-Wirklichkeit rituell wiedererschaffen und dann die erste visionäre Reise in deren Reich nachvollzogen, kehren sie vollendet, das heißt ganz und heilig, in die reale Welt zurück.

Kapitel 13
DAS UMWANDLUNGSRITUAL

Wenn das Umwandlungsritual den Prozeß des Werdens einleitet, heißt es Initiation; führt es den Körpergeist zurück zur Harmonie mit dem Kosmos, ist es ein Heilungsritual. Welchem Zweck es vordergründig auch dient, der Vorgang an sich ist der gleiche.

Im Chantway-Heilungsritual der Navajo und in der tibetischen tantrischen Initiation geht es um psychophysische Ermächtigung. Im ersteren, genannt Haatall (Chantway oder Singweg), wird die betroffene Person in Schönheit (Hózhóng) gesungen und mit heiliger Kraft (Diyin) erfüllt. Bei der tibetischen Initiation nimmt man bei der Einführung in eine der vielen Linien der Erkenntnis und Praxis (Gyud/Tantra) an der sogenannten Großen Ermächtigung *(wangchen)* teil.

In der buddhistischen Großen Ermächtigung wird erleuchtete psychophysische Kraft *(wangkur)* übertragen. Das Ritual heißt oft einfach *wang*, bezogen auf die göttliche Weisheitsenergie, welche die Initiierten erlangen. Um sich auf andere Weise zu ermächtigen, müssen Tibeter und Tibeterinnen im Laufe ihres Lebens umfangreiche *wangthang* anhäufen (was Trungpa Rinpoche als »authentische Präsenz« bezeichnet). Wer Wang-Kraft durch positives Denken, positives Sprechen und positive Handlungen sammelt, ereicht schließlich das Einssein mit dem großen Spiegel (Klarheit und Nichts) der Leere. Eine Person integriert sich also in den Kosmos, indem sie sich auf die gewöhnliche Welt auf heilige Art einläßt, besonders wenn sie diesen Prozeß mit dem Umwandlungsprozeß der Initiation in Bewegung setzt.

Da für die Navajo der Sinn des Daseins darin liegt, nach dem ewigen Leben gemäß den Grundsätzen der Schönheit zu streben, müssen sie Diyin entwickeln, die psychophysische Kraft der Erkenntnis, die ein Heiliges Wesen (Diyin dine'é) von einem gewöhnlichen Menschen (Nahoka dine'é) unterscheidet. Ein Zeichen dafür, daß jemand den Status eines Heiligen Wesens erreicht hat, kann der Tod in hohem Alter sein, ein Tod ohne schlechte Gedanken, Äußerungen oder Handlungen. Dies steht in scharfem Gegensatz zu einer Person, die keine Diyin-Kraft gesammelt hat und sich nicht mit der Schönheit des Kosmos und seinen Grundenergien in Harmonie befindet. Letzteres führt unvermeidlich zu körperlichen und geistigen Krankheiten, also Disharmonien, und zum vorzeitigen Tod, ein Zustand, der bei den Lamas deshalb Leiden heißt.

Der Weg des Chantway und des Tantra ist das Mittel, um einen lebenslang anhaltenden Prozeß einzuleiten, zu vollziehen und zu verstärken, der dazu führt, daß eine Person geheilt, heilig und ganz wird. Aber um den Körpergeist wirksam zu läutern, damit er die Weisheitsenergie der idealen Wesen aufnehmen kann, muß sie in einer Initiation symbolisch Tod und Wiedergeburt erfahren. Dabei lösen sich fehlerhafte Handlungen, Äußerungen und Gedanken im spirituellen Tod auf. Gesänge, Gebete, rituelle Handlungen – und die öffentliche Vision dahinter – werden von einem Sänger oder Lama inszeniert, um die Vorstellungskraft zu steigern, bis sie den unvollkommenen Körpergeist abwirft. Dieser Häutungsvorgang ist meist schmerzhaft, aber alle müssen sich ihm unterwerfen. Ja, wehe denen, die in ihrem Leben diese »kleinen Tode« nicht sterben.

Der Tod dient dem Leben. Manche mögen beim Gedanken an den Tod ein wenig schaudern. Schließlich stellt der Tod für uns im Westen die große, unaussprechliche Bedrohung dar. Wir verbinden mit dem Sterben zumeist Schmerzen und Dunkelheit. Und wer den Tod so negativ betrachtet, mag ihn wohl auch so erfahren. Aber dieselben Energien der Auflösung können dazu dienen, im Leben Erleuchtung, Weisheit und Glück zu erlangen. Dies zu erreichen ist indes weder eine leichte noch eine angenehme Erfahrung. Es gilt unseren feinstofflichen Körpergeist von Ungleichgewicht, sinnlosen Verhaltensweisen und Hindernissen für das persönliche Idealwesen zu befreien. Spiritueller Tod! Und es sind der spirituelle Held und die spirituelle Heldin, die sich diesen, ihren Ungeheuern von Angesicht zu Angesicht entgegenstellen und sie bekämpfen, bis zum Tod des unvollkommenen, unreifen und unwissenden Selbst.

Tod und Auflösung sind die Verbündeten der spirituellen Helden und Heldinnen. Der Tod des unvollkommenen, gewöhnlichen Selbst führt zur Wiedergeburt eines idealen Selbst. Die meisten von uns, denen die Beweggründe und die Einsicht eines Milarepa oder eines Träumers fehlen, müssen aber die Wiedergeburt der besten Version ihrer selbst zuerst indirekt und unter Anleitung in einem geführten Ritual erfahren.

Initiation und spirituelle Heilung. Aufbruch, gefährliche Reise und Ankunft beim Idealzustand sind dabei vorgegeben. Dann folgt die Rückkehr zum gewöhnlichen Zustand als ganzheitliches und ermächtigtes Individuum. Der spirituelle Tod, der zur Wiedergeburt aller führt, ist das wahre Ziel der spirituellen Helden und Heldinnen auf ihrer Reise in den Kreis des Geistes. Und das Ritual bietet in unserer gewöhnlichen Wirklichkeit die beste Möglichkeit, die Reise zu erklären und zu leiten.

Initiierte, die an der geführten Reise des Umwandlungsrituals teilgenommen haben, müssen ihre Lehren ganz verinnerlichen und im Alltag sorgsam anwenden. Die gewöhnliche Wirklichkeit immer, jeden Tag, auf ideale Weise zu sehen erneuert eine Person spirituell. Der Weg ist das Ziel.

Weil solches rein intellektuelles Wissen zu abstrakt ist, um die gewünschte Umwandlung auszulösen, muß der Körpergeist mit geeigneten Anreizen, zu denen das Umwandlungsritual gehört, dazu verführt und bewegt werden. Zu diesem Zweck erstellen die Navajo und Tibeter ihre faszinierenden Sandmandalas (Bilder der Kraft) als Brennpunkt für den Umwandlungsvorgang. Und sie betten alles ein in ein geheiligtes Umfeld: heilige Lieder und Gebete (Atemzüge der Kraft) und rituelle Handlungen (Taten der Kraft).

Atemzüge der Kraft

Wo wenn nicht in der Sitte,
in der Feier Raum, erstehen
Unschuld, Schönheit,
die man preist?

William Butler Yeats

In Tibet gilt für die tantrischen Initiationen nicht nur der Ausdruck Wang (Kraft), sondern auch Lung, also »Wind« oder »Atem«. Lung bezieht sich auf die Übermittlung von heiligen Worten, von Tönen, die sowohl Wissen als auch Grundenergien enthalten. Die Navajo nennen das Umwandlungsritual Singen. Lieder und Gebete enthalten die Grundtöne, aus denen Wirklichkeit und Schönheit entstehen. Heilige Töne umhüllen daher all jene, die an einem Umwandlungsritual teilnehmen, und durchdringen sie. Es handelt sich dabei weder um eigentliche Musik, Gesang oder Poesie noch einfach um Geräusche, sondern vielmehr um ein grundlegendes akustisches Muster, das, so gut es die Musizierenden vermögen, die Energie des Lebens und das Bewußtsein des Geistes ausdrückt, und es ist so aufgebaut, daß es eine tiefe und andauernde Veränderung im Körpergeist der zu initiierenden Person auslöst. Das Ausdrucksvermögen (»Rede« in Tibet, »Stimme« bei den Navajo) ist das Bindeglied zwischen dem feinstofflichen Reich des Geistes und der groben physischen Gestalt oder dem körperlichen Reich. Die Schöpfungsenergie ist der Mörtel, der das Gefüge des Körpergeistes zusammenhält. Navajo, Tibeterinnen und Tibeter erschaffen den Idealzustand des Körpergeistes ständig neu mit Visualisierungen, Gesängen, Gebeten und Kunstwerken. Obwohl ihre Äußerungen zum Teil dem, was wir Kunst und ästhetische Erfahrung nennen, ähnlich sind, üben sie nicht Kunst um der Kunst willen aus, sondern vor allem Kunst um des *Geistes* willen.

Mystisches Monogramm des Kalachakra-Tantra aus zehn miteinander verwobenen heiligen Vokalen und Konsonanten.

Heilige Klänge gelten ihnen als Energie, und diese setzen sie als wertvolle Instrumente ein, um ihren heiligen Visionen Ausdruck zu verleihen. In beiden Traditionen sind eindringliche Melodien, besondere Vokabeln und heilige Wörter entstanden, die die idealen Eigenschaften, die auf der rituellen Reise erlangt werden sollen, sowohl gestalten als auch hervorlocken. Den Grundstock für die tibetische Theorie der Klangenergie bilden »Keimsilben«, die zu *ngag* oder *mantra* (Sanskrit) genannten Versen aneinandergereiht werden. Tibetische Mönche intonieren vor allem bei tantrischen Initiationen und bei Zeremonien zur Anrufung von Gottheiten sehr lange Mantras. Die Keimsilben, aus denen sie bestehen, sind vorsprachliche und bewußtseinsverändernde

Taras Mantra »Om tare tutare ture swahe«, auf einem Felsblock aufgemalt. (links)

Chenrezis Mantra »Om mani padme hum«, in einen Felsblock eingeritzt. (rechts)

Klänge, die im Bewußtseinsstrom der Singenden und der Zuhörenden die Eigenschaften verschiedener Schutzgottheiten wachrufen sollen. Nach Meinung der Lamas setzen diese Kombinationen aus verschiedenen Tönen, Impulsen und Silben im Bewußtsein erleuchtete Weisheitsenergien frei, die ihrem Wesen nach den Tonschwingungen entsprechen. Das Mantra bildet die Brücke zwischen dem feinstofflichen Körper und seinem idealen Bewußtsein, und die stete Wiederholung des Mantra wirkt wie die Naht, welche das Gewebe des Körpergeistes zusammenhält.

Die Navajo kennen für ihre Chantway-Rituale Hymnenzyklen mit aufeinander bezogenen Texten; während eines mehrtägigen Rituals singen sie Hunderte solcher Gesänge auswendig. Für sie gelten diese Lieder als äußerst heilig, da sie besondere Worte und Vokabeln enthalten. Daher wird kaum je ein Sänger einwilligen, daß man sie aufzeichnet.

Warum ein solcher Gesang etwas Heiliges ist, hat einmal ein Navajo-Denker sehr schön formuliert: »Während eines Singens [Chantway-Ritual] bin nicht länger ich es, der singt. Es ist jemand anders. Es gibt eine direkte Verbindung zu den Heiligen Wesen. Wir haben gelernt, daß wir die Gottheit Nisizinii in uns tragen; sie ist unergründlich, aber heilige Lieder und auch Äußerungen und Gesten wecken sie. Ich habe ein deutliches Gefühl der Übertragung. Es ist nicht mehr ich; es ist eine Stimme von vielen anderen, die singen. Wenn man singt, hat dies hat eine große Kraft. Vor langer Zeit hat man alles gesungen, sagen die Alten. Alles war ein Lied.«[1]

Für die Navajo erschaffen Wörter in Verbindung mit dem Geist die Wirklichkeit. Es überrascht nicht, daß im Upward Reaching Way die im Schöpfungs-

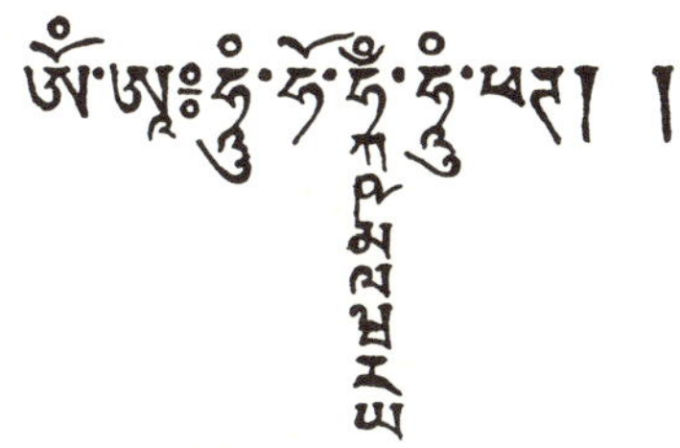

Stilisiertes Kalachakra-Mantra: »Om ah hum ho ham ksha malavarayam hum phat!«

mythos aufeinanderfolgenden Welt-Wirklichkeiten als *saad* (Wort oder Rede) bezeichnet werden. Karl Luckert, ein Kenner der Navajo-Religion, erwähnte diese Wechselwirkung von Sprache, Geist und Wirklichkeit, als er seine Initiation in die spirituellen Bräuche der Navajo beschrieb. Von Sprechender Gott sagte er, dessen Wesen sei nach allem, was er davon erfahren habe, am besten mit dem ersten Satz des Evangeliums nach Johannes zu beschreiben: »Im Anfang war das Wort ... und Gott war das Wort.«[2]

Die Bedeutung des Sprechens beim Erlangen von Schönheit tritt im folgenden Auszug aus einem Lied des Blessing Way sehr schön zutage:

Gib mir die Sprache von Sang'ah Nachai Bik'eh Hózhóng
[ewiges Leben in Schönheit]!
Schönheit erstrahlt um mich her.
So weit ich blicke, breitet die Erde rundum ihre Schönheit aus,
Wo immer ich hingehe, erstrahlt Schönheit um mich,
Wo immer ich hingehe, erstrahlt Schönheit um mich.[3]

Die psychophysische Kraft des Atems feiern die Navajo in ihrer gesamten rituellen Dichtkunst. So bekräftigen sie die schönen und detailreichen Texte ihrer Chantway-Gebete und -Lieder zusätzlich durch eindringliche Wiederholung. Mit jeder Wiederholung einer Lied- oder Refrainzeile entfaltet sich die Visualisierung. Das Gebet an das Donnerwesen aus Blütenstaub und dunkler Wolke aus dem Night-Way-Ritual (siehe Kapitel 14) ist dafür ein wunderbares Beispiel. Zum Vergleich bietet sich der Wortlaut des buddhistischen Opfer-Mandala an (siehe Anhang 2).

Der Einsatz rhythmischer, sich steigernder Wiederholung ist in den heiligen Gesangszyklen der Navajo sehr hoch entwickelt. In jedem Lied erweitern sie so den Umwandlungsvorgang Schritt um Schritt. Die folgenden, eng zusammengehörigen Lieder aus dem Coyote Way beschreiben anschaulich die Reise der Reintegration, auf der das Bewußtsein des oder der Besungenen langsam in Schönheit zurückkehrt.[4] Der repetitive und einfache Text schlägt wie ein Hammer auf Kupfer und formt den Körpergeist mit jedem klingenden Schlag ein wenig neu. Ein vereinendes Element im fortlaufenden Gang dieses Gesangs ist die stets wiederholte Wortfolge »in Anwesenheit der Sonne«. Hier erinnert das Licht und die Kraft der Sonne deutlich an die tibetisch tantrische Vorstellung des klaren Lichtes im Geist.

Mit meinem Geist gehe ich, in Anwesenheit der Sonne.
Mit meinem Geist gehe ich,
Mit meinem Geist gehe ich.
Ich suche meinen Geist, in Anwesenheit der Sonne.
Ich suche meinen Geist,

Ich suche meinen Geist.
Ich habe meinen Geist gefunden …
Ich bringe meinen Geist zurück …
Ich belebe meinen Geist wieder …
Jetzt geht mein Geist mit mir …
Jetzt wird mein Geist für mich neu geschaffen …
Jetzt kehrt mein Geist mit mir zurück …
Jetzt sitze ich hier, mit meinem Geist …

Für die Navajo sind Singen und Sprechen nicht nur Erzeugnisse des Atems, sondern eine stoffliche Form des psychischen Windes, der alle Dinge durchdringt. Sie verleihen der Verbindung zwischen den Zyklen des allumfassenden Atems und den Vorgängen im Geist auf verschiedene Weise Ausdruck. Das beste Beispiel dafür ist vielleicht eine kleine Handlung, die sie nach einer langen Nacht mit Gesängen und Zeremonien (meist der letzten Nacht eines Rituals) ausführen. Der Sänger heißt die besungene Person aus dem Hoghan gehen und in der Morgendämmerung viermal tief ein- und ausatmen. Sie weiß, daß sie nicht nur Luft atmet, sondern die Schönheit, die von den idealen Wesen und Energien stammt, welche die Morgendämmerung bewohnen.

Die Schönheit der Musik besteht darin, daß sie sowohl Ursprung der Schöpfung ist als auch das Mittel, diese aufzunehmen.

Hazrat Inayat Khan

Wenn ein Yogi oder eine Yogini aus den persönlichen inneren Windenergien den feinstofflichen Körper einer Gottheit wie Kalachakra schafft, tragen die feinstofflichen Lüfte des Körpergeists den erleuchteten Geisteszustand der Gottheit auf ähnliche Weise. Die Energie dieser Ureinheit ist im grundlegendsten aller buddhistischen Mantras formuliert und enthalten: *Om ah hum*. Darin können wir uns *om* als den allumfassenden Atem der Leere vorstellen; *ah* ist der persönliche Atem, und *hum* vereinigt die beiden. Laut der tantrischen Denkweise erklingt *om* im Scheitel, dem mit dem Körper verbundenen Energiezentrum, und strömt von dort aus; *ah* gehört zur Kehle, das heißt zum Sprechzentrum, und *hum* entströmt dem Herzen, dem Sitz des Geistes. Da im Tantra die Energien, auf denen sich das Bewußtsein bewegt, als atemartig gelten, ist der Mantraklang direkt mit dem Wesen des Bewußtseins und der körperlichen Vorgänge verbunden.

Atme die Morgendämmerung viermal ein und bete für dich, die Dämmerung und alles, was existiert. Alles soll wieder heilig gemacht werden. …

Frank Mitchell, Sänger des Blessing Way (Segensweg)

Taten der Kraft

Die heiligen Klänge von Gebet und Gesang fügen sich ein in eine übergeordnete Struktur, nämlich in die alle Sinne ansprechende Erfahrung des Rituals. Um den Aufbau der tibetischen und der Navajo-Umwandlungsrituale zu erkunden, muß man wissen, was die Menschen dort als Zweck ihrer Rituale betrachten.

Ihre Rituale lassen sich in drei Gruppen einteilen. Zur ersten gehören Rituale, die die umfassende Harmonie bestärken, indem sie das Individuum in Schönheit und in Glückseligkeit bewahren und den Idealzustand von Körper, Sprache und Geist erhalten. In diesen Ritualen treten meist die am stärksten lebensbejahenden Gottheiten auf.

Das grundlegende Navajo-Ritual, um Heiligkeit zu erlangen und im Leben zu bewahren, ist Hózhóóji, der Blessing Way oder Segensweg. Die Lehren des Blessing Way behandeln die Schöpfung empfindender Wesen und den Aufbau des idealen Kosmos. Von zentraler Bedeutung darin ist das Prinzip der Großen Göttin in der Verkörperung von Sich Ändernde Frau und ihrer Verbindung zum Sonnenträger. Der Blessing Way hat viele »Zweige«, die unter anderem dem Pflanzen von Mais, dem Segnen eines Hoghan und der weiblichen Pubertät gewidmet sind. Allen gemeinsam ist der Wunsch nach Güte, langem Leben, Gesundheit und Glück sowie das Kosten von Maisblütenstaub, um den göttlichen Zustand der Teilnehmenden außen und innen zu nähren.

In Tibet erfüllt meist Tsewang, das Ritual zur Ermächtigung für ein langes Leben, diesen Zweck; es umfaßt Wünsche für ein langes, glückliches und gesundes Leben. Die gängigsten Formen rufen die Mächte zweier eng verwandter Gottheiten an, die zum Lebensprinzip gehören, nämlich Grenzenloses Leben (Tsepame) und Weiße Tara (Dölkhar), die tibetische Mutter des Umsorgens. Wenn sich eine Person diese Gottheiten bildlich vorstellt, bringt sie ihren Körpergeist wieder ins Gleichgewicht und ermächtigt ihn, Hindernisse auf dem Weg zu Lebenskraft und Langlebigkeit zu überwinden. Das Ritual wird oft am Ende einer tantrischen Initiation durchgeführt, um für ein langes Leben des Lamas zu bitten. Es wird auch einmal im Jahr für die Gesundheit einer Gemeinschaft abgehalten. Die Teilnehmenden erhalten besondere Getränke und Kügelchen aus Gerstenmehl, die der Lama gesegnet hat und die mit der Kraft von Gottheiten des langen Lebens erfüllt sind.

Die Rituale der zweiten Gruppe bringen ebenfalls Lebenskraft und Wohlergehen zurück, aber mit sehr machtvollen Mitteln. Sie kommen dann zu Anwendung, wenn die hindernden Energien oder Wesen, die ein Individuum heimsuchen, auf die friedlicheren vorbeugenden Maßnahmen wie das Segnungsritual oder das Ritual zur Ermächtigung für ein langes Leben nicht reagiert haben. Um solchen hartnäckigen Hindernissen entgegenzuwirken, ruft man in Visualisierungen, Gesängen, Gebeten und rituellen Handlungen die wildesten unter der Kraftwesen an.

Bei den Navajo heißen diese Rituale Evil Ways (Wege des Bösen). Dazu gehören so gewaltsame Verfahren wie Enemy Way, Ghostway und Sucking Way, aber auch kürzere Schutzrituale, bei denen man Machtwesen wie Schlange oder Bär anruft. Diese Rituale bannen die Wirkung schädlicher Energien, die Ungeheuer, Navajo-Hexer und -Hexen sowie gefühllose Nichtnavajo ausstrahlen (Genaueres über Schutzmächte siehe Anhang 4).

Auch in Tibet gibt es zahlreiche Rituale, um die Wirkung der von Hindernissen geschaffenen Energien *(dön)* zu bannen (siehe Anhang 4). Dazu gehören jene, in denen man Schutzmächte wie den Großen Schwarzen (Nagpo Chenpo), die Glorreiche Göttin (Palden Lhamo) und die Fünf Verkörperten Könige (Kunga Gyalpo) anruft, das Ritual zur Bannung von Geistereinflüssen (Shedur) und die sehr alten Rituale, um Waffen aus dem Körper einer Person zu saugen, die mit Schwarzer Magie dorthin gelangten. In beiden Kulturen ist bekannt, daß es von Zeit zu Zeit notwendig ist, solche machtvollen Formen der Vorbeugung anzuwenden, etwa in dem Sinne, daß ein in kleiner Dosis eingenommenes Gift auch als wirksames Heilmittel dienen kann.

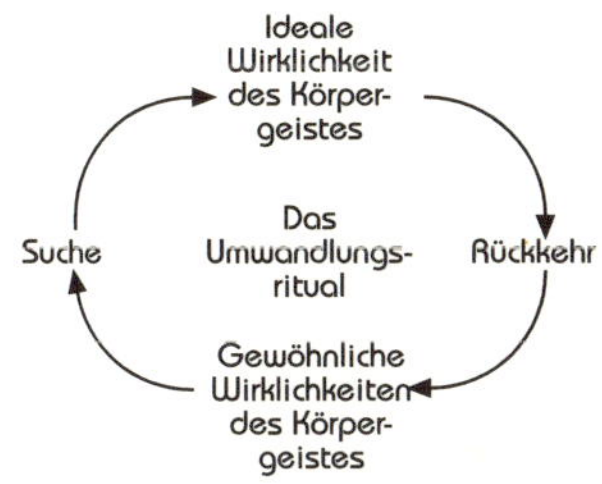

Suche und Rückkehr sind zwei Hälften desselben Kreises. Sie umfassen den Ermächtigungsprozeß oder die Reise des Werdens, welche die Teilnehmenden mit der idealen Wirklichkeit ihrer Gottheiten verbindet.

Aber uns interessiert hier die dritte Ritual-Gruppe am meisten. Dabei handelt es sich um ausgeklügelte Rituale der Umwandlung, um den Geistkörper auf den Pfad zur idealen Wirklichkeit zu führen. Dabei befreien sich die Teilnehmenden von gewohnten Verhaltensmustern, indem sie sich in den heiligen Kreis begeben und ermächtigt wiederkehren.

Bei den Navajo heißen diese Heilungs- und Initiationsrituale Heilige Zeremonien, in Tibet Große Ermächtigungen.[5] Ein solches Ritual wird verschrieben, wenn sich eine Person nicht in Harmonie mit dem Kosmos befindet (was eigentlich immer der Fall ist). Wenn sie auf den Pfad zur Ganzheitlichkeit geleitet wird, nimmt sie ein ihr Leben lang andauerndes Verhalten gemäß den Verfahren auf, die das Ritual eingeführt und in seiner spiritueller Geschichte erklärt hat.

Die heroische spirituelle Reise bildet das Grundmuster für das Umwandlungsritual. Der erste Teil des Rituals, die Suche (um eine europäische Metapher zu verwenden), überwindet äußere und innere Hindernisse und reinigt den Körpergeist. Ist dieser Prozeß abgeschlossen, kann die eigentliche Ermächtigung erfolgen, und die Energien, die heiligen Weisheiten und die Wesen, die diese Ermächtigung verkörpern, werden der zu initiierenden oder zu heilenden Person zugeführt.

Man muß lernen, zu denken, zu sprechen und zu handeln wie die Diyin Dine'é.

Herbert Benally, Navajo-Denker

Der Zeremonienmeister (ein Lama oder ein Sänger) hilft den zu Initiierenden, das zeitlose Ideal in ihren persönlichen Kreis zu rufen, während sie in eine tiefe Übereinstimmung mit den Weisheitsenergien ihrer heiligen Rollenmodelle, den Schutzgottheiten, eintreten. Diese Identifikation verstärkt und führt der Zeremonienleiter so wirksam, daß eine tatsächliche Umwandlung des persönlichen Selbstbildes sowie der Einstellung der eigenen Wirklichkeit gegenüber ohne weiteres stattfinden kann.

An dieser Stelle der rituellen Reise beginnt das, was wir die Rückkehr nennen können. Nachdem die Teilnehmenden sich (mit Hilfe der Gesänge, Gebete und rituellen Handlungen) in der idealen Wirklichkeit der Schutzgottheiten aufgehalten haben, müssen sie nun ihren neuerworbenen Körpergeistzustand auf die Angelegenheiten der realen Welt richten. Damit sich Erleuchtung oder Schönheit im Alltag entfalten kann, müssen die Initiierten behutsam aus der idealen Wirklichkeit des Rituals in die reale Welt entlassen werden.[6]

Tlleeji Haatall oder Night Way sowie Tunkyi Khorlo oder Tunkhor Wangkur, das Ermächtigungsritual Rad der Zeit (Kalachakra), sind, in jeweils eigener Weise, vollkommene Verfahren, um eine Person zu ermächtigen, in ihrer gewöhnlichen Wirklichkeit zu bestehen. Kein Wunder, daß beide Umwandlungsrituale im Grunde auf denselben Vorgaben beruhen. Diese werden wir uns nun genauer ansehen.

Kapitel 14

DAS TLLEEJI-RITUAL

Wenn eine Person für sich eine Zeremonie durchführen läßt, entspannt sich ihr Körper und entspannt sich ihr Geist; die Zeremonie – so könnten wir sagen – entführt sie für eine Weile in eine andere Welt, und wenn sie sich ganz stark konzentriert, kann sie geheilt werden.

Navajo-Sänger

Das »Singen« der Navajo läßt sich mit einem komplexen YogaSystem vergleichen. Das unmittelbare Ziel besteht darin, die leidende Person körperlich und seelisch wiederherzustellen. Ihre Krankheit – worum es sich auch dabei handeln mag – gilt nie als ausschließlich organisch bedingt, sie wirkt sich nur so aus. Ihre Ursache liegt in einer grundlegenden Disharmonie, die in dieser Person wieder in Ordnung gebracht werden kann.

Frank Waters

Der Tlleeji oder Night Way (Nachtweg) ist ein großartiges rituelles Schauspiel, das die Auf der Erde Gehenden mit den Heiligen Wesen des Gesamtkosmos verbindet. Da der Tlleeji also die gewöhnliche und die ideale Wirklichkeit vereint, ist er ein mächtiges Mittel, um den Körpergeist zu heilen. Und weil darin (durch Helfer des Sängers verkörpert) häufig Navajo-Gottheiten auftreten, dient er auch als Hauptritual zur Initiation in die Geheimnisse des Chantway-Pfades durch das Leben.

Das Ritual ist ungeheuer kompliziert: Neun Nächte und Tage sind dafür aufzuwenden, Dutzende von Personen müssen mitwirken, und es ist in heutiger Zeit mit hohen Kosten und großem Aufwand an Material verbunden. Sofern nicht bereits einer zur Verfügung steht, muß zuerst ein zeremonieller Hoghan errichtet und dann für eine Unterkunft mit Koch- und Sitzgelegenheiten sowie einer Tanzfläche gesorgt werden, und zwar an einem Ort, an dem in der neunten Nacht, dem Höhepunkt des Rituals – dem Tanz der Gottheiten mit den Menschen –, Hunderte von Fahrzeugen und ein großes Publikum Platz finden. Familie und Bekannte des oder der Besungenen (heute sind es oft zwei Besungene, um die Kosten des Rituals gemeinsam zu tragen) besorgen für alle Anwesenden Speis und Trank sowie die notwendigen Einrichtungen und bezahlen den Sänger und seine Gehilfen.[1]

Die Organisation eines Tlleeji setzt schon lange vor dem ersten Treffen mit dem angefragten Sänger ein. Als erstes sucht sich der oder die Kranke oder das Familienmitglied einen Wahrsager oder eine Wahrsagerin, die entscheiden, welches Ritual für die Behandlung des betreffenden Körpergeistzustandes das richtige ist (siehe Anhang 6, »Wahrsagen«). Für Menschen mit psychisch bedingten Erkrankungen des Nervensystems oder der Sinnesorgane (Verwirrung, Taubheit, Augen- und Sehprobleme, Lähmungen, Epilepsie, Katatonie und, interessanterweise, Gelenkentzündung) eignet sich ein Tlleeji besonders gut.

Der Grund für die Erkrankung liegt im zerfallenen Zustand des Körpergeistes der betreffenden Person, dessen Urelemente und -energien (die ihrerseits zum Heiligen Wind und Allumfassenden Geist gehören) sich nicht in der richtigen Ordnung befinden. Der Patient oder die Patientin fühlt sich nicht wohl, denn die Verbindung mit den Grundlagen, die sonst mit der Schönheit des Gesamtkosmos im Einklang stehen, ist gestört. Damit der Körpergeist wieder in Schönheit umgewandelt werden kann, gilt es den Urstoff des Kosmos in der Person selbst wieder neu zu ordnen. Die Energien, die sie schädigen, müssen nun zu ihrer Heilung dienen.

Mach mir meine Füße wieder ganz.
Mach mir meine Glieder / meinen Körper / meinen Geist / meine Stimme wieder ganz.
Nimm heute deinen Fluch über mich fort.
Du hast ihn von mir fortgenommen.
Er ist weit fort von mir genommen.
Weit fort, du hast es getan.
Glücklich erhole ich mich.
Glücklich kühlt sich mein Inneres.
Glücklich erlangen meine Augen ihre Kraft zurück
Glücklich kühlt sich mein Kopf.
Glücklich erlangen meine Glieder ihre Kraft zurück.
Glücklich höre ich wieder.

Glücklich ist der Fluch über mich aufgehoben.
Glücklich gehe ich.
Unempfindlich gegen Schmerzen gehe ich.
Im Inneren mich leicht fühlend, gehe ich.
Mit lebendigen Gefühlen gehe ich.

Tlleeji-Gebet an das Donnerwesen, Auszug aus Matthews, The Night Chant

Um den Körpergeist vollständig zu heilen, muß die erkrankte Person sich umfassend mit den Machtwesen des Tlleeji identifizieren. Der Tlleeji zeichnet sich besonders dadurch aus, daß die Gesänge und Gebete sämtliche Yei-Schutzgottheiten beschreiben und daß die Masken beim Tanzen während des langen Rituals viele davon verkörpern. Dies unterstützt den Vorgang, den man in Tibet »Gottheits-Yoga« nennen würde.

Bei den Schutzgottheiten handelt es sich um dieselben, die den Träumer auf seiner Reise beschützt und unterrichtet haben. Aber sie verfügen auch über große Macht und sind sogar gefährlich; der Träumer erlitt ja in der Hütte der Fransenmaul-Yei einen Anfall. Es ist grundlegend für die Behandlung, daß sich die erkrankte Person mit den Kräften der Yei identifiziert und sie übernimmt, aber dieser Vorgang muß mit aller Sorgfalt geleitet werden, da die Mächte die Erkrankung eben nicht nur heilen, sondern auch verursachen können.

Um die Schwere des Zustandes lebhaft zu veranschaulichen, gibt es in den Gebeten und Gesängen Anspielungen auf einen Fluch, den die sonst eigentlich wohlwollenden Schutzgottheiten über die betreffende Person verhängt haben. Warum? Weil sie weder »gut« noch »schlecht«, sondern einfach mächtig sind: von Macht erfüllt. Mit diesen Mächten, den Geistenergien des Kosmos, muß jede Person eine Beziehung in Schönheit aufrechterhalten oder eben wiederherstellen. Interessanterweise wird der Fluch weder in der Erzählung der spirituellen Reise des Träumers noch in den Gesängen und Gebeten jemals deutlich ausgesprochen. Dies weil der Fluch die Voraussetzung für kosmische Unordnung ist, für die Gegenschönheit Hóchxó und, wer ihn materialisiert, eine physische Ursache dafür schafft. Die Heilung gelingt jedoch nicht, indem man eine Ursache definiert und bekämpft, sondern indem man sich mit einem Idealzustand identifiziert, in dem es eine solche Ursache gar nicht geben kann.

Die Struktur des Rituals

Dem komplexen Mosaik von Ritualen und Symbolen des Tlleeji liegt ein einfaches, regelmäßiges Muster zugrunde:

Grundmuster des Tlleeji

Erste Gruppe von Nächten/Tagen	*Nacht der Vereinigung*	*Zweite Gruppe von Nächten/Tagen*
Vier Nächte: Aufhebungsrituale Vier Tage: Schwitzen und Gaben an die Heiligen Wesen	Macht und Anwesenheit der Heiligen Wesen anrufen und die Morgendämmerung mit einem die ganze Nacht dauernden die Mitte markierenden rituellen Fest begrüßen	Vier Tage: Sandbild-Rituale und Begrüßung der Morgendämmerung am neunten Tag Vier Nächte: Initiationen und Lieder »des umgedrehten Korbs« (mit Yeibichei-Tanz in der letzten Nacht)
Funktion: Die gewöhnliche Wirklichkeit und den Körpergeist läutern	Funktion: Das Reale mit dem Idealen vereinigen	Funktion: Die ideale Wirklichkeit erlangen, dann in die wirkliche Welt zurückkehren

Da sich der Körpergeist in einem Zustand allgemeiner Unordnung befindet, gilt es, ihn zuerst von den Wirkungen des elementaren Ungleichgewichts zu reinigen. Während der ersten Nächte und Tage des Rituals (die Dauer mißt sich eher in Nächten als in Tagen) liegt die Aufmerksamkeit vor allem auf der Läuterung des Körpergeistes.[2] Die Reinigung findet durch zwei sich ergänzende Verrichtungen statt: Aufhebungsrituale in den ersten vier Nächten und Schwitzhausbehandlungen in den ersten vier Tagen.

Aufhebungsrituale heben den Fluch der kosmischen Unordnung auf, mit Verrichtungen, die vor allem auf den Geist gerichtet sind. Frisch geschnittene Sumach-Äste werden zu einem kleinen Kranz gebogen, mit handgesponnenem Baumwollfaden gebunden und mit Kräuterzweiglein geschmückt. Auch bereitet man mehrere der heiligen Yei-Ledermasken für den Sänger vor, indem man sie zu Zylindern rollt und mit dem gleichen handgesponnenen Faden stabilisiert. Die Reifen und die gerollten Masken dienen als eine Art Zauberstab und heißen *woltraad*-Bündel. Es sind Hilfsmittel, um den Fluch aufzuheben, der auf dem Körpergeist der besungenen Person liegt.

Bei der Anwendung sitzt die leidende Person mit dem Sänger im westlichen Quadranten des Hoghan. In der Zwischenzeit ziehen ein paar Helfer, die sich den Körper mit weißem Lehm bemalt haben, Ledermasken bestimmter Yei über. Sie warten draußen in der Kühle der Nacht auf den Anfang der Aufhebungsgesänge. Um diese Schutzgottheiten zu verkörpern (dazu gehören gewöhnlich

Die Zeremonie hat viel mit der Läuterung der kranken Person zu tun. Sänger sagen: »Wenn du nicht gereinigt worden bist – Reinheit innen und außen –, kommen sie [die Heiligen Wesen] nicht in deine Nähe.«

Tlleeji-Sänger

Runde Woltraad-Bündel aus biegsamen Zweigen springen während der Tlleeji-Läuterung auf und tragen denFluch Gegenschönheit mit sich fort.

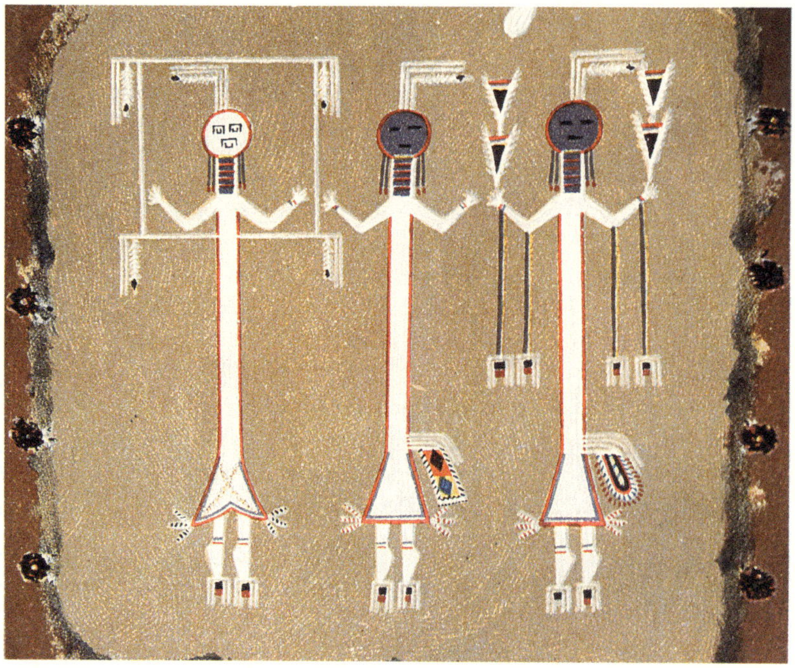

Sandbild mit
Sprechender Gott, der einen
Schutz-Zauber-Stab hält,
und zwei männliche Yei.

Sprechender Gott, eine Göttin und mehrere weitere Yei), muß man sich der Tleeji-Initiation schon mindestens viermal unterzogen haben.

Wenn die Gesänge beginnen, stürmen die Maskenwesen eines nach dem anderen in den Hoghan und stoßen ihre kennzeichnenden Schreie aus. Einzeln nehmen sie vom Gehilfen des Sängers einen Stab entgegen und berühren damit lebenswichtige Punkte am Körper der besungenen Person: Fußsohlen, Knie, ausgestreckte Hände, Brust, Rücken, Schultern, Wangen oder Schläfen, Ohren, Augen, Scheitel. Dann legt die Yei-Maske der besungenen Person den Stab an den Mund, löst die Schnur, so daß sich das Woltraad-Bündel öffnet, und geht mit einem letzten, langen und durchdringenden Schrei rückwärts aus der Öffnung hinaus in das östliche Reich. Während der ganzen Zeit ist der Hoghan erfüllt von ununterbrochenem Gesang, der das Aufheben des Fluchs in allen Einzelheiten schildert. Das Lösen und das anschließende Wegziehen der Schnur vom Mund der besungenen Person stellt das Herausziehen der psychophysischen Erkrankung aus dem Atem und der Windseele dar. All dies wird in den folgenden Nächten wiederholt.

Ist jede Sequenz der Aufhebung vollständig durchgeführt, tritt Sprechender Gott mit einer anderen Art Schutzstab ein. Dieser hat die Form eines vierseitigen, zusammenklappbaren Talismanes aus Holz, der sich zu einem Quadrat öffnet. Sprechender Gott legt ihn um die sitzende Person und hebt ihn nach und nach hoch, bis über ihren Kopf. Dadurch entsteht eine Schutzhülle, während gleichzeitig der Fluch des Ungleichgewichts aufgehoben wird.

Der Sänger kann auch zu anderen Ritualen greifen, um die Negativität zu brechen. Eines davon schreibt vor, den Körper der kranken Person über und über mit Fichtenästen zu bedecken und ihr eine geflochtene Maske aus Immergrünrinde aufzusetzen. Dann treten maskierte Verkörperungen der Krieger-Zwillinge mit großen Steinmessern ein und schneiden Äste und Maske weg, um so den Fluch der Erkrankung aufzuheben.

In einem weiteren verwandten Ritual trägt die besungene Person je nach ihrem Geschlecht die Ledermaske eines verallgemeinerten weiblichen oder männlichen Yei. Einem solchen Ritual konnte ich beiwohnen. Die Maske war dabei mit einem Lederriemen an einem über einen halben Meter hohen, im sandigen Boden des Hoghan verankerten Fichtenschößling befestigt. Die Masken (das sind in den mythisch verwandelten Augen der besungenen Person die Heiligen Wesen) rissen den Schößling unvermutet aus dem Boden und damit die Maske vom Gesicht der besungenen Person. So zogen sie den Fluch unvermutet und gewaltsam von ihrem Geistkörper ab.

Um die Hilfe besonders mächtiger Gottheiten zu erlangen und die besungene Person bei der Identifikation mit der Behandlung zu unterstützen, stellen die Navajo Gaben *(ketaan)* für verschiedene Reinigungsmächte her. Es handelt sich dabei um zylinderförmige Figürchen aus Zweigen. Es gibt weibliche und männliche Keetans (wobei sich der »Kopf« stets an der Stelle befindet, wo der Zweig weiterwachsen würde). Man bemalt sie gemäß dem Farbschema der vier Himmelsrichtungen und legt sie schließlich paarweise in den vier Himmelsrichtungen auf ein Maismehlbett in einem Ritualkorb (wie die Yei-Paare auf

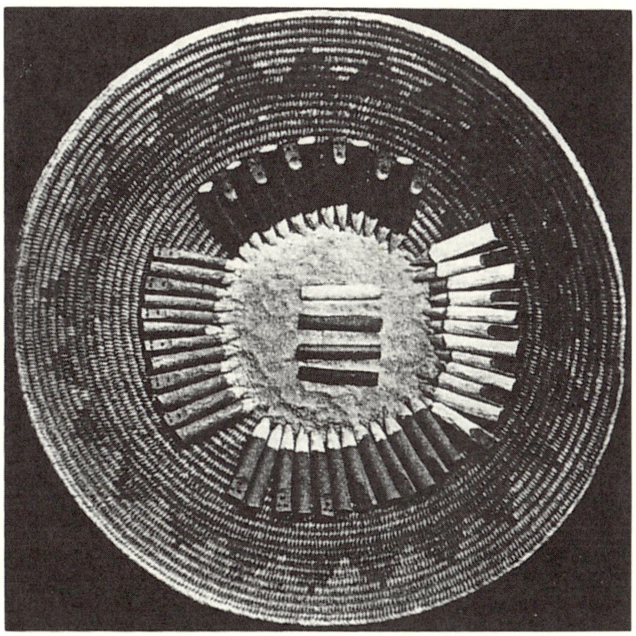

In einem Ritualkorb angeordnete Ketaan-Gaben für Machtwesen der vier Himmelsrichtungen.

Tlleeji-Schwitzhaus von oben gesehen. Es ist geschmückt mit sich überkreuzenden Abbildungen der Regenbogengöttin und des Blitzgottes.

dem Baumstammkreuz in der Vision des Träumers). Die Maskenwesen erhalten eine nach der anderen dieser Gaben, nehmen sie nach jeder Aufhebungssequenz mit nach draußen und überlassen sie dort Gottheiten wie zum Beispiel den Donnerwesen der vier Himmelsrichtungen. Diese allmächtigen Gottheiten haben die Zwillinge zu starken Kriegern geformt, und ihr Schutz wird nun benötigt.

Während es in den Aufhebungsritualen vor allem um die mentalen Aspekte der Läuterung des Körpergeistes geht, behandeln die Schwitzhausrituale der ersten vier Tage eher die körperliche Komponente der besungenen Person (schließen die mentale jedoch ein).

Das Schwitzhaus ist ein ausgehöhlter Erdkegel, der jeden Nachmittag speziell zu diesem Zweck errichtet und dann, nach der Behandlung dieses Tages, wieder zerstört wird. Am ersten Tag stellen es die Beteiligten im Osten des Zeremonienhoghan auf, an den folgenden Tagen nacheinander im Süden, im Westen und schließlich im Norden. Das Schwitzhaus ist mit Sandbildern von Regenbogen-und-Blitz-Wesen geschmückt (immer ein weibliches und ein männliches, die miteinander verschmelzen). Zwölf mit Federn von Adlern und wilden Truthähnen geschmückte Holzpfähle stehen darum herum. Diese »Gebetsfedern« bilden einen Schutzring um das Schwitzhaus, welches von derselben Art ist wie jenes, in dem sich die Krieger-Zwillinge nach ihrem Kampf gegen die Ungeheuer reinigten. Die Anzahl der Federn bezieht sich auf die natürliche Numerologie im Kosmos, wie sie zum Beispiel in den zwölf Mondmonaten zm Ausdruck kommt, und die Adlerfedern stehen für die zwölf Adlerfedern im

Kopfschmuck von Sprechender Gott, ihrerseits ein Symbol für die weißen Strahlen der Morgendämmerung.
Die besungene Person schreitet feierlich mit dem Sänger zum Schwitzhaus und kriecht hinein, während der Sänger und seine Gehilfen das nachfolgend wiedergegebene Lied singen. Ihr Körper wird mit der reinigenden trockenen Hitze behandelt, welche die glühenden Steine darin verströmen. Die Hitze führt einen transzendenten Geisteszustand herbei, und dieser, verstärkt durch den Liedtext, hilft der besungenen Person, sich tief mit der idealen Einheit von Sprechender Gott und Rufender Gott zu identifizieren.

Damit gehe ich,
Mit Sprechender Gott gehe ich nun,*
Dies sind seine Füße, mit denen ich gehe,
Dies sind seine Glieder, mit denen ich gehe,
Dies ist sein Körper, mit dem ich gehe,
Dies ist sein Geist, mit dem ich gehe,
Dies ist seine Stimme, mit der ich gehe,
Dies sind seine zwölf weißen Federn, mit denen ich gehe,
Schönheit vor mir, mit der ich gehe,
Schönheit hinter, über, unter mir, um mich herum,
mit der ich gehe,
Im Alter auf dem Pfad der Schönheit ich gehe,
Es ist ich, mit dem ich gehe.

Tlleeji-Schwitzhausgesang (Auszug)[3]

In einem Schwitzhausritual, dem ich beiwohnte, verbrachte die Besungene zehn bis fünfzehn Minuten im heißen Erdkegel. Als sie heraustrat, näherten sich ihr eine Maske von Sprechender Gott und eine Yei mit ihren typischen Schreien und legten ihr Kräutersträußchen auf die lebenswichtigen Punkte. Die Kräuter waren mit Aufhebungsschnüren zusammengebunden, und damit zogen die verkörperten Gottheiten die Gegenschönheit vom Geistkörper der Frau weg.[4]
Während der ersten Hälfte des Tlleeji-Rituals geht es vor allem um Reinigung. Dadurch wird der Körpergeist auf seine Rückkehr zur Gesundheit beziehungsweise Ganzheit vorbereitet. Aber dies ist nur der erste Schritt. Die besungene Person muß nunmehr vollständig in die ideale, ursprüngliche Wirklichkeit der mit Diyin ermächtigten Heiligen Wesen eintreten. Um diese Ermächtigung zu erlangen, muß sie körperlich und geistig den Seinszustand der Heiligen Wesen wiedererschaffen. Sie muß zum Träumer werden (der seinerseits zu einem der Heiligen Wesen wird).

* In der zweiten Strophe zu ersetzen durch Rufender Gott.

Donald Sandner bezeichnet die Stufen, kraft derer eine Person durch die Heiligen Wesen und zugleich als diese ermächtigt wird, Anrufung, Identifizierung und Umwandlung.[5] Es sind dies Aspekte jenes einen Vorgangs, der den Kern der zahlreichen Handlungen im letzten Teil des Tlleeji-Rituals bildet.

Dieser Vorgang beginnt in der vierten Nacht mit einem zentralen Ritual, um die Anwesenheit der Heiligen Wesen anzurufen. Es ist ein großes rituelles Festmahl mit Essen, Gesang und Gebet, das bis zur Morgendämmerung dauert. Mit der ihnen eigenen Untertreibung nennen die Navajo diese eine ganze Nacht lang währende Zeremonie »Kein Schlaf« (No Sleep). Washington Matthews bezeichnete sie als »Nachtwache ... an der Menschen und Gottheiten oder die Eigenschaften, welche die Gottheiten darstellen, gleichermaßen teilnehmen«.[6] Es handelt sich hierbei um die formelle Vereinigung der noch nicht ermächtigten Auf der Erde Gehenden mit den ermächtigten Heiligen Wesen und damit um nichts anderes als um den Treffpunkt der realen und der idealen Welt. Durch die schönen Lieder und Gebete, die sich im Ritualteil Kein Schlaf aneinanderreihen, erlangen die Teilnehmenden Einlaß in die ideale Wirklichkeit der Gottheiten des Tlleeji und in den Geist ihres Anführers Sprechender Gott.

Zu Beginn der Kein-Schlaf-Vereinigung mit den Heiligen Wesen sind die Yei, trotz ihres zeitweisen Auftretens als Masken im früheren Verlauf des Rituals, in der Wirklichkeit des Hoghan noch nicht vollständig anwesend. Gleichermaßen befinden sich aber auch die am Tlleeji Teilnehmenden noch nicht vollständig in der Wirklichkeit der Heiligen Wesen. Es herrscht eine Art Übergangszeit zwischen den beiden Wirklichkeiten. Indes sind die Masken, die einen Teil der Macht der Yei enthalten, bereits da. Sie gehören notwendig zur heiligen Ausrüstung *(jish)* eines Tlleeji-Sängers.

In dieser Nacht legt man sie in der richtigen Reihenfolge auf einem Altar aus geweihtem Leder und Ballen feinen Stoffs aus; der Sänger segnet sie mit Gesang und streut nach strengen Vorgaben Maispollen darüber. Ebenso beträufeln sie zwei Kinder (ein Junge und ein Mädchen) mit heiligem »gemischtem Wasser«. Dann »füttert« man die Masken mit eigens dafür zubereitetem Maisschleim. So wie die Masken die äußeren Verkörperungen der Yei darstellen, gelten der Junge und das Mädchen als äußere Verkörperungen des ewigen Lebens und der Schönheit.

Durch ihre Masken haben die Heiligen Wesen nun ihren Anteil am Festmahl bekommen. Jetzt können Die Auf der Erde Gehenden zu essen beginnen. Sie nehmen nicht das zu sich, was heute gewöhnlich auf dem Tisch steht (Lammfleisch, Röstbrot, Salat und Kaffee), sondern vor allem einheimisches Wildgemüse und Maisgerichte aus der Zeit, da ihre Ahnen die Lehren des Tlleeji erstmals erfahren haben. Einheimische Nahrung ist ja immer noch die beste Nahrung, sowohl aus spiritueller als auch aus ernährungswissenschaftlicher Sicht.

Die Yei müssen nicht nur gefüttert, sondern auch vollständig »aufgeweckt« und im heiligen Bereich des Hoghan willkommen geheißen werden. Dies geschieht durch ein wundersames Lied, das mit dem Refrain beginnt:

Er rührt sich, er rührt sich, er rührt sich, er rührt sich;
Im Land der Morgendämmerung rührt er sich, rührt er sich;
Den Blütenstaub der Morgendämmerung rührt er, rührt er;
Nun im Laufe Hohen Alters, rührt er sich, rührt er sich;*
*Nun auf dem Pfad der Schönheit**, rührt er sich, rührt er sich;*
Er rührt sich, er rührt sich, er rührt sich, er rührt sich.

Nach Matthews

Alle Heiligen Wesen des Navajo-Pantheons werden in einem Lied, das mit den Worten »Sprechender Gott, sein weißes Gewand aus Leder« beginnt, einzeln benannt und beschrieben. Während dieses ziemlich langen Liedes schüttelt der Sänger jeweils die im Lied angesprochene Maske sanft hin und her und belebt sie dadurch voll und ganz mit der Kraft und der Anwesenheit der Gottheiten: Die Heiligen Wesen sind eingetroffem.

Im heiligen Bereich des Hoghan (nun zu dem mit Edelsteinen, Sonnenstrahlen und Regenbogen bedeckten Hoghan der Heiligen Wesen geworden) kann für die Ermächtigten und die noch nicht Ermächtigten die Nacht der Vereinigung durch Gesang beginnen. Eigentliche Trommeln verwenden die Navajo nicht. Sie stülpen einen Ritualkorb (jenem ähnlich, der den Schleim für die Masken enthalten hat) umgekehrt auf das Bett aus geweihten Stoffen und Laken. Er erzeugt beim Schlag mit einem Stock aus gedrehten und zusammengebundenen Yukkablättern den richtigen Ton. »Der Korb ist umgedreht«, sagen die Navajo entsprechend, wenn das Trommeln einsetzt.

Da es sich beim Ritualteil Kein Schlaf des Tlleeji oder Night Way um eine Ableitung aus dem Blessing-Way-Ritual handelt, stammen viele Lieder aus dem Blessing-Way-Repertoire. Diese schönen Gesänge rufen Güte und ganzheitliche Kraft herbei. Ihre ansteigenden hypnotisierenden Melodien erfüllen die ganze Nacht. Bei Tagesanbruch singen die Navajo mehrere besondere Lieder für die Morgendämmerung, und die Nachtwache endet mit einem langen Gebet und dem Herumreichen des Blütenstaubbeutels für eine »Selbstsegnung«.

Diese »Lieder des umgedrehten Korbes« werden an den Abenden fünf bis acht gesungen. Sie bringen Segen im späteren Teil des Rituals, wenn es um Ermächtigung und Rückkehr zur Heiligkeit der besungenen Person geht. In Tat und Wahrheit werden alle, die konzentriert am Ritual teilnehmen, mit den Eigen-

* Sang'ah Nachai
** Bik'eh Hózhóng

A
B
C
D
E
F
G
H

schaften der Schutzgottheiten und des Träumers erfüllt und potentiell umgewandelt.

Die letzten vier Tage des Rituals dienen dazu, sich tief mit den idealen, ermächtigten Wesen zu identifizieren (und sich in sie umzuwandeln). In dem von Washington Matthews beschriebenen Tlleeji war der fünfte Tag dem Erstellen und dem Gebrauch eines Sandmandala gewidmet, das die große Vision des Träumers, die Vision der Wirbelnden Baumstämme, darstellte. Am sechsten Tag entstand ein Sandbild vom Tanz der Yei in ihrer Hütte am Nordufer des ersten Sees, auf den der Träumer auf seiner Reise gestoßen war. Und das Bild des siebten Tages zeigte die Szene in der Hütte der Fransenmaul-Yei am Südufer des ersten Sees, welcher der Träumer beigewohnt hatte und während der sie ihn mit ihrem heiligen Wissen erfüllten.

Während des rituellen Sandmalens wird die besungene Person in eine Art Fruchtblase aus Liedern und Gebeten gehüllt und sitzt innerhalb der osmotischen Membrane des Sandmandala. Gladys Reichard beschrieb dieses Ritual ein wenig dramatisch als eine »spirituelle Osmose, bei der das Böse im Menschen und das Gute der Gottheit die zeremoniellen Membranen [Sandbilder] in beiden Richtungen durchdringen, wobei das Gute das Böse neutralisiert, jedoch nur sofern exakte Bedingungen für dieses gegenseitige Durchdringen erfüllt sind«.[7] Wird dieses gegenseitige Durchdringen in der richtigen Weise, das heißt »schön«, durchgeführt, identifiziert sich die besungene Person ganz mit den idealen Machtwesen und wird dadurch, daß sie geistig und körperlich deren Kräfte erwirbt, geheilt, ganz und heilig gemacht und in Schönheit wiederhergestellt.

Die Sandbildrituale kommen den Erfahrungen des Träumers in der idealen Wirklichkeit der Heiligen Wesen von allen Annäherungen am nächsten. Im Ritual des fünften Tages setzt sich die besungene Person zusammen mit den Yei-Paaren auf das in Sand gemalte Baumstammkreuz im See der Wirbelnden Wasser, während die Masken der Dickhornschaf-Yei und von Rufender Gott diese Swastika gemäß der Sonnenumlaufbahn um den See bewegen und Sprechender Gott sie segnet und reinigt, indem er Blütenstaub verstreut. Es handelt sich bei diesem Sandbild nicht einfach um eine Darstellung gekreuzter Baumstämme in einem heiligen See, umgeben von Gottheiten, sondern es *ist* genau das Kreuz, auf dem der Träumer fuhr. Auch ist es nicht mehr die besungene Person, die mit den Yei auf dem Baumstammkreuz sitzt, sondern der Träumer selbst. Und schließlich sind die Masken mit ihren heilenden Berührungen nicht mehr einfach Menschen in Masken, sondern Götter und Göttinnen. Sie streuen Sandkörnchen aus dem Leib der Gottheiten vom Mandala auf die entsprechenden Körperteile der besungenen Person und übertragen so deren göttliche Kraft und wandeln den Körpergeist in die ideale Form um.

Am sechsten Tag wird der Patient oder die Patientin noch einmal zum Träumer und durchlebt durch das Sandbild den großen Kontertanz der Heiligen Wesen

Charakteristische Masken von Yei-Schutzgottheiten. Sprechender Gott (A), Rufender Gott (B), Monster-Töter (C), Weibliche Yei (D), Für das Wasser Geborenes Kind (E), Fransenmaul-Gottheit (F), Männlicher Yei (G), Dickhornschaf-Gott (H).

Personifiziertes Yei-Wesen in der Ledermaske von Fransenmaul-Gottheit. (links)

Personifiziertes Yei-Wesen in der Ledermaske von Schwarzer Gottheit. (rechts)

in ihrer Hütte im heiligen Reich. Dieser gilt als Muster für den sogenannten Yeibichei-Tanz maskierter Tänzer und Tänzerinnen während der Geschehnisse in der neunten Nacht des Tlleeji, die bis zum Morgengrauen andauern.

Am siebten Tag stellt das Sandbildritual dar, wie der Träumer erkrankte und ihn die Fransenmaul-Yei mit ihren Kräften wieder heilten. Am achten Tag wird manchmal ein Sandbild von Schwarzer Gott erstellt, um seine große Macht zu veranschaulichen.

Zu diesem Zeitpunkt ist der Fluch großenteils aufgehoben, und die besungene Person kennt nun die Reise des Träumers in ihrer vollen Länge. Die Ritualhandlungen der verbleibenden Nächte sind darauf ausgerichtet, sie vollumfänglich als heiliges Geschöpf zu ermächtigen und die symptomatische Krankheit des Körpergeistes zu heilen. Während dieser vervollständigenden Phase des Rituals suchen auch Nichtinitiierte Zugang zu den Geheimnissen der Heiligen Wesen des Tlleeji, und bereits Eingeweihte trachten nach Erneuerung und Bestärkung früherer Initiationen. Diese Initiationsriten finden in der aufgeladenen Atmosphäre des von einem Holzofen erhitzten Hoghan statt, der nach fünf oder mehr Nächten und Tagen des Rituals durchdrungen ist von Schönheit, nunmehr ein heiliger Ort, gereinigt von allem Negativen und erfüllt mit der Anwesenheit der Heiligen Wesen. Dieses innere Heiligtum betreten die Initiierten und verschiedene Gottheiten, angeführt von Sprechender Gott und einer Göttin. Das Trommeln wird leiser, und eine Hülle aus heiligen Tönen durchdringt den Ort

Personifiziertes Yei-Wesen in der Ledermaske einer weiblichen Yei. (links)

Personifiziertes Yei-Wesen in der Ledermaske von Sprechender Gott. (rechts)

der Initiation, während die sitzenden Männer und Frauen beginnen, geistig »in Schönheit zu gehen«.
Weil sich die Reise des Träumers besonders zu Beginn äußerst schwierig gestaltete, wird im ersten Initiationsritual dieses Leiden veranschaulicht. Nachdem die Yei Maismehl auf die verschiedenen Kraftpunkte am Körper aller Anwesenden aufgetragen hat, »schlägt« Sprechender Gott die Initianden leicht mit Yukkawedeln, während Initiandinnen nicht geschlagen, sondern mit einer makellosen Ähre von gelbem Mais berührt werden.[8] Nun, da der Körpergeist der Initiierten heilig ist, nehmen die Helfer des Sängers die Masken ab und enthüllen den vor Ehrfurcht erstarrten (jüngeren) Initiierten die Wahrheit, daß nämlich ihre Vettern, Onkel, Väter oder Freunde der Familie, die jetzt vor ihnen stehen, nur als Verkörperung der Heiligen Wesen handeln, deren Macht die Masken durchdringt. Und daß sie die göttliche Kraft zwar erlangen können – wie im Fall des Träumers –, daß es sich jedoch dabei nicht um eine materielle Art Kraft handelt, sondern vielmehr um eine Eigenschaft, die in den inneren Bereichen des Körpergeistes zu finden ist. Die demaskierten Auf der Erde Gehenden setzen dann den Initiierten die Masken auf, damit diese durch deren Augen blicken können und erkennen, daß auch sie mit der Schönheit und dem Diyin der Heiligen Wesen erfüllt sind.
Während dieser letzten Nächte und Tage sollte die Krankheit der besungenen Person bereits am Abklingen sein, der Körpergeist aber wird zusehends gereinigt

Personifiziertes Yei-Wesen in der Ledermaske von Monster-Töter. (links)

Personifiziertes Yei-Wesen in der Ledermaske von Für das Wasser Geborenes Kind. (rechts)

und mit heiliger Kraft erfüllt. Die täglichen Sandbildrituale und nächtlichen Initiationen und Lieder mit Trommelbegleitung führen die achtsamen Initiierten vollends in das Reich der Gesundheit und Heiligkeit. Und diese Vorgänge münden nun in einen Prozeß, in dem die Teilnehmenden in einem wieder ganzheitlichen, ermächtigten Zustand in ihre gewöhnliche Wirklichkeit zurückgeführt werden, ganz wie der Träumer nach seiner Heilung und seiner Initiation im Reich der Gottheiten.

Diese Rückkehr in die gewöhnliche Wirklichkeit vollzieht sich im Laufe des neunten Abends und der neunten Nacht bis zum Morgengrauen des folgenden Tages. Die Heiligen Wesen und Die Auf der Erde Gehenden vereinen sich dann zum Abschluß nach einem Gebet der Reinigung und Umwandlung zu einem großen »Maskenball«.

Nach der Hälfte des neunten Abends treten der Sänger und die besungene Person aus dem Hoghan hinaus in die kalte Nachtluft. Zahlreiche Feuer wärmen das große Publikum, das auf die Rituale und Tänze wartet. Zu dem Zeremonienmeister und der besungenen Person gesellen sich, von tanzenden Masken verkörpert, mehrere Heilige Wesen. Bei Washington Matthews wurden von den Sänger-Lehrern des neunzehnten Jahrhunderts dazu Pfeil-Göttin (verwandt mit der griechisch-römischen Artemis/Diana), Roter Gott (dessen Kräfte Augenkrankheiten heilen) und Wassersprenger (dessen lebenspendende

Wasser Schmerzen und Lähmungen lindern) »verwendet«. Manchmal erscheinen auch die Krieger-Zwillinge. Mit ihren Waffen und furchteinflößenden Gesten vertreiben sie die Ungeheuer außerhalb und innerhalb des Körpergeistes. Auch andere Yei können während dieses Höhepunktes, dieses Gebets der Umwandlung, erscheinen.

Während eines Tlleeji war ich selbst Zeuge der Erscheinung von Sprechender Gott, einer Fransenmaul-Gottheit und einem Dickhornschaf-Gott. Sie traten hintereinander mit dem Sänger auf die besungene Person zu, die mit dem Gesicht gegen Osten vor dem Hoghan saß. In jener Nacht schlossen sich dem Sänger zudem vier Tänzer an, die einfache Ledermasken mit Adlerschwanzfedern trugen und deren Körper mit weißem Lehm bemalt war. Das Publikum verstummte, und der Sänger und die besungene Person näherten sich den Maskierten.

Diese Maskierten heißen die Ersten Tänzer (da dies der erste Tanz der Nacht ist) und sind Verkörperungen der Donnerwesen der vier Himmelsrichtungen, der allmächtigen Träger der Energie von Himmel und Blitz, welche die Krieger-Zwillinge und Söhne von Sich Ändernde Frau im östlich gelegenen Hoghan von Sonnenträger ermächtigten, heilten und heilig machten. Diese Donnerwesen nähern sich nun ihrerseits der besungenen Person mit einem sehr heiligen Lied, das Ordnung und Bewegung des Kosmos beschreibt, wie sie in der Beziehung zwischen Himmel und Erde, Regen und Mais zum Ausdruck kommen.

Wenn sie ihr Heilungslied beendet haben, bekräftigt der Chor im Hoghan dessen wohltätige Wirkungen, indem er singt:

*Darüber donnert es.**
Seine Gedanken richten sich auf dich.
Er erhebt sich zu dir.
Jetzt zu deinem Haus.
Er nähert sich ihm für dich.
Er kommt für dich an.
Er erreicht die Tür für dich,
Er tritt ein für dich.
Hinter der Feuerstelle verspeist er sein besonderes Mahl.
»Dein Körper ist stark,
Dein Körper ist nun heilig«, sagt er.

Und an dieser Stelle stimmen Sänger und besungene Person das große Gebet der Umwandlung und der Rückkehr zur Schönheit an. Dieses Tlleeji-Gebet richtet sich an das (östliche) Haupt der Donnerwesen aus dunklen Wolken und

* Die zweite Strophe beginnt mit: »*Darunter donnert es ...*«

Blütenstaub und versetzt den Patienten oder die Patientin sowie alle, deren Einbildungskraft durch die Worte angeregt wird, in die Wirklichkeit der Donnerwesen. Wer sich solcherart anregen läßt, ist nicht mehr länger er oder sie selbst, sondern der Träumer, der im Begriff ist, zum Heiligen Wesen zu werden.
Im ersten Teil ihres Gebets rufen sie das Donnerwesen an und schildern dieses sowie seine Wirklichkeit in prächtigen Einzelheiten:[9]

In Tsegihi,
Im Haus aus Dunkelheit,
Im Haus aus Abenddämmerung,
Im Haus aus dunklen Wolken,
Im Haus aus männlichem Regen,
Im Haus aus dunklem Nebel,
Im Haus aus weiblichem Regen,
Im Haus aus Blütenstaub,
Im Haus aus Heuschrecken,
Wo der dunkle Nebel die Tür umhüllt,
Wohin der Regenbogenpfad führt,
Wo der Zickzackblitz hoch steht,
Wo der männliche Regen hoch steht.
O Männliche Gottheit!
Mit deinen Mokassins aus dunklen Wolken, komm zu uns.
Mit deinen Beinkleidern aus dunklen Wolken, komm zu uns.
Mit deinem Hemd aus dunklen Wolken, komm zu uns.
Mit deinem Kopfschmuck aus dunklen Wolken, komm zu uns.
Mit deinem Geist, gehüllt in dunkle Wolken, komm zu uns.
Mit dem dunklen Donner über dir, komm zu uns.
Mit der geformten Wolke zu deinen Füßen, komm zu uns.
Mit der weiten Dunkelheit aus der dunklen Wolke über deinem Kopf, komm, schwinge dich zu uns empor.
Mit der weiten Dunkelheit aus männlichen Regen über deinem Kopf, komm, schwinge dich zu uns empor.
Mit der weiten Dunkelheit aus dunklem Nebel über deinem Kopf, komm, schwinge dich zu uns empor.
Mit der weiten Dunkelheit aus weiblichem Regen über deinem Kopf, komm, schwinge dich zu uns empor.
Mit dem Zickzackblitz, der hoch über deinem Kopf geschleudert wird, komm, schwinge dich zu uns empor.
Mit dem Regenbogen, der hoch über deinem Kopf hängt, komm, schwinge dich zu uns empor.
Mit der weiten Dunkelheit aus dunklen Wolken an den Enden deiner Flügel, komm, schwinge dich zu uns empor.

Mit der weiten Dunkelheit aus männlichem Regen an den Enden
deiner Flügel, komm, schwinge dich zu uns empor.
Mit der weiten Dunkelheit aus dem dunklen Nebel an den Enden
deiner Flügel, komm, schwinge dich zu uns empor.
Mit der weiten Dunkelheit aus weiblichem Regen an den Enden
deiner Flügel, komm, schwinge dich zu uns empor.
Mit dem Zickzackblitz, der hochgeschleudert wird an den Enden
deiner Flügel, komm, schwinge dich zu uns empor.
Mit dem Regenbogen, der hoch an den Enden deiner Flügel hängt,
komm, schwinge dich zu uns empor.
Mit der nahen Dunkelheit aus dunklen Wolken, männlichem Regen,
dem dunklen Nebel und weiblichem Regen, komm zu uns.
Mit der Dunkelheit auf der Erde, komm zu uns.

Als nächstes werden dem Donnerwesen Gaben dargebracht:

Damit wünsche ich, daß die Gischt auf dem fließenden Wasser
über die Wurzeln des großen Maises strömt.
Ich habe deine Opfergabe gebracht.
Ich habe dir eine Pfeife bereitet.

Sodann folgt eine Visualisierung, und zwar in Form einer Bitte, den Körpergeist der besungenen Person wieder zur Schönheit zu führen (»Glücklich« bedeutet »in Schönheit«), die mit einer Bestätigung schließt, daß dies vollbracht ist:

Mach mir meine Füße wieder ganz.
Mach mir meine Glieder wieder ganz.
Mach mir meinen Körper wieder ganz.
Mach mir meinen Geist wieder ganz.
Mach mir meine Stimme wieder ganz.
Nimm heute deinen Fluch über mich fort.
Nimm heute deinen Fluch über mich weg.
Du hast ihn von mir fortgenommen.
Er ist weit fort von mir genommen.
Weit fort, du hast es getan.
Glücklich erhole ich mich.
Glücklich kühlt sich mein Inneres.
Glücklich erlangen meine Augen ihre Kraft zurück.
Glücklich kühlt sich mein Kopf.
Glücklich erlangen meine Glieder ihre Kraft zurück.
Glücklich höre ich wieder.
Glücklich für mich ist der Fluch aufgehoben.

Glücklich gehe ich.
Unempfindlich gegen Schmerzen gehe ich.
Im Inneren mich leicht fühlend, gehe ich.
Mit lebendigen Gefühlen gehe ich.

In diesem Zustand der Ganzheitlichkeit und der Umwandlung zur Schönheit kommen der besungenen Person nun alle schönen Dinge zu.

Glücklich wünsche ich mir dunkle Wolken in Hülle und Fülle.
Glücklich wünsche ich mir dunklen Nebel in Hülle und Fülle.
Glücklich wünsche ich mir vorüberziehende Schauer in Hülle und Fülle.
Glücklich wünsche ich mir Pflanzen in Hülle und Fülle.
Glücklich wünsche ich mir Blütenstaub in Hülle und Fülle.
Glücklich wünsche ich mir Tau in Hülle und Fülle.
Glücklich möge schöner weißer Mais bis an die Enden der Welt mit dir kommen.
Glücklich möge schöner gelber Mais bis an die Enden der Welt mit dir kommen.
Glücklich möge schöner blauer Mais bis an die Enden der Welt mit dir kommen.
Glücklich möge schöner Mais aller Arten bis an die Enden der Welt mit dir kommen.
Glücklich mögen Pflanzen aller Arten bis an die Enden der Welt mit dir kommen.
Glücklich mögen Gottheiten aller Arten bis an die Enden der Welt mit dir kommen.
Glücklich mögen Kostbarkeiten aller Arten bis an die Enden der Welt mit dir kommen.
Mit jenen vor dir mögen sie glücklich mit dir kommen.
Mit jenen hinter dir mögen sie glücklich mit dir kommen.
Mit jenen über dir mögen sie glücklich mit dir kommen.
Mit jenen unter dir mögen sie glücklich mit dir kommen.
Mit jenen um dich herum mögen sie glücklich mit dir kommen.
So erfüllst du glücklich deine Aufgaben.

Nun senden alle Anwesenden der besungenen Person gute Gedanken und machen so auch sich selber glücklich (versetzen sich also in Schönheit):

Glücklich betrachten dich die alten Männer.
Glücklich betrachten dich die alten Frauen.
Glücklich betrachten dich die jungen Männer.
Glücklich betrachten dich die jungen Frauen.

Glücklich betrachten dich die Knaben.
Glücklich betrachten dich die Mädchen.
Glücklich betrachten dich die Kinder.
Glücklich betrachten dich die Oberhäupter.
Glücklich werden sie dich betrachten, während sie in verschiedenen Richtungen auseinandergehen.
Glücklich werden sie dich betrachten, während sie sich ihrem Zuhause nähern.
Glücklich möge ihr Weg nach Hause auf dem Blütenstaubpfad sein.
Glücklich mögen alle nach Hause gelangen.

Abschließend folgt der Mandala-Segen und damit das angestrebte Ziel jedes Navajo-Umwandlungsrituals:

In Schönheit gehe ich.
In Schönheit vor mir gehe ich.
In Schönheit hinter mir gehe ich.
In Schönheit unter mir gehe ich.
In Schönheit über mir gehe ich.
In Schönheit rund um mich herum gehe ich.
Es ist vollendet in Schönheit.
Es ist vollendet in Schönheit.
Es ist vollendet in Schönheit.
Es ist vollendet in Schönheit.

Nun hebt das grandiose Schauspiel des Yeibichei-Tanzes an. Die ganze Nacht bis zum Morgengrauen löst eine Gruppe tanzender Masken die nächste ab, alle jeweils angeführt von einer Maske von Sprechender Gott oder Wassersprenger-Gott. Man stellt sie sich vor als Yei-Familien, die zum Tanz für den Träumer in der Hütte der Yei am Nordufer des ersten Sees kommen, auf den er auf seiner heiligen Reise stieß. Vor seinem geistigen Auge sieht das Publikum nicht mehr länger die Feuer aus Wacholderholz, die Rücken oder Bauch wärmen, sondern befindet sich in jener Hütte und schaut dem Tanz der Gottheiten zu. Die tanzenden Masken sind dem allgemeinen männlichen und weiblichen Yei-Typus Hashch'baka und Hashch'baad nachempfunden, eine Art Heiliger Wesen, zu denen die Navajo letztlich werden können, wenn sie dem Chantway-Pfad zur Schönheit folgen.
Im Grunde gehört dieses Ereignis zwei Wirklichkeiten an. Zum einen handelt es sich um den heiligen Tanz der Heiligen Wesen in ihrem Hoghan. Das unheimlich wabernde Licht, die beißende Kälte und die Kenntnis der Erzählung, die dem Ritual zugrunde liegt, verstärken diese Wahrnehmung. Doch es ist auch ein Ort auf dem Körper von Erdfrau, inmitten der heiligen Navajo-Berge, und

die Anwesenden sind aus gewöhnlichem Fleisch und Blut. Auf diese Weise treffen sich Wesen, die zum ewigen Leben in Schönheit ermächtigt sind, mit jenen, die diesen Zustand noch nicht erreicht haben, aber dazu imstande sind. Das Ideale und das Reale werden eins.

Die Macht und die Segnungen der Heiligen Wesen werden nun zum letzten Mal auf alle Anwesenden übertragen. Jede Person, die dem Yeibichei-Tanz beiwohnt, nimmt auf ihre Weise an der heldenhaften spirituellen Reise des Träumers und an seiner Rückkehr in die Welt teil. Wenn der Morgen anbricht, endet der Tanz, und alle Anwesenden atmen mit der besungenen Person die Morgendämmerung ein, während der Chor im Hoghan die abschließenden Lieder des Rituals anstimmt.

Die besungene Person bleibt danach noch vier Tage in einem von den alltäglichen Verrichtungen losgelösten Zustand und wird sodann ganz zurück in ihre Wirklichkeit geführt. Die Welt ist zwar dieselbe geblieben, aber sie hat sich verändert. Sie ist schrittweise mit der bestehenden Welt in Einklang gekommen. Sie hat sich zur Schönheit gewandelt. Ein Sänger erklärte dazu: »Vier Tage lang ... wirst du nach der Zeremonie als Sprechender Gott betrachtet ... dann nimmst du Sprechender Gott in dir fort und wirst wieder du selbst.«

Am Ende der Tlleeji-Reise zu Ermächtigung und Gesundheit steht oft eine rasche Besserung, ja die umfassende Heilung der besungenen Person. Die Veränderung reicht manchmal so tief, daß ein Night-Way-Sänger über das Chantway-Ritual einmal bemerkte: »Ich kann es selbst nicht glauben. Es gehört zu den besonders wertvollen Dingen. Ich hoffe, es wird überdauern.«

In den philosophischen Grundzügen stimmen der Navajo-Chantway und der tibetische tantrische Pfad erstaunlich genau überein. Es überrascht daher kaum, daß zwei ihrer bedeutendsten nicht geheimen Umwandlungsrituale, nämlich Tlleeji und Rad der Zeit, wie wir gleich sehen werden, auf ähnlichen prinzipiellen Strukturen beruhen.

Kapitel 15

DAS INITIATIONSRITUAL RAD DER ZEIT

Wie der Tlleeji oder Night Way die Kräfte der Dunkelheit nutzt, um im Morgengrauen die Schönheit erstehen zu lassen, nimmt die tibetische tantrische Initiation Rad der Zeit oder Kalachakra auf ihrem praktizierten Pfad die Rohenergien des Körpergeistes zu Hilfe, um das Individuum zu verändern. Deshalb ist auch die Gottheit, die für diesen Weg zur Erleuchtung steht, düster und wild. Der Herr des Rades der Zeit fletscht die Zähne, funkelt finster mit den Augen, hat einen dunkelblauen Körper und hält machtvolle Werkzeuge in seinen zahlreichen Händen. Seine dunklen Kräfte des Körpergeistes (dunkel bedeutet erobernde oder siegreiche Macht) werden genutzt, um das Individuum zu vervollständigen und um die Unwissenheit aus der Welt zu schaffen. Vielleicht verbreiten die Lamameister die Initiation Rad der Zeit gegenwärtig deshalb so bereitwillig überall auf der Welt, weil sie sie als treibende Kraft für den Weltfrieden betrachten.

Die tantrische Initiation Rad der Zeit (tibetisch: Tunkhor Wangkur, wörtlich: Rad-der-Zeit-Übertragung der Macht) gehört zu den wichtigen religiösen Ereignissen im tibetischen Leben. Es ist nicht ungewöhnlich, daß Zehntausende, ja Hunderttausende von Menschen aus dem ganzen Himalajagebiet und aus ganz Tibet einer solchen Ermächtigung beiwohnen, wenn der Dalai Lama sie vornimmt. Natürlich zieht er schon allein kraft seiner Person viele Menschen an, aber darin liegt nicht der einzige Grund für die Beliebtheit der Ermächtigung durch das Rad der Zeit. Das Rad der Zeit ist darüber hinaus das wesentliche Abbild für die Art des tibetischen Denkens und Fühlens überhaupt.[1] Seine Einzigartigkeit rührt von der ganzheitlichen Auffassung über die Stellung des individuellen Körpergeistes im Plan des Kosmos her.

Die Ermächtigung durch das Rad der Zeit dauert etwa dreizehn Tage und erfordert den gemeinsamen Einsatz des Lama, vieler Mönche und Laien sowie von Personen, die den Anlaß organisieren und unterstützen.[2] Was die letztgenannten betrifft, sind die ersten acht oder neun Tage den körperlichen und seelischen Vorbereitungen sowie der Weihe des Sandmandala gewidmet. Für die Initianden und Initiandinnen fängt am vierten Tag die acht- oder neuntägige spirituelle Reise der Umwandlung zum Bodhisattva-Helden oder zur Boddhisattva-Heldin des Rades der Zeit an. Die Dauer des gesamten Rituals verändert sich je nachdem, in welcher Zeitspanne das Sandmandala fertigstellt und wieviel Zeit für die Vorbereitung der zu Initiierenden benötigt wird. So sind acht (oder sieben) Tage für die Vorbereitung, ein Tag für die Weihe des Mandala sowie stets drei Tage für einen späteren Initiationsteil vorgesehen. Am letzten Tag (manchmal auch an den letzten zwei Tagen) findet sodann eine Zeremonie statt, die der Bitte um ein langes Leben für den Lama gewidmet ist, und die Anwesenden erhalten Gelegenheit, das Sandmandala zu betrachten.[3]

Die Ermächtigung durch das Rad der Zeit umfaßt drei Phasen:

Grundmuster für das Rad der Zeit

Einleitende Tage	*Tag der Weihe des Sandmandala*	*Abschließende Tage*
Vier (oder drei) Unterrichtstage für zu Initiierende; acht (oder sieben) Vorbereitungstage für den Lama und die Mönche	Schutzgottheiten werden rituell in eine Mandala-Darstellung der metaphysischen Wirklichkeit gebracht	Vier (oder fünf) Tage mit Initiation, Besichtigung des Mandala und Zeremonie des langen Lebens für den Lama
Funktion: Reinigen der gewöhnlichen Wirklichkeit und des Körpergeists	Funktion: Das Reale mit dem Idealen vereinigen	Funktion: Erreichen der idealen Wirklichkeit, dann Rückkehr in die reale Welt

Bei dieser Darstellung des Ablaufs gibt sich die Ähnlichkeit mit dem Tlleeji der Navajo auf einen Blick zu erkennen. Auch beim Rad der Zeit steht an vier (manchmal drei) einleitenden Tagen der Seinszustand der Beteiligten im alltäglichen Leben im Mittelpunkt. Vorgesehen sind in dieser Zeit Reinigungs- und Vorbereitungsrituale für die zu Initiierenden sowie den Lama und seine Mönche, aber auch Unterweisungen zur Läuterung der Beweggründe für die übrigen Beteiligten. In der Mitte des Rituals ist ein Tag der Vereinigung mit den 722 Emanationen der Buddha-Schutzgottheit gewidmet, die für die Zeit der Initiation rituell in das Sandmandala gerufen werden. Zu diesem Zeitpunkt beginnen das Reale und das Ideale als erhöhte Wirklichkeit des Rituals mit Hilfe der Vorstellungskraft zu verschmelzen. Selbst und Kosmos werden eins.

Nun sind die Teilnehmenden und die Bedingungen für den weiteren Umwandlungsprozeß bereit. Im Wissen um den Kampf von Buddha Sakyamuni mit den körperlichen und geistigen Heimsuchungen (die den Leiden des Träumers auf seiner Reise entsprechen) legt der oder die zu Initiierende das Gelübde ab, wie ein(e) Bodhisattva zum Wohle anderer beizutragen und den tantrischen Pfad richtig zu praktizieren. Dann geleitet der Lama die zu Initiierenden mit sehr aus-

drucksstark geführten Visualisierungen auf eine Reise in die Wirklichkeit des Mandala und bringt sie am Ende in einem besonderen Entlassungsprozedere in die »wirkliche Welt« zurück.
Soweit der grobe Raster des Initiationsrituals Rad der Zeit. Nun wenden wir uns der Initiation im einzelnen zu, wenn auch nur in Worten – die ihr indes in keiner Weise gerecht werden können.

Die Struktur des Rituals

Zunächst schafft die Initiation Rad der Zeit eine Grundlage der Reinheit im und um den Körpergeist der zu initiierenden Person. Während der ersten zwei Tage verwandelt man den Schauplatz der Initiation in eine heilige Stätte. (Dies läßt sich mit der Segnung des Hoghan am ersten Tag des Tlleeji vergleichen.) Der Lama und Meister des Rituals prüft die irdische Stätte auf ihre Eignung (ihre karmische, göttliche und energetische Beschaffenheit) und segnet sie gleichzeitig, indem er die Sutra der Vervollkommnung der Weisheit (Prajna Paramita) in ihrer ganzen Länge rezitiert. Dann bittet er die Energien der Erde, das heißt die Sadag und andere Schutzmächte, um die Erlaubnis, das Ritual an ihrer Wohnstätte abzuhalten. Er ersucht auch um Erlaubnis bei lokalen Autoritätspersonen. Dann vertreibt er rituell alle physisch und mental geschaffenen störenden Kräfte, indem er und seine Mönche die wildesten Schutzgottheiten darum bitten, ihre spirituellen Waffen auf die Hindernisse niederregnen zu lassen. Die Gottheiten materialisieren sich als ein leuchtender Kreis machtollen Lichts vor dem geistigen Auge des Lama und seiner Gehilfen, während sie ein Schutzrad formen.
Nun ist der Schauplatz geweiht, und am zweiten Tag wird das Rad der Zeit in ganzer Länge vorgeführt. Es ist dies die lange Fassung dessen, was die Initiierten später täglich ausüben werden. Einen Teil davon, nämlich das Geistmandala in diesem Selbstinitiierungs- und Selbstweihungsritual, führen der Lama und die Mönche auch an allen folgenden Tagen des Rituals vor. An diesem, dem zweiten Tag bitten sie sodann um Erlaubnis, das Mandala zu errichten. Danach sehen sie sich als ermächtigt vom Mut des Mitgefühls und von der wilden Kraft des Schutzaspekts von Kalachakra/Tunkyi Khorlo, bekannt als Dorje Shug oder Vajra der Stärke.
Ebenfalls am zweiten Tag bekleiden sich mehrere Mönche mit tantrischen Ritualgewändern und erschaffen sich innerlich als mächtige Schutzgottheiten. Im Tanz des Erdbodens (Sa Gar) verbannen sie störende Kräfte aus der Umgebung, indem sie einen streng geregelten Schutzkreis mit Schrittfolgen tanzen, die so mächtige Symbole wie ein doppeltes (gekreuztes) Vajra-Zepter nachbilden.[4]

Schließlich setzt die rituelle Arbeit am Sandmandala selbst ein. Als erstes wird die Erdgöttin (Sa'i Lhamo) eingeladen, den geschützten Ort zu betreten und die Geräte und Materialien zu segnen, die dafür benötigt werden. Ebenso stellt man sich vor, daß verschiedene andere Gottheiten das Gebilde aus Kreidelinien betreten, mit denen die Grundstruktur des Mandala gegeben ist. Diese Gottheiten kehren danach in ihre reinen Wohnstätten zurück. Am dritten Tag wird die rituelle Anlage des Mandala fertiggestellt. Durch Visualisierungen und Anrufungen werden die verschiedenen Emanationen von Kalachakra in das geistig erschaffene Mandala eingesetzt. Erst danach kann der farbige Sand aufgetragen werden.
Der Aufbau des Mandala währt weitere fünf Tage. Nun werden in bestimmten Richtungen rituelle Gegenstände um die göttliche Wirklichkeit der farbigen Sandkörner gelegt. Dazu gehören zehn Gefäße für die zehn Richtungen, das heißt die vier Haupthimmelsrichtungen, die vier Zwischenhimmelsrichtungen sowie Zenit und Nadir. Die Gefäße weisen zudem auf die zehn Windenergien im feinstofflichen Körper von Kalachakra hin, auf dem sich das Bewußtsein dessen erleuchteten Geistes fortbewegt. Wie der Blütenstaub, mit dem die Navajo ihr Sandmandala segnen, bezieht sich auch die Flüssigkeit in diesen zehn Gefäßen auf den gereinigten schöpferischen Stoff, aus dem der gottähnliche Körpergeist der zu initiierenden Person letztlich geboren werden wird.
Auch Ritualdolche *(phurba)* werden nach zehn Richtungen eingerammt. Sie dienen als Schutz vor störenden Kräften und entsprechen den Federstöcken um die Sandbilder der Navajo. Sind alle Gegenstände um das Mandala Rad der Zeit aufgestellt, reinigen und ermächtigen der Lama und die Mönche diese mittels Visualisierungen und Liturgien.
Der Boden unter dem und um den Ritualpavillon des Lama und der Gottheit ist damit umfassend vorbereitet. Ebenso müssen alle am Ritual Beteiligten (Anhänger und Anhängerinnen, Studierende, Initiationswillige, künftige Praktizierende, spirituelle Kranke: alle dem Sinn nach ähnlichen Bezeichnungen lassen sich hier einsetzen) geläutert oder »erhoben«, das heißt von falschen Ansichten, Äußerungen und Taten gereinigt und in die richtige Geistesverfassung versetzt werden. Diesen erhöhten Zustand erreichen sie, indem sie ihre Motivation anhand einleitender Unterweisungen richtig einstimmen. Sie erhalten so ein umfassendes Modell, um die Wirklichkeit genauer zu erfassen und diesem Wissen gemäß handeln zu können.
Vier Tage (zumindest aber drei) sind in der Regel erdorderlich, um die zu Initiierenden richtig zu motivieren und ihren Geist von größeren Verirrungen zu befreien. Mit diesen Unterweisungen sind die groben körperlichen und geistigen Vorbereitungen und Reinigungen vollständig. Aber der Reinigungsvorgang setzt sich in den folgenden Tagen fort. Es gehören dazu rituelle Bäder oder Waschungen und psychophysische Verrichtungen in Form von Bodhisattva- und tantrischen Gelübden, um die zu Initiierenden weiter zu motivieren.

Oben links: Die Mönche des Klosters Namgyal erstellen, von der Mitte nach außen, das Sandmandala Tunkyi Khorlo/Kalachakra (Rad der Zeit).
Mitte links: Der Kalachakra-Palast ist vollendet.
Oben rechts: Dieser Mönch gestaltet die äußeren Ringe.
Unten: Das Kalachakra-Sandmandala nach der Vollendung; so darf es besichtigt werden. Zu erkennen sind spirituelle Schutzdolche (Phurba), wie sie in den vier Haupthimmelsrichtungen, den vier Zwischenhimmelsrichtungen sowie – Ost und West je verdoppelnd – Zenit und Nadir in den Boden gerammt werden, und daneben Gefäße mit dem Nektar der Erleuchtung.

Mönche des Klosters Namgyal in Gestalt der Opfergöttinnen beim Weihetanz vor dem Abbild und dem Mandala (nicht im Bild) von Kalachakra während der Initiation des Jahres 1985 in Bodh Gaya.

Bevor der Körpergeist der zu initiierenden Person, nach dem Wesen (als »Kind«) des Herrn des Rades der Zeit und der Mutter der Vielfalt, in den einer ermächtigten Person umgewandelt wird, muß der Lama das vollendete Mandala weihen. Bei der Weihe eines Gegenstandes strömt die Geistkraft eines oder mehrerer erleuchteter Wesen in diesen ein, wodurch er für die Betenden beziehungsweise Praktizierenden heilig wird.[5] In der Ermächtigung durch das Rad der Zeit nimmt diese Weihe imponierende Dimensionen an. Gemeinsam bringen Gottheiten und Menschen den 722 Aspekten von Kalachakra, die dem Sandmandala nun innewohnen (und im Inneren aus Licht in den Regenbogenfarben bestehen), Gaben in Form von Gegenständen, Klängen, Bewegungen und Gedanken dar. Dieser Vorgang, bei dem durch die Vereinigung idealer und gewöhnlicher Wesen Heiligkeit und umfassende Güte herbeigerufen werden, findet an dem Punkt im Umwandlungsritual statt, an dem die Reinigung des gewöhnlichen in die Erlangung des idealen Seinszustandes übergeht.
1985 erfolgte die Weihe des Mandala Rad der Zeit in Bodh Gaya am fünften Tag (vom Beginn der vorausgehenden Unterweisungen an gerechnet). Im Mittelpunkt stand, wie immer, der Tanz der Opfergöttinnen in Gestalt von Mönchen, deren Seidengewänder und erlesene, goldbemalte Masken dem hohen Stand dieser Göttinnen entsprachen. In dem langsamen und anmutigen symbolischen Tanz der Göttinnen zu einer Begleitung intensiv meditativer Gesänge wurden den Gottheiten im Mandala die prächtigsten und erfreulichsten mit den Sinnen erfahrbaren Dinge überreicht, die das Universum bieten kann. Äußerlich stellten die Möche diese Gaben durch ihre Tanzschritte und Gesten dar, innerlich aber durch Visualisierungen.
Da es sich bei dem damaligen Ereignis um eine besondere Ermächtigung durch das Rad der Zeit handelte – fand sie doch am Ort der Erleuchtung des Buddha Sakyamuni statt –, gesellten sich Hunderte singend und tanzend, in voller traditioneller Kleidung und aus allen Gegenden und Bevölkerungsschichten Tibets zu den Opfergöttinnen und inszenierten eine akustisch und visuell prachtvolle Feier. Die Menge formte sich zu einem großen Kreis aus singenden und tanzenden Leibern, der sich der Sonnenumlaufbahn gemäß drehte und dabei Volks- und Hoftänze sowie Arien aus der reichen tibetischen Operntradition vortrug. All dies diente dem Darbringen von Gaben für die dem Mandala innewohnenden Gottheiten und letztlich für den Einen Geist des Kosmos. Und da aus jeder einzelnen Person während der späteren Initiationsphase des Ermächtigungsrituals ein Kind von Kalachakra/Vishvamata und damit eine Gottheit im Anfangsstadium werden sollte, brachten sie diese Gaben letztlich für die Weihe ihrer selbst dar, als potentielle Buddhas.
Ein solches Fest der Sinne ist eine große Vereinigung zwischen noch nicht ermächtigten Wesen, die sich noch im gewöhnlichen Bewußtseinszustand befinden, aber an der Schwelle zur Umwandlung stehen, und idealen Wesen, die für das geistige Auge genauso wirklich sind, aber aus dem Stoff bestehen, der die

Tenzin Gyatso, der vierzehnte Dalai Lama, während der Kalachakra-Initiation des Jahres 1985 in Bodh Gaya.

Leere so reich erfüllt. Ich möchte hier nur noch erwähnen, daß dieses Ereignis innerhalb des Rituals (dem äußeren Mandala Rad der Zeit) dem Angelpunkt entspricht, auf dem zwischen der gewöhnlichen und der idealen Wirklichkeit ein jeder und eine jede von uns balanciert. Es entspricht daher in seinem tiefsten Grunde exakt der Kein-Schlaf-Vereinigung im Tlleeji-Ritual bei den Navajo, welche die Heiligen Wesen wirksam – und höchst feierlich – in den geweihten Hoghan und zu den Auf der Erde Gehenden bringt.

Ist die Vereinigung vollzogen, kann die Initiationsphase der Ermächtigung durch das Rad der Zeit beginnen. Der Lama verwandelt sich geistig in Kalachakra, die Schutzgottheit des Rituals. Derart ermächtigt, leitet er den ersten Schritt zur Umwandlung der zu Initiierenden in den idealisierten Körpergeistzustand der Gottheit. Diesem Ziel dienen die letzten Tage des Rituals.

Der erste dieser vier Tage der Ermächtigung oder Umwandlung, die »Initiation« also (sechster Tag), fängt mit Selbstreinigung durch ein Bad oder mindestens andächtige Mundspülung an. Die zu initiierende Person sollte auch schön gekleidet sein. Der Lama (der als untrennbar von Kalachakra gilt) gibt knappe Hinweise zur gebührenden altruistischen Motivation, die nötig ist, um diese Initiation der höchsten tantrischen Ordnung zu empfangen. Häufig erwähnt er das Leiden, das der mangelhafte Zustand unseres Körpergeistes nach sich zieht. Er lehrt, daß alle physischen Formen und Wahrnehmungen sich fortwährend verändern, weil die Form unbeständig ist und nicht aus eigener Kraft existiert. Und er weist darauf hin, daß der letztliche Ursprung der Form das Nichts der Leere ist.

Sind ihre Gedanken und innersten Gefühle (zusammengenommen der »Geist«) so vorbereitet, müssen Initianden und Initiandinnen den großen Sprung (im Grunde eine Art Auflösung) in einen idealen, »leeren« Seinszustand wagen, wie ihn der Herr des Rades der Zeit und die Mutter der Vielfalt verkörpern. In den idealen Raum des Mandala Rad der Zeit einzutreten, sich dieses anzueignen, erfordert eine Umwandlung des eigenen Selbstbildes (wenn nicht des gesamten Körpergeists) in eine einfache Version des Vater-Mutter-Paares: ein Kopf und zwei Arme pro Elternteil (statt der üblichen vier und vierundzwanzig beziehungsweise vier und acht).

Um diese heikle erste Aufgabe, genannt innere Initiation, zu erfüllen, bedarf es der ausgewiesenen Führung. Der Lama, der seinen Körpergeist bereits in das göttliche Paar umgewandelt hat, geleitet den Geist der zu initiierenden Person auf eine sagenhafte Reise der spirituellen Wiedergeburt durch das psychische Nervensystem von Kalachakra/Vishvamata. Diese stellt sich vor, daß sie auf Lichtstrahlen, die aus dem Herzen der Gottheit strömen, in deren Mund hineingezogen wird. Wie in Khamtrul Rinpoches Traumvision reist sie sodann die psychischen Kanäle hinunter, durch immer tiefere Energiezentren, bis in das Genitalzentrum. Dort gleitet ihr Bewußtsein in Vishvamatas Schoß, wo sie in der idealen Form als Kind des Herrn des Rades der Zeit und der Mutter der Vielfalt wiederhergestellt wird.

An diesem Punkt zieht das Licht in Kalachakras Herzen Buddhas aus den zehn Richtungen des Kosmos an. Auf dem Lichtstrahl treten sie in seinen Mund ein und steigen durch das psychische Nervensystem hinab, um das Kind von Kalachakra/Vishvamata mit dem geläuterten Einblick in die Formlosigkeit der Leere zu erfüllen.

Bei der Vorstellung ihrer Geburt durch die Große Muttergöttin (die Geburt ist der Beginn der heldenhaften Reise eines jeden Menschen), sehen sich die zu Initiierenden als Kalachakras, die direkt an der östlichen Eingangspforte des Mandala stehen und darauf warten, in diese vollkommene Wirklichkeit eingelassen zu werden.

Der Nachmittag des sechsten Tages ist sehr ereignisreich. Die zu Initiierenden geloben, eine positive Motivation aufzubauen (Bodhisattva-Gelöbnisse) und alle gegenteilig wirkenden Taten, Äußerungen oder Gedanken, die ihr Tun stören könnten, abzuwenden (tantrische Gelöbnisse). Danach segnet der Lama ihnen den Körper, die Sprache und den Geist und berührt dabei wenn möglich ihren Scheitel, ihre Kehle und ihre Herzgegend (was sie natürlich auch in der Vorstellung erleben). Der Lama verwendet dafür eine Muschelschale, die mit ermächtigtem Wasser aus den zehn Gefäßen rund um das Mandala gefüllt ist; die zu initiierende Person trinkt etwas daraus, um ihren Körpergeist zu reinigen. Die Geistkraft aller Buddhas des Kosmos ist auf diese drei lebenswichtigen Stellen des Körpergeistes gerichtet. Dort reinigen und segnen sie die zu initiierende Person, und diese gilt nun als reines Gefäß für den Geist der Erleuchtung und als befähigt, in das Mandala einzutreten.

Das Abbild eines Vajra, der aus einer Mondscheibe auf einer Lotosblüte wächst, gilt als Sinnbild für die notwendige Vereinigung des gewöhnlichen Geistes (Vajra) mit dem höchsten Bewußtseinszustand, der das volle Wesen der Leere (Mondscheibe und Lotos) begreift.

Am Ende dieses ersten Tages des Ermächtigungsvorgangs hilft der Lama den zu Initiierenden, sich die Eigenschaften der fünf wichtigsten tantrischen Buddhas und des Diamantenen Wesens vorzustellen. Dadurch reinigen die Initiierenden die sechs Grundelemente, aus denen sich der Körpergeist zusammensetzt. Schließlich bitten sie das Diamantene Wesen, das Eintreffen der verschiedenen Initiationsgottheiten am nächsten Tag zu erleichtern.[6] Wenn die zu Initiierenden diesen Geisteszustand erreicht haben, enden die Verrichtungen des sechsten Tages.

Am Morgen des siebten Tages führen der Lama und die Mönche den gesamten Ablauf des Kalachakras praktisch durch. Auch werden die obligatorische Waschung der zu Initiierenden, die Opferung und die rituelle Vertreibung von störenden Kräften vollendet. Die zu Initiierenden beginnen erneut, sich als leuchtende Geist-Licht-Versionen von Kalachakra/Vishvamata vorzustellen. Sie wiederholen ihre Bodhisattva- und tantrischen Gelübde, und der Lama ermahnt und ermuntert sie erneut gebührend. Zu diesem Zeitpunkt geleitet er sie durch eine Visualisierung, bei der ein Vajra-Zepter aus einem Vollmond wächst. Der Mond steht für den üblichen oder gewöhnlichen, von Bodhisattva-Mitgefühl erfüllten Geist und der Vajra für den letzten, den idealen Zustand des Bewußtseins der Wirklichkeit (der Leere), welchen die glückselige, mitfühlende Handlungsweise des Bodhisattva ausfindig machen soll. Dieses Bild der Vereinigung des Idealen und des Realen, das heißt der allumfassende yogische Geist, prägt sich in dieser Art bleibend im Geist der zu Initiierenden ein.[7]

Beschwingt durch ihre Vorstellungskraft treten sie nun in das Mandala ein, und zwar durch die östliche Pforte auf der niedrigsten Ebene, dem Körpermandala. Sie stellen sich vor, daß die Hand des Lama, die das Vajra-Zepter hält, sie in den Palast von Kalachakra/Vishvamata führt. Sie gehen darin gemäß der Sonnenumlaufbahn mehrere Male herum. An jedem Tor, also in jeder Himmelsrichtung, stellen sie sich vor, daß sie sich in den dieser Richtung zugehörigen Buddha verwandeln; so werden die fünf psychophysischen Aspekte ihres Körpergeistes eins mit jenen der Buddhas.

Während dieser Ereignisse trägt die zu initiierende Person eine rote Baumwollbinde vor den Augen, so dünn, daß sie noch Licht durchläßt; sie stellt das Dunkel der Unwissenheit dar. Wenn die zu Initiierenden diesen Stand der Umwandlung des Körpergeistes erreicht haben, weist der Lama sie an, die Binde abzunehmen und sich vorzustellen, daß sie damit den Schleier der Unwissenheit lüften, um nun mit dem Auge der Weisheit zu sehen. Mit dem Auge des geläuterten Geistes können sie nun alle vier Schichten des Mandala erkennen, leuchtend im klaren Licht des Geistes, das sich in die Regenbogenfarben aufspaltet. Das Ganze sieht aus als sei es lebendig, ähnlich wie ein Bienenstock.[8]

Zu jedem Initiationsritual gehört das Erschaffen eines Mandala. Das Mandala ist der Sitz der Gottheiten, welche die Initiation vollziehen, sowie weiterer Gottheiten. Es ist der eigentliche Ort, an dem die Initiation stattfindet.

Panchen Ötrul Rinpoche

Nun nimmt der Lama sie mit auf eine erhebende Visualisierung der gesamten Mandala-Wirklichkeit, Schicht um Schicht. Er stellt ihnen die Gottheiten aller Klassen und deren Stellung im spirituellen Aufbau des Mandala vor. Sie alle sind Aspekte unseres eigenen feinstofflichen Körpergeistes und gleichzeitig Aspekte aller Vorgänge in Zeit und Raum. So endet der siebte Tag, also der zweite Tag der Ermächtigungsphase.

Der achte Tag beginnt ganz ähnlich wie die vorangegangenen, außer daß die zu Initiierenden nun wissen sollten, daß sie sich innerhalb der idealen Wirklichkeit des Mandala befinden. Sie haben die Binde vom Auge der Weisheit (dem »dritten Auge«) genommen, die Mandala-Gottheiten kennengelernt und ein tieferes Verständnis ihrer eigenen Möglichkeiten erlangt und sind nun bereit, die eigentlichen Initiationen zu empfangen. Diese ermächtigen sie schließlich dazu, mit den ihnen innewohnenden Fähigkeiten des Körpergeistes in ihrem Inneren das glückselige Bewußtsein von Kalachakra/Vishvamata um das letztliche Wesen der Dinge ganz zu erschaffen.

Der Lama (und zugleich Kalachakra) führt sie durch den inneren Raum, den sie mit den Initiationsgottheiten durchdringen. Sie betreten das Mandala-Universum dabei durch die östliche Pforte, gehen durch dessen Säle und halten zuerst bei der nördlichen Pforte inne. Dort erblicken sie das weiße Gesicht von Kalachakra und werden durch den inneren Initiationsvorgang umgewandelt.

An der nördlichen Pforte nehmen sie jeweils die Form des weißen Buddha des Unermeßlichen Lichts an und werden von fünf Weisheitsmüttern (den rein weiblichen Aspekten der tantrischen Ur-Buddhas) aufgesucht, die ihnen die Grundelemente Erde, Wasser, Feuer, Wind und Raum reinigen. Dieser Schritt ist dem ersten Bad eines Säuglings nach der Geburt nachempfunden. Nun trinken sie schluckweise geweihtes Wasser und stellen sich vor, es enthalte die fünf reinigenden Göttinnen. Es handelt sich dabei um die erste von zwei Prozeduren, die auf die körperliche Komponente des gesamten Körpergeistsystems einwir-

Die Reinigungsinitiation ist ein erster Schritt im Ablauf der Kalachakra-Initiation. Der Dalai Lama vollzieht sie hier an Dilgo Khyentse Rinpoche (Bodh Gaya, Indien, 1985). (links)

Der Dalai Lama erteilt Sakya Trizin Rinpoche die Reinigungsinitiation (Bodh Gaya, Indien, 1985). (rechts)

ken sollen. Das Wasser reinigt nicht nur, sondern pflanzt auch die psychophysische Saat, um zu den erleuchteten Eigenschaften der Göttinnen zu gelangen. Sie wird in der soeben gereinigten Erde des Körpergeistes keimen und wachsen, je nachdem wie gut die initiierte Person sie während ihres Lebens (oder ihrer Leben) begießt.

Immer noch an der nördlichen Pforte wandeln sich in der zweiten Verrichtung der körperlichen Initiation die Bestandteile des Körpergeistes, also Gestalt, Gefühle, Gedanken, Handlungen und das koordinierende Bewußtsein. Man stellt sie sich als die fünf tantrischen Ur-Buddhas vor, und hier wird die Saat gelegt, um deren Seinszustand zu erreichen. Dieser Teil nennt sich Kopfschmuck-Initiation. Dabei setzt der Lama Stellvertretern der zu Initiierenden als Zeichen des ersten Haarschnitts für das Kind der Initiationsgottheit (Kalachakra/Vishvamata) einen tantrischen Haarknoten auf.

Der soeben beschriebene Ablauf wird grundsätzlich in den noch folgenden vier in Paare eingeteilten Initiationen wiederholt. Das erste Paar verwandelt den Körper, das zweite die Sprache, das dritte die sinnlichen Fähigkeiten und Taten, und das vierte Initiationspaar stellt einen Zustand der glücklichen Wahrnehmung jener Leere her, die allen Erscheinungen zugrunde liegt. Jeweils zur ersten Verrichtung aller paarweisen Stufen gehört die Sequenz der inneren Initiation, stets mit einem anderen Gesicht Kalachakras sowie einem anderen tantrischen Buddha.[9]

Am Ende dieser grundlegenden Initiationen geleitet der Lama die zu Initiierenden sicher auf den Weg. Er vermittelt ihnen besondere Kenntnisse über die Bedeutung des tantrischen Rades der Zeit und gibt Hinweise, wie die Übungen makellos zu halten und in das tägliche Leben zu integrieren sind. Nun sind die zu Initiierenden ermächtigt, sich selbst täglich als Herrn des Rades der Zeit und als Mutter der Vielfalt zu visualisieren und deren Eigenschaften anzunehmen.

Dies, der Erzeugungszustand, ist nur die erste von zwei Phasen im lebenslang anhaltenden Umwandlungsprozeß, den das Tantra Rad der Zeit mit sich bringt. Die Beschreibung der zweiten Phase, das heißt des Vollendungszustandes, aber würde den Rahmen dieses Buches sprengen. Lassen wir es bei der Bemerkung bewenden, daß sich durch dessen mächtige Methoden (deren Geheimnis aus gutem Grund besonders gehütet werden) im Körpergeist einer Person das Bewußtsein, das ihr während der eigentlichen Initiation und in der praktizierten Schaffungsphase dämmert, schließlich heftig und umfassend manifestiert.

Was das Kalachakra-Initiationsritual betrifft, bleibt immer noch einiges zu tun. Der letzte Tag der Initiation (der neunte) ist gekommen. Nach tibetischem Brauch halten die Versammelten für die Lamagottheit an diesem Tag eine Zeremonie ab, um ihre Lebenskraft (und auch die der zu Initiierenden) zu stärken: das sogenannte »Gebet für ein langes Leben«. Mit Gesängen, Gebeten und Visualisierungen überreichen sie dem Lama Gegenstände wie Statuen (für den Körper eines Buddha), religiöse Texte (für die Sprache eines Buddha) und kleine Chörten/Stupas (für den Geist eines Buddha) sowie andere wertvolle Gegenstände, die für die Wunder des Universums stehen.

Während der Kalachakra-Ermächtigung 1989 in Los Angeles ging dieser Darbringung von Gaben zusätzlich eine der Weißen Tara gewidmete Zeremonie der Ermächtigung für ein langes Leben voran. Dabei stellten sich der Lama und die zu Initiierenden vor, wie die Kräfte der Weißen Tara die Lebenskraft und das Gleichgewicht ihres Körpergeistes wiederherstellten. Der Dalai Lama beschrieb die Weiße Tara als Verkörperung der reinen Energie, die alle Handlungen der Buddhas antreibt. Die Weiße Tara vertreibt alle inneren und äußeren Hindernisse für das Wohlergehen des Dalai Lama und der zu Initiierenden sowie auch jene, die der Ausübung des Kalachakra-Tantra im Weg stehen. Um schließlich die Rückkehr aus dem Mandala des Kalachakra in die reale Welt umfassend durchzuführen, erteilte der Dalai Lama den nunmehr Initiierten wertvollen Rat für ihre weitere spirituelle Reise in der realen Welt. Am Ende einer Initiation wies er uns Anwesende an mit den Worten:

> Wesentlich ist, die Umwandlung im Inneren herbeizuführen und äußerlich gewöhnlich zu bleiben … Sondert euch nicht von der Gesellschaft und der Menschheit ab; es ist zumeist viel besser, in der Gemeinschaft und in der Gesellschaft zu verbleiben.

Das ist Sinn und Zweck der Rückkehr des Bodhisattva-Helden oder der Bodhisattva-Heldin sowie der tantrischen Initiationen des tibetischen Buddhismus (und auch des Navajo-Tlleeji). Das Ziel der Umwandlungsrituale und deren Ausübung während des ganzen Lebens liegt darin, die »irdische Hülle« einer Person, ihre geistigen, sprachlichen und körperlichen Eigenschaften, umzuformen und auf den Weg zu bringen, der zur besten Version ihrer selbst führt. Mit dem Umwandlungsritual setzt dieser Vorgang ein, aber es liegt an der Person allein, ihn bis zum Ziel der Erleuchtung (oder, für die Navajo, der Schönheit) zu führen.

Die tägliche Umsetzung der Erfahrung, an deren Beginn das Umwandlungsritual steht, ist Thema des folgenden Kapitels.

Wie in den großen östlichen Religionen unterscheiden auch die amerikanischen Urvölker praktisch nicht zwischen religiösen Handlungen und den Verrichtungen im Alltag. Die religiöse Feier ist das Leben selbst.

Peter Matthiessen

Um der Welt zu helfen, müssen wir uns auf eine persönliche Reise begeben. Es liegt an jedem und jeder von uns, den Sinn einer erleuchteten Gesellschaft zu erkennen und herauszufinden, wie sie sich verwirklichen läßt.

Chögyam Trungpa Rinpoche

Kapitel 16

DIE HEILIGE LEBENSWEISE

Der tibetische Lama und der Navajo-Sänger führen Angehörige ihrer jeweiligen Völker unter den kontrollierten Bedingungen eines Umwandlungsrituals auf den Pfad der heiligen Lebensweise. Doch das Umwandlungsritual ist insgesamt nur der erste Schritt. Der größte Teil der heldenhaften Reise über das Leiden oder die Gegenschönheit der Navajo hinaus besteht darin, die tägliche spirituelle Praxis getreu zu befolgen.

Für »traditionelle« Navajo – die in einem kreisrunden Hoghan aufwachsen müssen – beginnt die heilige Lebensweise mit dem Haus selbst: Form und Zweck des Hoghan erinnert sie Tag für Tag an den Kreis des Geistes. Die nach alter Tradition lebenden Navajo stehen auf, bevor der Morgen anbricht, und waschen sich mit kaltem Wasser; um sich zusätzlich zu stärken, wälzen sie sich zur Reinigung des Körpers manchmal auch noch im Schnee. Kinder eignen sich derlei Gewohnheiten schon früh an, hält man sie doch dazu an, viermal mit aller Kraft dem Licht der ersten Morgendämmerung entgegenzulaufen, der Quelle der Stärke für den Geist und (durch das Laufen) den Körper. Sobald der Morgenstern am Himmel erscheint, dem das erste klare Licht des Tages folgt, atmen die Navajo viermal die Morgendämmerung ein. Sie stimmen bestimmte heilige Lieder der Morgendämmerung an sowie weitere Lieder und Gebete, die sie in verschiedenen Chantway-Ritualen gelernt haben, besonders natürlich in denjenigen, da sie selbst »besungen« oder initiiert wurden. Dann streuen sie Maispollen oder -mehl aus, zuerst nach Osten für Sprechender Gott und dann rundum, um sich mit einem Kreis von Schönheit zu umgeben. Zu den täglichen Verrichtungen der Navajo am Morgen gehört ebenso ein Gebet um spirituelle Kraft und Eingebung. Es dürfte dem im folgenden wiedergegebenen Gebet ähnlich sein, das am Ende vieler Zeremonien und auch Versammlungen des Stammesrates gesprochen wird:1

In Schönheit mögen wir wohnen.
In Schönheit mögen wir gehen.
In Schönheit mögen unsere männlichen Verwandten wohnen.
In Schönheit mögen unsere weiblichen Verwandten wohnen.
In Schönheit möge es auf unsere jungen Männer regnen.
In Schönheit möge es auf unsere jungen Frauen regnen.

In Schönheit möge es auf unsere Häuptlinge regnen.
In Schönheit möge es auf uns regnen.
In Schönheit möge unser Mais wachsen.
Auf den Blütenstaubpfad möge es regnen.
In Schönheit rund um uns möge es regnen.
In Schönheit mögen wir gehen.
Die Schönheit ist wiederhergestellt.
Die Schönheit ist wiederhergestellt.
Die Schönheit ist wiederhergestellt.
Die Schönheit ist wiederhergestellt.

Die Navajo rezitieren oder singen solche heiligen Verse während ihrer täglichen Verrichtungen immer wieder. Ich erinnere mich lebhaft an eine Begebenheit im Canyon de Chelly, in Sichtweite der Ruinen des Weißen Hauses: Eine alte Frau in traditioneller Navajo-Kleidung führte eine Schafherde durch den Canyon und sang im Vorübergehen unverkennbar ein heiliges Lied aus einem Chantway-Ritual. Die Verse »In Schönheit vor mir gehe ich« und »Es ist vollendet in Schönheit« konnte ich deutlich verstehen. Ältere Navajo lassen keine Gelegenheit aus, um die idealen Bedingungen für Schönheit ungeachtet des profanen Umfeldes zu schaffen, zu erhalten und wiederherzustellen.

Auf den Pfad der Schönheit (»Beauty Way«) konzentriert sich die traditionelle Lebensweise der Navajo. Hier steht er im Zentrum medizinischer Aufklärung zur Gesundheitsvorsorge. Im Ritualkorb liegen Gegenstände und Heilmittel sowohl der traditionellen als auch der westlichen Heilkunst. Die Botschaft lautet, daß man sich täglich anstrengen und persönlich einsetzen muß, um sich im Leben einen Zustand der Schönheit – Heiligkeit, Gesundheit und Ganzheit – zu erschaffen.

Die erwachsenen Navajo kennen in der Regel viele solche Gebete und Lieder, und sie beteiligen sich oft in irgendeiner Weise an formellen spirituellen Handlungen, indem sie beim Erstellen von Sandbildern mithelfen, im Ritualchor mitsingen oder ein Ritual als Sänger leiten. Ohne es in ihrer Bescheidenheit zu erkennen zu geben, verfügen viele Navajo über einen reichen Schatz an Traditionen in Theorie und Praxis. Ihr Wissen ist zeitlos und meist mündlich weitergegeben worden, oft von den Großeltern an die Enkelkinder.[2]

Eine Navajo schilderte die praktische Spiritualität wie folgt: »Die Weißen verstehen nicht, weshalb wir so religiös sind. Wir haben so viele religiöse Zeremonien, die für uns lebenswichtig sind. Legenden, Lieder, Tänze, heilige Zeichen, alles ist Teil von uns. Wir haben heilige Berge und Stätten. Wir haben Heilige übernatürliche Wesen, die wir verehren. Wir haben auch gute Geister, die unter uns leben. Aus all diesen Gründen beten wir bei Sonnenaufgang, beten wir mit Maisblütenstaub am Morgen, am Mittag und am Abend, immer zu den Sinnbildern unserer Religion. Unsere Sinnbilder sind mit uns verbunden. Deshalb ist unsere Kultur sehr religiös. Und wir müssen unseren Kindern unsere Kultur vermitteln; dies zu tun ist sehr wichtig.«[3]

Diese Haltung prägt auch den folgenden Ausschnitt aus einem Monolog des Tlleeji-(Night-Way-)Sängers Andy Natonabah, in dem er seinen Enkelkindern die Bedeutung der heiligen Lieder nahebringt:[4]

Die Lieder sind in den Ruinen des Weißen Hauses geschaffen worden. Auf eurer Reise sollt ihr die Lieder singen. Wenn ihr über die Heiligen Wesen spricht, sollt ihr ihre Lieder singen. Dann werden sie sagen: »Es tut gut, unsere Lieder wieder zu hören.« Die Heiligen Wesen erkennen euch an den Liedern. Lernt also die Lieder. Schämt euch eurer Lieder und Gebete nicht. Wir kennen viele verschiedene Lieder. Wer auch nur ein Lied kennt, wird lange leben. Er lebt vom Lied, wird damit seine Kinder leiten, wird damit sein Volk leiten. Dies bedeutet, ein Sänger zu sein.

Als ich ein Junge war, erzählten mir meine Eltern, Großeltern, Tanten und Onkel jeweils allerlei über das Leben … [Ich erfuhr, daß] auf dem Weg Opfergaben nötig sind. Daß ich Lieder und Gebete benötige, die mir weiterhelfen. Also brachten sie mir ein paar Lieder bei, und ich lernte Gebete. Ich lernte heilige Stätten kennen und gehe hin, um Opfergaben zu bringen und zu danken. Dies hat mir geholfen, bis zum heutigen Tag zu kommen. Ich führe dieses Leben immer noch.

Älterer Navajo vom Big Mountain

Es gibt in der tibetischen Sprache kein Wort für Religion im westlichen Sinn. Buddhismus ist im Grunde eine Lebensweise.

Sogyal Rinpoche

Es gibt keine andere Möglichkeit [höchstes Glück zu erreichen] als den spirituellen Pfad. Wir müssen uns unumstößlich dafür entscheiden, ihn zu praktizieren.

Der vierzehnte Dalai Lama

Diese Zeilen ließen sich entsprechend auch auf die Haltung und die Bräuche übertragen, die bei Angehörigen des tibetischen Volkes durchaus die Regel sind. Ob während einer Zeremonie oder der täglichen Verrichtungen im Haus, stets versetzen uns deren spirituelle Hingabe und das profunde Wissen in Erstaunen. Es offenbart sich in den vielen Liedern, Gebeten und Mantras, die sie beherrschen und täglich zitieren, sowie in der Vielfalt der gedruckten, gemalten, plastischen und photographischen Abbilder von Lamas, Buddhas, Schutzgottheiten (und Gaben für diese), die auch noch den bescheidensten aller Hausaltäre schmücken. Ein Ausdruck der tibetischen Spiritualität ist zudem das ständige Summen der Silben *Om mani padme hum*, wenn immer sie einen heiligen Chörten umkreisen, einen Teppich weben oder im Basar einen Handel abschließen.

Wie die Navajo erheben sie sich ebenfalls im Morgengrauen, waschen sich sogleich und säubern den Raum. Dann gehen sie ins Freie und sammeln Wacholder- oder Kiefernäste, die sie in einem Kohlebecken (meist auf dem Dach) verbrennen. Dieses Ritual heißt *sangsol* und gilt als Opfergabe an alle Buddhas und Schutzwesen. Ein Älterer, oft auch andere Familienmitglieder, singt die Liturgie. Wieder im Haus, füllt ein Familienmitglied die Wasserschalen und die Butterlampe am Altar neu auf, zündet die Lampe mit einem Räucherstäbchen an und beginnt mit den täglichen Gebeten und Übungen. Oft nutzt man diese Zeit für Gebete oder Sinnesgaben an Özer Changma, die Göttin der sich ausbreitenden Strahlen (der Morgensonne), und alle richten ihre Gebete und Visualisierungen der Reichtümer des Universums an die Gesamtheit der Buddhas, Bodhisattvas und persönlichen Schutzgottheiten. Auch das Diamantene Wesen, der Buddha des Ostens und der Morgendämmerung, nimmt bei vielen Menschen in den Morgenbräuchen einen wichtigen Platz ein. So gleicht eine tibetische Gemeinde am frühen Morgen einem Bienenhaus, und die Luft ist von Liedern, Gebeten und dem schwelenden Rauch von Räucherstäbchen erfüllt.

Diese tägliche Wiedereinsetzung in die spirituelle Lebensweise führt zu einer ganz besonderen persönlichen Ausstrahlung. Der Anthropologe Gary Witherspoon hielt für die Navajo fest, was genauso auf die Tibeterinnen und Tibeter zutrifft: »Sollen Navajo wirklich gesund und glücklich sein, dann muß Schönheit ihre Gedanken und ihre Rede beherrschen und Harmonie ihre Umgebung durchdringen. Schönheit strömt aus dem Geist oder der inneren Gestalt einer Person. Navajo haben eine strahlende Persönlichkeit; es ist, als würde die Schönheit, die in ihnen ist, aus dem Inneren ihres Wesens herausleuchten. Man erkennt dies sofort, wenn man sie anschaut, selbst wenn man sie nur auf Photographien sieht.«[5]

Vergleichen wir damit die folgende Aussage von Thubten Jigme Norbu (Tagtser Rinpoche): »Ich halte Tibet für ein schönes Land, und das ist es auch, aber die größte Schönheit für mich liegt darin, daß die Menschen ein der Religion gewidmetes Leben führen. Man sieht dies, wenn man sie kennenlernt, ohne daß es einem gesagt werden muß. Es herrscht eine Wärme, die berührt, eine Kraft, die einen mit neuer Stärke erfüllt, ein Friede, der freundlich wirkt. Ich erinnere mich an solche Menschen, und es macht mich traurig, daß man heute nur noch selten ihresgleichen trifft.«[6]

Ihr schaut mich an und erblickt einen häßlichen Alten. Aber im Inneren bin ich von großer Schönheit erfüllt.

Navajo-Sänger Sandoval (Old Man Buffalo Grass)

Dem täglichen spirituellen Erleben liegt in der tibetischen Praxis der besondere Brauch Duthop/Sadhana zugrunde. Es handelt sich dabei um ein sorgfältig geregeltes Umwandlungsverfahren, das einem auf dem tantrischen Pfad weiterhilft, in den man eingeführt worden ist.[7] Nach John Blofeld besteht das »Ziel des Sadhana in der Überwindung der Dualität«.[8] Man könnte auch sagen, das Sadana diene dazu, die Wirklichkeit der realen Welt in ihren idealen Zustand zu verwandeln, das heißt, zu Beginn des täglichen Zyklus die Unzulänglichkeiten und die Unordnungen der realen Welt in ihre idealen weiterentwickelten Formen umzuwandeln. Dies erinnert wiederum an das tantrische Axiom, daß es keinen Unterschied zwischen Samsara und Nirwana gibt. Das Reale und das Ideale erscheinen in der immer wieder erneuerten Sicht der spirituell ermächtigten Augen als ein und dasselbe. Vielleicht hatte Einstein dies im Sinn, als er sagte, Wissen müsse ständig und immer wieder erneuert werden. Ganz bestimmt aber trifft es auf die Navajo zu, wenn sie davon singen, sich auf dem Weg zu hohem Alter immer wieder spirituell zu erneuern.

Vielleicht am schönsten hat es Lama Govinda aus seiner Sicht als Tantriker umschrieben. Er bezeichnete das Sadhana als eine Übung, in der die göttliche Gegenwart stets in leuchtenden Bildern und archetypischen Symbolen wiedergeschaffen werde, bis sich Geist und Körper der Gläubigen in den sichtbaren und fühlbaren Ausdruck der Buddhaschaft verwandeln.[9] Diese Art Buddhaschaft des umgewandelten Körpergeistes verkörpert das Diamantene Wesen. Und das Verfahren, um seine Eigenschaften oder die einer anderen Schutzgottheit anzunehmen, besteht in der ausgetüftelten Sadhana-Praxis des Sichauflösens in der Leere. Es handelt sich dabei um eine Möglichkeit, über die eigene gewöhnliche Form des Körpergeistes hinauszugelangen. Indem wir mit dem Nichts verschmelzen (also in die Leere der Ungegenständlichkeit zurückkehren, aus der wir alle bestehen), materialisieren wir uns erneut, werden wiedergeboren als eine Version der Schutzgottheit und, gleichzeitig, als eine ideale Version unserer selbst. Während dieses Vorgangs erkennen wir, ja begreifen wir förmlich, daß diese friedlichen, grandiosen, verführerischen oder eben furchterregenden Gottheiten in der eigenen Vorstellung nichts anderes sind als ein Ausdruck der mentalen und physischen Energien, aus denen unser Körpergeist besteht. Ihre spezifische Gestalt macht sie für das tibetische Empfinden aufregend und anziehend. In was für Formen mögen zukünftige tantrische Gottheiten des westlichen Buddhismus wohl auftreten? Als Comicfiguren? Als Märchengestalten? Den Navajo, die sich während der täglichen Chantway-Bräuche mühelos in Sprechender Gott oder Sich Ändernde Frau, aber auch in die Krieger-Zwillinge verwandeln, sind diese Vorstellungen keineswegs fremd. Ihre Lied- und Gebetszyklen, ihre lebhafte Vorstellung und ihre spirituelle Lebensweise versetzen die Navajo ganz in eine »Atmosphäre des Wunderbaren«. Wo Berge und Canyons, Ruinen und Quellen und alle Lebewesen mit Kraft und Empfindungen erfüllt sind, müssen sich die Menschen ständig spirituell erneuern, um in Harmonie mit ihnen leben zu können. Sie müssen deren Kraft auf »Körper, Geist und Stimme« übertragen und darin aufrechterhalten, und zwar mit Hilfe der Heiligen Wesen, die in jedem Fall nichts anderes sind als die dem Navajo-Land und Navajo-Geist innewohnenden Energien. Diese Schutzgottheiten rufen sie in täglichen spirituellen Bräuchen an, und zwar so natürlich, daß diese einen Bestandteil ihres Lebens bilden, ohne daß sie sich dessen bewußt werden. Befindet sich eine Person jedoch in einem schrecklich gestörten Gleichgewicht mit diesen Energien, muß sie durch ein formales Chantway-Ritual wieder mit ihnen versöhnt werden.

Auch wer tantrische Praktiken ausübt, kennt diese innere Welt des Gedachten und reinigt und stärkt die Beziehung zu ihr durch das tägliche Sadhana. Wie die Navajo-Hirtin, die heilige Lieder sang und sich dabei vorstellte, »in Schönheit zu gehen«, erleben tibetische Praktizierende die Wirklichkeit durch den idealen Filter des tantrischen Buddhismus und wissen, daß die gewöhnliche Welt in Wahrheit das Mandala der Schutzgottheiten ist und deren Wesen wiederum das Nichts der Leere.

Das tägliche Erlebnis der Visualisierungen, Lieder und Gebete mit dem Ziel, das Wissen um den Zwei-in-Einem-Zustand der Wirklichkeit stets neu zu erlangen, bildet die Grundlage der spirituellen Lebensweise. Es erstaunt daher nicht, daß man bei den Navajo ebenso wie in Tibet ausdrücklich darauf beharrt, man habe eine Lebensweise und nicht eine Religion. Ebenso ist es kein Zufall, daß beide Völker ihre Tradition »Pfad« oder »Weg« nennen, Bezeichnungen, die auf die Bedeutung des Fortkommens, der Reise, hinweisen.[10]

Der Weg ist also unser Ziel. Doch um ans Ziel zu kommen, müssen wir die Reise richtig anfangen. Die spirituelle Reise beginnt, wenn jemand ausbricht aus Leid und Unordnung der gewöhnlichen Wirklichkeit und den idealen Daseinszustand anstrebt. Da wir jedoch in der Regel weder von der Art Gautama-Buddhas noch des Navajo-Träumers sind, benötigen wir irdische Führung. Dies kann eine Person sein, etwa der Lama oder ein Sänger, die über ein umfangreiches Wissen und zahlreiche psychospirituelle Methoden verfügt. Sie erleichtert dem Individuum die Reise, indem sie es mit einer idealisierten Version jener Wirklichkeit verbindet, die außerhalb und doch zugleich innerhalb seines gewöhnlichen Selbst liegt.

Hat eine Person die gegenteiligen Aspekte des eigenen Selbst durch ritualisierte Läuterung abgestreift, ist sie bereit, sich mit einem idealen Rollenmodell (sei es eine Gottheit oder ein/e »mythische/r« spirituelle/r Held/in) zu identifizieren. Und wie die ermächtigten spirituellen Heldinnen und Helden des »Mythos« müssen die Navajo im Laufe des Chantway-Rituals und Tibeter und Tibeterinnen während einer tantrischen Initiation den letzten Schritt (den gefährlichsten) unternehmen: den der Rückkehr in die gewöhnliche Wirklichkeit, der sie vorübergehend entronnen sind. Durch die Rückkehr erreichen sie die erste Stufe zum Ziel: ein bestimmtes Maß an Integration des Körpergeistes. Es ist dies jedoch lediglich der erste Schritt in einem lebenslang andauernden Prozeß spiritueller Erneuerung und spirituellen Wachstums, um in der persönlichen gewöhnlichen Wirklichkeit die ideale Form zu finden (und anderen zu helfen, dies in ihrer Wirklichkeit ebenfalls zu tun).

Was wir haben, ist keine Religion, sondern Diné be'iina, die Navajo-Lebensweise.

Junger Navajo

Reisende müssen an jede fremde Tür klopfen, um ihre eigene zu finden. Und man muß alle äußeren Welten durchqueren, um am Ende in das innerste Heiligtum zu gelangen.

Rabindranath Tagore

Im Tlleeji muß das ideale Alter ego der besungenen Person, der Träumer, von dem mit Schönheit erfüllten und von Sonnenstrahlen und Regenbogen erhellten Himmel und der vollkommenen Erde der Heiligen Wesen wieder zu seinem Volk zurückkehren. Obwohl der Träumer den makellosen, ermächtigten Geisteszustand (Diyin) der Heiligen Wesen erreicht hat, muß er für sein Volk und auch zur Vollendung seiner eigenen Reise die Rückkehr antreten. Wie der Träumer muß auch die besungene Person ihre eigene spirituelle Reise über das Tlleeji-Ritual hinaus weiterführen, damit sie vollständig gelingt.

Nach der tantrischen Kalachakra-Ermächtigung beginnt für das Alter ego eines Initianden oder einer Initiandin (als Kind des Vaters des Rades der Zeit und der Mutter der Vielfalt) ein langer Prozeß mit dem Ziel, erleuchtetes Wissen zu erlangen, das die Leere von Zeit und Raum begreift, und einen ausreichend reinen Körpergeist zu entwickeln, um dieses Wissen richtig zu verarbeiten. Wie die Bodhisattvas, deren Eigenschaften der Lama durch Worte und sein Beispiel sorgsam vermittelt, müssen die Initiierten das neu erworbene Bewußtsein über die Ermächtigung durch das Rad der Zeit hinaus führen und vollumfänglich in das tägliche Leben einbetten – und zwar so, daß es auch anderen zugute kommt.

Kapitel 17

JENSEITS VON ZEIT UND GESTALT

In einem Sandkorn eine Welt zu sehen und einen Himmel
in einer Feldblume,
Die Unendlichkeit in deiner Hand zu halten und die Ewigkeit
in einer Stunde.

William Blake

Nun, da wir wissen, daß die Reise zum heiligen und umfassenden Zustand nur möglich ist, wenn wir auch in *unserer* Wirklichkeit verwurzelt bleiben, können wir unseren Blick auf die letzte Erkenntnis aus der heiligen Lebensweise der Navajo und des tibetischen Volkes richten.

Im »Mythos« der Reise des Träumers treten Zeitlosigkeit und Formlosigkeit besonders deutlich zutage. Die Reise des Träumers findet in einer unbestimmten Vergangenheit statt, losgelöst von den konventionellen Vorstellungen einer linearen Zeit. Es herrscht mythische Gegenwart. Weil für die Navajo auch die konventionelle Zeit nicht linear verläuft, sondern zyklisch, erscheinen uns ihre mythischen Erzählungen in ihrer zeitlichen Abfolge unklar. Aber die befreite Wirklichkeit des Mythos, seine »Mehrdeutigkeit«, ist normal, denn eine »richtige« Abfolge der Ereignisse gibt es ja nicht. Und auch die meisten Stätten der Kraft, die der Träumer auf seiner zeitlosen Reise aufsucht, sind nicht aufzufinden. Sänger und Anthropologinnen haben versucht, die Reise des Träumers nachzuvollziehen, aber ohne großen Erfolg. Auch dies muß so sein. Denn nicht der räumlich bestimmbare Ort inspiriert und unterrichtet uns, sondern die innere Landschaft, als deren Grundlage der formlose, alles durchdringende Heilige Wind (Nillchi'i) wirkt. Dieser wiederum ermöglicht es dem Allumfassenden Geist (Ntsehakéés), in allen Elementen und Formen (auch in den Auf der Erde Gehenden) die Schönheit des Kosmos (Hózhóng) zu erkennen. Diese Erkenntnis befähigt sodann die ermächtigte spirituelle Heldin oder den ermächtigten spirituellen Helden, zurückzukehren und in einer in Zeit und Raum verankerten Welt zu wirken.

Gemäß der buddhistischen Anschauung sind Zeit und Raum im Grunde leer, sie haben keinerlei unabhängige Existenz. Zwar scheint es sie als Aspekte unserer gewöhnlichen Wirklichkeit – relativ gesehen – zu geben, aber sie sind nur Ausdruck einer begrenzten Sicht und nicht repräsentativ für das leere Wesen der Wirklichkeit. Nach dem buddhistischen Weltbild liegt das wahre Wesen der Wirklichkeit jenseits, in dem vollendeten Zustand, in dem es keinerlei

Alle Erscheinungen haben das Wesen von Raum.

Der vierzehnte Dalai Lama

Die Fähigkeit, das Universum als zeitlosen Körper zu erfassen ... ist die letzte Lehre im Kalachakra-Denken.

Lama Anagarika Govinda

Du bist in diesem Universum, und dieses Universum ist in dir.

Joy Harjo, Creek-Dichterin

Beschreibungskategorien gibt. Es ist das Nichts *(Tongpanyid/Sunyata)*, wo der höchste und ewige Eine Geist (Sangye Se/Buddha), der alle Phänomene durchdringt, sich voll entfaltet, jener Zustand, den unsere »Samenwesen« aus lichtklarem Bewußtsein und Unveränderlichem Wind zu erreichen versuchen und in dem sie ihren Ursprung haben.

Diese letzte Erkenntnis aus der heldenhaften spirituellen Reise ist im Kalachakra-Tantra ausgezeichnet ausgeführt. Wie wir wissen, beschreiben die Lehren des Rades der Zeit eine äußere Wirklichkeit – einen Makrokosmos – in ständiger kreisförmiger Bewegung (das äußere Rad der Zeit). Diese verläuft synchron zu einer inneren Wirklichkeit der Energien und Elemente im Körpergeist einer Person – dem Mikrokosmos (das innere Rad der Zeit) –, die sich ebenfalls ständig im Kreis bewegt. Um die beiden Wirklichkeiten zu harmonisieren und zu einem Mittel zu entwickeln, um den Körpergeist der Erleuchtung auszubilden, müssen die Praktizierenden bestimmte psychophysische Vorgänge befolgen (die Alternierendes Rad der Zeit heißen). Wie die Gottheit Kalachakra haben dieses äußere und dieses innere System die Leere als ursprüngliches Wesen. Die zyklische Zeit mit ihren Fluktuationen und rhythmischen Schwingungen, die vom Lebensatem des individuellen Körpergeistes bis zum Urknall und zu den Atemzyklen der Schwarzen Löcher reichen und als Wachstum und Zerfall der geformten Wirklichkeit (Universum) während früherer Weltzeitalter *(kalpa)* beschrieben werden – diese zyklische Zeit ist gemäß dem Kalachakra-Tantra daher die Metapher für die relative Wirklichkeit. Und die Metapher für die ungeformte Leere der absoluten Wirklichkeit ist die Zeitlosigkeit und Formlosigkeit der Dinge oder der leere Raum.

Tauchen tantrische Praktizierende oder Navajo während einer Vision in den zeitlosen Aspekt des Universums ein, negieren sie damit keineswegs die zeitliche Wirklichkeit. Vielmehr verstärkt das eine die Lebenskraft des anderen. Lama Govinda hat dies wie folgt erläutert:

> Im Erlebnis einer solchen Wirklichkeit, jenseits des Bereiches exklusiver Gegensätze, wird das Relative nicht zugunsten des Absoluten vernichtet, noch auch wird die Vielfalt des Lebens einer abstrakten Einheit geopfert, sondern das Individuelle und das Universelle durchdringen und bedingen einander so vollständig, daß das eine nicht vom anderen getrennt werden kann. Sie sind so unzertrennbar wie Zeit und Raum und stellen gleich ihnen zwei Seiten der gleichen Wirklichkeit dar: Zeit ist der dynamische Aspekt individueller (und darum notwendigerweise unvollständiger, begrenzter) Handlung und Erfahrung, Raum die Gesamtsumme aller Aktivität in ihrem stets vollständigen (ewig vollendeten) und darum zeitlosen universellen Aspekt.[1]

Lama Govindas Einsichten weisen auf die tiefere Bedeutung des Kalachakra/Tunkyi Khorlo hin. *Kala* und *tun* beziehen sich auf die konventionelle Zeit und auch auf die erwünschte Wirkung des Tantra, nämlich »über die Zeit hinaus« zu gelangen. *Chakra* und *khorlo* bezeichnen das physische Phänomen »Rad« oder »Kreis« sowie die radialen Energiezentren des Körpers, die man bei der Ausübung nutzen kann, um den Zustand »jenseits von Form«, also von Raum, zu erfahren. Die grundlegende Einheit läßt sich daher noch einmal anders benennen, nämlich indem wir den Namen der Vater- und jenen der Muttergottheit übersetzen als »Vater jenseits der Zyklen der Zeit« und »Mutter des Raums jenseits der Vielfalt der Formen«. Zusammenfassend läßt sich sagen, daß unsere gewöhnliche Wirklichkeit »Zeit und Form« ist, während die Wirklichkeit, nach der wir in der täglichen Umwandlungspraxis streben sollten, für »Zeitlosigkeit und Formlosigkeit« des Idealen steht, welches in die wirkliche Welt von Zeit und Form zurückgebracht worden ist.
Nun ist es klar an uns, Zeit und Raum zu überdenken. Einstein hat das innere Funktionieren des relativen Aspekts im Kontinuum Raum–Zeit aufgedeckt, aber um dessen absolutes Wesen zu erfassen, müssen wir uns an Erkenntnisse und Methoden aus alter Zeit halten. Vielleicht ist es noch nicht zu spät, vielleicht kann die Wissenschaft ihre Irrfahrt auf der rein materiellen Ebene noch aufhalten und erkennt, daß im tibetischen Buddhismus und bei den Navajo je eine Version des kostbarsten Schatzes der Menschheit bewahrt liegt. Indem wir wieder erlernen, was dem Kreis des Geistes zugrunde liegt und dies im Umwandlungsritual und in einer spirituellen Lebensweise erfahren, könnten vielleicht auch wir den Frieden in uns und in unserer Welt finden.
In der Weisheit der Vergangenheit liegt die Hoffnung der Zukunft.

Die Zeit hat in Wirklichkeit keine Einschnitte, es gibt kein Gewitter oder Trompetengetön beim Beginn eines neuen Monats oder Jahres, und selbst bei dem eines neuen Säkulums sind es nur wir Menschen, die schießen und läuten.

Thomas Mann,
Der Zauberberg

Ihr seid zu Recht stolz auf eure materielle Kultur, aber ihr dürft nicht denken, Menschen ohne sie seien notwendig unzivilisiert. Zivilisation und materielle Kultur sind nicht ein und dasselbe. Bei euch haben die Leute auf dem Land nur wenige der Dinge, die man in der Stadt genießt, aber sie sind deshalb nicht weniger zivilisert: ja vielleicht sind sie es sogar eher mehr. Es ist eine Frage des spirituellen Standpunktes.

Die Tibeterin Rinchen Lhamo
zu Beginn des 20. Jahrhunderts vor einem britischen Publikum

Die weiße Lebensweise ist die einer industrialisierten Gesellschaft. Sie ist sehr, sehr wettbewerbsorientiert ... Ein weißer Mensch verirrt sich leicht und verliert in seiner computerisierten Gesellschaft seine Identität. Die Lebensweise der Navajo ist die einer friedlichen, unabhängigen und wirklich demokratischen Gesellschaft.

Navajo-Älterer

Es läuft letztlich doch einfach auf das folgende hinaus: Wenn die buddhistischen, Shoshone-, Hopi- und christlichen Lehren zutreffen, befindet sich die industrialisierte und technologisierte Zivilisation insgesamt auf dem falschen Gleis, denn ihr Antrieb und ihre Energie sind rein mechanisch und dienen nur sich selbst – die wahren Werte liegen in der Natur, den Mitmenschen, dem Geist und führen zur Befreiung. Darin enthalten sind die Möglichkeiten einer Lebens- und Seinsweise, die in der Dialektik harmonisch und in der Komplexität einfach ist, denn dies ist der *Weg.*

Gary Snyder

Tashi shok
Möge Glückseligkeit herrschen

Hózhóng nahastllii
Es ist vollendet in Schönheit

Anhang 1

DAS RAD DES ZYKLISCHEN DASEINS

Das Rad des zyklischen Daseins (Sipai Khorlo) steht als Modell für den kreis- oder besser den spiralförmigen Pfad, den alle empfindenden Wesen ohne geübtes Bewußtsein auf ihrer vom Zufall bestimmten Lebensreise verfolgen, bis sie einen Zustand des Friedens erlangen, in dem sie frei sind von den durch Täuschung verursachten Leiden des Samsara. Das Rad stellt zwischen den Speichen die sechs Zustände dar, in denen der Körpergeist je nach den Gedanken und Taten in früheren Leben wiedergeboren wird. Zwischen diesen Körpergeistzuständen schwanken wir aber auch in jedem wachen Augenblick unkontrollierbar hin und her. Nach buddhistischer Auffassung können wir demnach in der gegenwärtigen, in früheren und in künftigen Wiedergeburten zu folgenden Wesen werden (im Uhrzeigersinn, angefangen bei ungefähr »drei Uhr«): sehr geplagte hungrige Geister, schwer leidende Höllenwesen, instinktiv handelnde Wesen, unbeherrschbar mißgünstige Titanen (Halbgottheiten), die nach dem fünften Zustand, dem »Narrenparadies«, streben, in dem die glücklich unwissenden, samsarischen Gottheiten leben, und schließlich, in einen sechsten Zustand des Körpergeistes, zu Menschen – eine Mischung aus allen Stufen. Im Unterschied zu den anderen fünf Wesensarten haben wir Menschen leichter Zugang zu den spirituellen Lehren, die uns weg vom Karussell der Wiedergeburten zur Vereinigung mit der Leere führen können.

Im innersten Kreis des Rades befindet sich eine Darstellung der drei wichtigsten »Gifte«, die das Ego antreiben und zu den verschiedenen Wiedergeburten führen: der Hahn des Begehrens, die Schlange des Zorns und das Schwein der Unwissenheit. Je nachdem, wie stark sich Bewußtsein und Mitgefühl einer Person im Kampf mit diesen trügerischen Wesen erweisen, haben sie entweder die Chance, daß zum Beispiel ein Lama-Lehrer sie vom Rad weg und zur Buddhaschaft führen kann, oder aber die selbst erschaffenen Höllenwesen – dargestellt im Ring, der die drei Gifte umschließt – zerren sie endlos mit.

Die Radfassung (welche Yama, der Herr des Todes, mit Zähnen und Klauen festhält) besteht aus zwölf Abschnitten, die eine im Uhrzeigersinn ablaufende Ereigniskette abbilden. Im ersten (zwischen zwölf und ein Uhr) sieht man einen blinden Mann, der die Blindheit des Geistes – die uranfängliche Unwissen-

heit – darstellt, die unser karmisch beflecktes reines Bewußtsein zu unkontrollierten Wiedergeburten zwingt. Als zweites folgt ein Töpfer, der allerdings keine Gefäße, sondern elementare Impulse fertigt, aus denen das dualistische Bewußtsein entsteht. Dieses ist im dritten Abschnitt durch einen Affen vertreten, der mit einer Frucht spielt. Dann folgen zwei Menschen in einem Boot, ein Bild für die Fallen, die uns unsere verhärteten Ansichten stellen, indem wir Erscheinungen Namen und Formen zuschreiben. Im fünften Abteil stehen leere Häuser für die fünf gewöhnlichen Sinne sowie den sechsten (spirituellen), der aus den sinnlichen und geistigen Fähigkeiten entsteht. Zwei Personen, die sich an der Hand halten, stellen als nächstes die sinnlichen Begehren dar. Im siebten Abschnitt setzt ein Mann mit Pfeilen in beiden Augen das Gefühl bei großer Freude jenem bei Schmerz gleich. Trinken weist dann auf den unstillbaren Durst nach ständig mehr Empfindungen hin. Im neunten Abschnitt erfolgt der Griff nach der Frucht aus unkontrolliertem Hunger. Ein Paar beim Beischlaf steht für das karmische Glied Fortpflanzung und eine Geburt für die Wiedergeburt eines anderen Bewußtseins. Im letzten Feld wird ein Leichnam weggeführt; es bedeutet, daß der Tod künftige Wiedergeburten ermöglicht.
Links oben aber sieht man, daß ein Weg auf einem Regenbogenpfad hinausführt zu den Buddha-Feldern, die über dem Rad schweben. Es ist der Pfad dorthin, wo alles Leiden endet (Nirvana) und zur letzten Vereinigung mit der Leere, der Quelle des Unendlichen, für das Öpame/Amitabha steht, der Buddha des Unermeßlichen Lichts.

Sipai Khorlo: Das Rad des zyklischen Daseins.

Anhang 2

MODELLE DER HEILIGEN WELT TIBETS UND DER NAVAJO

Mandala-Opfer

Der kosmische Berg verkörpert das vollkommene Modell, um sich der idealen Wirklichkeit mit den herkömmlichen Vorstellungen von Erde und Himmel anzunähern. Als solches eignet er sich auch, um zu Beginn eines buddhistischen Rituals symbolisch den Gottheiten und den verehrten Lehrern zu opfern. Dieser Brauch heißt Mandala-Opfer; ein Mandala kann auf drei Arten als Opfer dargebracht werden.

Zum einen in Form eines kleinen (manchmal auch größeren), sich nach oben verjüngenden Gebildes aus Metall- oder Perlenringen auf einem Häufchen Reis, bunten Perlen, Münzen oder gar Edelsteinen. Es steht für eine höchst anschauliche, sicht- und greifbare Gesamtdarstellung einer Welt-Wirklichkeit, reich ausgestattet mit Kostbarkeiten. Die zweite Art ist sehr viel einfacher. Man kann das Mandala-Opfer nämlich auch darbringen, indem man die Finger so verschränkt, daß sie den Berg Meru und die vier Kontinentgruppen darstellen. Die dritte Form des Mandala-Opfer (gemäß dem tantrischen oder Diamantpfad) ist die immateriellste und zugleich persönlichste. Hier setzt man die Opfergabe lediglich aus den eigenen geistigen und körperlichen Merkmalen zusammen, indem man das Rückgrat, den Kopf und die vier Gliedmaßen als den kosmischen Berg und die vier Kontinente visualisiert und als Kostbarkeiten das persönliche Bewußtsein und die persönlichen Lebensenergien darbringt.

Alle drei Formen des Mandala-Opfer sind Respektbezeugungen an die äußeren, strahlenden Gestalten des Buddha, des Lama und der Schutzgottheiten oder Yidam. Wer so opfert, drückt mit der Gabe den Wunsch aus, deren Geist und Seinszustand zu erreichen, und bringt sie zugleich deren Licht und Energie dar, die auch im eigenen Inneren wirken.

Doch all diese Verrichtungen und Darstellungen von Bergen sind ohne echte persönliche Umwandlung bedeutungslos. Die opfernde Person muß sich vorstellen, in der Mitte eines wundervollen Mandala-Universums zu stehen und dem Buddha, dem Lama-Lehrer und den Schutzgottheiten alles hinzugeben – mit umfassendem Altruismus und ohne jegliche Bindung. Diese Haltung und dieses Bild muß sie fest im Geist verankern. Dann erst stimmt sie zum Mandala-Opfer den folgenden Gesang an:

Durch Meditation errichten wir in unserem Inneren einen spirituellen Berg. Wächst dieser Berg sehr hoch an, kann ihn niemand zerstören. Ein Berg steht für etwas Unveränderliches. Niemand kann ihn wegnehmen, keine Flut ihn überschwemmen und kein Feuer zerstören. Dieser innere Berg steht für unser spirituelles Wachstum.

Thubten Jigme Norbu

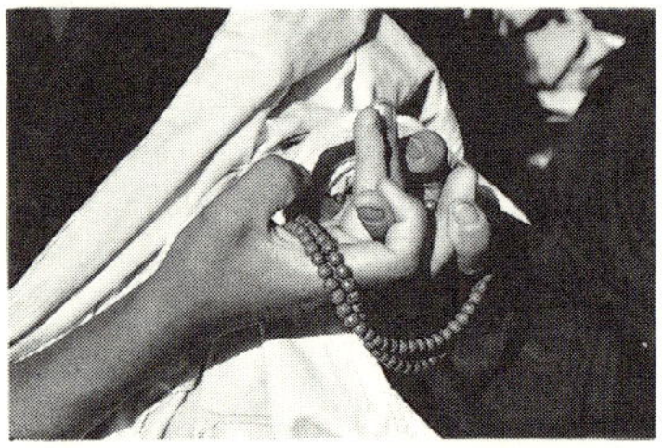

Das Mandala-Opfer kann als Gabe in Gestalt eines Berges aus Ringen, Reiskörnern und Edelsteinen entstehen. In dieser Form sieht das innere Auge deutlich den idealen Berg des Geistes im Zentrum des buddhistischen Kosmos. (oben)

Die ideale Welt-Wirklichkeit des Mandala-Opfers läßt sich auch allein mit den Händen veranschaulichen. Die beiden gestreckten Finger in der Mitte stehen für den Weltberg, die vier Paare aus verschränkten Fingern darum herum für die vier Kontinentgruppen der Welt. (unten)

Om vajra bhumi ah hum,
Hier ist die mächtige und gewaltige Goldgrundlage,
Hier ist ihr diamantharter Zaun,
Der äußere Ring ist umgeben von diesem eisernen Zaun.
In der Mitte erhebt sich Meru, der König der Berge.

Hier ist der östliche Kontinent,
Hier ist der südliche Kontinent,
Hier ist der westliche Kontinent,
Hier ist der nördliche Kontinent
und ihre Subkontinente.

Im Osten ist der Schatzberg,
Im Süden der wunscherfüllende Baum,
Im Westen die wunscherfüllende Kuh,
Im Norden die Freiwillige Ernte.

Hier ist das Große Kostbare Rad,
Hier der Große Kostbare Edelstein,
Hier die Große Kostbare Königin,
Hier der Große Kostbare Minister,
Hier der Große Kostbare Elefant,
Hier das Große Kostbare Pferd,
Hier der Große Kostbare Feldherr,
Hier die Große Kostbare Schatzvase.

Hier ist die Göttin der Schönheit,
Hier die Göttin der Girlanden,
Hier die Göttin des Gesangs,
Hier die Göttin des Tanzes,
Hier die Göttin der Blumen,
Hier die Göttin des Weihrauchs,
Hier die Göttin des Lichts,
Hier die Göttin des Wohlgeruchs.

Hier ist die Sonne,
Hier der Mond,
Hier der Schirm all dessen, was kostbar ist,
Hier die Siegesfahne in allen Himmelsrichtungen.

In der Mitte sind all diese Besitztümer,
kostbar den Gottheiten wie den Menschen.

Diese prächtige Sammlung aber ist nichts im Vergleich
zu dem, was ich Dir darbringe,
Meinem gütigen und heiligen Lehrer, in Gemeinsamkeit
mit Deinen ehrwürdigen Vorgängern.
Und besonders bringe ich dieses Universum dar, um die tiefen
Mahayana-Lehren von deinen Lippen zu erbitten.[1]

Der Hoghan

Laß den Hoghan deine Gedanken sein; laß das Land deine Gedanken sein;
laß alles, was dir gegeben ist, deine Gedanken sein.

Navajo-Redensart

Der Hoghan ist ein grundlegende Symbol für das spirituelle Universum der Navajo. Er steht gleichzeitig für das materielle Obdach der Menschen auf der Erde wie auch für den Ersten Hoghan der Heiligen Wesen am Ort ihres Erscheinens – am Urgrund des Navajo-Volkes. Der Erste Hoghan war kegelförmig, eine im alten männlichen Hoghan überlieferte Form.[2] Als solcher ist er der Ort, an dem ursprünglich Zeremonien stattfanden. Der zweite Erste Hoghan entstand beim Berg der Mitte des geomantischen Navajo-Universums, und zwar als Urform des runden (genauer des sechs- bis achtseitigen) weiblichen Hoghan, der auch heute noch weit verbreitet ist.[3]

Der Wohn-Hoghan wird nach geomantischen Regeln ausgerichtet, aufgebaut und benutzt. Er blickt nach Osten, und der Eingang liegt an an der Stelle, an der während der Bauzeit der Tag anbrach. Gedanken und Menschen erwachen mit dem weißen Licht des Ostens, und ebenfalls von Osten treten der weiße Wind der Morgendämmerung und die Segnungen der Schönheit (Hózhóng) durch den Eingang in den Hoghan. Da das Leben im vollen Sonnenlicht des Südhimmels am schnellsten verläuft, findet im südlichen Viertel des Hoghan auch die eigentliche Lebensarbeit statt: das Zubereiten der Mahlzeiten, künstlerische, handwerkliche und Reparaturarbeiten sowie der Unterricht für die Kinder. Im westlichen Viertel kommt die Familie zusammen, und dort schläft sie auch; dies entspricht der Energie und den Eigenschaften der Gedanken und Handlungen der Abenddämmerung. Das nördliche Viertel des Hoghan steht in Verbindung mit der Nacht, mit dem dunklen, mächtigen Teil des Tageslaufs also, und dort bewahrt die Familie materielle Güter auf, spielen die Kinder, liegt die Sicherheit für die Zukunft.

Nach dem geomantischen Schema gilt der Süden als männlich und der Norden als weiblich. Wenn im Hoghan Zeremonien gefeiert werden (sie sollten eigentlich *nur* dort stattfinden), sitzen die Männer an der südlichen und die Frauen an der nördlichen Wand. Dort setzen sie sich hin, nachdem sie gemäß der Sonnenumlaufbahn um das Feuer in der Mitte geschritten sind. Für die Navajo beginnt alles im Osten und verläuft alles in Richtung Sonnenumlaufbahn. Dies

Männlicher Hoghan aus Holz und Lehmziegeln. Diese Form wird nur noch selten errichtet und kam ursprünglich in Chantway-Ritualen wie dem Night Way zur Anwendung. (links)

Weiblicher Hoghan. Diese Form geht auf den zweiten Ersten Hoghan zurück und wird gegenwärtig sowohl als traditionelle Behausung wie für Chantway-Rituale bevorzugt. (rechts)

stimmt im übrigen mit dem tibetischen Brauch überein, einen Tempelhof durch ein Tor (das idealerweise nach Osten weist) zu betreten und sodann mit dem Lauf der Sonne die heiligen Bereiche zu umkreisen.

Das Feuer, die Quelle des Lebens, befindet sich also im Zentrum (genaugenommen ist es leicht nach Osten verschoben, damit sich dahinter, von der kalten Luft vom Eingang her abgeschirmt, mehr Raum zum Wohnen und Schlafen ergibt); seine elementare Kraft bezieht es von der Wärme und vom Herzen der Erdfrau. Der offene Rauchabzug darüber stellt das Tor zum Reich des Himmelsmannes dar. Beide Gottheiten und beide Aspekte des Hoghan stehen für die grundlegenden Aspekte einer Welt in Schönheit.

Diese schematische Anlage des Hoghan ist so wesentlich, daß sie auch dem Navajo Community College am Fuß der höchsten Bergkette des Reservats zu-

Das Navajo Community College aus der Vogelschau.

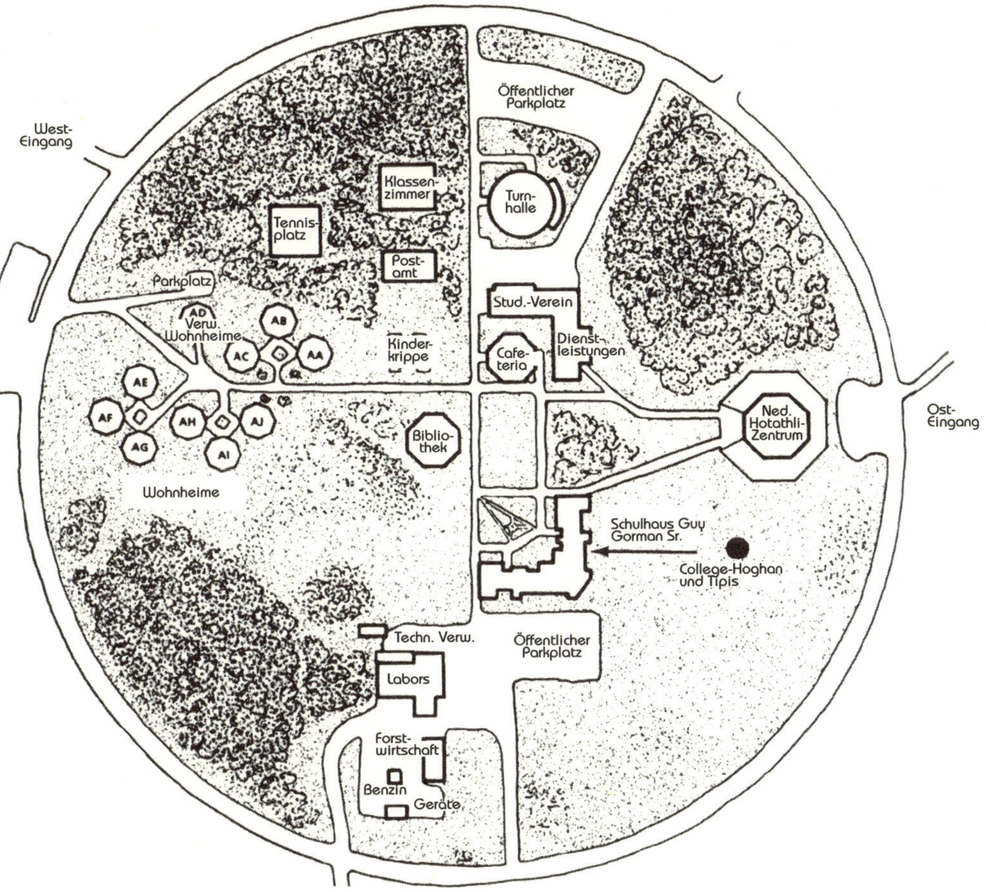

Lageplan des
Navajo Community College.

grunde gelegt wurde. Es liegt an der Quelle des Tsaile Creek (heute ein See), der einen der Hauptcanyons des Canyon de Chelly bildet, wo die Navajo-Schutzgottheiten oder Yei wohnen.

Die Verwaltungsräume, die Büros des Lehrkörpers, ein Zentrum für Forschungen über amerikanische Urvölker, ein Konferenzraum in Form eines Ritual-Hoghan (mit Erdboden und Holzofen) sowie ein Museum und ein Archiv – alles Räume, in denen Gedanken ihren Anfang nehmen – befinden sich im Osten des geomantischen Mandala. Sie sind in einem sechsstöckigen Hoghan aus Glas, Beton und Stahl untergebracht.

Im Südteil befinden sich die Unterrichts- und Arbeitsräume (die dem eigentlichen Zweck des Navajo Community College dienen): Klassenzimmer, Labors sowie Werkstätten für den Unterhalt der Einrichtungen und der Fahrzeuge des College. Im Westen liegen die Wohnheime für die College-Angehörigen. Sie haben die Form von Hoghans mit jeweils sechzehn Zimmern und vier Eingängen (immer Vielfache von vier) sowie einer zentralen Feuerstelle.

Im Norden sind die Einrichtungen für körperliche Betätigung und Bedürfnisse untergebracht. Im traditionellen Hoghan lagern in diesem Viertel die materiellen Güter und Vorräte, spielen die Männer in den Zemeronienpausen Karten und vergnügen sich die Kinder. Es ist das Viertel, in dem die Nacht und der Winter herrschen, der Ort der ungezügelten Energie. Daher befinden sich die Turnhalle und das Gebäude des Studentenvereins (mit Aufenthalts- und Spielzimmern) im nördlichen Viertel des College-Geländes.
Eine rundum verlaufende Straße faßt die ganze Anlage ein. Im Zentrum des geomantischen Kreises liegen die Energiequellen. Als »Feuerstelle« dienen eine hoghanförmige Cafeteria für die leibliche Nahrung und, als Quelle für die geistige Nahrung, das kreisrunde Na'altsoos bihogan, das »Haus der Papiere«, also die Bibliothek.
Der Hoghan schließt all dies ein und noch viel mehr. Er ist der Makrokosmos im Mikrokosmos ohne Schranken dazwischen – trotz der Wände und des Daches.[4]

Das Bündel aus Berg-Erde

Bevor das Erste Volk aus der Fünften Welt verschwand, ereignete sich eine große Wende in der Geschichte der Navajo: Die Große Mutter trat auf. Sich Ändernde Frau – Asdzáán nadleehé, »Die sich immer wieder verjüngt« – brachte bestimmte Gottheiten in die Fünfte Welt, und sie erschuf die Menschen, die diese fortan bewohnen sollten.[5] Sie erschuf die Diné (also die Navajo) als ihre Kinder und als Erbinnen und Erben der spirituellen Hinterlassenschaft des Ersten Volkes. Und sie fertigte eine Art heiliges Werkzeug für sie an, um die Welt in Schönheit zu erhalten. Dieses Werkzeug war ein heiliges »Medizin«-Bündel, das Sich Ändernde Frau nach dem Vorbild desjenigen schuf, welches ihre Stiefeltern, Erster Mann und Erste Frau, aus der Vierten Welt hinaufgebracht hatten. Sie gedachte damit den zukünftigen Menschen etwas zu geben, um sich mit der idealen Wirklichkeit der Fünften Welt identifizieren zu können. Und so gibt es für die machterfüllte, ideale Fünfte Welt bis heute ein perfektes Symbol: die Nachbildungen des heiligen Werkzeugs von Sich Ändernde Frau, welches die Navajo »Bündel aus Berg-Erde« nennen.
Im Hózhóóji (Blessing Way) heißt es, Sich Ändernde Frau habe für das erste Bündel aus Berg-Erde Erde von den heiligen Bergen verwendet. Als ein Geschenk der Großen Göttin und weil es die Energien der heiligen Gipfel enthält (in Wirklichkeit deren Erde), ist es schließlich zu einem bedeutenden Mittel geworden, um die Erdoberflächenleute mit den Heiligen Wesen zu verbinden. Zeitgenössische Navajo nennen es »Unsere Medizin« oder »Unsere Mutter«.[6]

Das Bündel aus Berg-Erde besteht aus zwei »heiligen« Lederhäuten. Die eine wird in vier Stücke geschnitten, um als Beutel für Erde von den Bergen der vier Himmelsrichtungen (im Uhrzeigersinn, von Osten nach Norden: Blanca Peak, Mount Taylor, San Francisco Peaks, Hesperus Peak) zu dienen. Mit der Erde werden zerstoßene Trugbild- und Nebelsteine vermischt, die Unsichtbarkeit und somit Schutz verleihen. Auch Spuren von besonderem »Lebens«-Blütenstaub werden daruntergemischt; dieser entsteht aus der Vereinigung reiner Energie und kommunikativer Eigenschaften des Maispollens mit der einzigartigen Kraft verschiedener Tiere. Man besprenkelt dazu etwa einen lebenden Hüttensänger mit etwas Blütenstaub; dieser schüttelt ihn wieder ab, und man fängt ihn auf: Er enthält nun klare Einsicht und Verheißung, also jene Eigenschaften, für die der Hüttensänger – der Vogel der Morgendämmerung und des Ostberges – steht. Jeder Erdprobe der vier heiligen Berge wird Lebensblütenstaub eines bestimmten Singvogels beigemischt. Es kann auch Pollen verwendet werden, der während einer Zeremonie von Masken oder heiligen Geräten abgeschüttelt worden ist (zum Beispiel von den stark ermächtigten Yei-Masken des Tlleeji). Die Beutel werden mit einem Lederriemen zusammengenäht und mit einem Kennzeichen versehen (Weiße Muschel für den Berg des Ostens, Türkis für den Berg des Südens, Abalone für den Berg des Westens und Schwarzer Gagat für den Berg des Nordens).
Die vier Beutel werden geomantisch angeordnet. Manchmal liegen sie rund um ein seltsames Gebilde, das entsprechend rätselhaft Sprechender Gebetsstab heißt und aus zwei (oder mehr) Zylindern aus Trugbildstein besteht, und zwar einem männlichen und einem weiblichen für Sang'ah-Nachai-Junge und Bik'eh-Hózhóng-Mädchen. Vielleicht stehen sie auch für die beiden mittleren Berge, die im Hózhóóji beschrieben werden: Berg Um den Gekreist Worden Ist und Fichtenberg. Zuweilen legt man in die Mitte auch Erde vom heiligen Berg jener Gegend im Navajo-Land, die man selbst bewohnt.[7]
All dies findet im zweiten Stück Leder Platz. Bevor man dieses ebenfalls zu einem Beutel verschließt, kommen (wie im tibetischen Mandala-Opfer) weitere Kostbarkeiten hinzu, welche die Kraft und die Schönheit des Kosmos verkörpern. Dazu gehören Trugbild- und Nebelsteine sowie Bergkristall. Sie verleihen dem Bündel zusätzlich »Leben«. Auch finden sich darin verstreut winzige geschnitzte Tierfigürchen aus Türkis, Weißer Muschel, Abalone und Gagat, um sowohl die Tiere zu segnen als auch diejenigen, die das Bündel verwenden. Dann werden die Enden des Leders mit einem Riemen zusammengebunden. Eine aufgenähte kleine weiße Muschel zeigt an, wo sich darin die Erde des Ostbergs befindet. Damit ist das Bündel aus Berg-Erde für die Einsegnung bereit.
Wie tibetische Mandala-Opfer stellt das Bündel aus Berg-Erde einen Mikrokosmos des Universums dar. Zusammen mit Liedern und Gebeten hilft es einer Person, in der Vorstellung eine ideale Wirklichkeit in sich und um sich herum zu erzeugen. Es bewirkt eine Art spiritueller Schwerkraft, mit der sie sich in der

gewöhnlichen Welt – die durch die Verbindung zum Ersten Paar, zu Sich Ändernde Frau, zu den Schutzgottheiten und zu den Mächten des Gesamtkosmos ideal geworden ist – eine feste Mitte verschafft.[8]

Im Ritual Hózhóóji gelangt die besungene Person unter Anleitung des Sängers zu einer engen Verbindung mit dem Bündel und seiner Kraft. Frank Mitchell erklärte zum Gebrauch des Bündels: »Der Sänger steht auf und stellt sich über die besungene Person, um ... [sie] zu segnen, indem er ihr [das Bündel] von den Füßen an aufwärts an den Körper drückt. Danach legt der Sänger einen Blütenstaubbeutel zu dem Bündel und gibt der besungenen Person beides in die rechte Hand, wobei der Blütenstaub stets in ihre Richtung zeigt.«[9]

Dann folgen Gebete und Lieder, in denen man die Heiligen Wesen um Schutz und Segen für die besungene Person sowie für alle anderen Menschen im Kosmos bittet. Zum Schluß, so fährt Frank Mitchell fort, werde der besungenen Person »Blütenstaub in den Mund gelegt [als Segen, um die Lebenskraft und den Geist in ihr zu nähren], und man wiederholt viermal: Alles wird gut sein, alles wird gesegnet sein.«[10]

Anhang 3

ERFAHRENE ERLEUCHTUNG

Die tibetische orale und visuelle Tradition enthält eine große Anzahl Beispiele für die ursprüngliche Verbindung zwischen Licht und Geist.

Milarepas Regenbogenkörper

Es heißt, ein fortgeschrittener Yogi, eine Heilige oder ein Bodhisattva könnten unsere Wirklichkeit willentlich verlassen, indem sie die Schwingungsfrequenz ihres Körpers verändern und ihn in seine feinstoffliche Komponente aus Licht und Wind, in den sogenannten Regenbogenkörper, verwandeln. Die tibetische Überlieferung enthält die Legende von Milarepa, dem großen Yogi-Heiligen des Mittelalters, der sich vorsätzlich in einen Regenbogenkörper verwandelte, nachdem ein irregeleiteter Mönch ihm vergiftetes Essen gereicht hatte. Die mündlich weitergegebene Erklärung dafür lautet, er habe dadurch, daß er auf diese Weise in die Leere einging, das Prinzip des Dharma unterstützt, weil er ein anschauliches Beispiel dafür lieferte, wie sehr sich der Diamantpfad dazu eigne, Erleuchtung zu erlangen. Bei seinem Tod soll sein kaum sichtbarer feinstofflicher Körper gleichzeitig an allen Orten zu sehen gewesen sein, an welchen er meditiert hatte. Dann löste er sich inmitten prächtiger Regenbogen und anderer glückverheißender meteorologischer Erscheinungen selbst in einen Regenbogen auf (und zwar von den Füßen an aufwärts zum Scheitel). Und so, an einen Regenbogen wie an ein Seil gebunden, verschmolz er mit der Unendlichkeit des Himmels.

Das Regenbogenseil heißt Mu (nach dem alten tibetischen Wort für Himmel) und ist ein Mittel, mit dem sich eine Göttin oder ein Gottkönig zwischen Himmel und Erde bewegen kann. Die Stelle, an der solche »Kinder des Himmels« vom einen Reich in das andere übertreten, ist meist der heiligste Gipfel in einer Region, gewöhnlich der Ort, an dem der von Regenbogen und Sonnenstrahlen erleuchtete Palast der Yül Lha, der jeweiligen Schutz-/Kriegsgottheit, steht. Die Übereinstimmung reicht bis hinunter auf die ganz individuelle Ebene, denn der Scheitel einer Person gilt als Sitz ihrer persönlichen Schutz-Yül-Lha. So besaßen einst alle Könige des Yarlung-Tals ein solches Regenbogenseil am Scheitel, an dem ihr Körper beim Tod in den Himmel gezogen wurde. Aber nachdem sich ein König namens Drigum dazu hatte verleiten lassen, in einem Kampf sein Regenbogenseil zu durchtrennen, mußten alle, die ihm nachfolgten (nunmehr die historischen, nicht mehr die mythischen Oberhäupter) auf der Erde geboren werden und sterben.

Das Diamantene Wesen

Den Kern der tantrischen Praxis bilden Visualisierungsübungen, um die Kräfte der Vorstellung zu nutzen und so die Handlungen, Äußerungen und Gedanken eines idealen Wesens zu erschaffen, damit zu verschmelzen und sie dann zu verkörpern. Eine der stärksten ermächtigenden Praktiken im tibetischen Tantrismus führt zur Identifikation mit dem Diamantenen Wesen Dorje Sempa /Vajrasattva:

> Wir visualisieren das Diamantene Wesen auf unserem Scheitel sitzend, im Lotossitz; es besteht aus weißem, richtiger durchsichtigem Licht (es strahlt wie ein Diamant). In der linken Hand, die auf seinem Oberschenkel ruht, hält es eine goldene Glocke transzendenter Weisheit. In der Rechten liegt ein Dorje, das diamantene Donnerkeilzepter der ausgeprägten spirituellen Geschicklichkeit. Es lächelt freundlich und ist »vollendet schön«. Nun halten wir vor ihm fest, daß wir in unserem Leben negative Handlungen, Äußerungen und Gedanken erschaffen haben, und nehmen uns vor, ihnen nie wieder zu erliegen. Wir glauben fest an die Wirksamkeit dieser Übung und visualisieren nun, daß das »Licht aus dem [Hundert-Silben-]Mantra sich [als ein Rad] in seinem Herzen – das zu den Buddhas des Universums hinausstrahlt und ihm deren Licht zurückgibt – dreht und von oben durch den Kopf in uns hereinfällt, so daß unser Körper zu leuchten beginnt. Wir visualisieren, wie all unsere negativen Gefühle, körperlichen Krankheiten und geistigen Verdunkelungen, ebenso wie all unser schlechtes Karma und unsere schlechten Gewohnheiten aus uns hinausgleiten in Form von Blut und Eiter, dunklem Rauch, ekelerregenden Insekten und Spinnen, die alle den Hunger der Herren der karmischen Schuld stillen, die unten warten.«[1]

In dieser Visualisierung strahlt das Licht von der Gestalt der Gottheit und von der heiligen Kraft der Buddhas durch den eigenen Körper. Und durch die Vorstellungskraft vertreibt es alles Negative, das sich im Laufe des Lebens dort angesammelt hat.

Anhang 4
SCHUTZMÄCHTE NUTZBAR MACHEN

Eine spirituell heldenhafte Person muß wissen, wann und wie sie ihre Kräfte und ihre Einsicht anwendet, um Hindernisse zu überwinden und Gleichgewicht, Frieden und Glück zu erlangen. Eine Form des Heldentums kann darin bestehen, einer Situation entsprechend besänftigend zu wirken. Doch viel häufiger gilt es, weise und wohlüberlegt zerstörerisch wirkende Schutzkräfte nutzen.

Angehörige des tibetischen Volkes und die Navajo wissen, daß Gedanken, Äußerungen und Handlungen Wirklichkeit erschaffen. Sind diese Tätigkeiten nicht erleuchtet oder mit Mängeln behaftet, führt dies unvermeidlich zu negativen Ergebnissen – zu Hindernissen, könnten wir ebensogut sagen. Nehmen diese Hindernisse aber besonders schlimme und bedrohliche Gestalt an, besitzen sie auch besonders dunkle Macht und werden zu einer Gefahr für den einzelnen Menschen und für alle. Im Wissen darum anerkennen beide Traditionen, daß es manchmal notwendig ist, zu extremen Maßnahmen zu greifen, also »Feuer mit Feuer zu bekämpfen«. Widrige Umstände können durchaus »schreckliche« Gegenmaßnahmen erfordern.

Im tibetischen Buddhismus machten große spirituelle Meister sich die rohen Kräfte des Kosmos von Anfang an zunutze, indem sie sie umwandelten, damit sie der neuen Weltsicht dienten. Sie besänftigten die Erd-»Kräfte« rituell, bestachen sie, setzten sie gefangen oder besiegten sie, je nach ihren Eigenschaften, bis aus ihnen schließlich wohlwollende Schutzmächte der neuen Religion wurden.

Padmasambhava, der berühmteste spirituelle »David« und ideale tantrische Meister der tibetischen und anderer Kulturen im Himalaja-Gebiet, soll zur Vertreibung von Hindernissen bei der Einführung der neuen Sicht der Wirklichkeit in acht Hauptgestalten aufgetreten sein, je nach der Energie, die er für die anstehenden Aufgaben benötigte. Sie reichten von der Gestalt eines Lehrers als Guru Rinpoche bis zur blutrünstigen Wildheit von Dorje Drolü, einer Urgottheit mit gefletschten Reißzähnen und einem Donnerkeil (Vajra) oder einem Ritualdolch (Phurba) in der Hand. In diesen verschiedenen Verkörperungen unterrichtete, bestach, lockte oder vernichtete Padmasambhava Dämo-

Padmasambhava, der tantrische Yogi, der den tibetischen Buddhismus prägte, in seinem Lehreraspekt als Guru Nyansing Silnon oder Guru Rinpoche.

Um die Hindernisse, die dem Buddhismus und der Erleuchtung im Weg standen, zu beseitigen, trat Padmasambhava auch in wilder Gestalt auf, so (wie hier) als Dorje Drolü.

nen, Geister und bedeutende Urgottheiten und verpflichtete jene, die einlenkten, einen Eid auf den neuen buddhistischen Weg abzulegen.[1]

Padmasambhava ist aber nicht die einzige Gestalt im tibetischen Pantheon, die Hindernisse auf dem Pfad zur Erleuchtung ausräumte. Es fallen einem sofort weitere markante Umwandlungen »friedlicher« Gottheiten ein. Betrachten wir etwa Chenrezi oder Grenzenlose Liebe. Er verkörpert das erleuchtete Mitgefühl in seiner Gesamtheit und ist als solches gewöhnlich in seiner Emanation als vierarmiger, friedfertiger Jüngling oder als ebenfalls friedfertige, aber aktive tausendarmige Gottheit dargestellt. Chenrezi ist indes zugleich identisch mit einer unbeschreiblich wilden, furchteinflößenden und grausigen Schutzmacht: dem Großen Schwarzen (Nagpo Chenpo/Mahakala). Welche Eigenschaft von Grenzenlose Liebe auch gefordert wird, Chenrezi verfügt über einen für die bevorstehende Aufgabe geeigneten Aspekt. Und in dieser Gestalt ruft man ihn denn auch an und visualisiert ihn. Ebenso treffen wir den Bodhisattva der Transzendenten Weisheit (Jambayang/Manjushri) sowohl in Gestalt einer friedlichen, jugendlichen Gottheit mit dem flammenden Schwert der Weisheit an, das verschiedene geistig geschaffene Hindernisse auf dem Weg zur Erleuchtung zerschlägt, wie auch als ein und denselben mit dem ergötzlich widerlichen Bezwinger der Todesgottheit (Jigje/Yamantaka). Der Tod, den er bezwingt, ist der psychospirituelle Trance-Tod, den unsere unwissendsten Gedanken, Äußerungen und Handlungen herbeiführen. Sein feuriger Nimbus aber ist nichts anderes als eine intensivierte Form der Flamme an der Spitze von Jambayangs Schwert transzendenter Weisheit.

Jambayang/Manjushri, der Bodhisattva der Transzendenten Weisheit, wird als friedfertiger Jüngling dargestellt. (oben)
Jigje/Yamantaka, Schlächter der Verblendungen aus tödlicher Unwissenheit, verkörpert die schreckliche Weisheit; er stammt jedoch vom selben Geiststrom ab wie Jambayang/Manjushri. (unten)

Sodann verlangt eine weitere wilde Emanation eines erleuchteten Wesens unsere Aufmerksamkeit: der Vajra-Träger (Chakna Dorje/ Vajrapani). Als erstes und vor allem verkörpert er die geschickten Wege und Mittel eines Buddha: die erleuchtete Willenskraft. Er tritt selten in friedlicher Gestalt auf. Seine wild auftretende, von einem Flammenring eingefaßte Gestalt mit den hervorquellenden Augen, dem Rock aus einem Wildkatzenfell und dem Vajra-Zepter in der Hand paßt aber auch viel besser zu seinen erobernden Eigenschaften. Manchmal wird er visualisiert, wie er auf dem Rücken des Großen Adlers (Cha Kyung/Garuda), des urasiatischen »Donnervogels« mit der Lu-Schlange im Maul, durch den Himmel fliegt. Chakna Dorje läßt dabei Vajras und Phurbas aus Meteoritmetall niederregnen, um alle Wesen und Welten zu schützen und ihre Fruchtbarkeit zu erhalten.

Die Navajo kennen ebenso starke Bilder, um ihre Schutzkräfte darzustellen. Wenn sie erobernde Schutzenergie benötigen, stimmen sie Gebete und Gesänge an die vier großen Donnerwesen und an ihre Gesamtheit, den Großen Donner, an. Diese Heiligen Wesen handhaben, wie der Vajra-Träger, die rohen Energien des Himmelsreichs. Als Donner, Blitz, Regen und schwarze Wolken umfassen sie alle Bestandteile eines Gewitters.[2]

Abbildung Seite 282 links oben zeigt, wie dem Großen Donner verschiedene Blitze und Feuersteinpfeilspitzen entspringen; sie entsprechen Chakna Dorjes Vajras und Phurbas. Eine dreieckige Gewitterwolke krönt das Donnerwesen, Regen in Form von Schlangen und Blitzen strömt von den Enden seiner Flügel herab, und Zickzackblitze rahmen es ein.

Die Vorstellung, durch Nutzen der wilden Kraft der Donnerwesen zum Gleichgewicht zu finden, kommt in wichtigen Navajo-Lehren, in denen die Ermäch-

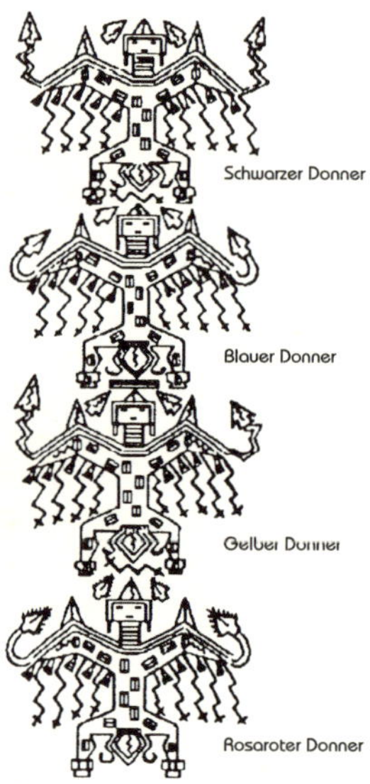

Der Große Donner, die Summe aller Kräfte von Blitz und Donner (aus dem Shooting Way). (oben) Die vier Donnerwesen, welche die Krieger-Zwillinge auf ihrer Reise zu ihrem Vater Sonnenträger ermächtigten. (unten)

tigungsreise der Zwillinge von ihrer Mutter Sich Ändernde Frau zu ihrem Vater Sonnenträger geschildert wird, deutlich zum Ausdruck. Die Zwillinge machten sich bekanntlich in Richtung der aufgehenden Sonne auf den Weg, weil sie Stärke, Geschicklichkeit und Schutzmacht gewinnen mußten, um die Ungeheuer zu besiegen, die das Alte Volk bedrohten. Auf dieser Reise kam es zu gefährlichen Begegnungen mit Erd- und Himmelsmächten der Gegenschönheit, bevor sie schließlich auf einem Regenbogenpfad zum östlichen Hoghan ihres Vaters gelangten.

Auf dieser klassischen, heldenhaften Reise, die im Navajo-Ritual der Kriegervorbereitung beschrieben wird,[3] begegneten die Zwillinge Sonnenträgers Frau (manchmal auch Tochter) im Osten, die seine zornige Ablehnung gegenüber Außenstehenden kannte und deshalb um das Leben der Knaben fürchtete.[4] Sie versteckte sie im prächtigen himmlischen Hoghan, doch Sonnenträger entdeckte sie nach seiner Rückkehr aus dem Land der Abenddämmerung rasch. Mangels Beweisen für die Vaterschaft glaubte Sonnenträger den Zwillingen zunächst nicht, daß sie mit ihm verwandt seien, und zwang sie, lebensgefährliche Prüfungen durch Hitze, Kälte und Gift zu erleiden, um es zu beweisen. Sie überstanden die Prüfungen indes mittels machtvoller Gaben, die ihnen hilfreiche Schutzgottheiten auf ihrer Reise mitgegeben hatten.

Nachdem die Zwillinge die Prüfungen bestanden hatten, gaben Morgendämmerung-Frau und Sonnenträger ihrem Körper männlichere Formen. Nun waren sie fast bereit für die Rückkehr in das Reich der Erdoberfläche, um die grausamen Ungeheuer zu vertreiben, die das Wohlergehen des Navajo-Ahnvolks verhinderten. Um sie ganz zu schützen und zu ermächtigen, legte ihnen Sonnenträger eine Rüstung aus Feuerstein um, eine schwarze für den älteren Zwilling, eine blaue für den jüngeren. Die von Sonnenträger herbeigerufenen großen »Donnerblitze« (die Donnerwesen) der vier Himmelsrichtungen flößten ihnen die Macht des Blitzes ein und gaben ihnen Lichtkeile als Waffen.[5]

Als der ältere Zwilling seine schwarze Feuersteinrüstung (Schwarz steht für die grimmige Kraft des Nordens, eine Kraft der Zerstörung und des Schutzes) und Zickzackblitze als Waffen in Empfang nahm, erhielt er auch seinen Erwachse-

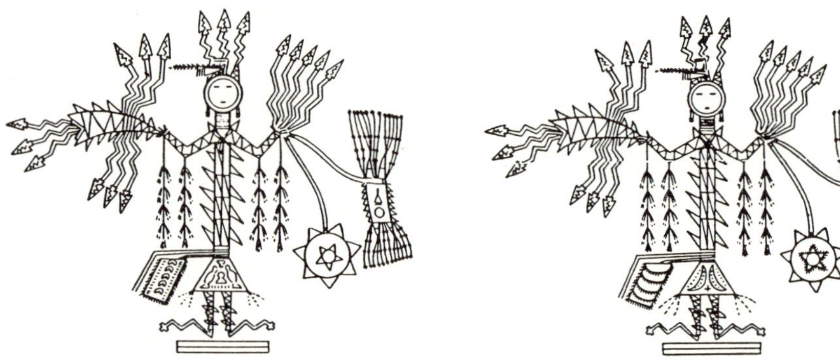

Monster-Töter (links) und Für das Wasser Geborenes Kind (rechts) in voller Feuersteinrüstung, bewaffnet mit Blitzen und Schilden.

nennamen und hieß fortan Monster- oder Feindes-Töter (Naayéé neizghání). Und als der jüngere der Zwillinge seine blaue Rüstung in Empfang nahm, erhielt er damit die Eigenschaften von Blau gemäß dem Navajo-Regenbogen der spirituellen Farben. Blau ist die »Folge«-Farbe von Schwarz, es ist die Farbe des Umsorgens und der hilfreichen Wachsamkeit, die wärmende, lebenspendende Sonne im Höchststand am blauen Himmel im Gegensatz zu Schwarz, der langen, dunklen Nacht im Nadir der Sonne. Zusätzlich zu seiner Rüstung erhielt der jüngere der Krieger-Zwillinge ein Bündel gerader Blitze als Waffen und ebenfalls seinen Erwachsenennamen, und zwar Für das Wasser Geborenes Kind (T'obájishchíní), denn seine Mutter hatte ihn nach ihrer Vereinigung mit dem Strahl eines Wasserfalls zur Welt gebracht.[6]

Die wilde Schutzkraft von Schwärze, also Dunkelheit, haben die Navajo in einem der erschreckendsten und gleichzeitig schönsten Ritualgesänge der Menschheit angerufen, im »Gesang des Schwarzen Bären«:[7]

Meine Mokassins sind schwarzer Obsidian,*
Meine Beinkleider sind schwarzer Obsidian,
Mein Hemd ist schwarzer Obsidian.
Eine schwarze Pfeilschlange umgürtet mich,
Schwarze Schlangen erheben sich von meinem Kopf.
Mit Zickzackblitzen, die aus den Enden meiner Füße strömen, schreite ich;
Mit Zickzackblitzen, die aus meinen Knien strömen, schreite ich;
Mit Zickzackblitzen, die aus meiner Zungenspitze strömen, spreche ich.
Nun ruht eine Scheibe Blütenstaub auf meinem Scheitel,
Graue Pfeilschlangen und Klapperschlangen essen sie auf.
Schwarzer Obsidian und Zickzackblitze strömen in vier Richtungen aus mir;
Wo sie in die Erde einschlagen, gefällt dies schlechten
Dingen, schlechten Reden nicht,
Beides läßt die Geschosse losgehen.
*Langes Leben,** etwas Schreckliches bin ich,*
Bin ich nun.
Es droht Gefahr, wo ich meine Füße hinsetze;
Ich bin der Schwarze Bär.
Wo ich gehe, wo ich innehalte, schlagen Blitze aus mir;
Wo ich gehe, bin ich zu fürchten.
Wo ich gehe, Langes Leben,
Bin ich zu fürchten.
Es droht Gefahr, wo ich gehe.

* oder Feuerstein
** Sang'ah Nachai

Betrachten wir nun den folgenden, bearbeiteten Ausschnitt aus dem »Gebet der Großen Schwarzen Schlange«:[8]

Auf Erden, ausströmend von den Spitzen von Füßen, Knien, Rumpf,
Händen, Lippen und Kopf der Großen Schwarzen Schlange,
Steht Schwarzer Feuerstein zusammen mit Blitz als ein Schild für mich;
Schwarzer Feuerstein, bewege deinen fünffingrigen Schild
Und wehre damit die Furcht von mir ab, wehre das Furchtbare von mir ab;
Halt es auf und wehre es ab!
Schwarzer Feuerstein, mit der Kraft, die du in deinem Medizinbeutel besitzt,
Dort, wo die schwarzen Schlangen sich treffen und kreuzen,
Errichte einen Schutzschild vor mir;
Ich werde dahinter sicher sein, dann werde ich sicher sein.
Dahinter wird mich das Furchtbare nicht erreichen, mich nicht ergreifen.
Das Furchtbare hat mich nicht erreicht.
Die Furcht hat mich verfehlt.
Ich bin gerettet vor dem Furchtbaren dahinter.
Wir alle sind gerettet vor dem Furchtbaren dahinter.
Alle von uns sind gerettet vor dem Furchtbaren dahinter.
Die Furcht hat uns verfehlt!
Die Furcht hat uns verfehlt!
Wir sind gerettet!
Wir sind gerettet!
Ich bin froh!
Ich bin froh!
Pah!

Der Ausruf Pah! ist eine energiegeladene Kombination aus einem allgemeinen, stets ähnlich klingenden lautmalerischen Phonem für das Ausspucken und die Kraft des Atems und steht für die Energie des Vertreibens, des Wegpustens von etwas Bösem in der Umgebung.
Es gibt ein diesem vergleichbares tibetisches Gebet in der täglichen Übungspraxis für die höchsten tantrischen Schutzgottheiten. Im folgenden Auszug vertreibt eine mächtige Heruka-Schutzgottheit namens Herr der Mutigen alle (inneren und äußeren) Hindernisse im Leben einer Person mit einem dröhnenden Phat![9]

Om, ich werfe mich nieder vor dem göttlichen Herrn der Mutigen,
HUM HUM PHAT!
Om, vor Dir, dessen Glanz dem Feuer gleichkommt, das ein großes Zeitalter beendet,
HUM HUM PHAT!

Om, vor Dir mit gefletschten Zähnen und zornigem Gesicht,
HUM HUM PHAT!
Om, vor Dir, dessen tausend Arme lodern vor Licht,
HUM HUM PHAT!
Om, vor Dir, der Du eine Axt hältst, eine erhobene Schlinge,
einen Speer und einen Schädelstock,
HUM HUM PHAT!
Om, vor Dir, der Du ein Tigerfell trägst,
HUM HUM PHAT!
Om, ich verbeuge mich vor Dir, dessen großer rauchfarbener Leib
alle Hindernisse beseitigt,
HUM HUM PHAT!

Bär und Schlange gehören zu den höchsten Schutzmächten bei den Navajo. Die Krieger-Zwillinge mußten vor dem östlichen Hoghan von Sonnenträger an vier Wachen vorbeigelangen; es waren dies Großer Bär, Große Schlange, Donner und Großer Wind. Bestimmten Navajo-Chantway-Linien zufolge gibt es vier Arten von Schutzmachtbären, und zwar in den Farben (von Ost nach Nord) Schwarz, Weiß, Blau und Rot (Rot ist eine Farbe der Gefahr und der Macht).
Den Schwarzbären (der ja eher grau ist) rufen die Navajo oft als Quelle schützender Macht an, besonders in Fällen, da es um Böswilligkeit oder gar Hexerei geht. Ich habe einmal an einer solchen Schutzzeremonie teilgenommen. Ursache der Bedrohung waren Mißtrauen und Konflikte zwischen Navajo-Angestellten einer Stammesdienststelle und deren Verwaltung. Ein solches Umfeld der Gegenschönheit beeinträchtigt die geistige und die körperliche Verfassung von Navajo beträchtlich, und daher wurde eine Abordnung der Angestellten zu einem Sänger gesandt mit der Bitte, »etwas für sie zu tun«, das heißt eine Schutzzeremonie abzuhalten. Das improvisierte Ritual fand in einer abgelegenen Berghütte statt und dauerte bis in die frühen Morgenstunden. Die Gesänge, Gebete und rituellen Verrichtungen setzten die Angestellten in Verbindung mit verschiedenen Schutzmächten, so mit den überwältigenden Kräften des Schwarzbären (verkörpert durch ein Bärenfigürchen aus schwarzem Gagat, dem Kleinod des Nordens), mit der Energie der Krieger-Zwillinge (verkörpert in prähistorischen Feuersteinmessern) und mit der Unsichtbarkeit des Trugbildvolkes für böswillige Merkmale (versinnbildlicht durch Trugbildsteinpulver).
Dieselbe Art mächtiger Schutzkraft zeigt sich deutlich in den Visualisierungen von Schutzgottheiten der tibetischen Religion wie etwa jener der Leichenstätte (Zhingkyong/Kshestrapala), einer dunkelblauen, fast schwarzen Emanation der wichtigsten »schrecklichen Schutzgottheit« Großer Schwarzer. Als Sinnbild für den unbarmherzigen Aspekt von Grenzenlose Liebe steht der Große

Die Glorreiche Göttin Palden Lhamo, eine besondere und die mächtigste Beschützerin des Dalai Lama und des tibetischen Staates.

Schwarze für die Art Weisheitsenergie, die Mitgefühl notwendig streng agieren läßt, um das Böse und das Leiden zu besiegen, die durch egozentrische Verblendungen herbeigeführt worden sind. In den tibetischen Klöstern pflegen die Mönche »Unbarmherzige Liebe« (wenn ich den Großen Schwarzen einmal so nennen darf) allmonatlich rituell mit stampfenden Gesängen, dröhnenden Hörnern, Trommeln und Becken, Lobreden und Gebeten, Visualisierungen und Opfergaben anzurufen. Die Emanation von Unbarmherzige Liebe ist ihnen sehr wichtig, halten sie ihn doch als für die Erhaltung des Weltfriedens entscheidend.

Parallel zum Großen Schwarzen steht die größte der weiblichen Schutzgottheiten Tibets: Palden Lhamo, die Glorreiche Göttin. Sie ist dem Großen Schwarzen gleich, aber ihre unzähligen Gestalten und die Eigenschaften wilder schützender Mutterschaft heben sie zusätzlich von ihm und allen anderen Gottheiten ab. Die Glorreiche Göttin ist die Beschützerin des Dalai Lama und des tibetischen Staates. Mit einer kurzen Beschreibung kann man ihr nicht gerecht werden. Sie ist die höchste zornige Mutter, die in wilder Raserei Schutzkraft verströmt, einer Bärin vergleichbar, die ihre Jungen beschützt, nur daß Palden Lhamos Junge die Erleuchteten sind und jene, die sich auf dem Weg dazu befinden. Palden Lhamo ist intensiv dunkelblau. Sie reitet auf einem hellblauen Wildesel mit einem dritten Auge am Rumpf und tritt mit gefletschten Zähnen, drei starren blutunterlaufenen Augen und einer Tiara aus fünf Schädeln für die fünf Haupttäuschungen auf. In der rechten Hand hält sie einen Dreizack, in der linken einen mit Blut gefüllten Schädel. Sie trägt einen Rock aus Tigerfell und eine Menschenhaut über der Schulter: zusammen mit dem Schädel ein Symbol für die Vergänglichkeit. Zusätzlich ist sie mit gerade abgeschlagenen Köpfen geschmückt, und Schlangen hüllen sie ein. Von ihrem Scheitel leuchtet ein Mond und an ihrem großen Nabel eine Sonne. Sie sitzt auf einem Sattel aus der Haut eines Menschenfressers, und ihre Zügel sind Schlangen. Vom Sattel hängen ein Lederbeutel voller Gift oder Krankheiten sowie zwei Würfel, mit denen sie das Schicksal der Menschen bestimmt. Diese Beschützerin und ihr Reittier sind von einem Flammenkranz umgeben, und sie reitet durch ein Meer aus Menstruationsblut. Schrecklich? Ja. Böse? Nein. Es handelt sich um eine bildliche Darstellung der Macht (die im Kosmos und im Körpergeist vorhanden ist), welche die Hindernisse auf dem Weg zur Erleuchtung ausräumt.

Noch eine weitere tibetische Schutzgottheit sollten wir hier vorstellen, nämlich Pehar oder Trinley Gyalpo, den »König der Tätigkeit«. Als Gefährte von Palden Lhamo vervollständigt er das bedeutende Schutzpaar der tibetischen Nation und Religion, die Rot-Schwarzen Schutzgottheiten der Religion (*tensung marnag*).

Pehar oder Trinley Gyalpo, der König der Tätigkeit, der als Gefährte von Palden Lhamo ebenfalls als Beschützer des tibetischen Staates und besonders des Klosters Nechung wirkt.

Pehar bewohnt im Mandala der Fünf Verkörperten Könige (Kunga Gyalpo) das nördliche Viertel, das heißt den Ort der gröbsten Energie. Er wird in Tibets Staatskloster Nechung Dorje Dratsang »verwaltet«. Man stellt sich Pehar als

»großen Mann« mit sechs Armen und drei Köpfen sowie einem weißen, einem himmelblauen und einem roten Gesicht vor, der in einem Palast aus Türkis lebt. In den Händen hält er verschiedene Waffen, um seine Taten zum Schutz der Menschen und ihrer Religion auszuführen: eine gebogene Eisenaxt, Pfeil und Bogen, Schwert, Messer und Keule. Er trägt einen Rock aus Tigerfell und reitet auf einem weißen Schneelöwen im Flammenring.

Eine leichter zugängliche Emanation dieses Urkriegsgottes ist Dorje Drakden, der Berühmte Vajra, der rot ist und die Rüstung eines Kriegers aus alter Zeit trägt. Dorje Drakden erscheint dem tibetischen Volk in menschlicher Gestalt, und zwar durch das Medium (den Körper) eines Mönchs im Kloster Nechung (das heute im Exil in Dharamsala, Indien, eingerichtet ist). Dieser Mönch, das Orakel von Nechung, dient als Seher des Staates und berät den Dalai Lama, seine Regierung, Klöster und manchmal auch Einzelpersonen. Die heftige Trance, die er als Orakel von Nechung erlebt, zeugt von der wilden Kraft Dorje Drakdens oder Pehars, der mit Palden Lhamo für den Schutz der tibetischen Lebensweise sorgt.

Mögen die beiden Rot-Schwarzen Schutzgottheiten der Religion Uns helfen,
unsere Tätigkeiten zu Ende zu führen Und unserem größten Beschützer ein langes Leben sichern, Seiner Heiligkeit, dem Dalai Lama.

Aus einem zeitgenössischen tibetischen Volkslied

Der Dalai Lama äußerte sich einmal über den Einsatz der von Haß und anderen quälenden Gefühlen erzeugten Energien auf dem tantrischen Pfad zur Erleuchtung.[10] Er erläuterte, daß eine Person gerade Haß (oder Zorn) dazu verwenden könne, um den Haß zu vernichten – sofern ihr Beweggrund dafür von Herzen kommendes Mitgefühl sei. Das Verfahren beruht auf der Tatsache, daß wir während eines Wutanfalls sehr große geistige Energie und Kraft erzeugen, die wir nutzen können, um eine wilde Form erleuchteter Aktivität zu erreichen, einen Körpergeistzustand, den Bilder und Eigenschaften der schrecklichen (zornigen) Gottheiten versinnbildlichen. In diesem Sinn nutzt eine Person die schrecklichste Form der Dualität im Dienste der Einheit. »Feindliche« Energien zu erkennen und dann als Quelle für Gutes zu nutzen bildet den Kern der Umwandlungsbemühungen sowohl bei den Angehörigen des tibetischen Volkes wie bei den Navajo.

Betrachten wir nun das Konzept, das die Navajo von feindlichen Energien und deren Vertreibung entwickelt haben. Die Ungeheuer, die die Fünfte Welt-Wirklichkeit bedroht hatten, waren Naayéé, also »Feinde«. Die Krieger-Zwillinge brachten sie sogleich um oder hinderten sie sonstwie daran, ihre negativen Ziele weiterhin zu verfolgen.

Doch es gibt eine subtilere und weiter verbreitete Art Feind, der den Körpergeist der Navajo befällt. Diesen Feind nennen sie oft »das Böse« oder »den Fluch«. Es handelt sich dabei sowohl um die Essenz als auch um das Agens der Gegenschönheit Hóchxó, eine Kraft der Dunkelheit, der Krankheit, des Chaos. Sie kann von Menschen geschaffen werden, sei es, daß eine Person unüberlegt handelt oder spricht, sei es, daß ein »Fellgänger« absichtlich, mit berechnender Bosheit einen Fluch verhängt. Diese Form des Naayéé kann großen geistigen

Das Orakel von Nechung fällt beim Eintritt der Schutzgottheit Dorje Drakden in Trance.

Auf Seide appliziertes Abbild der Gottheit Dorje Drakden.

und körperlichen Schaden anrichten, sie kann eine Krankheit oder gar den Tod herbeiführen und muß deshalb an der Wurzel abgewehrt oder vernichtet werden.

Das weiter oben erwähnte Bärenschutzritual diente dazu, die Wirkung solcher Naayéé abzuwehren. Dabei wurden alle, die daran teilnahmen, mit zwei Maßnahmen gegen den Schaden immunisiert, da das Böse überall sein und alle treffen kann. Für den ersten Schutz sorgte der Trugbildstein. Dessen fein gemahlenes Pulver trugen wir auf das Gesicht auf, was uns einen dem Trugbildstein ähnlichen Körper verlieh und für die Feindesenergie unsichtbar machte.[11]

Ebenso hatten wir zu einem früheren Zeitpunkt alle eine alte, große und recht scharf gehauene Steinklinge erhalten. Sie stellte den zweiten Schutz dar. Die Klinge stand für Waffe und Feuersteinrüstung des spirituellen Kriegers Monster- oder Feindes-Töter, die Waffe des Zickzackblitzes, die er von den Donnerwesen im Laufe seiner und seines Bruders Initiation erhalten hatte.

Man kommt nicht umhin, sich an dieser Stelle den Vajra-Träger in Erinnerung zu rufen, die tibetische Gottheit des Himmels, des Regens und der Willenskraft des Körpergeistes, die kleine Donnerkeile (Dorjes/Vajras) und Ritualdolche (Phurbas) aus Meteoritmetall (»Überreste« von Blitzschlägen) auf ihre Feinde (Hindernisse auf dem Weg zur Erleuchtung) hinabschleudert. Kein Wunder, daß eine entscheidende Schutzbarriere in tibetischen Mandalas aus einem Ring von Donnerkeilen besteht. Ebenso liegt in der geweihten Sandversion dieser Mandalas als zusätzlicher Schutz für deren innere heilige Bezirke ein Ring besonderer Phurbas rund um die äußere Einfassung.

Ähnlich versehen die Navajo ihre Sandbilder und offiziellen Siegel mit Feuersteinpfeilspitzen und Blitzen, und die Sänger umschließen ihre Sandmandalas zum Schutz mit Federstäben, das heißt spirituellen Pfeilen. Auch dies verwundert nicht, gehört doch der Schutz vor dem Bösen zu den wichtigsten Zielen im religiösen Leben der Navajo. Der Grund dafür dürfte sowohl in der Erkenntnis der tatsächlichen Gefahren *(bahziid)* in der mächtigen natürlichen Welt zu suchen sein wie auch in einer Geschichte gewaltsamer Auseinandersetzungen mit anderen Völkern, besonders aber mit dem verrückten Stamm der angloamerikanischen Weißen.

Um Schutz vor dem Bösen geht es auch bei Zeremonien, die dazu dienen, die Geister von verstorbenen Personen zu vertreiben. Dazu ein Beispiel: Als ein Navajo-Bekannter, der in einem Krankenhaus im Reservat arbeitete, sehr unruhig und verstört wurde, stellte ein traditioneller Seher die Geisterkrankheit bei ihm fest. Er »sah«, daß der Geist eines verstorbenen Navajo, mit dessen Leichnam mein Bekannter im Leichenschauhaus versehentlich in Kontakt gekommen war, ihn verwirrte, und verschrieb ihm einen Ghost Way. Nach dem entsprechenden Ritual gewann mein Bekannter sein geistiges Gleichgewicht zurück. Im Zuge der Erholung nahm er an einer anderen bedeutenden Art der Geisterbeschwörung teil, den Enemy Way (Anaji). Danach ließ er sich als Anaji-Sänger ausbilden.

Das Anaji ist ein großartiges Geisterbeschwörungsritual, das Navajo vorbehalten bleibt, die mit einem Nichtnavajo-Geist in Kontakt gekommen sind. Es hat den Navajo besonders bei der Rückkehr von Kriegern aus dem Kampf gute Dienste geleistet und bis heute seine Bedeutung für Navajo behalten, die als Veteranen aus internationalen Konflikten heimkehren. Das vier Tage dauernde Sommerritual wirkt gegen Symptome wie geistige Verwirrung, Depression und Alpträume aufgrund einer Verunreinigung durch den wandernden und zornigen Geist eines verstorbenen Gegners. Es handelt sich um die Zeremonie, die

Der Schlächter von Feinden bin ich;
Sonnenträger erhebt sich mit mir,
Er reist mit mir,
Er steigt ab mit mir,
Aber er sieht mich nicht.
Für das Wasser Geborenes Kind bin ich;
Mondträger erhebt sich mit mir,
Er reist mit mir,
Er steigt ab mit mir,
Aber er sieht mich nicht.

Night-Way-Gesang an die Krieger-Zwillinge, nach Matthews, The Night Chant (1902)

Ich bin der Schlächter von Feinden,
Ich halte zwei schwarze Feuersteine;
Mein Hut ist aus schwarzem Feuerstein,
Mein Hemd ist aus schwarzem Feuerstein,
Meine Beinkleider sind aus schwarzem Feuerstein,
Meine Mokassins sind aus schwarzem Feuerstein;
Blitze schlagen aus mir;
Ich gehe damit zum Zentrum der schwarzen Ecke.
Wenn Zickzackblitze hervorschießen,
Befällt den Riesen die Furcht.

Auszug aus einem Gebet an Monster-Töter, nach Matthews, The Night Chant (1902)

für die Krieger-Zwillinge abgehalten wurde, nachdem sie die Fünfte Welt-Wirklichkeit von den feindlichen Ungeheuern befreit hatten (siehe Anhang 5).
Die Navajo wissen, daß ein Geist zwar eine feinstoffliche materielle Grundlage hat – eine Art »Überrest« einer verstorbenen Person –, aber zugleich auch etwas Mentales ist. Für sie ist ja jede Erfahrung das Ergebnis von Gedanken und deren Kraft, Dinge manifest werden zu lassen: der Sprache. Was man denkt und ausspricht, wird ins Dasein gerufen. Ähnlich verwandeln sich Tibeter in ihre Visualisierungen und Mantras, ihre geistigen und sprachlichen Projektionen. Aber diese Fähigkeit, die Kräfte von Körper, Sprache und Geist jederzeit zu nutzen und zu erfahren, erweist sich sowohl für Navajo als auch für Tibeter und Tibeterinnen als zweischneidiges Schwert. Ich habe den Eindruck, daß sie schon äußerst feine Einflüsse spüren und sich daher stets besonders dagegen schützen müssen. Haben Navajo zuviel Leid und Sterben anderer erlebt – und sei es auch von »Feinden« –, können sie von der Energie (dem »Erinnern«) dieser Erfahrung »heimgesucht« werden. Alpträume, der Verlust an Gewicht, Appetit, körperlicher Stärke und geistiger Gesundheit sind die Folgen. Und da ein Naayéé-Geist daran schuld sein könnte, muß dessen Griff mit Hilfe eines wirksamen ritualisierten, psychiatrischen Verfahrens gelöst werden. Also wird ein Anaji verschrieben.

Ein Ring aus Feuersteinpfeilspitzen umgibt das Siegel der Staatsanwaltschaft des Navajo-Justizministeriums. Zusammen mit einer weniger martialischen Regenbogenbarriere schützt er den Siegelinhalt: eine große Pfeilspitze mit den vier heiligen Bergen, einem Umriß der Navajo-Nation und einer Waage der Gerechtigkeit, die von der Fackel der Wahrheit gehalten wird, sowie zwei Adler-Schwanzfedern des Friedens.

Navajo nennen solche psychophysische Leiden Geisterkrankheit, Blitzkrankheit oder ähnlich. Für sie wird eine Krankheit nicht durch einen Erreger oder Fremdkörper verursacht, sondern durch die Unterbrechung der Verbindung zwischen Körpergeist und Kosmos. Der äußerliche Auslöser gilt nur als Agens und Symbol für den dadurch eingetretenen Mangel an Schönheit.
In der tibetischen Tradition führt man diese Erkenntnis noch einen Schritt weiter. Da der Zustand des Ungleichgewichts mit dem Kosmos daher rührt, daß man sich im Ungleichgewicht mit dem eigenen Körpergeist befindet, materialisieren sich merkliche Projektionen dieses Ungleichgewichts sowohl im Geist als auch in den materiellen Erfahrungen des Lebens einer Person. Die grundlegende medizinische Schrift des Tantrismus, das Buch *Gyuzhi*, nennt diese Projektionen Geister und Dämonen, und was sie auslösen, *dön*. Solche Dämonen sind nichts anderes als Projektionen des geistigen Zustandes sowie der Verfassung, in der sich die feinstofflichen Winde und Energien des psychischen Nervensystems einer Person befinden. Im Gyuzhi werden, entsprechend der tibetischen Neigung, spirituelle Phänomene zu analysieren, zu klassifizieren und zu beschreiben, einige sehr ausgeprägte, solcherart innerlich erschaffene Dämonen aufgezählt.[12]
Diese Hindernisse des Körpergeistes sind Teil einer ganzen Reihe gefährlicher Machtwesen, welche die Welt von Macht und Empfindung durchdringen. In Tibet schreibt man Unglück und Krankheit Umweltkräften zu, die schon in vorbuddhistischer Zeit in neun Klassen eingeteilt wurden. Es sind dies die im Himmel wohnenden Lha und die an den feuchten Orten der Erde lebenden Lu,

zwar manchmal wilde, aber eigentlich wohlwollende Wesen, sodann die Du und Mu der himmlischen Gefilde, die höchsten Schaden bewirken können, und im weiteren die wilden Sin, die im Wasser leben, sowie die Noichin, Tsen, Thé und Dre, welche die Wirklichkeit der Erdoberfläche bewohnen, sich aber oft in das obere und untere Reich ausdehnen. Diese letzteren sind äußerst wild und zerstörerisch und benötigen deshalb verschiedene Formen von Besänftigungsritualen, angefangen von Opfergaben bis zu Geisterbeschwörungen.

Das Tragen von Schutzamuletten um den Hals *(sungdü)* erhält das tägliche Gleichgewicht mit diesen Kräften. Es handelt sich um Stoff- oder Metallbehältnisse mit Holzdrucken und Gebeten auf handgeschöpftem Papier, die als Bann gegen schädliche Einflüsse wirken. Ähnliche Holzschnitte hängen an den Türen von Häusern und Klöstern, um Angriffe von böswilligen Kräften abzuwehren.

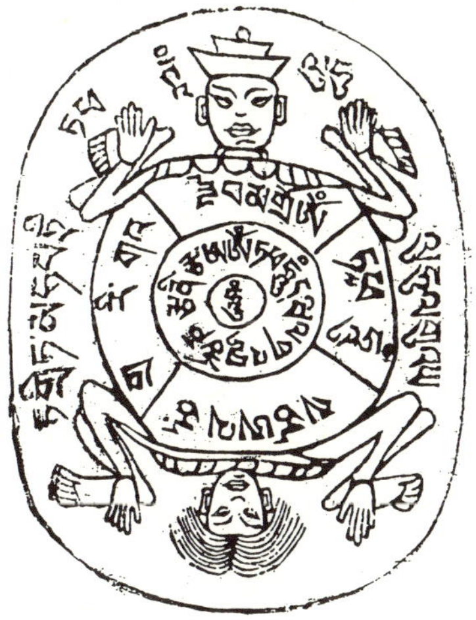

Tibetisches Holzschnitt-amulett gegen gefährliche sogenannte Krankheits-dämonen.

Vielleicht die unmittelbar bedrohlichsten, aber auch am leichtesten abzuwehrenden schädlichen Kräfte sind die Dre. Zwei Arten verdienen besondere Erwähnung. Die *sondre* sind reinkarnierte La (Bewußtseinsprinzipien), die sich von einer Person lösen, während sie schläft, um sich auf Wanderschaft zu begeben und bei anderen Krankheit und Unglück zu verursachen. In Tibet weiß man um diese Wesen sehr wohl und nimmt sich vor ihnen in acht; so geht man zum Beispiel nachts äußerst ungern umher, um ja auf keines zu treffen.

Ein *shindre* ist ein Geist, der aus dem Geisteszustand einer Person zum Zeitpunkt ihres Todes geboren wird. Bei einem plötzlichen oder gewaltsamen Tod (etwa bei Mord, Unfall oder Selbsttötung) oder wenn die sterbende Person an Rache gedacht hat, kann sie als Shindre wiedergeboren werden. Das Bewußtsein eines Shindre befindet sich deutlich in einem Zustand äußerster Verwirrung, und man muß ihm sehr vorsichtig begegnen. Das auf Rache sinnende Shindre ist besonders gefährlich, da es das Sok (die Lebenskraft) des Opfers abschneiden will. In einem solchen Fall wird daher eine Geisterbeschwörungszeremonie zwingend verschrieben.

Homonymen dieselbe Bedeutung zuzuschreiben kann zwar bös in die Irre führen, aber ich kann mir an dieser Stelle einen Vergleich von Shindre und *chindi* nicht verkneifen. Chindi nennt man den zerstörerischen Geist eines oder einer verstorbenen Navajo.[13] Die Ähnlichkeiten sind in der Tat nicht nur oberflächlich. Es heißt, ein Chindi entstehe, wenn jemand vor der Zeit stirbt, also nicht an Altersschwäche. Ein vorzeitiger Tod aber kann nur eines bedeuten: Wer zu früh stirbt (aufgrund einer plötzlichen Krankheit, von Gewalt, durch eigene Hand oder Hexerei), hat keine Zeit, sich von »Makeln« zu reinigen. Stirbt eine Person mit innerem Groll, bleibt ein Rest ihrer Windseele zurück und wirkt auf Familienmitglieder oder andere Personen, mit denen sie im Leben zusammen war, verheerend. Das ist die Grundlage für die oft falsch verstandene Furcht der Navajo vor Toten, die Weiße über Generationen hinweg verwirrt hat. Es gab und gibt sehr wohl eine Furcht, aber nicht vor allen toten Menschen, sondern

Ich möchte zu Hause bleiben und hier sterben. Laßt mich im Hoghan sterben und ändert nichts daran; es ist ein alter Hoghan. Ich sterbe nicht an etwas, wovor ihr Angst haben müßt. Vor denen, die an Altersschwäche sterben, müßt ihr euch nicht fürchten.

Die letzten Worte des Sängers Frank Mitchell

nur vor jenen, aus denen möglicherweise ein Chindi entstehen könnte. Dann wird oft das Besitztum, ja selbst der Hoghan (falls der Tod darin eingetreten ist) vernichtet. Tod an Altersschwäche andererseits bedeutet, daß der innere Groll sehr wahrscheinlich vertrieben und die Person nach einem Leben in Sang'ah Nachai Bik'eh Hózhóng »ohne Fehl« gestorben ist. Wie sonst hätte sie, so überlegen die Navajo, ein hohes Alter erreichen können? In diesem Fall kehrt die Windseele beim Tod zu Morgendämmerung-Frau (oder wie man den kosmischen Urquell sonst visualisiert) zurück, um (über Wiedergeburt) in einen anderen Körper einzutreten.[14]

In der tibetischen Kultur muß man, wann immer sich Negativität stark manifestiert, bestimmte Rituale durchführen. Diese setzen geistige Energie frei, um die Beziehung einer Person mit hindernden Kräften wieder in Ordnung zu bringen. Zu erreichen ist dies mittels der Vier Yogas Besänftigung (den hindernden Kräften Ehre erweisen), Bereicherung (ihnen Wohlstand und Güte darbringen), Magnetisieren (sie bändigen und zu einem besseren Zustand der Dinge hinziehen) und Vernichtung (zerstörerische Maßnahmen anwenden, wenn alles andere nicht wirkt).

Die üblichen täglichen Gebete und Mantras rufen diese Wesen an und besänftigen sie. Auch die täglichen und die monatlichen Sangsol-Bräuche, in denen Weihrauch (Wacholder) und verbrannte Substanzen (Getreide, Essen, Bier usw.) geopfert werden, gelten der Besänftigung und Bereicherung all dieser Machtwesen. Beim Sangsol visualisiert man schöne Opfergöttinnen im Rauch, die diesen Machtwesen die kostbarsten Gegenstände des Universums zutragen, um sich sodann vorzustellen, daß die Opfergaben und Gebete vervielfacht werden, damit sie sicher glückverheißende Wirkung zeitigen.

Sangsol-Opfer der Wohlgerüche. Im aufsteigenden Rauch werden Opfergöttinnen visualisiert.

Magnetisierungsrituale stehen in Verbindung mit zwei *dö* und *lud* genannte Arten von Gegenständen. Man findet sie oft gemeinsam in kunstvollen Wollfadengebilden in Kreuzform und Figürchen menschlicher und anderer Wesen aus Gerstenmehl und Butter in palastartigen Wohnsitzen. Die ersten dienen dazu, das Bewußtsein einer irdischen Gottheit oder eines irdischen Geistes einzufangen, die zweiten als Zufall- oder Ersatzopfer für schädliche Kräfte, um vorsorglich jegliche Negativität, die sie bringen könnten, abzuwehren. Solche Gebilde aus Wollfäden mit Zufallopfern können recht große Ausmaße annehmen und reich geschmückt sein.[15]

Manchmal sind jedoch strengere Maßnahmen notwendig, und man greift zu Ritualen, bei denen zerstörerische Energien zum Einsatz kommen. Bei einem besonders theatralischen Verfahren wird der Ritualkuchen *(torma)* als »spirituelles Geschoß« ins Feuer geworfen. Es bildet den abschließenden, öffentlichen Teil eines Rituals für eine oder auch mehrere Schutzgottheiten der tibetischen Religion.[16]

Bei anderen Gelegenheiten, wie zum Beispiel beim Angriff eines gefährlichen Shindre oder anderer hartnäckiger, schädlicher Kräfte, ist ein Geisterbeschwö-

Zwei Mönche tragen ein Torma aus einem Kloster. Ein solches spirituelles Geschoß wird am Jahresende den Bösen entgegengeworfen, die im soeben vergangenen Jahr Unheil verursacht haben, damit das neue Jahr möglichst Glück, Gesundheit und Erfolg bringt.

rungsritual erforderlich. In der »klassischen« tibetischen Geisterbeschwörungszeremonie namens Shedur verschmelzen tantrisch buddhistische und ursprüngliche Bräuche; dabei wird der Todesdämon abgetrennt. Ein anerkannter Meister des Rituals ist Lama Yeshe Dorje Rinpoche, der tantrische Meister des Dalai Lama und Abt des Klosters Zilnon Kagyeling in Dharamsala. Ich nahm an einem aufwendigen, sechs Tage dauernden Shedur unter seiner Leitung im Schlafsaal des tibetischen Kinderdorfes in Dharamsala teil (siehe Anhang 5). Um das Ritual hatte man gebeten, nachdem eine Weissagung ergeben hatte, daß das Bewußtsein eines kurz zuvor verstorbenen Belegschaftsmitglieds im Übergangsbereich *(bardo)* zur nächsten Wiedergeburt steckengeblieben und unter der Herrschaft eines mächtigen Fang- oder Machtwesens in die Gestalt eines von vielen tausend verschiedenen Geistern geschlüpft war. Dessen Geist ging nun höchst unruhig um, und Kinder wie Erwachsene im Dorf hatten darüber geklagt, sie hätten ihn gespürt (oder gar gesehen). Es handelte sich um eine gefährliche Situation, denn solche »äußeren« Geister können großen Schaden anrichten, wenn sie Menschen und Orte heimsuchen.

Die hier bestehende Gefahr erforderte eine Geisterbeschwörung, in der das Bewußtsein der verstorbenen Person von seiner Geisterform und damit seiner karmischen mißlichen Lage wieder getrennt wurde. Kurz, es galt den Geist rituell und mitfühlend loszuwerden. Doch der Feind wird nicht einfach umgebracht; sein Bewußtsein wird auf den Pfad zu einer höheren Wiedergeburt gelenkt, der letztlich zur Erleuchtung führt.

Diese Weiterentwicklung der ursprünglichen Geisterbeschwörung im tantrischen Buddhismus stammt von der tantrischen Linie Chöd. Laut Lama Yeshe Dorje zielt das Shedur-Ritual auf »das vollständige Durchschneiden der Wurzel der Egohaftung. Es nimmt sich aller negativen Einflüsse auf lebende Menschen an, indem es die negative Energie, die sie heimsucht, entfernt. Es nimmt sich auch all jener an, die gestorben sind und im Bardo feststecken. Durch das Ritual werden diese Hindernisse entfernt und auf den Pfad zur Befreiung geführt.«[17]

Za/Rahula, der Himmelsdämon und Ursache von Krankheiten des Körpergeistes, die mit dem Himmel in Zusammenhang stehen, zum Beispiel Epilepsie.

Um Rituale wie das Shedur richtig zu verstehen, müssen wir uns der tibetischen Vorstellung von Hindernisenergien noch tiefer zuwenden. Alle fünf Komponenten, aus denen sich der Körpergeist zusammensetzt (Gestalt, Gefühle, Gedanken, Willenskraft und koordinierendes Bewußtsein), können aus dem Gleichgewicht und außer Kontrolle geraten (das heißt psychotische Züge annehmen), so daß jemand von verschiedenen Hindernisenergien, sogenannten Dön oder »dämonischen Zuständen«, befallen werden kann. Gemäß dem Gyuzhi, dem Grundtantra der tibetischen Heilung, gehören dazu Elementdämonen, die sich als plötzlich auftretende schizophrene Zustände äußern, Wahnsinnsdämonen, die sich als chronische manisch-depressive und emotionale Störungen äußern, Vergeßlichkeitsdämonen, die Konzentration und Erinnerungsvermögen beeinträchtigen und bis zur Katatonie führen, Himmels-/Gestirndämonen als Auslöser unbeständiger Energien, die in epileptische Anfälle münden, sowie Erd- und Wasserdämonen, faulende, düstere Energien, die degenerative Krankheiten wie Lepra bewirken.

Dön ist eine Art Einfluß, die negative Energie mit schlimmen Auswirkungen mit sich bringt. Sie entsteht aus Schwingungen der fünf Komponenten unseres Körpergeistes. Negative Auswirkungen entstehen, wenn der nicht erleuchtete Körpergeist unter dem Diktat eines unbeherrschten Egos denkt, spricht oder handelt. Ist der Impuls hinter diesen Wirkungen stark genug oder steht eine Absicht dahinter, können – so heißt es – diese negativen Auswirkungen, also Dön, tatsächlich als Geist oder Dämon in halbphysischer Gestalt auftreten. Diese Ansicht leuchtet ein, wenn wir uns die tibetische Überzeugung (übrigens auch die der Navajo) in Erinnerung rufen, daß alles, was man visualisieren kann, auch ins Dasein treten kann. Auf der ganzen Welt bezeugen Menschen, daß es Geister gibt, die Menschen und Orte heimsuchen können. Und Beispiele vorsätzlich bewirkter negativer Einflüsse auf andere durch Hexerei oder Schwarze Magie sind so weit verbreitet, daß man sie praktisch als real betrachten muß.

Eines ist gewiß: Menschen können ebenso wirksam durch Gedanken ihrer Mitmenschen Schaden nehmen wie durch Taten. Doch das bedauernswerteste Opfer ist der Mensch, dessen Geist Dön erzeugt.

Trungpa Rinpoche über elementares Dön: »Dön bedeutet, daß wir etwas in unserer Umgebung spüren oder erfahren, das uns mit einem Schlag unverhältnismäßig ängstigt oder übertrieben wütend und aggressiv macht ... oder lüstern und heißblütig ... Ein neurotischer Anfall wird ebenfalls Dön genannt. Betrachten wir den Begriff von außen ... könnten wir sagen, daß solche Geister außerhalb unseres Selbst bestehen.«[18]

Die visualisierten Dämonen und Ungeheuer, also die feindlichen Hindernisse des Dön, sind, auf einer inneren Ebene, nichts anderes als die mißbrauchten Energien, die in unser aller Körpergeist schwären. Nicht umsonst gibt es ein systematisches tibetisches Inventar dieser Dämonen von Körper, Rede und Geist. Ebenso wissen die Navajo um die Gefahr, wenn die Wirklichkeit des Selbst und des Kosmos mit Hindernisenergien durchsetzt ist, deren Ursprung im Naayéé liegt. Sie schildern diese »Feinde« in ihren spirituellen Chantway-Geschichten sehr anschaulich. Die spirituelle Ordnung beider Kulturen hält Verfahren bereit, um die Beziehung mit diesen gefährlichen Kräften in Ordnung zu bringen, indem sie ähnliche Energien als Gegengift nutzbar machen.

Anhang 5

ZWEI RITUALE DER GEISTERBESCHWÖRUNG

Anaji: Das Enemy-Way-Ritual

Die Anaji-Wassertrommel gibt den Rhythmus vor, mit dem »der Geist des Feindes in Grund und Boden gehauen« wird.

Beim Anaji-Ritual (Enemy-Way-Ritual oder Feindespfad) stellen die Navajo in aufwendiger Manier einen archetypischen Kampf nach, in der berittene Krieger in einem ritualisierten Angriff ihre Gewehre (früher Pfeile) gegen einen Geist im Lager der besungenen Person erheben. Mehrere Tage vor dem Ritual dienen der Vorbereitung. Die leidende Person wird durch Schwitzbäder, schützende Gebete und Lieder gewappnet, damit sie den Geist des Feindes abwehren kann, und mit Kräuterasche »eingeschwärzt«, so daß der Geist sie nicht sehen kann.[1]

Zwei Tage lang rücken die Krieger allmählich auf ihren Hoghan zu, indem sie ihr Lager stets etwas näher aufschlagen. Sie haben eine spezielle Keramikwassertrommel angefertigt, um »den (die) Geist(er) des Feindes in Grund und Boden zu hauen«, und führen einen heiligen Zauberstab mit, den die Navajo »Rassel« nennen. Dieses Sinnbild für die siegreiche Macht, die das geistartige Hindernis beseitigt, besteht aus einem Zedernast mit geschnitzten Symbolen der Krieger-Zwillinge Monster-Töter und Für das Wasser Geborenes Kind. Sie stehen für die Macht über den Feind und die Lebenskraft. Die Rassel ist mit verschiedenen natürlichen Substanzen umhüllt, so unter anderem verkohlten Kräutern und rotem Ocker in Talg. Beides zusammen versinnbildlicht die schreckliche Gewalt des Kriegers, welche das schöpferische Lebenselement Menstruationsblut der Erde im Gleichgewicht hält. Frische Kräuter dienen als Abbild der vegetativen Lebenskraft. Als letztes werden Truthahn- und Adlerfedern als Zeichen für die Gutartigkeit von Haustieren und die alldurchdringende Kraft des Adlers am Stab befestigt. Die Rassel verkörpert auf diese Weise die ganze Palette der nötigen kriegerischen Eigenschaften.

Ist die besungene Person eingeschwärzt – trägt sie also die Kriegsfarbe von Monster-Töter –, greift ein älterer Krieger den Ätherkörper des Geistes an. Dabei stellt man sich vor, daß sich der Geist tatsächlich in dem attackierten Objekt befindet. Früher könnte es sich dabei um den Skalp eines getöteten Feindes gehandelt haben; heute genügt ein Knochensplitter aus einem alten Anasazi-Grab oder gar ein Fetzen Leder aus einem indianischen Kriegshemd im Orts-

museum! Auch ein Gegenstand, der einem bekannten Feind oder Nichtnavajo gehört, läßt sich dazu verwenden.
Der Krieger greift den »Skalp« rituell mit einem Rabenschnabel an. (Die im Land der Navajo lebenden Raben sind Aasfresser, und indem man beim ersten Angriff auf den Skalp den spitzen Schnabel eines Raben verwendet, macht man sich diese Tatsache symbolisch zunutze.) Wenig später tritt die eingeschwärzte besungene Person im Kreis ihrer Verwandten und Freunde aus dem Hoghan und greift den Skalp ihrerseits mit dem Rabenschnabel an. Dann lösen die anderen sie ab. Sie schießen den Skalp mit Pfeil und Bogen oder mit Gewehren tot und verbrennen ihn zum Schluß.
Damit ist der Akt der Reinigung abgeschlossen. Die Beteiligten atmen nun viermal die Sonnenstrahlen ein. So erhalten sie die Energie, die Sonnenträger den Krieger-Zwillingen in seinem Hoghan einst zur Ermächtigung verlieh.[2]
Das Zusammenwirken von Handlungen, sprachlichen Äußerungen (in Gebet und Gesang) und Kräften der Vorstellung hat den Geist aus der besungenen Person vertrieben, und diese sollte nun große Erleichterung verspüren. Bei zutreffender Diagnose wird die durch den ausgetriebenen Geist verursachte seelische und körperliche Zerrüttung der Schönheit (Hózhóng) aufgehoben und Heilung zweifellos erfolgen.

Die Anaji-Rassel, ein Symbol für siegreiches Kriegertum.

Shedur: Das Abtrennen des Todes-Geistes

Diese Form des Chod-Rituals wird unter Anleitung von Ngagpas (Zauberern) durchgeführt, den spirituellen Fachleuten des tibetischen Alltags. Der erste Tag in diesem Geisterbeschwörungsritual dient vornehmlich dem Bereitstellen der rituellen Instrumente und der Opfergaben. Auf dem Altar steht ein Spiegelgefäß mit geweihtem Wasser als Zeichen für die Essenz des reinen, unbefleckten und helleuchtenden Geistes, der im Nichts der Leere existiert – in dem Zustand also, den alle, der Lama, die durch das Ritual begünstigte Person und das Bewußtsein des Geistes, letztlich zu erreichen trachten.
Über dem Gefäß hängt ein kleines Bild. Es zeigt fünf »äußere« Dakini. In ihrer Mitte steht die Hauptgestalt Trungma Nakmo, die grimmige schwarze Ätherwanderin und zornigste Emanation von Machig Labdrön, der Schöpferin dieses Chod-Rituals. Aus ihr emanieren vier Dakini der vier Himmelsrichtungen und der vier Elemente, und zwar die weiße Dakini des Ostens und des Wassers, die gelbe Herrin des Südens und der Erde, die rote Herrin des Westens und des Feuers, und die dunkelgrüne Dakini des Nordens und der Luft. Sie alle tanzen auf einem Bein, schneiden wilde Grimassen und fletschen die Zähne; sie tragen

einen Kopfschmuck aus Schädeln und Schürzen aus Knochen, und in den Händen halten sie Schädelschale, Stab und Krummdolch.

Um das Bewußtsein des Geistes einzufangen und umzuwandeln, muß sich der Lama (gemeinsam mit den »Kranken« und Begünstigten des Rituals) persönlich in die schwarze Dakini und ihre Emanationen verwandeln. Bei diesem als Selbsterzeugung der Schutzgottheit *(wangdu)* bekannten Vorgang nimmt er die inneren Eigenschaften der fünf Dakini an: die erleuchtete Weisheit der schwarzen Dakini, um verwirrendes Unwissen anzuziehen und dann zu vertreiben; die spiegelgleiche Weisheit der weißen Dakini zur Bändigung des Zorns; die ausgleichende und bereichernde Energie der gelben Dakini zur Bändigung des Stolzes; die unterscheidende Weisheit der roten Dakini zur Bändigung der Lust sowie die alles erfüllende Weisheit der grünen Dakini zur Vertreibung von Neid und Eifersucht.

Das Bild der fünf Dakini/Ätherwanderinnen über dem Shedur-Altar.

All diese gefühlsmäßigen Bindungen (denen mit der Weisheit der Dakini begegnet wird) gelten als »innere Geister«, die wir üblicherweise in uns beherbergen. In unserem Beispiel werden die inneren Geister der Lebenden vom äußeren Geist einer verstorbenen Person heimgesucht, deren Bewußtsein wiederum stark unter ebendieser Art selbst erzeugter negativer Empfindungen leidet.

Das Bewußtsein der großen schwarzen Dakini dagegen bildet sich aus dem Nichts der Leere. Man stellt sich vor, ihr Geiststrom fahre mittels eines verdrillten Fadens aus Regenbogenfarben vom Gefäß mit dem geweihtem Wasser über das Bild der Dakini unter das Hemd des Lama, wo das Fadenende (um einen winzigen Vajra gebunden) dessen Herzzentrum berührt. Auf diese Weise übernimmt der Lama die »inneren« Eigenschaften aller Dakini und wird verwandelt.

Im Verlauf eines solchen Rituals im tibetischen Kinderdorf in Dharamsala habe ich erlebt, wie sich der Lama Yeshe Dorje von einem freundlichen »alten Onkel« in eine gut und gerne fünfzehn Jahre jüngere Gestalt verwandelte, indem er in eine mächtige, aber sanfte Verkörperung schlüpfte. Mit einem Mal sah er einem Urahn seiner Abstammungslinie ähnlich: Padmasambhava, der ebenfalls Hindernisse beseitigt hatte, die der Ausbreitung des Buddhismus in Tibet im Weg standen.

Die fünf »inneren« Dakini verkörpern geläuterte Versionen der fünf Merkmale im Gesamtwesen einer Person: Gestalt, Gefühle, Gedanken, Willenskraft und koordinierendes Bewußtsein. Zugleich sind sie die elementaren Energien im psychischen Nervensystem, mithin jene, die den Geisteszustand intensiv beeinflussen. Deshalb verwandelt der Lama (ebenso wie alle anderen Anwesenden) seine fünf psychophysischen Eigenschaften in jene der inneren Dakini, um sich dadurch die Hilfe der äußeren Form der Dakini zu sichern. Indem der Lama ihre Kräfte nutzt, können sie ihre Wirkung auch auf der physischen Ebene – unserer gewöhnlichen Wirklichkeit – entfalten.[3]

So durchdringen die Eigenschaften der Dakini/Ätherwanderinnen den Lama sowie leidende Personen und andere Anwesende, welche durch die Negativität des Geistes beeinflußt sind oder sein könnten. Sie reinigen die fünf psychophysischen Aspekte und inneren Winde des Individuums und damit den Schauplatz, auf dem der Geist jemanden heimsuchen kann, und lockern dadurch dessen Griff. Durch Verrichtungen der Lama-Gottheit und unterstützt von den äußeren Dakini und den Schutzgottheiten des Kosmos kann er sodann vernichtet werden. Aus diesem Grund werden für die Schutzgottheiten in alle vier Himmelsrichtungen Torma geworfen.

Nach einem Chod-Festmahl für diese Mächte sowie die Buddhas, Bodhisattvas und örtlichen Erdgottheiten kann das eigentliche Shedur-Ritual beginnen. Die Geisterbeschwörung umfaßt zwei Hauptteile. In der ersten, gewaltsamen Phase wird der Geist der verstorbenen Person eingefangen und von ihrer körperlichen Gestalt getrennt. In der zweiten, friedlichen Phase geht es darum, ihr Bewußtsein durch genaue Anweisungen und Prozeduren zur Befreiung zu führen.

Die gewaltsame erste Phase beginnt mit einer Weissagung und dem Einfangen des oder der störenden Geister. Auf neun Holztafeln, die mit Haarsträhnen der »leidenden Person« umwickelt sind, stehen die Namen aller neun Klassen von Geistern (nach der aus vorbuddhistischer Zeit übernommenen Ordnung). Man legt diese Tafeln in ungegerbtes Leder oder einen Lederbeutel, wie ihn die wilde Glorreiche Göttin Palden Lhamo trägt. Dieser Beutel wird geschüttelt und auf den Rücken aller bei der Zeremonie Anwesenden geschlagen, um alles Böse, das in ihrem persönlichen Umkreis vorhanden ist, einzufangen. Die Gehilfen des Lama schwingen dazu verschiedene Symbolwaffen; auch benutzen sie Hörner und Lärminstrumente, um den Angriff auf die Geister zu verstärken und deren Gefangennahme zu unterstützen.[4] Ist dies getan, werden die Dakini der vier Himmelsrichtungen angerufen, damit sie die Geister von ihren Sphären des Kosmos eintreiben.

Die Tafeln werden mehrmals über eine Messerschneide in einen Eisenkessel geworfen und dann vom Ritualmeister vorgelesen. Fällt eine Tafel dreimal mit der Schrift nach oben, bedeutet dies, daß die darauf vermerkten Feinde gefangen sind. Dieser Vorgang wird so oft wiederholt, bis der Lama und die Dakini den richtigen Geist erwischen.

Sind sie seiner habhaft, muß er rituell eingesperrt und sodann vom Reich der Lebenden – besonders von der persönlichen und psychischen Umgebung der betroffenen Person oder Personen – abgetrennt werden. Zu diesem Zweck lockt man ihn mit Gesang und Visualisierungen in eine aus Mehl und Butter geformte Figur in Menschengestalt *(linga)*.

Nun ersticht der Lama die Figur mit seinem Phurba und schneidet sie mit dem Krummdolch auf. Auf diese Weise trennt er die fünf quälenden Gefühle (verwirrendes Unwissen, Zorn, Arroganz, Lust und Neid) vom grundlegenden reinen Bewußtsein, das er dadurch von seinem erbärmlichen geisterhaften Körper

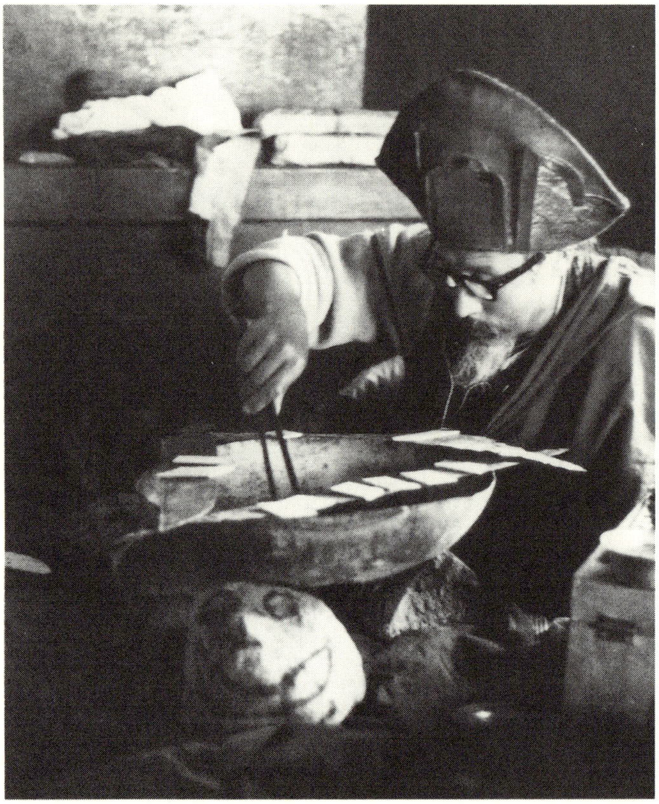 

Lama Yeshe Dorje Rinpoche spürt die störenden Geister auf und fängt sie ein. (links)

Die Figur (und damit die körperliche Grundlage) des Geistes wird rituell vernichtet und sein Bewußtsein auf den Weg zu einer besseren Wiedergeburt geschickt. (rechts)

befreit. Diese Handlung lockert zugleich den Griff des störenden Geistes auf den Körpergeist aller, die durch die Zeremonie begünstigt werden. Und weil auf einer feinstofflichen psychophysischen Ebene alle Wesen miteinander verbunden sind, wird ihnen allen (hoffentlich) bewußt, daß die abgetrennten Energien auch die quälenden Eigenschaften ihres je eigenen Körpergeistes sind.

Sodann wird die Linga den Dakini-Emanationen von Trungma Nakmo/ Machig Labdrön stückweise als Nektar angeboten, mit der Bitte, den am Ritual anwesenden Geistern und Menschen ihre fünf Weisheiten zu schenken.

Die Einzelteile der Figur und die Tafeln werden schließlich vor einen Chörten gelegt, der den erleuchteten Geist darstellt. Und damit beginnt die friedliche Phase des Rituals. Der Chörten stellt die sechs Ebenen oder Reiche der Wiedergeburt dar, die jedes Bewußtsein auf dem Pfad zur Erleuchtung oder Befreiung erfahren wird. Der Lama führt das Bewußtsein des Geistes durch eine jede höhere Ebene und reinigt es so immer mehr von seinen mentalen Leiden, bis es emporschießt, das Dach durchschlägt und als erleuchtete Wiedergeburt in das reine Land von Buddha Unermeßliches Licht (Öpame/Amitabha) eingeht.

Ist auch dies vollbracht, werden sämtliche Teile der Figur, die Tafeln und andere äußere Phänomene im Eisenkessel mittels eines »Feuers der Gnosis« mit

großem Zeremoniell verbrannt. Damit ist die Shedur-Geisterbeschwörung als solche zwar abgeschlossen, aber dennoch nicht alles beendet.

Nun kommen die »Aufräum«-Rituale an die Reihe. Man bringt die Asche und alles entbehrliche rituelle Beiwerk zu einer nahen Einäscherungsstätte, wo die Überreste des Rituals unter einem Chörten aus neun Steinen begraben werden. Dazu stimmen die Mönche liturgische Gesänge an, blasen Hörner aus menschlichen Oberschenkelknochen und schlagen die Chod-Trommeln. Mit den Überresten der Geisterbeschwörung wird seltsamerweise auch ein mit Bändern aus buntem Garn in bestimmten Mustern umwickelter Hundeschädel begraben (möglicherweise ein Bindeglied zwischen der Klasse, der der Geist angehört, und dem himmlischen Reich des Alten Vaters Khenpo und seines Himmelshundes.)

Die beiden folgenden Tage der Aufräumrituale dienen dazu, das Geichgewicht mit den verschiedenen Machtwesen der Erde und des Bardo (Zeitspanne zwischen zwei Wiedergeburten) wiederherzustellen, die durch das Shedur-Ritual möglicherweise »beleidigt« wurden. Deshalb wird am folgenden Tag ein beinahe zwei Meter hohes Fadengebilde errichtet, sodann ermächtigt und der Macht der Erde, auf der das Ritual stattgefunden hat, als Opfer dargebracht.

Das Fadengebilde wird von einer potentiell gefährlichen Macht als regenbogenfarbenes Leuchtfeuer wahrgenommen, und diese erliegt der Verlockung durch das kodierte Muster seiner bunten Fäden. Im vorliegenden Fall winken diese die Sadag (Erdherren) herbei sowie die Lu (schlangenähnliche Wasserwesen). Diese Wesen gelangen an einen Ort, der ihnen als wunderbarer Palast inmitten von Regenbogen erscheint, und sie bedienen sich der Opfergaben unter den Fadenkreuzen. Zwischen den Butterlampen und Schalen mit bunten Flüssigkeiten liegen Tafeln mit dem Holzdruck eines Menschenpaars: Ersatz- oder »Aus-

Der Lama begräbt die Überreste des Shedur-Rituals auf einer Einäscherungsstätte, einem Ort also, der der Bedeutung dieses Rituals entspricht. (links)

Shedur-Fadengebilde für den Erdherrn mit Holzdrucktafeln als Auslösegabe. Damit soll das Wohlergehen aller Gemeinde- und Familienmitglieder der verstorbenen Person gesichert werden. (rechts) oder »Auslösegaben«, die anstelle der am Ritual Anwesenden angeboten werden. Mit der Visualisierung der Übergabe dieses Paradieses an die Machtwesen wird das ganze Gebilde zu einem nahe gelegenen See getragen und dort versenkt. Der See ist natürlich ein bevorzugter Ort der Lu.

Am letzten Tag entsteht ein noch komplizierteres Fadengebilde, ein Regenbogenpalast mit verschiedenen »Reichtümern«. Er muß dem »Todesdämon« aus dem Bardo dargebracht werden, der den Geist versklavt hielt. Beim Shedur-Ritual im tibetischen Kinderdorf war diese Opfergabe für ein höchst gefährliches Machtwesen namens Tornag Gosum oder Dreiköpfiges Schwarzes bestimmt. Es saß als Torma-Figur in der Mitte des Palastes: ein schwarzer Leib mit langen, skorpionartigen Zangenarmen und dem Kopf eines Ochsen, eines Tigers und entweder eines Skorpions oder einer Schlange. Der Todesdämon ist natürlich äußerst erzürnt über den Verlust seines Geist-Sklaven, und soll er in den Bardo zurück, ohne noch mehr Schaden anzurichten, gilt es, ihn unter allen Umständen zu besänftigen.

Shedur-Fadengebilde mit einer Figur aus Butter und Gerstenmehl; sie stellt den Dämon Tornag Gosum dar.

Der letzten Opfergabe, die nun rituell geweiht wird, entledigt man sich später am Tag an einer nahe gelegenen Wegkreuzung. Im tibetischen Kinderdorf fielen über die neutralisierte Opfergabe unverzüglich einige der ungezügeltsten Kräfte, die dort wohnen, her: die Kinder selbst! Im Nu hatten sie spielfreudig und außer sich die harmlosen Überreste des Opferrituals in tausend Stücke zerlegt.

Alles in allem vermittelt das Shedur-Ritual ein umfassendes Bild der tibetischen Geisterbeschwörung, die von bedeutenden vorbuddhistischen Bon-Praktiken bis hin zu Vorstellungen und Verfahren reicht, die für den tantrischen Buddhismus typisch sind. Es versteht sich von selbst, daß diese gewaltigen Vorgänge nur von qualifizierten (voll initiierten) spirituell Praktizierenden und aus rein altruistischen Beweggründen durchgeführt werden sollten.

Anhang 6

WAHRSAGEN

Die Navajo wie die Tibeterinnen und Tibeter wissen, daß sie Teil einer größeren universalen Ordnung sind. Wenn sie damit aus dem Gleichgewicht geraten, suchen sie die Gründe und Lösungen dafür oft über Mittelspersonen, die stärker mit dem Makrokosmos in Verbindung stehen als Durchschnittsmenschen: Personen mit einem besonderen Gespür für die »göttlichen« Kräfte des Kosmos. Überall auf der Welt kennt man solche Menschen, die wahr- und weissagen, als Orakel, Medium oder Kanal für spirituelle Botschaften. Bezeichnungen für sie gibt es viele, aber in vielen Fällen sind ihre Ziele und sogar ihre Methoden dieselben.

Die Navajo kennen eine Vielzahl Verfahren, um die Ursache von Krankheit, Unglück oder Negativität ausfindig zu machen. Wenn zum Beispiel ein Kind, ein Tier oder ein wertvoller Gegenstand unauffindbar bleibt oder wenn man fürchtet, daß ein Fluch über einem hängt, wird ein sogenanntes Hörritual abgehalten. Die oder der »Hörende« wird sich mit Hilfe ritueller Praxis und äußerster Konzentration sowie durch den Gebrauch besonderer »Ohrmedizin« in die Lage versetzen, Geräusche zu hören, die zu dem verlorenen Lebewesen oder Gegenstand oder zur Ursache des bösen Fluchs führen. Entsprechend kommt im Kristallschauritual die mögliche Ursache von Schwierigkeiten in einem Bergkristall bei Kerzenlicht zum Vorschein.

Vor einer Entscheidung, besonders einer, die die ganze Familie betrifft, oder einer langen Reise wird ein Sternschau- oder ein Sonnenschauritual abgehalten. Dabei visualisiert man Lichtstrahlen, die sich als Emanationen aus dem Himmel um verschiedene Einzelpersonen legen. Durch diese Art der Vision läßt sich abklären, ob die Zeit für ein bestimmtes persönliches Vorhaben günstig ist oder nicht.

Wenn sich die Tatsache, daß jemand aus dem Gleichgewicht mit den Elementarkräften geraten ist, als Krankheit niederschlägt, wird bei den Navajo im allgemeinen ein Chantway-Ritual verschrieben. Um zu entscheiden, welches Ritual sich am besten zur Behandlung des psychophysischen Ungleichgewichts eignet, muß eine Diagnose erstellt werden. In der Regel sucht man zu diesem Zweck ein Medium auf, das die Gabe des »Handzitterns« beherrscht. Diese Person weissagt im allgemeinen direkt über dem Körper der leidenden Person. Zuerst wäscht sie sich die Hände und bestreut sie mit Maisblütenstaub. Dann konzentriert sie sich, bis die Hände und Unterarme zu zucken beginnen. Dies bewirkt schließlich, daß ein Gedanke in ihren Geist eintritt und dazu führt, daß sie die Krankheitsursache diagnostizieren und das zur Heilung geeignete Ritual bestimmen kann.

Wahr- und Weissagung sind auch in Tibet sehr verbreitet. Vor einer größeren geschäftlichen Transaktion oder einer längeren Reise wird in der Regel bei verschiedenen Personen solcher Rat eingeholt. Zumeist handelt es sich um einen Lama oder einen besonders begabten Laien, genannt *moba*. Beide sind im Würfeln oder Legen anderer Zeichen geübt. Anhand der Resultate empfehlen sie dann das richtige Vorgehen – oft bis in ganz spezifische Einzelheiten. Wird dagegen eine verwandte Person, ein wertvoller Gegenstand oder ein Tier vermißt, kann man eine *melongba* konsultieren. Diese Person – es kann wiederum ein Mann oder eine Frau sein – verwendet für ihre Schau einen Melong-Spiegel, ein praktisches und einleuchtendes Symbol für die Einsicht in den helleuchtenden Geist. Der Spiegel wird senkrecht in eine Reisschale gestellt, vor der eine brennende Butterlampe steht. Im flackernden, durch die gekrümmte Oberfläche des polierten Metallspiegels reflektierten Licht erkennt sie die Ursache des Problems und Hinweise darauf, wie es zu lösen ist.

Die ausdrucksstärkste und wichtigste Quelle der Weissagung in der tibetischen Kultur sind aber die Orakel. Diese Frauen und Männer verfallen in eine ekstatische, epileptische Trance, wenn ihr Körper vorübergehend von einem Machtwesen, im allgemeinen einer vorbuddhistischen Gottheit, in Besitz genommen wird. Bei einem ernsthaften finanziellen, gesundheitlichen, familiären oder ähnlich wichtigen Problem sucht man bei einem Orakel Rat. Ein besonders populäres Medium lebt in der tibetischen Gemeinde von Dharamsala: die Türkis-Lampe-Frau Yudronma. Sie ist die Anführerin von zwölf ureinheimischen Berggöttinnen. Als ihre »Körperbasis« gilt gegenwärtig eine tibetische Frau mittleren Alters, deren Körpergeist aktiviert wird, wenn das Bewußtsein der Göttin in sie eintritt. Unter heftigen Zuckungen stößt sie Antworten auf verschiedene Fragen aus, die ihre Gehilfin an sie richtet. Manchmal sind diese einfach und allgemein gehalten, manchmal schreibt sie ganz spezielle Zeremonien und bestimmte Verrichtungen vor.[1]

Besondere Berühmtheit genießt das offizielle tibetische Staatsorakel im Kloster Nechung. Das gegenwärtige vierzehnte aufeinanderfolgende Nechung-Orakel ist ein Mönch, der von einer Emanation der Kunga Gyalpo – fünf grimmigen ureinheimischen Kriegsgottheiten mit Schutzfunktion – »auserwählt« wurde. Er verfällt unter einer Kombination von Gesang und Instrumenten in Trance. Dabei tritt die Gottheitsemanation Dorje Drakden in seinen Körper ein und verwandelt den höflichen Mann allmählich in ein wildes, schwertschwingendes, zuckendes Wesen aus einer anderen Welt. In diesem Zustand stößt er Vorhersagen über das Schicksal des tibetischen Volkes, über Gesundheit und Wirken des Dalai Lama und andere Dinge hervor, zum Beispiel auch ob die Wahl

eines Kindes als Reinkarnation eines verstorbenen Lamas rechtmäßig erfolgte oder nicht.
Entscheidend ist hier wie dort die allgemeine Bedeutung eines Mediums in Kulturen – besonders solchen wie der tibetischen oder jener der Navajo –, die das Individuum als unabtrennbaren Teil der Vorgänge im größeren Kosmos betrachten. Universal ist sodann der psychophysische Vorgang, der dem Wahrsagen sowohl beim Handzittern der Navajo als auch beim tibetischen Orakel zugrunde liegt – ein Vorgang, den wir entwurzelten westlichen Menschen erst allmählich wieder verstehen lernen. Betrachten wir hier zwei wichtige Beispiele. Der Handzitterer Gregorio dürfte, infolge der Feldforschungen des Anthropologenpaares Dorothea und Alexander Leighton in den vierziger Jahren, so bekannt geworden sein wie kaum ein anderer Navajo-Diagnostiker.[2] Gregorio erzählte ihnen von seinem Werdegang zum Handzitterer. Einmal sei er nach kurzem Schlaf im Hoghan aufgewacht und habe sich gefühlt wie nie zuvor.

> Meine Beine und Füße und der ganze Körper fühlten sich riesig an … Und ich spürte etwas in meinen Armen, es war, als würde etwas durch meine Hände und aus den Fingerspitzen laufen. Dann fingen meine Hände zu zittern an … Und dann dieses Gefühl in meinem Körper, ich konnte es ganz genau spüren. Alles ging von den Zehenspitzen aus und lief über die Knie bis ganz nach oben in meinen Kopf.

Was Gregorio schilderte, wird in der westlichen Psychologie als milde Form eines epileptischen Anfalls gedeutet. Tibetische tantrische Praktizierende würden sagen, die Windenergie habe kräftig durch die psychischen Kanäle geweht. In der Philosophie der Navajo heißt es, daß die Körperwinde aus den Fingerspitzen, den Zehenspitzen und dem Kopf austreten und wirbelwindähnliche Spiralmuster im Abdruck der Finger und Zehen sowie im Muster des Haarwuchses auf dem Kopf hinterlassen.
Tibetische Orakel könnten sich sehr gut in Gregorios Erfahrung hineinversetzen. Nehmen wir zum Beispiel den folgenden Bericht über die erste Trance des gegenwärtigen Nechung-Orakels (wie er dem Autor 1990 erzählt wurde): Am 31. März 1987 trug Kalsang (heute Thubten Ngudrup) als Ritualmeister des Klosters Nechung Weihrauch in den Tempel, um eine besondere Zeremonie vor den heiligen Statuen eines früheren Staatsorakels und der Gottheit Dorje Drakden abzuhalten. Drei Jahre zvor war die Körperbasis des früheren Orakels verstorben, und diese Zeremonie sollte als eine von vielen dazu dienen, einen Nachfolger zu finden. Da »erfaßte« den jungen Mann eine plötzliche Energiewelle, die zu Beginn seine Arme hochstrahlte. Sodann fiel er ohne weiteres Dazutun in Trance.
Inzwischen ist er als Körperbasis von Dorje Drakden anerkannt und erlebt jeweils einen ganz bestimmten Ablauf von Vorgängen, bevor er in Trance verfällt:

»Am ganzen Körper werden allmählich Empfindungen spürbar, wie elektrische Stöße – durch die *tsa* [psychischen Kanäle], und es ist, als würde mein Körper überall größer. Sobald der Gott in mich eintritt, wird mein gewöhnliches Bewußtsein eingeschlossen, so lange bis er mich wieder verlassen hat. Und nach der Trance fühlt sich mein Körper fünfzehn bis zwanzig Minuten lang taub an.«

Könnte es in einem derart energiegeladenen Zustand, welcher die gewöhnliche Wirklichkeit weit übersteigt, dem individuellen Geist nicht möglich sein, mit dem kollektiven Geist des Kosmos zu verschmelzen, der ja in jedem Fall aus demselben Material besteht? Und könnte dies nicht der Grund für die ausgesprochen hohe Empfindlichkeit des Orakels für einen einzelnen Menschen oder die jeweilige Situation sein? Meine eigene Unterredung mit der Göttin Yudronma hat jedenfalls geradezu unheimlich genaue Antworten auf meine Fragen erbracht.

ANMERKUNGEN

Autor und Verleger möchten an dieser Stelle all jenen, aus deren Werken zitiert wird, ihren aufrichtigen Dank aussprechen. Ebenso gilt dieser Dank all denen, die mündliche Erläuterungen beigesteuert haben.

Einführung

1 Einzelheiten zur tibetischen Ethnologie und zu den Schöpfungsmythen finden sich in Peter Gold, »Tibetans and Their Way of Life«, *Chöyang: The Voice of Tibetan Religion and Culture*, 1, Nr. 4.

2 Bei den Navajo wie in Tibet glauben die Menschen, daß sie aus derselben Essenz stammen wie ihre jeweiligen Erdorte und auch aus dieser Essenz bestehen. Diese Überzeugung ist allen Ersten Völkern überall auf der Erde gemein. Wenn auch einige die Möglichkeit von Migrationen aus anderen Orten in einer nicht genauer bestimmten Vergangenheit einräumen, so scheint dies der Überzeugung doch nicht zu widersprechen, daß sie aus dem Geist und der Substanz ihres Ortes auf der Erde entstanden seien. Was die Navajo an der Theorie einer Herkunft von außen besonders bemängeln, ist die (in ihren Augen) »Behauptung« der westlichen Wissenschaft, die Migration habe nur in eine Richtung von Asien her über eine Landmasse (die wir Beringia nennen) stattgefunden, die während der letzten Eiszeit (etwa 10 000 bis 20 000 Jahre vor der heutigen Zeitrechnung) an der Stelle der Beringstraße die Kontinente Asien und Amerika verband. Eine solch einseitige Herkunftstheorie erzürnt viele Navajo, weil sie die Autorität ihrer Erscheinenslehren ebenso untergräbt wie die These vom Vorrang des Rechts auf ihr Land. Sie verstehen diese Behauptung daher als Versuch zur Rechtfertigung des euroamerikanischen Anspruchs auf ihr kostbares Land. Und irgendwie haben sie recht, denn so interessant die westliche Erörterung der physischen Herkunft sich auch ausnimmt, läßt sie sich doch leicht zu einem Mittel des kulturellen Imperialismus umbiegen und ist so oder so für den Dialog zwischen kulturellen Traditionen und Denkweisen beidseits der Bering-Straße völlig unbedeutend. Statt die materialistische Ansicht des prähistorischen Ursprungs zu übernehmen, wäre es meiner Ansicht nach für alle Beteiligten sinnvoller, die wesentliche gemeinsame Grundlage im Denken, Sichausdrücken und Handeln zu finden, welche die Basis des spirituellen Lebenspfades bildet und die sie so ausgeprägt teilen.
Wer sich seine Wirklichkeit aber allein auf materieller Ebene erklären muß, findet Angaben zu den neuesten westlichen Theorien über asiatisch-amerikanische Ursprünge im Aufsatz von Joseph H. Greenberg, Christy G. Turner und Stephen L. Zegura mit dem Titel »The Settlement of the Americas: A Comparison of the Lin-

guistic, Dental and Genetic Evidence«, in *Current Anthropology*, 27, Nr. 5, Dezember 1986, sowie in einer Folge monatlich erschienener Artikel aus dem Jahr 1987 unter dem Titel »The First Americans« in der Zeitschrift *Natural History*. Sie nehmen Bezug auf die Na-Dene-Völker beidseits der heutigen Beringstraße, die als Ahnen der Familie der als Urbevölkerung Amerikas betrachteten Athapaska (zu denen auch die Navajo gehören) gelten. Linguistische Hinweise wiederum deuten auf eine Verbindung zwischen den Athapaska und dem tibetischen Volk hin. Vermutlich läßt sich indes eine endgültige Antwort wie bei jeder auf statistischen Grundlagen beruhenden vergleichenden Forschung niemals finden.

Kapitel 1

1 Mit Leere ist die Gesamtheit gemeint, die frei ist von allen Wahrnehmungsformen, aber voll mit allem Potential, um diese zu erschaffen. Lama Anagarika Govinda nannte diese letzte Quelle aller Dinge »Nicht-Substantialität«, wo es keine »Substanzen« oder »Dinge« (Bestimmungen oder vorbestimmten Bedingungen) gebe, sondern einen Zustand unerschöpflicher Möglichkeiten, den »Ur-Raum« (Siehe Lama Anagarika Govinda, *Schöpferische Meditation und multidimensionales Bewußtsein*, Freiburg im Breisgau 1977).

2 Alexander Berzin, ein Experte des Kalachakra-Tantra aus dem Westen, bezeichnet es häufig auch als »Geeinte Feldtheorie des Buddhismus«. Von diesem Tantra leiten sich alle Künste und Wissenschaften ab, die notwendig sind für das Verständnis der Variablen von Zeit und Raum in Relation zu 1. planetarischen, solaren und lunaren Bewegungen sowie der zyklischen Natur von Geschichte und Ökologie, 2. dem zyklischen Auf und Ab der flüssigen und feinstofflichen Energien des Körpergeistes, der Erde und des Himmels, sowie 3. den physischen und mentalen Methoden, um mit diesen ins Gleichgewicht zu gelangen, wobei das Ziel darin besteht, den eigenen Körpergeist zur Vollendung zu führen und so anderen auf dem Weg zur Selbstwandlung besser helfen zu können.

3 Über dem Kalachakra-Weltberg wohnen Buddhas und Bodhisattvas in einem leuchtenden, regenbogenfarbenen Paradies, das auf Wolken in Lotosblütenform schwebt. Die Bergflanken bewohnen weniger einflußreiche Gottheiten, die dem Bereich der Erscheinungen angehören. Sie sind noch nicht erleuchtet und damit Geburt und Tod unterworfen. Jene, die am Fuß des kosmischen Berges leben, gelten als die unglücklichsten aller Wesen, sind sie sich doch des reinen Bewußtseins ihres Geistes und der Folgen ihres Handelns am wenigsten bewußt. Diese Dämonen und die Wesen der Hölle leiden im Samsara am meisten. Am anderen Ende stehen die erleuchteten Wesen und ergötzen sich im Paradies hoch über dem Gipfel des großen Berges. Zwischen diesen beiden Polen bevölkert ein ganzes Spektrum von Wesen in verschiedenen Bewußtseinsstadien die Bereiche an den kostbar geschmückten Berghängen. Zudem leben auf den vier Kontinentgruppen (wir gehören zur südlichen Gruppe) weitere Wesen, die auf dem Pfad der Erleuchtung unterschiedlich weit vorangekommen sind.

Diese Ökologie der fühlenden Wesen, die vertikal ausgerichtet sind gemäß ihrem

Karma und ihrer spirituellen Wachheit, ist in einem lehrreichen Diagramm, dem Rad des zyklischen Daseins *(Sipai Khorlo)*, anschaulich dargestellt. Es zeigt die Zyklen der Wiedergeburt, denen jedes Wesen unterworfen ist, bis es vom Leiden befreit wird und Erleuchtung erlangt (siehe Anhang 1, »Das Rad des zyklischen Daseins«).

4 In den oberen Stockwerken des Klosters Samye sind seit Ende der achtziger Jahre Wiederherstellungsarbeiten im Gange.

5 Ebenso wie der Kang Rinpoche/Tise die zentrale Achse des tibetischen Universums bildet, stellt der Denali (Mount McKinley) für den indianischen Stamm der Athabascan, die rund um dieses Massiv in Alaska leben, die zentrale Weltachse dar. Denali ist abgeleitet vom Begriff Dené, mit dem die Athabascan sich selbst benennen, was eine grundlegende Verbindung zwischen diesem Urvolk Amerikas und dem heiligsten Berg von Nordamerika vermuten läßt. Höchstwahrscheinlich bezogen die Ahnen der Navajo (Diné), nachdem sie das Colorado-Plateau erreicht hatten, das Modell der Weltachse auf das imposante freistehende Massiv, das sie Berg Um den Gekreist Worden Ist nennen.

6 Bon lehrt, daß dreihundertsechzig *gikod*-Gottheiten, eine für jeden Tag des Mondkalenders oder für jedes Grad eines Kreises, im und um den (für uns) unsichtbaren Gipfelpalast auf dem Kang Rinpoche leben, der sich im Mittelpunkt eines Universums in Form einer Lotosblüte mit acht Blütenblättern befindet. Ein jeder Eingang weist in eine Himmelsrichtung und ist bewacht von mächtigen Tieren, und zwar einem Tiger, einer Schildkröte, einem kosmischen Raubvogel und einem Drachen. Tongpa Shenrab, Begründer und Lehrer der Bon-Religion, soll hier über ein regenbogenähnliches Mu-Seil vom himmlichen Reich auf den Tise herabgekommen sein, und bevor der buddhistische Yoga-Heilige Milarepa ihn verdrängte, gehörte ihm der Gipfel gemeinsam mit den höchsten Bon-Gottheiten.
Viele der zum Kostbaren Schneejuwel Pilgernden sahen in seinem runden Schneegipfel deutlich das Bild eines Schädels. Die Menschen in Tibet (und auch die Navajo) nehmen in natürlichen Formen einen hohen Grad an Weihe wahr, vor allem in Felsen und an Berghängen. Solche »sich selbst offenbarenden Reliefs von Gottheiten *(Rangjung)*, sei es ihres Gesichts oder ihres ganzen Körpers, finden sich in geheiligten Höhlen, wo Heilige oder spirituell Erleuchtete meditiert haben, und sind auch auf Felspfaden in der Umgebung von Klöstern und Schreinen zu sehen sowie in massiver Häufung in den natürlichen Formen von Gebirgshängen und in den Spiegelbildern heiliger Seen.

7 Im Tibet sehen viele die Weiße Tara in der Mutter des Dalai Lama verkörpert.

8 Diese Darstellung der heiligen Berge stammt aus L. A. Waddel, *The Buddhism of Tibet*, New York 1972.

9 Übersetzt nach dem englischen Liedtext von David Snellgrove und Hugh Richardson in *A Cultural History of Tibet*, Boston 1980, Seiten 24–25.

Kapitel 2

1 Unsere Wiedergabe der Navajo-Geschichte stützt sich auf mündliche Lehren der Night-Way-Abstammungslinie.

2 Der Sänger A. W. Yazzie schrieb in den achtziger Jahren eine Reihe zweisprachiger Bücher, die unter dem Titel *Navajo History* erschienen.

3 Laut dem großen Sänger Sandoval (Hastin Tllo'tsihee) sind der Erste Mann und die Erste Frau Kinder des farbigen Nebels. Die Schwarze Wolke des Nordens (eine dunkle Wolke aus Nebel und Wind, die weibliche Substanz) vereinigte sich mit der Weißen Wolke des Ostens (der männlichen Substanz) und schuf so den Ersten Mann sowie einen vollkommenen weißen Maiskolben. Desgleichen verschmolzen die Blaue Wolke des Südens (männlich) und die Gelbe Wolke des Westens (weiblich) und erzeugten die Erste Frau und einen vollkommenen gelben Maiskolben.
Auf den ersten Blick erscheint diese Version als unvereinbarer Widerspruch zur Interpretation der Night-Way-Erzählung. Was war denn nun zuerst da, das Huhn oder das Ei? Entstanden die Erste Frau und der Erste Mann aus dem Mais, oder stammten sie und auch der Mais aus einer anderen Quelle? Der Widerspruch besteht hier indes nur physisch gesehen; metaphysisch gibt es kein Problem. Der metaphysische Schöpfungsvorgang kann in beide Richtungen ablaufen – und dies sogar gleichzeitig! Dem entspricht, daß nach dem Blessing-Way-Mythos – im Gegensatz zum Night-Way-Mythos – die Erste Frau und der Erste Mann auch die Yei-Schutzgottheiten geschaffen haben, und zwar indem sie diese Wesen mit Hilfe kostbar verkleideter Figürchen, die all diese Gottheiten darstellen, ins Leben erdachten. Daraufhin haben die Gottheiten ihrerseits dem ersten Menschenpaar bei der Erschaffung der Erde geholfen. Da der Wind/Hauch in der Wirklichkeit der Navajo als bedeutendste Quelle des Lebens, der Sprache und der Gedanken gilt, überträgt er sowohl alle Erscheinungen als auch alle göttlichen Wesen, die als Kräfte wirken. Die Annahme, ein Vorgang – ob materiell oder spirituell – könne immer nur in einer Richtung verlaufen, gilt daher als Irrtum der westlichen Denkweise. Die rituelle Schöpfung der Navajo kann also ebenso gut als »Heiliger Wind und Yei ergibt Ersten Menschen« (Night Way) wie als »Macht des Windes und Erster Mensch ergibt Yei« (Blessing Way) abgelaufen sein. Aus der Sicht der Navajo besteht hier nicht der geringste Widerspruch; beide Auslegungen sind lediglich verschiedene Ausdrucksformen derselben gleichzeitig existierenden Wirklichkeit, welcher der Heilige Wind und die Schönheit zugrunde liegen.

4 In anderen Erzählungen werden andere Orte angegeben – alles noch bestehende Seen –, denn die Flutwasser der Vierten Welt waren den ersten Menschen nach oben und aus dem Austrittsort hinaus gefolgt. Immer jedoch heißt es, dieser Austrittsort liege »irgendwo im Norden« des ursprünglichen Heimatlandes der Navajo, das Dinetha heißt (und sich seinerseits im Nordwesten New Mexicos befindet).

5 Der Navajo-Denker Herbert Benally bezeichnet diese Aspekte der spirituellen Schönheit als »Ziele des Navajo-Lebens«. Sie entsprechen exakt dem buddhistischen Konzept der Erleuchtung des Geistes, der Sprache und der körperlichen

Tätigkeiten (siehe Herbert Benally, »Diné Bo' – óhoo'aah Bindii'a': Navajo Philosophy of Learning« in *Diné Be'iina: A Journal of Navajo Life*, 1, Nr. 1, 1987.

6 Die Fünfte Welt war als Mikrokosmos des idealen Universums gedacht. Die ersten Menschen waren dorthin nach einer langen, spiralförmig verlaufenden Reise durch Raum und Zeit gelangt. Im Verlauf ihrer Reise erlebten sie, wie das Durcheinander *(hóchxó)* der früheren Welten sich hin zur Ordnung und Schönheit *(hózhóng)* neuer Welten wandelte. Ihre Reise lehrt, daß aus der Verzweiflung neue Hoffnung keimt und eine neue Chance, sowohl im Inneren als auch im Äußeren eine ideale Welt zu entdecken.

7 Die Erste Frau und der Erste Mann begründeten und führten eine Lebensweise, die viele spätere Generationen beeinflußte. In dieser Hinsicht sind sie vergleichbar mit einem irdischen *(manushi)* Buddha, der während einer entscheidenden Notzeit die Gestalt eines Weltlehrers annimmt wie Shakyamuni oder eines bekannten Gelehrten wie Padmasambhava. In einigen Fällen bedienten sich Shakyamuni und Padmasambhava sogar offensichtlicher Doppeldeutigkeiten und Widersprüche, um ihre Jünger auf einen Zustand jenseits aller Leiden vorzubereiten. Diese Art »verrückter« oder »wilder Weisheit« ist unter fortgeschrittenen tantrischen Gelehrten nichts Besonderes. Ebenso bauten die Erste Frau und der Erste Mann »Gut und Böse« in die Fünfte Welt ein: damit es überwunden und die Menschheit gestärkt werde. Darauf beruht ihr etwas zweifelhafter Ruf bei nichtgelehrten Navajo; philosophisch beschlagene Navajo wissen jedoch, daß ihre Taten über jeden Tadel erhaben und letztlich mit der Schönheit im Einklang waren. Der Blessing-Way-Sänger Frank Mitchell erzählt, die Heiligen Wesen hätten den ersten Menschen die Wahl gegeben, entweder zu heiligen Stätten in der Umgebung zu gehen und dort ein ewiges Leben »ohne Geburt und Tod« zu leben oder im Bereich der Erscheinungen zu bleiben, wo es »Geburten geben wird, um die Toten zu ersetzen«. Ohne sich um eine Auslegung zu kümmern, verschwanden die Erste Frau und der Erste Mann, als sie die Planung der neuen Wirklichkeit abgeschlossen und darin die »Jokerkarten« negativen Denkens (vereinfachend »Hexenkraft« genannt) eingeschleust hatten, von denen sie hofften, daß die zukünftigen Menschen sie in ihrer heroischen spirituellen Wanderschaft durchs Leben überwinden lernen würden.

Der Diamantzepter- oder Vajraträger (Chakna Dorje/Vajrapani).

8 Die geomantischen Wesenszüge des unteren Lebens in diesem Mandala-Bild von Alfred W. Yazzie werden ergänzt durch jene des oberen Lebens, das Reich des Himmelsmenschen. Es umfaßt die Lichtnebel der vier Himmelsrichtungen, ihre farbigen Lichter und Wolken. Die Gewitterwolken speien lebenspendenden Regen und Blitzenergie aus, eine Verbindung der nährenden und der schützenden Kräfte des Kosmos.

Das Ganze wird umrahmt von einem vierfarbigen Regenbogen, dessen glitzernder Lichterschmuck mehrere Bedeutungen hat. Eine davon besagt, daß die vier Farben die vier früheren Welten darstellen. Rot, die äußerste Farbe, wird zuweilen mit der düsteren Ersten Welt in Verbindung gebracht. Rot steht indes auch für die Vitalität des Lebens und für Gefahr. Gleichzeitig sind die Regenbogenfarben paarweise angeordnet. Ganz außen faßt die Farbe Rot als Beschützerin alles ein, während Blau, ihre kühlere und passivere Partnerfarbe, sich auf der Innenseite befindet. Als näch-

ste folgt Gelb, die Farbe des weiblichen, und dann Weiß, jene des männlichen Prinzips (zusammen stellen sie Erde und Himmel dar).
Auf dem Regenbogen »reiten« zwei kreisförmige Gestirne. Das Sonnengestirn enthält eine türkisfarbene sonnentragende Figur auf einem türkisblauen Pferd; die Sonne dient ihr zugleich als Schild und als Transportmittel. Im Mondgestirn ist die weiße mondtragende Figur enthalten. Türkis und weiße Muschel stehen als Paar für Führungs- und Gefolgschaftseigenschaften. Das Navajo-Land und die Navajo-Menschen weilen in der Mitte dieser Verbindung von Erde und Himmel, von Sonne und Mond.

Kapitel 3

1 Eine Auseinandersetzung mit dem Monismus-Konzept findet sich in Joseph Campbells Essay »The Idea and Ideas of God« in *The Way of the Animal Powers*, Band 1 von *The Atlas of World Mythology*, Seite 193.

2 Form und Bedeutung dieser Wesen geht auf jahrtausendealten Volksglauben zurück, der allen asiatischen Urvölkern gemeinsam ist, aber auch auf Vorstellungen, die in den alten Bon-Lehren formuliert sind, einer Religion, die vor dem Aufkommen des Buddhismus in Tibet weit verbreitet war. Diese alten Konzepte der Naturkräfte im Makrokosmos verschmolzen im Laufe der Zeit relativ leicht mit den Ideen und den entsprechenden Gottheiten des tantrischen Buddhismus innerhalb der individuellen Psyche (dem Mikrokosmos), wo sie über dieselben Kräfte verfügen und dieselben Vorgänge beherrschen. Nach dem siebten Jahrhundert verwoben sich beide Strömungen in der Mystik und Philosophie allmählich zu einem Gesamtgefüge von Gottheiten und einer rituellen und philosophischen Ordnung, die im Einklang mit der ursprünglich konzipierten tibetischen Wirklichkeit steht.

3 Gemäß dieser Auffassung gilt der große türkisfarbene See namens Yamdrok Tso in Zentraltibet als Seelensee des ganzen tibetischen Volkes.

4 Nach einigen tantrischen Auslegungen gehören diese Buddhas zur Ebene des Wahren Körpers. Auf jeden Fall sind sie in ihrer Emanation dem ursprünglichen Zustand der Leere sehr nahe.

5 Hier besteht eine deutliche Parallele zu einem tibetischen Schema der göttlichen Wirklichkeit. Die Große Göttin Dölma oder Tara »wohnt« (in enger Verbindung) zusammen mit Chenrezi (Bodhisattva des Mitgefühls), der aktiven Mitemanation des Buddha Unermeßliches Licht und des Buddha Grenzenloses Leben. Gemeinsam umfassen sie die Buddha-Grundsätze des Westens: Licht, Leben und Liebe. Die buddhistische Legende erzählt, wie die Retterin Dölma aus einer Träne geboren wurde, die aus Chenrezis Auge hervorquoll, als er die Leiden der Welt erblickte. In einem wirklichen Sinn ist sie tatsächlich eins mit Chenrezi, und diese Einheit übersteigt das übliche Ausmaß der menschlichen Beziehungen zwischen Frau und Mann. Es heißt, Dölma lebe mit Chenrezi auf ihrer glorreichen Insel Potala vor der asiatischen Küste.
Potala ist indes auch der Name des großen Tempelpalastes der Dalai Lamas, der im Herzen von Lhasa und des Kyichu-Flußtals gleich einer Insel auf dem heiligen Mar-

pori (Roter Berg) schwebt – ein Ort der Heiligkeit und Reinheit, eine Insel der Gesundheit im Ozean des Leidens. Für das geistige Auge derer, welche die Wirklichkeit hinter der bloßen materiellen Form wahrzunehmen vermögen, ist der Potala-Palast ebenso Wohnsitz von Dölma und Chenrezi wie die legendäre Insel Potala. Diese Menschen wissen beispielsweise, daß der jetzige Dalai Lama (der vierzehnte) zum Gedankenstrom von Chenrezi gehört, wie seine verstorbene Mutter, die drei inkarnierten Lamas das Leben schenkte, als die lebenspendende Weiße Dölma selbst galt.

6 Gemäß der pantheistischen Ordnung, welche die Einheit in treffende und verständliche Symbole gliedert, hat Sprechender Gott von seiner ergänzenden Gottheit Rufender Gott oder Erntegott »Beistand« erfahren. Die eine Gottheit ist in jenen Bereichen stark, in denen die andere schwach ist, und umgekehrt. Rufender Gott kommt aus dem Westen, denkt nach und nährt (das erntende Wesen) und verfügt über die Gabe (und die Neigung) des Mitfühlens, die dem unverblümten göttlichen Spiegelbild abgeht. Sprechender Gott ist eisig weiß und aktiv wie das Licht des Morgengrauens, Rufender Gott hat die Farbe der Abenddämmerung, das warme Orangegelb der untergehenden Sonne. Ihre leuchtenden Farben verraten jeweils ihr inneres Wesen.
So wurde die erste Night-Way-Zeremonie für die Heldengestalt dieses Mythos zwar von Sprechender Gott geleitet, fand indes im Wigwam von Rufender Gott statt. Sprechender Gott hat in diesem bedeutenden Umwandlungsritual, das neun Winternächte dauert, die göttliche Leitung der Zeremonie inne, während das weltliche Ritual unter der Leitung jener Person steht, die die Gesänge vorträgt.

7 Dorje oder, in Sanskrit, Vajra bedeutet wörtlich übersetzt »Meisterstein«, also Diamant. Der Diamant steht auch in enger Verbindung mit der alten panasiatischen Vorstellung des Blitz-(Donner-)Keils. Diese wird von der Bodhisattva-Emanation des östlichen Viertels, Chakna Dorje, häufig herangezogen und durch den Vajra in der Hand symbolisiert – das (»diamantene«) Donnerkeil-Zepter, das in allen tantrischen Ritualen verwendet wird.

8 In Schulen des höchsten Tantra wird das Diamantene Wesen mit dem »sechsten Sinn« oder dem Weisheitsgeist in Verbindung gebracht, dem unmittelbaren Ausdruck der Allwissenheit des Ur-Buddhas. Tatsächlich glauben manche Gelehrte, das Diamantene Wesen im Tantra könnte bereits vor der Ordnung der fünf Buddhas bekannt gewesen sein.

9 Siehe Chögyam Trungpa Rinpoche, *Shambhala: The Sacred Path of the Warrior*, Boston 1984.

10 Wie es der Navajo-Denker Hansen Ashley beschreibt:
»Dein spiritueller Charakter dauert an, dein Wesen lebt weiter, noch zwei oder drei Generationen lang.«

11 Es handelte sich um eine Ansprache, die Buckminster Fuller in den siebziger Jahren in der Indiana University hielt.

12 »Da Materie lebendig ist, sind in ihr Elemente des Geistes enthalten. Da der Geist heilig ist, bedeutet deren Zerstörung eine Verletzung der Naturgesetze oder *diyin*.« Aus einem unveröffentlichten Manuskript des Navajo-Denkers Dean Jackson und der Sänger Andy Natonabah und Mike Mitchell.

Das Gnadenbild aus Butter und Gerstenmehl (hier eines des Dalai Lama) wird meditierend und betend geschaffen, um zu verhindern, daß sich negative Kräfte am La der begünstigten Person (ihrer Komponente des Bewußtseins) zu schaffen machen. Zu sehen sind auch Motong- und Potong-Zeichen, die als Ersatz zur Auslösung von Familienmitgliedern, Bekannten und anderen Personen dienen. Das Fadenkreuzgebilde hinter der Figur dient den sich einmischenden Kräften als Leitzeichen.

Kapitel 4

1 Siehe Pater Berard Haile (Samml.), *The Upward-Moving and Emergence Way*, Lincoln 1981.

2 »Mit jedem Tageszyklus steigt Weißer Nebel am Morgen im Osten auf, um Licht zu spenden. Dann erhebt sich am Mittag Blauer Nebel im Süden, um seinerseits Licht zu geben, wenn Weißer Nebel verschwindet. Als drittes steigt Gelber Nebel am Spätnachmittag im Westen empor, um der Welt Licht zu schenken. Als letzter schließlich überzieht Schwarzer Nebel aus dem Norden die ganze Welt, und die Menschen schlafen bis zum nächsten Morgen. Die farbigen Nebel sollen sich bereits in der Ersten Welt in dieser Reihenfolge erhoben haben. Zudem ist die Ordnung, in der diese farbigen Nebel sich erheben, in den fünf Welten grundsätzlich gleich geblieben wie in der Ersten Welt.« (Alfred W. Yazzie, *Navajo History*, Arizona)

3 Matthews Fassung des Night-Way-Schöpfungsmythos findet sich in *Navajo Legends*, Band 5, Memoirs of the American Folklore Society, 1897.

4 Frank Mitchell, einer der bedeutendsten Blessing-Way-Sänger unseres Jahrhunderts, erklärte dies Charlotte Frisbie und David MacAllester, die bei ihm lernten, wie folgt: »Als die Erde mit ihrer Vegetation geschaffen war, gab es noch kein Leben auf ihr. Die Seelen wurden neben diese Dinge auf die Erde gelegt, und das nennt man Paare bilden.» Siehe Charlotte Frisbie und David P. MacAllester (Hrsg.), *Navajo Blessingway Singer: The Autobiography of Frank Mitchell*, Tucson, Arizona, 1978.

5 Im Blessing-Way-Mythos unterscheiden sich die inneliegenden Gestalten zwar in der Persönlichkeit, jedoch nicht in der Funktion von denen des Night-Way-Mythos. In beiden Mythen wird jedem heiligen Berg ein Sprechender Gott zugeordnet und als Sprechender Gott aus Bergkristall (Berg des Ostens), Türkis (Berg des Südens), Abalone (Berg des Westens) und schwarzem Gagat (Berg des Nordens) unterschieden. Diesem schließt sich ein Rufender Gott an, der ihn begleitet und ebenfalls mit dem jeweils einem Berg entsprechenden Edelstein in Verbindung gebracht wird.

Auch die Lichternebel am Horizont sind von inneliegenden Heiligen Wesen bewohnt. Frank Mitchell beschreibt in seiner Fassung der Blessing-Way-Erzählung (siehe Leland C. Wyman, *Blessing Way*, Tucson, Arizona, 1970), wie Sprechender Gott ihre Einsetzung vorbereitete: »Dann hob Sprechender Gott dasjenige, das gegen Osten [den Berg des Ostens entlang] lag, auf. ›Ich selbst werde in dir wohnen‹, sagte er zu ihm. Er hielt es gegen Osten und stampfte dazu viermal mit dem Fuß auf den Boden [...] Dann blies er es ostwärts in den Himmel; im Osten erschien es wie ein weißer Vorhang. Sein Gedanke ging mit ihm der Sonne entgegen.

Dann führte Rufender Gott dasselbe mit dem gelben Wesen der Abenddämmung aus und sagte ebenfalls: »Ich werde in deinem Inneren wohnen.« Sprechender Gott fuhr fort mit dem Wesen des himmelblauen Tageslichts des Südens, und dann kümmerte sich Rufender Gott in derselben Art um das Wesen der Dunkelheit des nördlichen Himmels.

Bei den beiden letzten Wesen (Himmelblaues Tageslicht und Dunkelheit) sagte Sprechender Gott: »In einer Zeit, die noch kommen wird, wird das in eurem Inneren Gegenwärtige allmählich in Erscheinung treten.« Entsprechend verschiebt sich auch die Süd-Nord-Achse der Sandbilder und die Geomantie der Navajo je nach den innewohnenden Gottheiten. Üblicherweise sind sie ein junges Paar, dessen Namen wörtlich übersetzt bedeuten »Mit Einem Türkis-Jungen Gehend« (Süden) und »Mit Einem Maiskorn-Mädchen Gehend« (Norden). In der Abstammungslinie des Blessing Way stehen sie esoterisch gesehen als Wahrzeichen für die Sonne beziehungsweise den Mond.

Im Night-Way-Mandala werden die südliche und die nördliche Position von zwei anderen Gottheiten eingenommen. Im Süden wohnt Grauer Körper, das Urbild von T'óneinilí, ein Name, der Wassersprenger bedeutet; über das sternerleuchtete Reich der Dunkelheit herrscht Schwarzer Körper (Hashch'ééshzhini oder Feuergott). Wie Sprechender Gott und Rufender Gott in der Ost-West-Achse leben auch die innewohnenden Gottheiten der Süd-Nord-Achse in einer Paarbeziehung.

6 Laut dem Navajo-Denker Dean Jackson, in Gemeinschaft mit den Sängern Andy Natonabah und Mike Mitchell, sind die mit den Lichtnebeln der vier Himmelsrichtungen und den Winden in Verbindung stehenden Grundelemente von Geist durchtränkt und umfassen zusammen den letztendlichen oder allumfassenden Geist *(ntsehakees)*: »Der letztendliche Geist besteht aus dem Geist in den vier Grundelementen. Der gesamte Kosmos begann mit einem Geist ... der Kosmos ist Geist in Bewegung ...«

Diese und andere Einsichten finden sich in einem Vortrag von Dean Jackson, Andy Natonabah und Mike Mitchell mit dem Titel »Comparative (Navajo-Western) Philosophy», (undatiert), Navajo and Indian Studies Center at Navajo Community College, Tsaile, Arizona.

7 Nach der Geburt sollen bestimmte Winde als persönliche und ratgebende Schutzengel auftreten, wobei sie auf dem Körper, und zwar neben den Ohren, hausen und der betreffenden Person je nach Bedarf weise oder warnende Worte zuflüstern.

8 Der Philosoph Hansen Ashley beschrieb ein abstraktes System von zweifachen Winden. Zwei grundlegende Aspekte des Heiligen Windes verleihen dem Körper Energie: der männliche Kleine Wind (Nillchi'i Biyaazh) und der weibliche Etwas-Bewegt-Dich-Wind (Nillchi'i Benazhditna). Ashley erklärt, die beiden Winde seien elektromagnetischen Feldern vergleichbar, die geschaffen wurden, als ein männliches Wesen von einem weiblichen Blitz beziehungsweise ein weibliches Wesen von einem männlichen Blitz getroffen wurde.

9 Für eine Vertiefung in die Thematik der Einheit der Winde siehe James K. McNeley, *Holy Wind*, 1981, Seite 33.

10 Für eine Vertiefung in die Thematik des Wesens des Heiligen Windes siehe James K. McNeley, »Immanent Mind in Navajo Philosophy and Batesonian Holistic Science« in *Diné Be'iina: A Journal of Navajo Life*, 1, Nr. 1, Frühling 1987.

11 Siehe John Farella, *The Main Stalk*, Tuscon 1990, Seite 178.

12 So würde die Reise in der Navajo-Denkweise beschrieben. Anhand von Wissen *(eéhozin)* sowie Gesangsritualen und -praktiken *(haatall)*, welche die Energie der Gedanken *(háá'ne)* und die inneren Winde *(nillchi'i)* reinigen, kann ein gewöhnlicher Mensch zu einem heiligen Menschen *(diyin dine'é)* werden. Als Sinnbild für diesen Zustand steht Sprechender Gott; er ist voll ermächtigt, gegen Fehl und Tadel

gefeit und sich der natürlichen Gesetze des Kosmos bewußt *(Hogháál)*. Auf diese Weise verwirklicht ein Mensch voll und ganz den Allumfassenden Geist, der untrennbar mit dem Heiligen Wind vereint ist. Zusammen stellen sie den Zustand der Schönheit dar, den Berg im Mittelpunkt des Kreises der Navajo-Wirklichkeit.

13 In Tibet, einem an spirituellen Symbolen überaus reichen Land, sind viele Symbole sowohl für die Einheimischen als auch für interessierte Außenstehende von besonderer Bedeutung. Indes ist (abgesehen von Buddha-Darstellungen) wohl keines so häufig anzutreffen wie das allgegenwärtige Windpferd inmitten unzähliger mit Holzschnitten bedruckter Gebetsfahnen, die in den fünf alchemistischen Farben angordnet sind und in allen tibetischen Gemeinden und an allen heiligen Stätten hängen. Sie flattern an Tempeln und an den Dächern der Wohnhäuser. Sie schmücken die Chörten, die greifbaren Monumente der kosmischen Ordnung und der Natur des erleuchteten Geistes. Und besonders oft sieht man sie an bedeutenden heiligen Stätten, wo sie dazu dienen, den Schutz und den Körpergeist-Zustand der Buddhas und Bodhisattvas anzurufen sowie die Kräfte der Gesamtheit der vorbuddhistischen Gottheiten der kosmischen Energien: des Himmels, der Berge, der Bergkämme, der Seen, Täler, Flüsse und des Wassers unter der Erde. In monatlichen (oder eigens dazu abgehaltenen) Ritualen, in deren Verlauf man unzählige Fahnen hißt, werden sie mit Gebeten und Gesängen und mit dem Duft brennenden Weihrauchs beschworen. Die Windpferde verbreiten ihre gedruckten Appelle und Gebete mit jedem Flattern im steifen Wind des Hochlandes.

14 Nach den englischen Übersetzungen der Gebetsfahnen von R. A. Stein in *Tibetan Civilization*, Palo Alto, Kal., 1972, Seite 223.

15 Siehe Chögyam Trungpa Rinpoche, *Shambhala: The Sacred Path of the Warrior*, Boston 1984.

16 Auch der Navajo-Denker Dean Jackson und die Sänger Andy Natonabah und Mike Mitchell bekräftigen: »Die Lebensdauer ist vorbestimmt. Doch läßt sich der Wind (oder die Kraft) im Körper durch Zeremonien dazu bringen weiterzuleben, denn er wird durch den allgegenwärtigen, mächtigen letzten Geist beeinflußt oder geleitet, der anderswo lebt.«

17 In Tibet kennt man verschiedene rituelle Mittel, um ein La, das der »Erschöpfung« nahe ist, wiederzubeleben. (Ein Grund für die Erschöpfung ist eine Überaktivität von Lung, der windartigen Kraft des Körpergeistes.) Ein solches Mittel sind zum Beispiel Gebete an die buddhistischen Gottheiten der Langlebigkeit (beziehungsweise an die optischen Vorstellungen ihrer Heilkräfte) wie die Weiße Dölma, Namgyelma, die Göttin des langen Lebens, und Buddha Grenzenloses Leben (Tsepame). Ein anderes, besonderes Ritual erfolgt über einen Lama. Indem dieser die Eigenschaften des heilenden Buddha annimmt, überträgt er dessen Kräfte mit Hilfe von Gebeten, Gesängen, Visualisierungen sowie einem Stab und *melong* (Spiegel des hell erleuchteten Bewußtseins), den er auf den Scheitel (das höchste psychische Energiezentrum) der betroffenen Person legt, in deren zur Aufnahme bereiten Körpergeist.

Mit Hilfe eines dritten Vorgehens, der sogenannten Auslösung der Seele *(la lud)*, bietet man der verletzenden spirituellen Kraft anstelle des La der Person, für die das Ritual abgehalten wird, deren Bildnis an.

18 Auch die Navajo kennen Seelenbäume und Seelentürkise. So gelten bestimmte Bäume im Hochland des Colorado-Plateaus einer bestimmten Person oder Familie als heilig. Manche Navajo hängen nach der Geburt eines Kindes die mütterliche Plazenta an einen dafür bestimmten Baum: Wacholder für einen Knaben und Pinyon-Tanne für ein Mädchen. Diese Bäume müssen geschützt und vor Schaden bewahrt werden, weil sonst der damit verbundenen Person Unglück droht. Ebenso werden aus Türkis, dem heiligen Schutzstein der Gesundheit und des Glücks für die Navajo (wie auch für das tibetische Volk), oft Figuren von Haustieren geschnitzt; Schafe und Pferde sind am häufigsten. Diese werden im *jish*, dem persönlichen heiligen Bündel, aufbewahrt, um die Lebenskraft der Tiere und deren Windseelen im Zustand der Schönheit zu bewahren. Auch erhalten die Navajo nach einer lebensstärkenden Zeremonie eine kleine Türkisperle, die sie ständig auf dem Körper tragen müssen, damit es ihnen stets gutgeht.

19 Die Art und Weise, wie das La hier von einem machtvollen Wesen auf den See übertragen wird, ist vergleichbar mit dem Vorgang beim digitalen Kopieren einer Diskette. Der Inhalt der kopierten Disketten stimmt völlig mit dem Original überein, aber die Disketten unterscheiden sich in materiellen, äußeren Eigenschaften.

Fadenkreuzgebilde mit Gaben für die Alte Mutter Khönma.

20 Die Sherpa sind zwar erst vor knapp dreihundert Jahren aus der Region Kham in Osttibet eingewandert, haben sich indes den Khumbila ganz zu eigen gemacht. Möglicherweise brachten sie das La des Khumbila sogar mit, auf daß es sie an den Südhängen des Himalaja beschütze, und fanden dann in diesem wunderbaren Berg den idealen Wohnsitz für die Seele ihrer Kriegergottheit. Ungeachtet der Herkunft stellt die Vermischung der indigenen Praktiken mit der neueren tantrischen Umwandlung des innerasiatischen Mystizismus nach wie vor einen wichtigen spirituellen Weg für die Sherpa dar. Entsprechend steht bei den meisten Sherpa-Familien eine bunte Abbildung oder ein Holzstich mit dem Khumbila auf dem Hausschrein, im Schein von Butterlampen und glimmender Räucherstäbchen, die als Opfergaben dargebracht werden.

21 Die tibetischen persönlichen Gottheiten üben eine ganz ähnliche Funktion aus wie die verschiedenen Winde, die im Körpergeist der Navajo ein und aus gehen. Sie gleichen auch den persönlichen Navajo-Schutzwesen, die man Windkind nennt und die am Kopf wohnen.

22 Teile des La der fünf Göttinnen des Langen Lebens (Tsering Chenga) bewohnen auch weiter entfernte Berge. Es handelt sich dabei um eine nach ihnen benannte Gipfelgruppe in der Nähe des großen heiligen Berges Kang Rinpoche im westlichen Grenzgebiet des Reichs der Göttinnen.

23 »Die Dakini saßen mit gefalteten Händen in einer Reihe, um ihre Gaben darzubringen. Die erste sagte: ›Ich bin die Anführerin in dieser Gruppe. Mein Name lautet Glückverheißende Gebieterin des Langen Lebens [Tashi Tseringma]. Ich biete euch hier die Fertigkeit, eure Nachkommen zu beschützen und zu vermehren.‹ Die Dakini zu ihrer Rechten sagte: ›Mein Name ist Schöne Gebieterin mit dem blauen Gesicht [Tingeyalzunma]. Ich biete euch hier die Fertigkeit, mit einem Spiegel zu tauchen.‹ Die Dakini zu ihrer Rechten sagte: ›Mein Name ist Gekrönte Gebieterin der Schönen Stimme [Jupan Drinzonma]. Ich biete euch hier die Fertigkeit, ein Vorratslager mit kostbaren Steinen zu füllen.‹ Die Dakini zur Linken der Anfüh-

rerin sagte: ›Mein Name ist Unveränderliche Gebieterin des Himmels [Miyo Lonzonma]. Ich biete euch hier die Fertigkeit, Nahrung und Wohlstand zu gewinnen.‹ Die verbleibende Dakini, die zu ihrer Linken saß, sagte: ›Mein Name ist Schöne Gebieterin der Tugend und des Handelns [Degar Drozonma]. Ich biete euch hier die Fertigkeit, das Vieh zu vermehren.‹« Nach Milarepa in *The One Hundred Thousand Songs*, Transkription von Garma C. C. Chang, Boston 1989.

24 Die Erzählungen widersprechen sich in der Frage, ob die Schwester-Göttinnen des Langen Lebens auf verschiedenen Berggipfeln leben oder von einem einzigen Berg stammen. Da jede eine andere Persönlichkeit besitzt, ist es einleuchtend, daß jede mit einem anderen Berg assoziiert wird. Da aber alle dasselbe Samen-Bewußtseinsprinzip teilen, werden sie zusammen als Muttergöttin der Erde bezeichnet. Dieser Name wird mit dem höchsten all ihrer Gipfel, dem Chomolungma (Mount Everest) in Verbindung gebracht.

25 Tantra verschmolz mit Praktiken, die in der ursprünglichen tibetischen und innerasiatischen Spiritualität wurzeln. Es ist durchaus möglich, daß die Erleuchteten, die in frühen Zeiten die Südhänge des Himalaja bewohnten und unter denen sich das Tantra entwickelte, sich nicht nur auf die Philosophie und die Praktiken des indischen Buddhismus stützten, sondern auch auf die Weltordnungen, die Innerasien als Ganzes eigen sind.

Laut Namkhai Norbu Rinpoche gründet eine bedeutende Linie der fortgeschrittenen Praxis des Dzogchen-Tantra (Der Große Weg) in der alten Bon-Religion. Ebenso haben W. Y. Evans-Wentz und Giuseppe Tucci, Autoritäten auf dem Gebiet des tibetischen Buddhismus, festgehalten, daß eine gewisse Verbindung zwischen tantrischen und innerasiatischen spirituellen Traditionen durchaus bestanden haben könnte, was auch einleuchtet, sind doch die Pässe im Himalaja noch heute rege benutzte Wege (die auf althergebrachte Art und Weise, nämlich zu Fuß oder mit Yak-Karawanen, benutzt werden). Der Himalaja ist so im Grunde eine semipermeable kulturelle Membran.

Viele westliche Gelehrte ordnen dem tibetischen tantrischen System allzu schnell eine einzige Quelle der Herkunft zu. Aber dieser festgefahrene Ansatz ist zu idealistisch. Sie haben die ehrerbietige tibetische Aussage, diese Religion wurzle voll und ganz in Indien, zu wörtlich genommen (dies trotz in Tibet häufig »entdeckter« oder auf Visionen zurückgehender Texte, der sogenannten Terma). Eher dürfte zutreffen, daß das uralte System als erste kognitive Grundlage der tibetischen Religion das Muster lieferte, in das die tantrischen Praktiken und ihr Mahayanabuddhistisches Fundament eingebettet wurden. Tantra selbst stammt höchstwahrscheinlich aus einer vorvedischen, vorhinduistischen Ebene der Spiritualität, die mindestens seit der Steinzeit im ganzen asiatischen Raum allgemein verbreitet war.

26 Geist ist gleich Licht. Giuseppe Tucci nannte das Bewußtsein Geist-Licht. Yogis und Yogini sowie mystisch Erleuchtete überall auf der Welt beschreiben das, was wir Geist nennen, seinem Wesen nach als Licht. Es kann in Regenbogenfarben schimmern oder durchsichtig klar erscheinen. Tucci sagt, Photismus, die Lichtempfindlichkeit (Leuchtkraft, Beleuchtung, Erleuchtung), sei seit vorbuddhistischer Zeit ein zentrales Merkmal der religiösen Erfahrung in Tibet gewesen; Licht ist das

Wesen der ursprünglichen Bon-Gottheit Weißes Licht (Shen Lha Ö Khar). Erleuchtete Wesen strahlen Licht aus: Buddhas, Bodhisattvas und Heilige (sowie, obwohl wir dies normalerweise nicht sehen, auch unser Körpergeist). Durch Versinnbildlichung als exakt geplante und vollzogene heilige Kunst wird Licht zum Katalysator für die Verwirklichung des idealen Daseinszustandes.
Wenn sich das trübe Bewußtsein *(sem)* in den idealen Geist *(yeshe)* verwandelt, wird das klare Licht des Geistes *(özel)* freigelegt. Özel ist die Einheit aller Farben. Wird der rauhe Wind gereinigt, zeigt auch er sich als Licht, dann aber in der regenbogenfarbigen Vielfalt mit dem Namen *özer*.
Diese Zustände des Körpergeist-Lichts stellt die Ikonographie des Tantra graphisch dar. Den Diamant-Körper verkörpert das Diamantene Wesen Dorje Sempa. Dieses Wesen ist das Destillat der fünf tantrischen Buddhas aus den fünf Regenbogenfarben. Sie sind die fünf Weisheiten und die fünf Lichtstrahlen, die aus der geläuterten Windenergie – dem psychischen Tropfen *(tigle)* mitten im Herzen – stammen. Der Körper des Diamantenen Wesens ist kristallklar und farblos. Dies stimmt überein mit seinem Übergangsstadium zwischen dem Ur-Buddha und den fünf tantrischen Buddhas.

27 »Der Atem, von dem die alten Texte sprechen, ist mehr als nur Luft oder Sauerstoff: Er ist Ausdruck eines dynamischen Erlebnisses jener vitalen Kraft, die mit jedem Atemzug erweckt wird. Sie beschränkt sich nicht auf das Füllen unserer Lungen, sondern wirkt sich aus in unserem Blutstrom, verwandelt sich in immer feinere Formen von Energie, die durch das weitverzweigte System unserer Nerven weitergetragen wird und durch unseren ganzen Körper bis hinab in die entferntesten Gliedmaßen läuft, und wir dann fühlen, daß sie selbst in unsere Finger- und Zehenspitzen gelangt ist und so eine neue Art Körperbewußtsein schafft.« Siehe Lama Anagarika Govinda, »Die Betrachtung des Atems und die Bedeutung von Prana« in *Schöpferische Meditation und multidimensionales Bewußtsein*, Freiburg i. Br., 1977, Seite 146f.

28 Siehe Giuseppe Tucci und Walther Hessig, *Die Religionen Tibets und der Mongolei* (Originalfassung: Giuseppe Tucci, *The Religion of Tibet*, Berkeley 1988, Seite 61).

29 Der Navajo-Denker Hansen Ashley beschreibt diese innere Einheit der (vier) Grundelemente (Erde, Wasser, Feuer und Luft) als einen grundlegenden Tropfen Feuchtigkeit oder Wasser, der wie der Tigle einen männlichen und einen weiblichen Aspekt besitzt. Diese beiden Aspekte heißen *tó allanaschini* (»Eine Energieansammlung wurde zu einem Tropfen«) und *tóbiyaazh* (»Kleines Wasser« oder »Alle Schöpfung gründet auf diesem Tröpfchen«).

30 Das Regenbogenlicht des Herzzentrums besitzt dieselben Farben wie das Tuch der Gebetsfahnen und die fünf Urelemente des Kosmos (Erde, Wasser, Feuer, Wind und Äther), denen der Körpergeist aller fühlenden Wesen entstammt.

Die Navajo verwenden Sprechende Gebetsstäbe, um die Einheit des männlichen und des weiblichen Prinzips ihrer ganzheitlichen Lebensweise (Sang'ah Nachai Bik'eh Hózhóng) zu symbolisieren.

Kapitel 5

1 Gelber-Mais-Mädchen und ihr Gefährte Weißer-Mais-Junge sind die inneren Kräfte und Empfindungen hinter dem Wachstum von gelbem und weißem Mais. Sie

sind in der Vorstellung spirituell vereint. Ebenso sind die ihnen zugehörigen Maiskäfer-Mädchen (der Maiskäfer bestäubt den Mais) und Blütenstaub-Junge in der Vorstellung vereint.

2 Die Alte Mutter Khönma verkörpert die aktiven Erdenergien. Sie ist die Mutter aller Sadag, der Erdherren. Ihre Söhne sind die den Tälern, Feldern, Flußufern und verschiedenen anderen Erdformationen innewohnenden Schutzmächte. Der Alten Mutter Khönma Gaben zu bringen versetzt die Menschen wieder ins Gleichgewicht mit diesen Kräften, die alle einander nähren und schützen; dieses Ritual heißt »Die Tür der Erde schließen«. Durch das Darreichen von Opfergaben an die Alte Mutter Khönma wird der psychophysische Zugang geschlossen, durch den ungnädig gesinnte Sadag einer Person oder einer Familie Chaos und Unglück bringen könnten.

Die Gaben dieses Rituals bestehen aus kunstvoll gearbeiteten, mehrteiligen architektonischen Gebilden aus gekreuzten Fäden. Die Wollfäden bilden Regenbogenmuster in Form von Diamanten, Sechsecken, sechszackigen Sternen, Endlosknoten und zahlreiche weitere Muster, aus denen sich ein berückendes Zusammenspiel regenbogenfarbigen Lichts ergibt. Mitten in diese Lockgebilde für die Erdkräfte legen die Opfernden den aufwendig verzierten Schädel eines Widders, des Reittiers der Alten Mutter Khönma; es gibt kein irdischeres Tier als den Widder. In diesen Schädel kann man zusätzlich Türkise, Silber, goldblättrigen Mais und andere Kostbarkeiten der Erde legen. Auf die Stirn des Widderschädels wird in rotem Ocker – der bereits in der Altsteinzeit als Symbol der Erde verwendeten Farbe – das Erdtrigramm *khön* (chinesisch *chien)* gemalt, auf den rechten Kieferknochen eine Sonne und auf den linken einen Mond. Rund um den Schädel werden die Fadenbilder, Münzen und seidene Grußschleifen arrangiert. Das Ganze wird im Freien, über dem Hauseingang, angebracht.

Manchmal fügt man der Opfergabe verschiedene Holzschnitte bei. Dazu gehören ein Mann mit Pfeil, eine Frau mit Garnspindel, ein Haus (jenes der Familie), ein Baum (der Lebensbaum) und zwei Gruppen von Weissagungssymbolen: die acht Hexagramme des I Ching und die neun *mewa* (die sich auf die Sadag, die Schutzmächte der Erde, beziehen). Weibliche *(mo tong)* und männliche *(po tong)* Bilder beziehen sich auf Familienmitglieder. Diese Bilder »sagen« den Erdenergien im Grunde: »Hier, nehmt diese Gabe. Bringt der Familie, ihrem Haus und dem äußeren Sitz ihrer Seele kein Unglück.« Kurz, die Gaben sollen die psychischen und vitalen Kräfte La und Sok gesund sowie den Körpergeist der betreffenden Person in einem gesundem und ausgeglichenen Zustand *(sonam)* erhalten.

Hier drängen sich einige zusätzliche Bemerkungen zu Mo tong und Po tong auf. Diese Bilder gehen auf den ursprünglichen Glauben an eine Mo Lha und eine Po Lha (Schutzgottheit des Weiblichen beziehungsweise des Männlichen) zurück, die auf je einer Seite des Körpers wohnen und das Leben eines Menschen lenken. Gemäß der späteren tantrischen Formulierung (die zweifellos tief im alten psychophysischen Wissen Innerasiens wurzelt) wehen zwei Hauptformen von Wind durch weibliche und männliche Kanäle auf jeder Seite des Körpers. Sie kommen in einem zentralen Kanal zusammen, der der Wirbelsäule entlang verläuft.

Die fortgeschrittenen Lehren des Tantra besagen, daß der männliche der *tsa* genannten Kanäle das weiße Bodhicitta führt, eine feinstoffliche Form von Samenflüssigkeit. Es ist der Ursprung des männlichen physischen Prinzips und dessen Art der Energie und des Denkens. Die weibliche Seite enthält das rote Bodhicitta, eine feinstoffliche Form des weiblichen schöpferischen Fluidums, verwandt mit dem Menstruationsblut. Diese Essenz von Geist und Energie gilt als weiblich. Das rote und weiße Bodhicitta kommen zusammen und bilden im zentralen Kanal eine rotweiße Mischung, die an den fünf Energieknoten oder »Energierädern« (Chakra) an ebendiesem zentralen Kanal in leuchtenden psychischen Tropfen, sogenannten Tigle, austritt. So verschmelzen Energien und Eigenschaften des Geistes, wie die beiden Fluide, und bilden einen idealen Körpergeist, der fähig ist, Handlungen auszuführen, die zur Erleuchtung führen.

Für die Navajo sind die beiden Körperseiten – blaue und rote Erdadern – Kanäle für den Fluß des männlichen und weiblichen Prinzips. Sie entsprechen symbolisch dem Blütenstaub von weißem und gelbem Mais. Blütenstaub ist ja die feinste und wichtigste Destillation des Lebenskraft- und Bewußtseinsprinzips von Pflanzen. Maispollen und Sperma/Blut: die Vorstellung ist dieselbe.

Auf einer tieferen Ebene kennt die Navajo-Philosophie zwei Arten feinstofflicher psychophysischer Fluide oder Wasser. Zusammen mit den inneren Winden Lebenskraft und Geist schaffen sie die Grundlage für weltliches Leben sowie die Möglichkeit, Kenntnis der Heiligen Wesen und ihrer Kräfte für das immerwährende Leben in Schönheit zu erlangen.

3 Siehe L. Augustine Waddell, »The Lamaism of Sikkim«, in *Gazetteer of Sikkim*, 1894, Seite 372-373.

4 Die weiblichen Wasserkräfte *(lumo)* und die Sadag (Erdherren) gelten in einigen Lehren als Paare. Wasser und Erde gehen im unteren Reich der Erscheinungswirklichkeit sozusagen Hand in Hand.

5 Siehe Gladys Reichard, *Navajo Medicine Man Sandpaintings*, New York 1977, Seite 17.

6 Eine Episode in der tibetischen Oper *Prinz Norsang* stellt anschaulich dar, was es bedeutet, mit den Lu nicht im Einklang zu stehen: Ein altes Königreich wird als Folge tollkühner Taten seines Königs von Unglück heimgesucht. Alle Wassergottheiten sind geflohen, um im wundersamen Großen Lotos-See zu leben, der in einem Königreich im Norden liegt. Im südlichen Königreich welken nun alle Lebenskraftbäume, und sogar der Ursprungs-Seelensee der Lu dort trocknet aus. Die Königin der Wassergottheiten sieht die Ankunft eines schwarzen Zauberers voraus, den der König des Südens schickt, um ihren lieblichen neuen See zu vergiften und

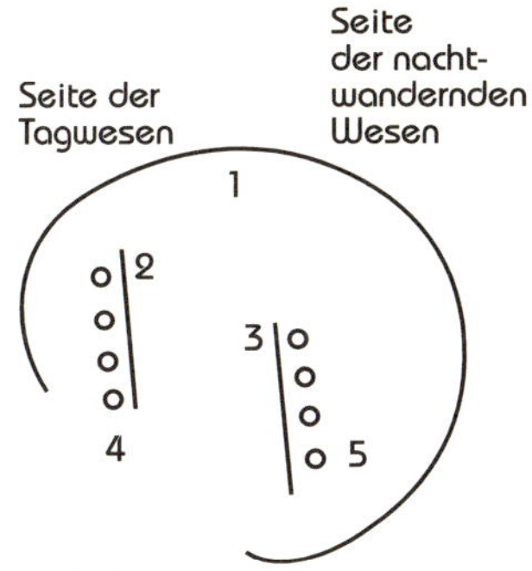

1. Hoghan
2. Sonnenstrahllinie
3. Linie der Dunkelheit
4. Hoghan-Öffnung nach Osten
5. Spieler/Spielerin

Skizze des Mokassinspiels (nach Aileen o'Bryan, The Diné: Origin Myths of the Navajo Indians, Bureau of American Ethnology Bulletin 163, United States Government Printing Office, Washington, D. C., 1956).

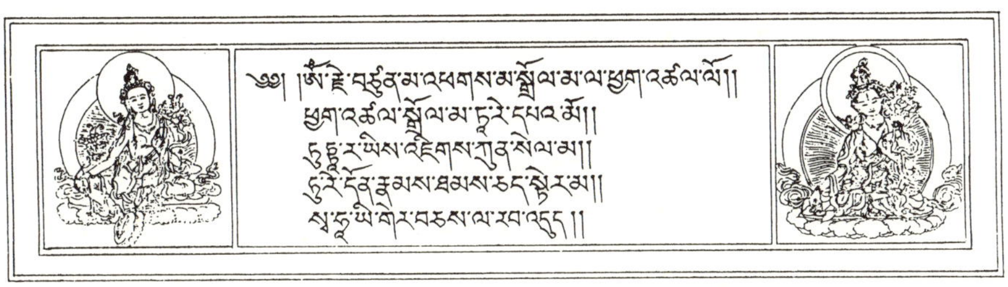

Titelblatt eines tibetischen Gebetbuchs mit den beiden Gestalten der Großen Göttin: Grüne Tara (Döljang, links) und Weiße Tara (Dölkhar, rechts).

sie alle zurück in das unharmonische südliche Königreich zu entführen. In ihrer Not wendet sie sich an einen Fischer, der den schwarzen Zauberer mit Hilfe ihrer magischen Kräfte überwältigt und den Lu den See bewahrt, und aus Dankbarkeit schenken sie ihm das Beste aus ihrem Schatz: einen Norbu, einen Wünsche erfüllenden Edelstein.

Es ist interessant, daß in diesem Libretto der ursprüngliche Seelensee der Wassergottheiten nie mit Regenwasser wieder aufgefüllt wird. Das tibetische Publikum versteht dies sehr gut. Es weiß um die grundlegende Verbindung zwischen den Lu und der Essenz des Regens.

Einen »realen« Lu-See gibt es heute hinter dem Potala-Palast in Lhasa. Gemäß dem alten geomantischen Muster von Berg und See ist dies der Lamtso, der Seelensee von Lui Gyalpo, dem König der Schlangengeister. In seiner Mitte befindet sich eine kleine Insel mit einem Pavillon namens Lukhang (Haus der Schlangengeister), in den sich die Dalai Lamas zurückziehen können. Dort trafen sich der sechste Dalai Lama und die schönsten Frauen von Lhasa, und er verfaßte seine lebhaften und ausdrucksvollen Liebesgedichte.

7 Eine Beschreibung des Großen Wasserwesens findet sich in Alfred W. Yazzie, *Navajo History*, Band 2.

8 Die Lehren des Shooting Way (Pfeilweg) besagen, daß es neben Sonne, Mond und Sternen zwei große übernatürliche Wesen gibt. Es sind dies ein rosafarbener Großer Donner (dessen Farbe symbolisch ist für mächtige männliche Energie) und ein gelber Großer Wind (die Farbe für mächtige weibliche Energie).

Das Heilige Wesen Großer Donner stellt man sich als halb Mann, halb Adler vor.

Das Heilige Wesen Großer Wind ist kreisförmig wie Sonne oder Mond.

Großer Donner läßt sich als Energie des geistigen Lichtes/Blitzes denken, Großer Wind als die Energie des Lebens, Wachstums und Atems des Universums. Gemeinsam verkörpern sie den Geistesfunken und den Lebensatem.

9 Vergleiche hierzu Quetzalcoatl, die große »Federschlange«.

Quetzalcoatl hieß in den alten, präkolumbianischen Kulturen Mesoamerikas ein Prophet, der auf einem Schlangenfloß auf das Meer hinaussetzte und in die aufgehende Sonne fuhr; er gelobte zurückzukommen, um den spirituellen Verfall aufzuhalten. Von der Idee her ist er ein uramerikanisches spirituelles Gegenstück zum Gewitterdrachen.

10 Vergleiche die Ähnlichkeit von Cha Kyung mit dem zentralen Symbol der Azteken (genauer gesagt der Chichimeken, deren nomadisierenden Vorfahren aus dem Norden), das ebenfalls einen Adler mit einer Schlange im Maul zeigt.

11 Es gibt noch andere Tiersymbolpaare, wie sechs Machttiere, die zu dreien verschmelzen (als »Zwei in Einem«-Tiere). Es handelt sich dabei um Vereinigungen von Gegensätzen, die in tibetischen Darstellungen zum neuen Jahr und zur Astrologie eine wichtige Rolle spielen. In Abbildung Seite 118 sind zum Beispiel (von links nach rechts) das Fisch-Otter-Wesen, eine Wasser-Sin (eine Muschelgöttin) und das Großer-Adler-Schneelöwe-Wesen zu sehen.

12 Siehe Chögyam Trungpa Rinpoche, *Shambhala: The Sacred Path of the Warrior*, Boston 1984, Seite 198.

13 Eine ähnliche personifizierte Visualisierung des Kosmos findet sich im buddhistischen Brauch des Mandala-Opfers (siehe Anhang 2).

14 Sang'ah Nachai und Bik'eh Hózhóng werden in Ritualen als Paar versinnbildlicht, und zwar in Form sprechender Gebetsstäbe. Diese bestehen aus zwei oder mehr Paaren vage menschlichen Formen entsprechenden Zylindern aus heiligem Trugbildstein (genauer gesagt aus dem Mineral Aragonit, aus dem manche Tropfsteine bestehen). In den »Kopf« eingelegt sind Augen und Mund aus Türkis. Sie stellen Bik'eh-Hózhóng-Mädchen und Sang'ah-Nachai-Jungen dar (und, zusammen mit kleineren Stäben, deren ganze Familie).

Die sprechenden Gebetsstäbe stehen für die beiden bedeutenden inneren heiligen Berge. Fichtenberg (Gobernador Knob) gilt als Geburtsort von Sich Ändernde Frau und als das »Herz der Erde«, der Berg Um den Gekreist Worden Ist (Huerfano Mesa) als der Ort, an dem sie die Krieger-Zwillinge gebar, und die »Lunge der Erde«. So verleihen auch Bik'eh-Hózhóng-Mädchen und Sang'ah-Nachai-Junge in ihrer Form als geweihte sprechende Gebetsstäbe Leben beziehungsweise Atem.

15 In vielen Überlieferungen sind Erdfrau und Himmelsmann durch einen Regenbogen zusätzlich am Rumpf, im Bereich der Geschlechtsteile, miteinander verbunden. Regenbogen in Form einer rotblauen Linie bezeichnen die Vereinigung der roten (weiblichen) und der blauen (männlichen) Erdadern und Energien sowie die mystischen Pfade, auf denen die Yei-Schutzgottheiten sich fortbewegen.

16 Sich den Zustand der Urgottheiten vorzustellen erleichtert die spirituelle Praxis. In besonderen Fällen darf aber auch die tatsächliche körperliche Vereinigung mit dem Partner oder der Partnerin (genau nach den Regeln des Rituals) vollzogen werden. Ihrer Ausführung ungeachtet gilt es, mit Hilfe der Vorstellungskraft beide ergänzenden Aspekte des Ur-Buddha zu verinnerlichen. Tägliche tantrische Übungen *(sadhana)* leiten einen in diesem Prozeß. Auf ähnliche Weise stimmen traditionelle Navajo zur Begrüßung der Morgendämmerung (und auch anderer Tageszeiten) bestimmte Gebete und Gesänge an; deren anschauliche Bilder ermöglichen ihnen, eine heilige Wirklichkeit von Himmel und Erde und »Schönheit vor, hinter, unter, über mir und um mich herum und in mir« hervorzurufen und zu gestalten.

17 Sich Ändernde Frau und Sonnenträger entsprechen dem Gleichgewicht der Energien und Eigenschaften, die für den Weg auf ein Alter in Schönheit hin grundlegend sind. Das Erreichen der richtigen körperlichen und spirituellen Reife berechtigt die Navajo daher, sich als »geachtete Frau« oder »geachteter Mann« *(hastwii* oder *hastiin)* anreden zu lassen. In Übereinstimmung damit bezeichnen die Navajo heute, um ihrer Hochachtung Ausdruck zu geben, die verehrte Gesellschafts- und Gesundheitsaktivistin Anni Wauneka als »Unsere Mutter« (das ist gleichbedeutend mit Sich Ändernde Frau). Interessant, daß dadurch deren Vater Chee Dodge, ehemals erster Vorsitzender der Navajo Nation, für einige Navajo zu deren Entsprechung »Unser Vater« (gleichbedeutend mit Sonnenträger) wurde.

Ähnlich leben für das tibetische Volk Dölma und Chenrezi im westlichen Licht der untergehenden Sonne auf der Insel Potala. Die jüngsten irdischen Verkörperungen von Dölma und Chenrezi sind die verstorbene Mutter des vierzehnten Dalai Lama und dieser, Tenzin Gyatso, selbst, die zuletzt im Potala(-Palast) mitten in

Lhasa gewohnt hatten. Sie sind die Vorbilder, denen alle Tibeterinnen und Tibeter Tag für Tag nachzuleben bestrebt sind.

18 Der alte Navajo-Sänger Curley Mustache bezeichnete Bik'eh Hózhóng als die Fortpflanzungsflüssigkeit (Menstruationsblut) der Ersten Frau und Sang'ah Nachai als das Sperma des Ersten Mannes.

19 Sowohl beim tantrischen als auch beim Chantway-Pfad werden die Energien und Impulse der Sexualität in mächtige Werkzeuge für psychophysisches Wachstum umgewandelt und gereinigt. Zu den Navajo-Symbolen gehören der Blütenstaub von gelbem und weißem Mais *(taktahtin)* als Fortpflanzungsessenz der Maispflanze, das rote und das blaue Körperblut und bestimmte erstarrte Tropfen aus verschiedenen Wassern und Winden der Geistenergie. Zu den Symbolen des tibetischen tantrischen Buddhismus gehören der Nektar *(amitra)* des makellosen Bewußtseins, welches das Nichts der Leere erkannt hat, und die feinstofflichen roten und weißen Winde, auf denen sich dieses Bewußtsein fortbewegt und zu leuchtenden Tropfen am zentralen psychischen Kanal des Körpergeists erstarrt. In beiden Kulturen versinnbildlichen die weiblich-männlichen Paare der Yei beziehungsweise der Yidam diese Eigenschaften. Und die Gottheiten wiederum sind nichts anderes als der Stoff, aus dem wir gemacht sind.

20 Siehe David Snellgroves ausgezeichnete Beschreibung des Tsewang in *Himalayan Pilgrimage*, Boston 1988, Seiten 134–146, und darin die Hypothese, der geweihte Teil dieses Rituals sei vorbuddhistisch und habe ursprünglich auch dazu gedient, »das überirdische [lies: immerwährende] Leben zu nähren«. Wenn die Nährstoffe der Kraft erschöpft sind, wird ein letzter Segensspruch namens Tashi angestimmt. Er endet mit den Worten *tashi shok:* »Möge eine günstige Beziehung mit dem Kosmos überdauern.«
Beachte hierzu die Parallele zur abschließenden Segnung beim Blessing-Way-Ritual der Navajo: *Hózhóng nahastllé:* »Möge alles im Einklang mit der Schönheit wiederhergestellt sein und überdauern.« Diese Übereinstimmung ist bemerkenswert, angesichts der psychischen Einheit der Menschheit indes nicht unerwartet.

21 Der beliebteste traditionelle »Gemeinschaftssport« der Navajo, das Mokassinspiel, hebt die Bedeutung der Einheit der Energien von Tag und Nacht klar hervor. Zwei Teams stehen einander gegenüber, und zwar hinter Sandhügeln. In jedem sind vier Schuhe (Mokassins) vergraben. Nun versteckt abwechselnd ein Team einen aus Yukkawurzel geschnitzten Ball in einem der Schuhe, und das andere Team muß herausfinden, in welchem er steckt. Es handelt sich im Grunde um eine auch bei uns bekannte Form des »Versteckspiels«; allerdings besteht ein entscheidender Unterschied, denn es geht ihnen nicht um das Gewinnen.
Ein Team verkörpert die Tagwesen, das andere die Nachtwesen, und sie inszenieren von neuem das Spiel der tiergestaltigen Heiligen Wesen in uralten Zeiten, die darum wetteiferten, ob die Welt im Sonnenlicht oder in der Dunkelheit leben sollte. Die Geschichten erzählen, die Sonne sei das Auge der Tagwesen (angeführt vom Eichelhäher) und der Mond jenes der Nachtwesen (mit der Eule als Anführerin). Interessant ist, daß Kojote, der Vertreter der »Durchschnitts-Navajo«, irgendwo dazwischen herumgestreift sein soll – so wie die Navajo heute zwischen Tag und Nacht leben.

Die beiden Teams spielen die ganze Nacht hindurch und singen und scherzen bei der Suche nach dem versteckten Ball. Ein so langes Spiel endet mit hoher Wahrscheinlichkeit unentschieden, und dies paßt den Teams sehr gut, denn genauso ist das Spiel der Heiligen Wesen ausgegangen. Wäre es anders gewesen, würden wir Menschen jetzt ausschließlich im Sonnenschein oder vollständig in Dunkelheit leben. Das Mokassinspiel vermittelt den Navajo die zentrale Bedeutung einer natürlichen Balance zwischen Gegensätzen auf höchst unterhaltsame Weise.

Kapitel 6

1 Vergleiche »Femininity« von Chögyam Trungpa Rinpoche in *Maitreya,* Nr. 4 (1973), Seite 24.

2 Für die Apachen – nahe Verwandte der Navajo – steht Weiße-Muschel-Frau allein an höchster Stelle; die Navajo sehen Sich Ändernde Frau in dieser Rolle und Weiße-Muschel-Frau als einen ihrer Aspekte. In der Mongolei, deren Völker historisch und in religiösen Belangen über die Gelugpa des tibetischen Buddhismus eng verwandt sind mit dem tibetischen Volk, sehen Dölkhar, die Weiße Tara, als höchste aller Verkörperungen der Großen Göttin. Sie wird in Tibet zwar auch verehrt, jedoch lediglich als eine von vielen Eigenschaften und Energien, die Döljang, die Grüne Tara, verkörpert.

3 Siehe Edwin Bernbaum, *Der Weg nach Shambhala,* Freiburg i. Br. 1988 (Originalfassung: *The Way to Shambhala,* New York 1980, Seiten 168–174).

4 Die Bezeichnungen Khadroma und Dakini sind verschieden übersetzt worden. Keith Dowmans Begriff »Himmelstänzerinnen« (siehe *Sky Dancer,* Boston 1984) bezieht sich auf ihre Energieeigenschaften, während »Ätherwanderinnen« genauer der Bedeutung der tibetischen Bezeichnung entspricht.

5 Tsültrim Allione, *Tibets weise Frauen,* München 1986, Seiten 21 und 34.

6 Wenn (die Grüne) Tara im nördlichen Viertel des Mandala in Erscheinung tritt, heißt sie Damtsig Dölma, Treue Tara. Sie ist letztlich der alles erreichende Energieaspekt der Leere und damit das Ziel aller tantrischen Praxis. Ihr Gemahl, der Buddha Unerschütterliche Kraft, ist Symbol der mitfühlenden Weisheit, die zu ihrer erleuchteten Energie gehört.

7 Das Chod-Ritual wird der großen Mystikerin Machig Labdrön aus dem 11. Jahrhundert zugeschrieben. In heutiger Zeit gilt sie in Tibet als Verkörperung sowohl der Tara als auch von Sherab Parchin/Praijna Pjaramit (Mutter der Weisheit), jener Göttin, welche die Übungen zur Vervollkommnung der Weisheit verkörpert, die zur Erleuchtung führen. Machig Labdröns spirituelle Biographie beschreibt das Erlebnis einer »Schlaf- oder Traumvision« *(nyegu).* Aus dieser Übertragung entwickelte sich ein exakt vorgeschriebenes Ritual, in dem (wie in schamanistischen Praktiken in Innerasien und in Nord- und Südamerika) der Körpergeist zuerst zergliedert und dann wieder zusammengesetzt wird: durch den spirituellen Tod erlangt man die spirituelle Wiedergeburt.

8 Um die sogenannte Große Teilung durchzuführen, wählt der Yogi oder die Yogini einen mächtigen natürlichen Ort, vorzugsweise eine furchteinflößende Stätte, wie

etwa den Ort einer Bestattung oder eines tragischen Unfalls oder auch die Heimstätte eines wilden Geistes, Dämons oder einer Naturkraft. Sie bittet den Erdherrn des Ortes um Erlaubnis, das Ritual abzuhalten, und nähert sich dann vertrauensvoll, um die Nacht dort zu verbringen. Dabei spricht sie in monotonem Singsang die folgenden Worte:

> Auf! Ich sehe den Körper als Leiche und den Geist als Leichenträger; den schrecklichen Ort als Friedhof und die Gottheiten und Geister als Schakale. Um mein Bewußtsein mit dem All zu vereinigen, löse ich beim Gehen Bewußtsein von Materie und entziehe mich der Horde Dämonen, Ängsten und Erwartungen.

Vajra-Muttersau wird mit einem durchscheinenden Lichtkörper, durch das All schwebend, visualisiert. Dann verwandelt sich gemäß überlieferter tantrischer Prozedur der feinstoffliche Körpergeist der praktizierenden Person in die Ätherwanderin selbst.

Ihr Geist – nun jener der Gottheit – erhebt sich und hebt ein wundersames Zergliedern ihrer menschlichen Gestalt an, welche die gewöhnliche, mangelhafte Realität des Körpergeists darstellt:

> Auf! Mein Geist kommt aus dem Herzen der Guru-Gottheit, in der Gestalt einer Dakini mit einem gekrümmten Messer. Wie ein Geier, der über dem Aas kreist, stürze ich herunter und schlitze den Körper mit meinem Messer vom Scheitel bis zum Schritt auf.

Die Dakini/Ätherwanderin fährt in ihrem Tanz fort, indem sie den Kopf der praktizierenden Person abtrennt und den Schädel als Kochgefäß verwendet und auf einem Dreibein über ein Feuer hängt; hinein gibt sie den zerhackten Körper und das Gehirn. Beides wird in gereinigten Nektar verwandelt: ein Leckerbissen für die Geister und Dämonen – alles Negative im Ego der praktizierenden Person – wie für die Schutzgottheiten. Alle werden herzlich zum Schmaus geladen. Während dieses Vorgangs erreicht die Person den idealen Zustand der Leere und den fleckenlosen, hell strahlenden Geist der Erleuchtung. Außerdem gewinnt sie großes karmisches Verdienst, da sie selbstlos anderen empfindenden Wesen ihren kostbarsten physischen Besitz – den eigenen Körper – dargeboten hat.

Vajra-Muttersau ist das Symbol für eine besonders aktive Form der Energie oder des zur Erleuchtung führenden Impulses, der im Körpergeist des Yogis/der Yogini während des Kosmos-Schmauses entstanden ist. Angesichts ihrer Macht zur Verwandlung könnte diese Schutzgottheit (die nur eine perlenbesetzte Schürze aus Menschenknochen und einen Wildkatzenrock trägt und mit einer Kette aus Menschenschädeln und einem Feuerdiadem geschmückt ist) mit Fug und Recht als »nackte Wahrheit« bezeichnet werden.

Die Schädeltasse in ihrer Linken enthält Menstruationsblut (das weibliche schöpferische Fluidum), das man sich als die feinstoffliche Energiebasis des Bewußtseins, das rote Bodhicitta, vorstellen kann. In einigen Variationen des Chod gilt der Schädel als männliche oder weiße Bodhicitta-Essenz, da man den Scheitel als das obere Ende des zentralen psychischen Kanals für den Ort hält, an dem Sperma – die materielle Form des weißen Bodhicitta – erzeugt wird. Das männliche Prinzip ist auch im Dreizack enthalten, den Vajra-Muttersau in der linken Ellenbeuge hält, Symbol für ihren »geheimen Gemahl«, einen männlichen »Wissenshalter« oder Heruka wie Höchste Glückseligkeit, mit dem Vajra-Muttersau in der Ikonographie des Tantra eine Einheit bildet.

9 Laut tibetischer Überlieferung sollen viele unbeholfene oder schlecht vorbereitete Praktizierende bei der Großen Teilung den Verstand verloren oder sogar den Tod gefunden haben. Das dürfte nicht übertrieben sein, handelt es sich doch bei den herbeigerufene Geistern und Dämonen um Veräußerlichungen des eigenen Ich der betreffenden Person – die furchterregendste Wirklichkeit, die einem Menschen begegnen kann.

Kapitel 7

1 Auch in der Geschichte der Navajo spielt ein Wettkampf eine große Rolle. Der Held des Bead Way (Perlenweg) läßt sich auf ein Glücksspiel mit dem autokratischen Häuptling der heutigen Anasazi-Ruine (Pueblo Bonito) im Chaco-Canyon, New Mexico, ein. Mit seinem Sieg über den Großen Spieler kam die Freiheit für viele versklavte Navajo und Anasazi. Diese Episode weist darauf hin, daß die Reise des Kriegers letztlich immer ein Glücksspiel ist, das er mit größtmöglicher Geschicklichkeit spielen und gut vorbereitet mit lauteren Absichten angehen muß.

2 Der Name Gesar soll auf dieselbe indogermanische Wortwurzel zurückgehen wie Cäsar, Kaiser und Zar.

3 Vor einigen Jahren galten die Muslime als diese barbarische Macht; heute muß dafür oft China herhalten.

4 Vergleiche hierzu Dorje Drakden (Pehar), den wichtigsten tibetischen Schutz-Krieger-Gott. Sein voller Name (so erklärt sein Medium, das Orakel von Nechung) lautet Dra Lha Wörden Karpen, was ungefähr der Formel »Blitz des Kriegergottes des Weißen Lichts« entspricht. Dieser Titel spricht die grimmige Kraft an, die er bei der Verteidigung Tibets und dessen Bevölkerung mobilisiert.

5 Siehe Trungpa Rinpoches Vorwort zu Alexandra David-Néel, *The Superhuman Life of Gesar of Ling*, Boston 1981, Seite 8.

6 Trungpa Rinpoche, *Shambhala*, Seite 103. Im Grunde genommen bedeutet *dra* das gleiche wie *naayéé* (Feind) in *naayéé-neizghání* – der Navajo-Bezeichnung für den anleitenden Zwilling Monster-(Feind-)Töter. Ebenso stellen die Riesen und Ungeheuer, welche Gesar mit Hilfe spiritueller Kräfte tötet, dieselbe Art »spiritueller« Hindernisse dar, welche die Krieger-Zwillinge mit ihrer Kraft beseitigen.

7 Ebda., Seite 114.

8 Alfred W. Yazzie schrieb in seinen Büchern zur Geschichte der Navajo, daß die künftigen Krieger-Zwillinge, als sie im Haus des Sonnenträgers ankamen, entdeckten, daß ihr Vater »die Kraft besitzt, fast alles zu schaffen oder zu tun, und daß alle ihn achten. Er verhielt sich [den Jungen gegenüber] zwar gemein und brutal, aber

er hatte ein großes Herz und erwies Liebe und Aufmerksamkeit, wie sie nur ein Vater geben kann.« Mitgefühl ist im Kriegertum der Navajo unerläßlich.

9 Die Reise des Träumers stützt sich vor allem auf die Erzählungen der angesehenen Sänger Hatalli Natloi und Hastiin Nez, die Washington Matthews in *The Night Chant: A Navaho Ceremony*, New York 1902, aufgezeichnet hat, und in zweiter Linie auf die Fassung, die Mary C. Weelright nach der Erzählung von Hastiin Tllah in *Tleji: A Yeibichai Myth*, Santa Fe 1938, festgehalten hat.

10 Tadeusz Skorupski berichtet in *GEO Special* über den Himalaja (Seite 134), laut den beiden höchsten tantrischen Abstammungslinien habe die Erleuchtung Gautamas auf andere Art und Weise stattgefunden: Als Gautama unter dem Bobaum meditierte, brachten ihn die Buddhas nach Tushita, dem reinen Land des künftigen Buddha Chamba/Maitreya, und dort erhielt er die tantrischen Lehren und Ermächtigungen, die zu seiner unmittelbaren Erleuchtung führten. Erst dann kehrte er zum Bobaum zurück, um seine Erleuchtung umzusetzen. Welcher Fassung – der buddhistischen oder der tantrischen – man auch Glauben schenkt, fest steht, daß Gautama oder Sakyamuni-Buddha sich auf eine heldenhafte Reise zur Erleuchtung begab.

11 Der dreizehnte Lama beschrieb in einem Vortrag über die Vorläuferlehren des Buddhismus, die unter dem Namen Lam Rim bekannt sind, den Bodhisattva-Krieger anschaulich, und zwar, nach einer Übertragung von Glenn Mullin in *Path of a Bodhisattva Warrior*, Ithaca 1988, wie folgt:

> Der Bodhisattva ist wie der mächtigste aller Krieger;
> Aber seine Feinde sind nicht gewöhnliche Gegner
> aus Fleisch und Blut.
> Sein Kampf richtet sich gegen die inneren Verblendungen,
> die Heimsuchungen von Selbstüberschätzung und Egoismus,
> Jene allerschrecklichsten Dämonen, welche die Lebewesen
> in der Falle der Verwirrung fangen,
> Und so bewirken, daß sie ewig in Schmerz, Enttäuschung und
> Kummer leben.
> Er hat die Pflicht, der Unwissenheit und der Verblendung
> zu schaden, niemals den Lebewesen,
> Denen er freundlich, geduldig und mitfühlend begegnet und
> Für die er sorgt wie eine Mutter für ihr einziges Kind.
> Er ist der wahre Held, angesichts aller Mühsal gelassen,
> Um der Welt Frieden, Glück und Befreiung zu bringen.

Vergleiche hierzu auch die folgende Bemerkung von Trungpa Rinpoche in seinem Vorwort zu Alexandra David-Néel, *The Superhuman Life of Gesar of Ling*, Boston 1981: »In vielerlei Hinsicht ist der Weg des Kriegers dem buddhistischen Bodhisattva-Pfad selbstlosen Handelns ähnlich. Der Bodhisattva ist ein praktizierender Mensch, der sich nicht damit zufriedengibt, sich selbst vom Samsara zu befreien, sondern sich heldenhaft verpflichtet, nicht eher zu ruhen, als bis er alle empfindenden Wesen zu retten geholfen hat.«

Kapitel 8

1 Siehe John Farella, *The Main Stalk*, Seite 198.

2 Die beiden Begriffe paradox (aus dem Griechischen: »einer landläufigen Meinung entgegenstehend«) und *paragate* (Sanskrit: »darüber hinaus«) haben eine gemeinsame Wurzel, und beide drücken die Vorstellung von Transzendenz des Bewußtseins über gewöhnliche Gedankenmuster hinaus aus. Sowohl Griechisch wie Sanskrit gehören zu den indogermanischen Sprachen. Der Wortlaut des Herz-Mantra gibt die Bedeutung der Vorsilbe *para* anschaulich wieder, wenn sie beschwört: »Gate, gate, paragate, parasamgate, bodhi swoha« (Gegangen, gegangen, darüber hinausgegangen, weit darüber hinausgegangen, so sei es).

3 Es gibt (wenigstens auf politischer Ebene) keine besseren Beispiele für diese Trennung als die Weltanschauung der beiden Mega-Gesellschaftsformen, die heute das Schicksal der Navajo einerseits und des tibetischen Volkes andererseits bestimmen. Beide vertreten extreme Lebens-, Fühl- und Denkweisen, die denjenigen der anderen diametral gegenüberstehen. In den Augen der einen ist die andere schlecht, hat unrecht, ist »böse«, und umgekehrt. Beide haben recht, aber aus den falschen Gründen.

Die unkontrollierte, industrialisierte Sicht der Wirklichkeit in der westlichen Hemisphäre – beispielhaft im Kapitalismus der Vereinigten Staaten – sieht die Völker, die Welt und immer mehr auch das All als ein großes Kaufhaus, in dem die Menschen materiellen Reichtum, körperliches Wohlergehen und einen zukünftigen Zustand von Glück erwerben können. Dieses falsche Ideal hat zur Zerstörung der Umwelt und zur sozialen Zerrüttung geführt, zum Kult um das Individuum, zu begrenzt wahrgenommener persönlicher Verantwortung und zum fehlenden Mitgefühl für andere.

Die todgeweihte östliche Anschauung, beispielhaft in der repressiven und oberflächlich marxistischen – eigentlich konfuzianischen – Politik des zeitgenössischen China, sieht das Schicksal des Landes in einem statischen, zentralisierten Staat und Tibet als »große westliche Schatzkammer«. Diese Gesellschaftsordnung hat das alte asiatische Verständnis des Allumfassenden in einer starren sozialen Ordnung pervertiert, welche die einzelnen als formlose und gesichtslose Masse von Genossen und Genossinnen wie Kulis arbeiten läßt, so daß sie dem Staat dienen, statt daß der Staat ihnen dient.

Beides sind soziopolitische Einheiten auf dem Irrweg, und die ihnen angehören, sehen nicht ein, daß sie längst ihre extremen Positionen ausgleichen müßten. Es ist traurig, aber irgendwie verständlich, daß diese Gesellschaften, die die Einseitigkeit institutionalisiert haben, Völker wie das tibetische oder die Navajo, die unter ihnen leben, mit Haß verfolgen. Am Ende werden aber jene die Opfer sein, die nicht gewahr werden, daß Himmel und Erde, unendliche Weite und endliche Verfestigung – jedoch stets im Gleichgewicht – notwendig sind, damit das Leben harmonisch abläuft.

W. Y. Evans-Wentz, ein großer Kenner des tibetischen Buddhismus, zitierte einmal aus der 2. Szene im 2. Aufzug von *Hamlet*, um diesen Zustand des Ungleichgewichts zu erläutern: »An sich ist nichts weder gut noch böse, das Denken macht es erst dazu.« Shakespeare spricht hier eine profunde, allgemeingültige Wahrheit die Dualität betreffend an. Das mythische Wirklichkeitsmodell des Abendlandes, das aus dem Nahen Osten stammt, gründet auf der Erbsünde. Die Vertreibung von Adam und Eva aus dem Paradies war die Folge davon, daß die beiden den Apfel vom Baum der Erkenntnis von *Gut und Böse* gegessen hatten. Sie internalisierten die Dualität und vergaßen umgehend den zerbrechlichen, aber lebenswichtigen Zustand der Einheit.

4 Lama Anagarika Govinda, »Polarität und Ganzwerdung«, in *Schöpferische Meditation und multidimensionales Bewußtsein*, Seite 127f.

5 Aus »Gesang von Sprechender Gott«, Nr. 21, in einer Sammlung von Aufnahmen des Peabody Museum der Harvard University unter dem Titel *Texts of the Navajo Creation Chants*.

6 Es ist eine traurige Tatsache, daß kein anderes Symbol im zeitgenössischen westlichen Denken auf mehr Verachtung und weniger Verständnis stößt als die Swastika. Natürlich ruft nicht das Zeichen selbst diese fast instinktive Reaktion hervor, sondern unser Abscheu vor den nationalsozialistischen Verbrechern, die es verwendet haben – und die aus unserem westlichen Kulturkreis stammten. So ist es in erster Linie zu einem Zeichen unseres Unbehagens gegenüber den kulturellen Kräften geworden, die den Faschismus hervorgebracht haben. Im Nationalsozialismus galt die Swastika als Symbol eines eingebildeten arischen Erbes, aber es ist zu vermuten, daß man, zumindest unbewußt, auch die psychospirituelle Kraft des Symbols spürte – und elendiglich mißverstand.

Weil wir Menschen im Westen dazu neigen, die unerfreuliche Vergangenheit zu verdrängen, besteht eine große Lücke in unserer Beziehung zur Swastika, und wir werfen sie lieber auf den Abfallhaufen der Geschichte, statt sie zu rehabilitieren. Aber war sie denn überhaupt jemals unser Symbol? Vielleicht haben wir deshalb ihre allumfassende Bedeutung nie wirklich verstanden und ein gestörtes Verhalten der Swastika gegenüber entwickelt. Wir haben ein wahrhaft schrecklich mißverstandenes Symbol zur Hand.

Wir erschrecken beim Anblick der Swastika einerseits, weil sie für einen harmonischen und ausgeglichenen Seinszustand steht, den wir noch nicht erreicht haben, und andererseits weil wir in unserem Innersten wissen, daß die Neigung, die zu ihrem furchtbaren Mißbrauch führte, immer noch in unserem westlichen kollektiven Bewußtsein verborgen ist.

Erst wenn wir mit dem Zeichen selbst und seiner tiefen, allgemeingültigen Bedeutung zurechtkommen, werden wir beim Anblick der Swastika gelassen bleiben können. Und in diesem Prozeß können wir beginnen, uns auf der tiefsten Ebene unseres Wesens zu heilen.

7 Die große Vision des Träumers – des spirituellen Helden des Navajo-Night-Way (Nachtweg) – ist eine Swastika aus zwei gekreuzten Baumstämmen, die sich mit dem Lauf der Sonne im Wasserwirbel eines heiligen Sees drehen und an deren Ende ein weibliches und ein männliches Heiliges Wesen sitzen. Sie sind umgeben von wichtigen Schutzgottheiten des Night Way, darunter Sprechender Gott und Rufender Gott, und stellen den Ort und Daseinszustand in der idealen Welt dar, die der Träumer auf einer seiner spirituellen Reise aufsuchte und die während des

Night-Way-Rituals als großes Sandbild in Form einer Swastika im Hoghan am Boden dargestellt wird.
Die Swastika war auch das geläufige Symbol für den Berg Kang Rinpoche, der für das tibetische Volk seit langer, schon vorbuddhistischer Zeit die Weltachse bildet, und sie bleibt das Zeichen der alten Bon-Religion. Mit dem Aufkommen des tantrischen Buddhismus in Tibet wurde der Kang Rinpoche (Großes Kostbares Schneejuwel) zum Wohnsitz von Demchok und Dorje Phagmo, führenden tantrischen Schutzgottheiten, die für die Einheit des Weges zu höchster Glückseligkeit mit der Weisheitsenergie in Erkenntnis des Nichts der Leere steht. So spiegelt der große Berg durch sein Swastikasymbol und seine tantrischen Gottheiten die Vereinigung der relativen und der absoluten Wirklichkeit, der realen und der idealen Welt.
Noch eine Gruppe tantrischer Symbole kennzeichnet die höchste Vereinigung, nämlich Mondsichel, Sonnenscheibe und Flamme. Die Mondsichel gehört zur relativen, realen Welt. Über ihr steht die Sonnenscheibe als Symbol der absoluten, idealen Welt-Wirklichkeit. Die Einheit der beiden bildet das heiße Destillat von Wind und Geistenergie, das sich beim Praktizieren des Tantra im fortgeschrittenen Stadium an Knotenpunkten (den Chakras) im zentralen psychischen Kanal sammelt. Und diesen Tropfen, Tigle, symbolisiert der flammende Edelstein über dem Mond und der Sonne. Man sieht ihn auch im Hauptknotenpunkt der tantrischen Schutzgottheiten in mystischer Vereinigung. Der Tigle ist ein zentrales tantrisches Symbol für die Einheit der beiden Wirklichkeiten.

8 Siehe Sheldon Klein, »Analogy and Mysticism and the Structure of Culture« in *Current Anthropology* 24, Nr. 2, 1983.

Kapitel 9

1 Der erste ausführliche Vergleich zwischen Sandmandalas der Navajo und Tibets des Anthropologen Chien Chiao findet sich in »Navajo Sandpainting and Tibetan Mandala« in David M. Brugge und Charlotte J. Frisbie (Hrsg.), *Navajo Religion and Culture: Selected Views*, Santa Fe 1982.

2 Die Weltsicht des Mandala ist am ehesten verständlich, wenn man sich eine stehende menschliche Gestalt vorstellt. Diese hat ein Vorne und ein Hinten, zwei Seiten sowie ein Oben und ein Unten (als Bezugsachse gilt die Wirbelsäule). Fügt man diesem Bild nun die Himmelskuppel und die Weite der Erde hinzu, die in einem kreisförmigen Horizont um den »universellen Menschen« aufeinandertreffen, entsteht die natürliche Grundlage für den Code des Mandala.

3 Seit einigen Jahren ist dieses vierteilige, runde Symbol im Westen unter seiner Sanskrit-Bezeichnung »Mandala« bekannt. Da diese in den westlichen Sprachen heute so weit verbreitet ist, verwende ich sie für die Beschreibung dieser Visualisierung des eigenen Selbst und des Kosmos.

4 Verständlich, daß sich Menschen, denen die Mandala-Sicht auf die Wirklichkeit eigen ist, mit großer Wahrscheinlichkeit mitfühlender und rücksichtsvoller gegenüber anderen verhalten als solche, deren Modell der Wirklichkeit aus einer schma-

len Linie besteht, die sich von einer unvollkommenen Vergangenheit direkt in eine gloriose Zukunft erstreckt und das »Hier und Jetzt« umgeht.

5 Das Feuer im Zentrum des Lebens erfüllt dieselbe Funktion wie der Kreis im Zentrum des Ritualkorbes, der seinerseits den Ort des Erscheinens, die spirituelle Wiedergeburt, die Ernährung und die Kraft darstellt.

6 Gleichsam als zusätzliche Betonung der untrennbaren Einheit von Erde und Himmel, von weiblichen und männlichen Energien und von der idealen und der realen Welt gibt es im Navajo-Mandala eine subtile Umkehrung der Identitäten und Eigenschaften von Erde und Himmel. Während Schönheit – das weibliche Prinzip – die Unendlichkeit des idealen Bereichs andeutet, wird sie von der endlichen Erde, dem unteren Leben, symbolisiert. Und während das männliche Prinzip des immerwährenden Lebens in der Regel für den endlichen Zustand des spirituellen Helden/der spirituellen Heldin steht, wird es durch die Unendlichkeit des oberen Lebens – den Himmel – dargestellt. So durchdringt das eine das andere, und genau das ist die Bedeutung der kleinen, entgegengesetzt gefärbten Punkte in den Yin- und Yang-Hälften des allgemeingültigen taoistischen Symbols.

7 Rot ist in der Navajo-Symbolik zuweilen austauschbar mit Schwarz. Es heißt manchmal, die Erste-Welt-Wirklichkeit sei so stark dunkelrot gewesen, daß sie schwarz ausgesehen habe. Daher kann dieser vierteilige Regenbogenkreis auch ein Sinnbild für die vier vorangegangenen Welt-Wirklichkeiten sein.

8 In Tibet wird das Lebensermächtigungsritual *(tsewang)* auf ähnliche Weise abgeschlossen, nämlich mit einer Bitte um Tashi, eine glückselige Verbindung mit dem Kosmos. Man singt: »Tashi shok« (»Möge Glückseligkeit herrschen«), abschließende Segensworte, die denen der Navajo sehr ähnlich sind: »Hózhóng nahastllii« (»Es ist vollendet in Schönheit«).
Das Tsewang steht dem Blessing Way der Navajo besonders nahe im Nachdruck, den es auf das Bewahren von Tashi legt, und in der Verwendung lebensstärkender Sakramente aus bestimmten Flüssigkeiten und eßbaren »Pillen«. Im Blessing Way ist der Gebrauch großer Mengen Maispollen als Sakrament für das Ritual zur Aufrechterhaltung von Hózhóng, der persönlichen Beziehung zur Ordnung des Kosmos in Schönheit, zentral.

9 Die fließende Position des Diamantenen Wesens innerhalb der tantrischen Mandala-Funktionen ist mit den vertauschten weißen und schwarzen Gewitterwolken im Navajo-Mandala vergleichbar. Sie ist ein Mittel, um die innere Bewegung aneinanderzubinden. Entsprechend ist das östliche Feld manchmal weiß (die Farbe des zentralen Buddha, Des Alles Sichtbar Machenden), während das zentrale Feld blau sein kann, die Farbe des Himmels in der Morgendämmerung, die sonst den östlichen Bereich und den Körper des Buddha Des Unerschütterlichen durchdringt.

10 Im Nyingma-System wird jede siegreiche Buddha-Familie noch zusätzlich mit einem anderen Aspekt des Gesamtwesens dieser Buddhas in Verbindung gebracht: Geist (Osten), Eigenschaften (Süden), Sprache (Westen), Aktivitäten (Norden) und Körper (Mitte).

11 Trungpa Rinpoche nannte den nicht umgewandelten Zustand des Körpergeistes das »Samsara-Mandala«. Dies ist der persönliche Kreis, in dem das Ego den Körpergeist

im selbstzerstörerischen Griff hält. Hier ist das eigene Gleichgewicht erschüttert, da die Energien der fünf »Aggregate«, aus denen der Körpergeist besteht, verzerrt sind und »giftig« wirken. Die fünf Gifte des Körpergeistes sind verwirrte Energien, die neutralisiert werden können, indem die fünf erleuchteten Weisheiten entwickelt werden. Einmal geläutert, werden eben diese Aspekte des Körpergeistes zu machtvollen Faktoren auf dem spirituellen Pfad.

Wenn der Teil des Körpergeistes, den wir Körper oder Gestalt nennen (dargestellt durch das östliche Viertel des Mandala) durcheinandergebracht wird, kommt Wut auf. Dieser durch das Ego beherrschte Zustand führt zur irrigen Annahme, stets recht zu haben, und das Ego empört sich, wenn man ihm einen Strich durch die Rechnung macht; daraus entstehen Haß und Aggression. Das klare Bewußtsein um die eigene Gestalt führt zur falschen Auffassung, man habe ein vordringliches Recht darauf, zu sein und über alle Bedenken hinweg zu handeln. Die kristallklare Energie des Ostens wird fehlgeleitet in einen gefährlichen Geisteszustand. Wird indes das Gegengift der Spiegelgleichen Weisheit richtig angewendet, lockert sich der Griff des Ego, und die Energie des Ostens wird mitsamt ihrer konstituierenden Gestalt geläutert. Daraus entstehen eine friedvolle Energie und ein einsichtiger Zustand des Körpergeistes.

Die auf Gefühl und Emotion basierenden Energien (des Südens) können verzerrt werden, wenn man das Verlangen, sich selbst wichtig zu machen, auf Kosten anderer zu befriedigen sucht. Das Ergebnis ist das Gift des Stolzes. Wird dieser Verirrung mit der Weisheit der Gleichheit begegnet, verwandelt sie sich in eine Energie, die den Körpergeist bereichert und harmonische Wirkung in die ganze Welt ausstrahlt.

Die introspektiven Kräfte der Weisheit der unterscheidenden Klarschau des westlichen Viertels liefern ein klares Bild der Art und Weise, wie der Intellekt, die Gefühle und der Körper richtig arbeiten sollten. Sind sie gestört, werden diese Gedankenvorgänge in der Spirale der Habgierigkeit und des Besitzes gefangen. Man giert danach, zu beherrschen und zu besitzen, und das führt zu einem Zustand der unkontrollierten Leidenschaft anstelle der Mit-Leidenschaft (Mitleid). Wird eine solche mentale Leidenschaft zum Mitleid geläutert, verwandelt sie sich in einen machtvollen Faktor, mit dem innere und äußere Hindernisse angezogen und unter Kontrolle zu bringen sind und der Geist der Erleuchtung erschaffen werden kann.

Beim Verzerren der Eigenschaften des nördlichen Viertels wird eine Art paranoide Handlung in Gang gesetzt. Anstatt daß ein Individuum seine schöpferischen Antriebe und Talente auf positive Ziele hin verwendet, werden sie durch das Gift des Neides angetrieben. Sind die negativen Folgen wie Paranoia und Konkurrenzkampf jedoch durch den Einsatz der alles vollendenden Weisheit erst geläutert, richten sich die energetischen, ja sogar zerstörerischen Kräfte dieses Bereichs darauf, durch »karmafreies Handeln« das Ideale im Realen zu schaffen.

Und schließlich entwickelt sich, wenn alle diese Verzerrungen der richtungsspezifischen Energien und Weisheiten im persönlichen Mandala zusammenkommen, das Wurzelgift, das wir alle bis zu einem bestimmten Grad in uns haben. Dies ist der Zustand der ewigen Verwirrung, des Rückzugs von der Realität, des Ignorierens des persönlichen Körpergeistes und der eigenen Umgebung. Eine treffende Be-

Die fünf Gifte, wie heiße Glut
zwischen Asche ...
Bis sie zerstört sind, kann man
nicht in seinem natürlichen
Zustand ruhen.
Indem ich keine Schlangen in
meinen Taschen aufziehe,
kann ich die sublimen
Lehren wahrhaft praktizieren.

Aus den täglichen
Meditationen von
Dudjom Rinpoche

schreibung davon ist das altbekannte Bild vom Strauß, der den Kopf in den Sand steckt und hofft, die Gefahr gehe vorüber. Dies ist das alles durchdringende Gift des Unwissens. Es steht zentral im persönlichen Kreis des Leidens, weil es eine Verzerrung des urtümlichen, reinen »Denkens« ist, des eigenen koordinierenden Aspektes des Bewußtseins. Sein Gegenmittel ist die absolute Weisheit des Wissens um das ideale – leere – Wesen der Wirklichkeit.

Der Kreis des Leidens ist ein so bekanntes Phänomen, daß man in vielen Kulturkreisen farbbezogene Zustände des Körpergeistes mit seinen Giften in Verbindung bringt. Im tantrischen Mandala sind diese Farben wie folgt verteilt:

Der Kreis des Leidens.

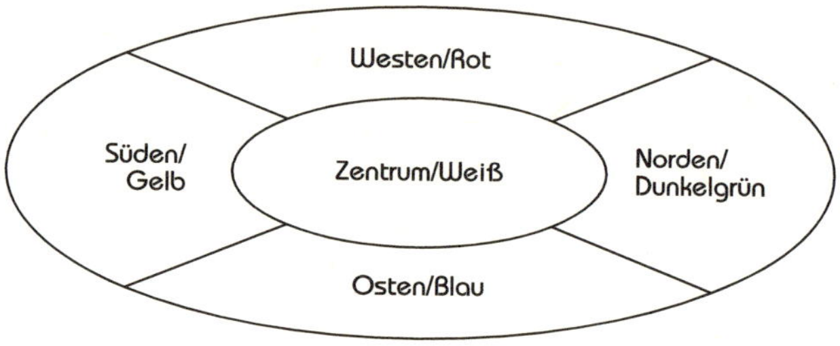

Kapitel 10

1 Ebenso wird die besungene »leidende« Person in der letzten Nacht des Night-Way-Rituals durch vier maskierte »Erste Tanzende«, die sich ihr und dem Sänger mit einem besonders heiligen Gesang nähern, wieder zur Schönheit zurückgeführt. Es sind dies Verkörperungen eben jener Donnerwesen, welche die Krieger-Zwillinge ermächtigt haben. Nun ermächtigen sie die leidende Person zu einer gestärkten, idealen Version ihrer selbst. An dieser Stelle des langen Rituals wiederholt sie ein Gebet, mit dem der Sänger das leitende der vier Donnerwesen anruft (siehe Teil 4, Kapitel 14). Die Donnerwesen sollen ihr auf diese Weise die mit den Himmelsrichtungen zusammenhängenden Fähigkeiten des Denkens, Planens, Lebens und Schützens wieder verleihen.

2 In Gladys Reichards Essay »Navajo Religion« in *Navajo Medicine Man Sandpainting*, New York, 1977, findet sich ein ausgezeichneter, sehr differenzierter Überblick über die Navajo-Spiritualität.

3 Zwei andere Sandmandalas werden während der zweiten Hälfte des Shooting-Way-Rituals ähnlich verwendet. In diesem Ritual werden besonders schmerzhafte Erkrankungen geheilt, die von Schlangenbissen, Blitzschlägen, Pfeil- oder Schußverletzungen herrühren. Das Mandala Die Vier Berge beschreibt die Heilkräfte von Sich Ändernde Frau (sie benutzt vier wilde Heilpflanzen aus der Mitte des Mandala). Das Mandala mit dem Namen Haus-der-Sich-Bewegenden-Punkte zeigt die mächtigsten schützenden Energien in Form verschiedener Waffen aus Blitzstrahlen. Diese entspringen dem mittleren Feld des Mandala und werden von zwei Paaren jugendlicher Krieger getragen.

4 Siehe Maud Oakes und Joseph Campbell, *Where the Two Came to Their Father*, Princeton 1969.

5 Siehe Chögyam Trungpa Rinpoche, *Shambhala*, Seite 161 ff., für eine Diskussion der authentischen Präsenz und der Vier Würden. 6 Die hier vorgestellten Aussagen über die Eigenschaften der mächtigen Tiere Alttibets stammen aus dem Vorwort von Chögyam Trungpa Rinpoche in Alexandra David-Néel *The Superhuman Life of Gesar of Ling*, Boston 1981.

7 Sowohl im Navajo-Kriegermandala (Haus der Vielen Punkte) als auch im Kalachakra-Mandala führt die Verschiebung der Farben in den Kreisvierteln zu einem rückläufigen, heroischen Machtcode. Dies bedeutet eine Umkehrung des im Uhrzeigersinn normalen Macht- oder herkömmlichen Farbschemas. Werden die Farben des normalen Machtcodes also numeriert 1 (O), 2 (S), 3 (W) und 4 (N), erscheinen sie im heroischen Machtcode rückläufig: 4, 3, 2, 1. Dies deutet darauf hin, daß spirituelle Kriegerschaft, also mächtig und gefährlich sein, Eigenschaften erfordert, die im Gegensatz zur Norm stehen.

8 Die Pfeilspitzen im großen Siegel der Navajo-Nation dienen dem gleichen Gesamtzweck wie der Vajra-Ring und, bis zu einem gewissen Grad, der Ring der Leichenstätten in tibetischen Mandalas.

9 Könnte die Migration der Ahnen der vier ursprünglichen Clans der Navajo von der westlichen Inselheimat von Sich Ändernde Frau nicht eine Metapher für die große Völkerwanderung gegen Osten quer über den amerikanisch-asiatischen Großkontinent (samt der heutigen Region der Beringstraße) während der letzten Eiszeit sein? Könnten die Ahnen nicht ebenso auf der Suche nach Ermächtigung gewesen sein, welche die Krieger-Zwillinge in ihres Vaters Haus der Morgendämmerung erlangt hatten, wie auf der Suche nach Jagdbeute (wovon man im Westen üblicherweise ausgeht)? Wäre es des weiteren nicht auch denkbar, daß es sich bei der Kriegertradition der Aufgehenden Sonne im urtümlichen Asien um eine mit dieser größten Migration auf einem Kontinent in der Geschichte der Menschheit zusammenhängende Entwicklung handelt? Kurz gesagt: Könnte es sich bei der Migration nicht in erster Linie um die greifbar gemachte spirituelle Reise des Kriegertums sein?

10 Siehe Trungpa Rinpoche, *Shambhala*, Seite 55 ff. für eine weitergehende Diskussion über die Bedeutung der östlichen Sicht des Lebens.

11 Die tibetische Nationalflagge ist reich an solchen Zeichen. Die türkisfarbene Mähne, der Schwanz und die Haarbüschel an den Pfoten des Schneelöwenpaares vervollständigen das fünffarbige tantrische Schema der Flagge. Mit je einer gesenkten Vordertatze halten die Tiere einen *gyakhil*. Dieser Kreis besteht aus einem *melong*, das heißt einem Spiegel des reinen Bewußtseins, und dient als Mittel, um die Spiegelgleiche Weisheit der tantrischen Buddha-Familie im östlichen Mandala-Viertel zu materialisieren. Als Spiegelbild ist das große Tao-Symbol mit Yin und Yang zu sehen. Ihm kommen ebenso wie dem Schneelöwenpaar und den roten und blauen Sonnenstrahlen verschiedene Bedeutungen zu. Blau und Rot stehen für die beiden wichtigsten Schutzgottheiten des tibetischen Staates: die Göttin Palden Lhamo und den Kriegsgott Dorje Drakden; als Kontrastfarben deuten sie auf die Einheit von Religion und Staatskunst hin, und zudem sind sie die Farben des östlichen und des westlichen Viertels im Mandala. Auf der feinstofflichen Ebene verweisen alle Zeichen auf die Einheit des Zwei-in-Einem, des Makrokosmos und des Mikrokos-

mos, der erleuchteten und der samsarischen Wirklichkeit. Mit je einer erhobenen Vordertatze hält das Schneelöwenpaar gemeinsam drei flammende Edelsteine, die aus einem Lotos hervorwachsen. Diese stehen für die Drei Kostbaren Juwelen erleuchteten Bewußtseins, buddhistischer Lehren und spiritueller Gemeinschaft, welche die Grundlage sowohl des buddhistischen Pfades als auch aller Vorgänge im tibetischen Staat bilden.

Kapitel 11

1 Die hier beschriebene Reise des Träumers stammt aus Washington Matthews, *The Night Chant: A Navaho Ceremony*, New York 1902, sowie aus der von Mary C. Wheelwright aufgezeichneten Fassung von Hastiin Tllah in *Tleji: A Yeibichai Myth*, Bulletin Nr. 1 des Museum of Navaho Ceremonial Art, Santa Fe 1938.

2 Seen sind ausgesprochen wichtige Symbole in der Spiritualität der Navajo. Das Night-Way-Ritual spielt sich teilweise an der Wasserscheide der San Juan Range in den Rocky Mountains von Süd-Colorado ab, einer Gegend, in welcher der Sage nach der See liegen soll, durch den die Ahnen der Vierten Welt in die Fünfte Welt-Wirklichkeit eintraten.
Andere Athabasken-Völker, wie zum Beispiel die Apachen, messen heiligen Seen ebenfalls eine große Bedeutung zu. So erzählte mir etwa der inzwischen verstorbene Sänger Bernard Second aus dem Apachenstamm der Mescalero, sein Volk singe in den Liedern, die von seiner Herkunft erzählen, von einem großen See weit oben im Norden. »Entweder ist es der Athabascasee oder der Große Sklavensee in Kanada, wie ihr sie nennt«, sagte er.

3 Da der Täumer während der psychophysischen Heilung durch die Heiligen Wesen ermächtigt worden war, hatte er genügend Läuterung erfahren, um diesen flüchtigsten und wunderbarsten Ort in der heiligen Welt des Night Way kennenzulernen. Was er erblickte, ist die große symbolische Vision des Night Way.

4 Einige Erzählungen sprechen von Maispflanzen in den Farben der vier Himmelsrichtungen, andere von entsprechend gefärbtem Mais, Bohnen, Kürbis und Tabak.

5 Da es in einer anderen Erzählung heißt, die Kinder von Sprechender Gott und Schwarzer Gott hätten die heilige Medizin zubereitet, könnte es sich bei den Yei auf dem Ost-West-Stamm sehr wohl um Hashch'baka und Hashch'baad von Sprechender Gott und Rufender Gott handeln. Auf dem Süd-Nord-Baumstamm könnten somit in entsprechender Form Wassersprenger-Gott und Schwarzer Gott sitzen oder auch die entsprechenden »Emanationen« von Sprechender Gott und Rufender Gott.

6 Diese Rede der Heiligen Wesen wurde von Washington Matthews weitergegeben in *The Night Chant: A Navaho Ceremony*, Memoirs of the American Museum of Natural History, New York 1902, Seite 195, Abschnitt 745.

7 Siehe Gladys Reichard, »The Navajo Religion« in *Navajo Medicine Man Sandpaintings*, New York 1977.

8 Neben jedem Yei-Paar, das auf den Baumstämmen sitzt, steht eine Schutzgottheit. Zwei Dickhornschaf-Gottheiten im Norden und Süden und Rufender Gott im

Westen helfen mit Stangen, die Baumstämme um den See zu bewegen. Im Osten steht Sprechender Gott und streut über alles segnend Maispollen aus.

9 1989 war ich Zeuge des letzten Tages in einem Sandbildritual des Shooting Way. Dabei wurde ein älterer Patient in den zeremoniellen Hoghan getragen und auf ein äußerst komplexes geomantisches Sandmandala mit der Bezeichnung Die Himmel (siehe Abbildung rechts) gesetzt. Daß er nicht mehr gehen konnte, wurde darauf zurückgeführt, daß er sich im Zustand der Disharmonie mit der Schönheit der züngelnden Energien im Kosmos (etwa den Blitzen und Schlangen) befand.
Um deren Auswirkung rückgängig zu machen und ihn in den Zustand der Schönheit zurückzuführen, wurde sein Leib mit Blitzsymbolen bemalt. Dann nahm der Sänger etwas Sand von den Füßen der im Sandbild dargestellten Gottheiten und gab es in die Mokassins des Besungenen. Zudem hantierte er mit verschiedenen heiligen Geräten. Darunter fielen besonders zwei Holztafeln auf, die eine mit dem Bild einer Krötenechse (Verkörperung des Schutzes, denn der Körper einer Krötenechse ist wie Feuerstein) und die andere mit dem Bild der Erdfrau (für Segen und Güte). Beide Tafeln wurden abwechselnd auf die Stirn des Besungenen gelegt, und der Sänger schlug – nicht eben sanft – mit seiner Stirn dagegen. Im Verlauf des Rituals waren sowohl der Besungene als auch der Sänger von der Körpergeist-Kraft der Heiligen Wesen durchdrungen worden, und dieser Akt versiegelte nun deren Kräfte in dem Patienten, der in Blitze »gekleidet« war und in der Mitte eines idealen Kosmos saß, umgeben von den farbigen Nebeln der vier Himmel im Tageszyklus. Wie der tibetische Lama, wenn auch nicht so offensichtlich, hatte sich auch der Shooting-Way-Sänger in das ideale Wesen verwandelt. Mit der so erlangten Kraft war er fähig, eine Umwandlung im Körpergeist des Besungenen, für den die Zeremonie abgehalten wurde, zu unterstützen.
(Nach Franc Newcomb und Gladys Reichard, *Sandpaintings of the Navajo Shooting Chant*, New York, Seite 58 ff. Siehe auch National Geographic, Ausgabe Juni 1990, mit einer dreidimensionalen, westkünstlerischen Darstellung des vom Sandbild Die Himmel inspirierten Universums.

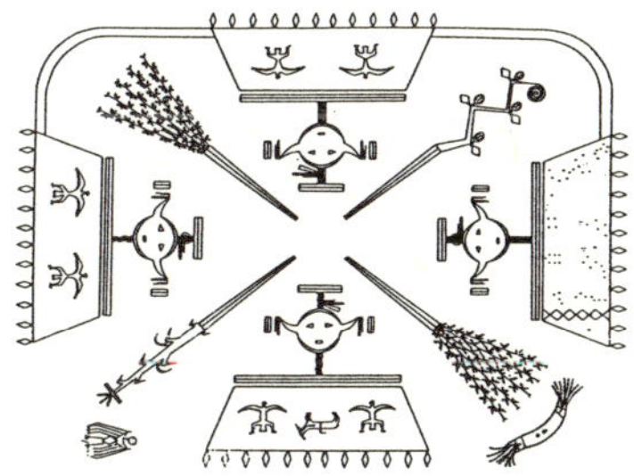

Das Sandbild
Die Himmel aus dem
Shooting-Way-Ritual.

10 In westlichen Gesellschaften, wo die Vereinigung des Idealen und des Realen im allgemeinen nicht akzeptiert wird, werden diejenigen, die sie trotzdem und ohne Anleitung suchen, noch am ehesten als Exzentriker oder Künstlerinnen geduldet. Im schlimmsten Fall können sie in einen Zustand verfallen, in dem der Körpergeist, der keine Unterstützung erfährt, zerfällt und den wir Schizophrenie nennen.

11 W. Y. Evans-Wentz (Hrsg.), *Das Tibetanische Totenbuch – Ein Weisheitsbuch der Menschheit*, Freiburg im Breisgau 1993, Seite 197.

12 Siehe Namkhai Norbu, *Der Kristallweg* (aus dem Englischen von Eva Pampuch), München 1989 (Originalausgabe: *The Crystal and the Way of Light*, New York 1988, Seite 34).

13 Das reine Land Shambhala ist Ziel all derer, die das Tantra Rad der Zeit praktizieren, und für sie von derselben Bedeutung wie der See der Wirbelnden Baumstämme für den Träumer (sowie alle Navajo, welche die heilige Reise des Night-Way-Rituals auf sich nehmen).

14 »Die Zeit für dich ist noch nicht gekommen; du mußt zurückkehren. Ich habe dir alle Ratschläge gegeben, so daß du in die Welt zurückkehren und sie den anderen

weitergeben kannst.« Dies waren die Worte von Chenrezi, als er den Traumkörper von Khamtrul Rinpoche am Ende seiner visionären Reise nach Shambhala unterrichtete. Siehe Edwin Bernbaum, *Der Weg nach Shambhala*, Freiburg i. Br. 1988 (Originalfassung: *The Way to Shambhala*, New York 1980, Seite 173).

15 Das Beziehungsgefüge zwischen Mandala, Shambhala und den Energiezentren (Chakras) des eigenen Nervensystems wird von Edwin Bernbaum (vgl. Anm. 14) umfassend erörtert.

16 Da ein Mandala zum Zweck geschaffen wird, Heiligkeit durch die Weisheitsenergien anzurufen, die dem Zentrum des Mandala entströmen, muß die Person, die das Mandala schafft, sowohl in künstlerischer Hinsicht dazu imstande als auch eingeweiht und praktizierend sein. Bei den tibetischen Sandmandala-Malern handelt es sich ausschließlich um Mönche, und Mönche helfen dem Lama auch bei den tantrischen Initiationen, in denen die Sandmandalas Verwendung finden. Sandmandala-Maler müssen sich in ihrer Kunst ausgiebig üben, das Sadhana (die täglichen Übungen) der tantrischen Linie kennen und praktizieren, bevor sie zu malen beginnen, und zudem fähig sein, während der Arbeit das lebendige Bild des vollendeten Mandala und seiner Bedeutung vor Augen zu haben.

17 Lobsang Samten, ein älterer Maler des Mandala Rad der Zeit aus dem Namgyal-Kloster, stellt den Mandala-Palast mit vier Ebenen dar. Roger Jackson bezeichnet in seinem Einführungstext zu *The Wheel of Time: Kalachakra in Context*, Ithaca, N. Y., 1991, die oberste, zentrale Struktur als das Mandala der Gnosis (Erkenntnis).

18 Als Schutzgottheit der tibetischen Tradition ist Kalachakra (die Verwendung dieses Namens impliziert die umfassende Einheit von Männlichem und Weiblichem) die Vermittlerin zwischen dem idealen Daseinszustand des Mandala und unserem gewöhnlichen Dasein voller Leiden.

Kapitel 12

1 Oakes und Campbell, *Where the Two Came to Their Father*, Princeton 1969, Seite 49.

2 Die spirituellen Meister beider Traditionen richten sich nach strengen Regeln von Integrität, Sorgfalt und Mitgefühl, die sie sich in langen Jahren der Übung angeeignet haben. Bei den Navajo ist es oft der Jüngste, der als Sänger vorgesehen wird, und zwar meist vom Vater, vom Großvater oder von einem Onkel, die selbst Sänger sind. Aber es ist auch möglich, daß er nicht mit seinem Lehrer verwandt ist, vor allem wenn er sich aus eigenem Antrieb entschließt, sich zum Sänger ausbilden zu lassen. In beiden Fällen hängt das Fortkommen in der Lehre von der Motivation und den Bedürfnissen beider daran beteiligten Personen ab; ihre Beziehung wird sehr tief, denn die Ausbildung kann gut mehr als zehn Jahre dauern.
Im Falle Tibets liegen die Dinge etwas komplizierter. Spirituelle Meister und Lehrer werden durch »Wiedergeburt« bestimmt (manchmal auch durch Erbfolge). So wird zum Beispiel irgendwann ein (gewöhnlicher) Mönch oder Yogi anerkannt als ein erleuchtetes Wesen oder als meisterlicher »spiritueller Freund« einer Anzahl Schüler. Stirbt seine körperliche Hülle, machen sich die älteren unter ihnen auf die Su-

che nach seiner Wiedergeburt (der Verkörperung der feinststofflichen Windkraft und des Geisteslichts). Sie befragen Orakel und Lama-Wahrsager und suchen zum Zeitpunkt des Todes in den Zeichen der Natur nach Hinweisen auf die Identität der Reinkarnation. Wenn sie die Verkörperung gefunden haben, schulen sie dieses Kind, damit es das gleiche Wissen und eine ähnliche Persönlichkeit erlangt, wie sie in der vorherigen Inkarnation bestanden.

Hinsichtlich der höchsten Tulkus heißt es, ein Buddha oder ein Bodhisattva werde ständig wiedergeboren, damit er alle anderen empfindenden Wesen zur Erleuchtung führen könne. Nach solchen reinkarnierten Lamas wird ebenfalls in der oben beschriebenen Weise gesucht. Diese Suche nimmt oft mehrere Jahre in Anspruch, nachdem das erleuchtete Bewußtsein den alten Körper verlassen hat. Manchmal hilft der verstorbene Lama selbst dabei. Manche (wie der ehemalige Karmapa Lama) hinterlassen prophetische Hinweise, um die Suche zu erleichtern. Vom sechsten Dalai Lama fand man ein rätselhaftes Gedicht – heute ein bekanntes Lied –, in dem er als Ort seiner Wiedergeburt Osttibet (die Region Litang von Kham) angab:

O weißer Schädel, verleihe mir Deine Flügel
nur für eine kurze Weile;
ich werde nach Litang fliegen,
aber bald werde ich zurückkommen.

Auch die sterbliche Hülle gibt manchmal Hinweise. Der Leichnam des dreizehnten Dalai Lama wurde im Lotossitz mit dem Gesicht nach Süden hingesetzt. Daraufhin soll er sich, im Tod, nach Osten gedreht haben. Dies nahm man als Zeichen, daß er in jener Richtung wiedergeboren werden würde, und der gegenwärtige Lama wurde denn auch tatsächlich in der östlich gelegenen Provinz Amdo gefunden.

Schließlich kommt in der tibetischen Religion, wo spirituelle Meister heiraten dürfen, Erbfolge häufiger vor als bei den Navajo. Der Hauptlama der Sakya-Schule, Sakya Trizin, ist zum Beispiel gemäß der Erbfolge von einem Onkel auf einen Neffen ausgewählt und ausgebildet worden.

3 Siehe Gladys Reichard, »Chant and Chanter«, in *Sandpaintings of the Navajo Shooting Chant*, New York 1975, Seite 24.

4 Oft wird gefragt, ob Sänger und Lamas Schamanen sind. Wenn wir einen Schamanen als eine Person definieren, die mühelos zwischen dem Zustand des Realen und demjenigen des Idealen hin- und herreist, sind sie natürlich Schamanen. In vielen Kulturen unternimmt eine Schamanin oder ein Schamane die heldenhafte Reise in den machterfüllten Kosmos für andere (an deren Stelle sie ein Element des Bewußtseins suchen). Aber dieser Vorgang verläuft nie in nur einer Richtung, die vollumfängliche psychische und physische Teilnahme des oder der »Kranken« ist unabdingbar, um die richtigen Ergebnisse zu erzielen.

5 Siehe Joseph Campbell, *Der Heros in tausend Gestalten*, Frankfurt am Main 1978.

Kapitel 13

1 Diese Aussage stammt von einer Tagung, die uramerikanische, angloamerikanische und spanischstämmige Heiler und Denkerinnen mit Geshe Topgyal Kangjur Rinpoche vom Kloster Ganden Shartse im Dezember 1989 mit Unterstüzung des Internationalen Instituts zur Erforschung des Schaminsmus in Albuquerque, New Mexico, durchführten. AE

2 Siehe Karl W. Luckert, *The Coyote Way*, Tucson, Arizona, 1979.

3 Siehe Gary Witherspoon, *Language and Art in the Navajo Universe*, Ann Arbor 1977, eines der wichtigen aktuelleren Werke über Religion und Ausdrucksfähigkeit der Navajo.

4 Ein übergeordneter Refrain bildet bei den Liedern des Coyote Way den Schluß jeder Strophe. Er wird viermal hintereinander gesungen, und zwar bei jeder Wiederholung mit einer anderen Himmelsrichtungsfarbe und einer anderen Himmelserscheinung. Jede Zeile endet mit den Worten des Refrains des einzelnen Liedes (zum Beispiel »gehe ich mit meinem Geist« oder »suche ich meinen Geist«):

Unter den beiden Aufgehenden
[Refrain: gehe ich mit meinem Geist]
Unter den beiden Untergehenden ....
Unter den beiden oben ...
Unter der Bahn der Sterne ...
Wo des Weißen Kojoten Medizin ist [Refrain]
Wo des Gelben ...
Wo des Blauen ...
Wo des Schwarzen ...
Wo der Weiße Wind ist [Refrain]
Wo der Gelbe ...
Wo der Blaue ...
Wo der Schwarze ...
Auf dem Weg des gelben Maispollens
Unter Regenbogen [Refrain]
Auf dem Weg des gelben Maispollens
Im Sonnenschein ...
Auf dem Weg des gelben Maispollens
Im Sonnenschein ...
Auf dem Weg des gelben Maispollens
Unter den Regengüssen [Refrain]
Mitten im runden Mais [Refrain]

Die beiden, die auf- und untergehen, sind Sonne und Mond. Der Idealzustand, in den der Geist zurückkehrt, hat die vier Farben der Kojote-Medizin (der Coyote Way behandelt mentale Störungen). Er ist das Reich, in dem sich die vier farbigen Winde und ihre Windoberhäupter befinden. Er ist das Reich, in dem man unter Regenbogen, im Sonnenschein und unter Regengüssen heiligen Blütenstaub von gelbem Mais (Sinnbild für die Kräfte von Geist und Leben) findet, das Reich, in dem es den ganzen, vollendet runden Mais gibt, das Idealreich, in dem man den persönlichen Geist wiederfindet.

Dieser Liederzyklus drückt die Vorstellung von Reise und Ziel sehr gut aus. Die gewöhnliche, relative Wirklichkeit wird auf dem Weg zum Mandala der Heiligen Kojote-Wesen heilig gemacht. Dort behandeln die Kojote-Wesen den Helden oder die Heldin gegen psychophysisches Ungleichgewicht. Die Kojote-Wesen sind (als Darstellungen elementarer Energien) zugleich Ursprung und Lösung für die Probleme der kranken Person. Indem diese wieder in Harmonie mit den Kräften des Kosmos versetzt wird, beginnt ihr Geist erneut »in Anwesenheit der Sonne« zu gehen und erfährt die Rückführung zur Schönheit.

Karl Luckert hat diese Lieder des Coyote Way gesammelt und in *The Coyote Way*, Tucson 1977, veröffentlicht.

5 Dean Jackson (als Sprecher für seine Mitsänger Andy Natonabah und Mike Mitchell) erklärt, für die Navajo enthielten diese heiligen Zeremonien »Rezepte, um den ungezügelten Geist einer Person zu heilen.« (Aus einem unveröffentlichten Manuskript, das Navajo- und westliches Denken miteinander vergleicht.)

Gesha Topgyal Kangjur Rinpoche und seine Mitmönche im Kloster Ganden Shartse fassen die Gelehrtensicht über den Zweck eines solchen Rituals folgendermaßen zusammen: »Eine Umwandlung auf der [feinsten] Ebene der menschlichen Persönlichkeit ist tief, überwältigend und durchdringend. Durch tantrische Praxis macht sich der Heiler zur tantrischen Gottheit (Jigje/Yamantaka), wobei er diese Geistebene berührt und die negativen Kräfte, die im Leben der Leidenden wirken, einbezieht und überwältigt.« (Aus den Vorlesungsnotizen der Mönche von Ganden Shartse auf ihrer US-Vortragsreise 1989.)

6 Donald Sandner hat in seiner Studie über Navajo-Heilrituale, *So möge mich das Böse in Scharen verlassen*, Olten 1994, aus der Sicht der Jungschen Psychologie fünf Hauptzüge des Umwandlungsrituals beschrieben. Er bezeichnet sie (in der Reihenfolge ihres Auftretens in Navajo-Chantway-Ritualen) als: Reinigung [des Körpergeists]; Anrufung [der Schutzgottheiten mittels Opfergaben, Gesängen und Gebeten]; Identifizierung [mit der Weisheit und der Energie der Schutzgottheiten]; Umwandlung [des Körpergeistes in seine idealen Aspekte]; und Entlassung [in die persönliche Wirklichkeit].

Kapitel 14

1 Der Sänger kann kein Honorar festlegen für ein Ritual. Auch muß er, wenn er darum gebeten wird, die Zeremonie auf jeden Fall durchführen.

2 Der Tlleeji wird in Nächten gezählt, da die entscheidenden Handlungen nachts stattfinden. Außerdem ist so das Sinnbild des Übergangs vom gefährlichen Dunkel des Ungleichgewichts in die Morgendämmerung der Schönheit während des Rituals immer präsent.

3 Nach Washington Matthews, *The Night Chant*, Seite 76.

4 Das Schwitzhausritual wird in allen Einzelheiten in jener Episode der Tlleeji-Er-

zählung geschildert, in der die beiden »leidenden« Zwillingsbrüder (der eine blind, der andere lahm) bei der Suche nach einem Heilmittel unglaubliche Entbehrungen auf sich nehmen. Sie wissen nicht, daß ihr Vater (niemand anders als Sprechender Gott) für sie unsichtbar ihre oft herzzerreißende Suche nach Gesundheit, das heißt Ganzheit, überwacht (und unterstützt). Das Schwitzhaus spielt eine wichtige Rolle bei ihrer Heilung. Damit sie dieses mythische Haus betreten können, müssen die Zwillinge eine Regenbogen-Frau und einen Blitz-Mann berühren, die es vor Eindringlingen schützen. Dies erklärt die Sandbilder auf der Außenseite des Tlleeji-Schwitzhauses. (Eine detaillierte Schilderung findet sich in der Erzählung »The Stricken Twins« in Washington Matthews, *The Night Chant.*)

5 Siehe Sandners Studie über Navaho-Heilrituale, *So möge mich das Böse in Scharen verlassen*, bzw. Kapitel 13, Anmerkung 6.

6 Siehe Washington Matthews, »A Vigil of the Gods: A Navaho Ceremony«, in *American Anthropologist* 9, Februar 1896.

7 Siehe Reichard, *Navajo Medicine Man Sandpaintings*, Seite 112.

8 Daß Sprechender Gott die Initianden schlägt, erinnert an die Zeit nach der Tötung der Ungeheuer, als die Krieger-Zwillinge zu ihm kamen, um zu erfahren, wie sie wieder in Schönheit gehen können. Sie strebten nach diesem hilfreichen Wissen, um den negativen Wirkungen ihrer Taten zu begegnen. Sprechender Gott war streng, aber mitfühlend. Ähnlich werden die Initianden durch das Schlagen an die Schwierigkeiten der heldenhaften spirituellen Reise erinnert, aber auf hilfreiche Art und von einer hilfreichen Quelle.

9 Siehe Matthews, *The Night Chant*, Seiten 143–145.

Kapitel 15

1 Das Tantra Rad der Zeit unterscheidet sich wesentlich von früheren Systemen zur Entwicklung des Körpergeistes. Die früheren Tantras wurden in Alt-Indien perfektioniert, und zwar ohne Zweifel auf einer panasiatischen Grundlage. Das Kalachakra tauchte erst relativ spät auf, nämlich im elften Jahrhundert. Es heißt, Buddha Sakyamuni habe einen König von Shambhala darin unterrichtet. Dann gelangte es nach Indien und schließlich nach Tibet. Möglicherweise ist die Form des Kalachakra deutlicher innerasiatisch geprägt und stellt somit eine Tibetisierung der tantrischen Form dar.

Interessanterweise soll ein ähnlicher Prozeß bei den Navajo stattgefunden haben. Laut dem Anthropologen David Brugge entwickelte sich der Blessing Way – und zwar vielleicht sogar erst im sechzehnten Jahrhundert – als athabaskische Erneuerung der Navajo-Religion. Wo die früheren Chantways also Elemente der Anasazi beziehungsweise der Pueblo enthielten, stellte der Blessing Way eine reinere athabaskische Form dar, welche die Grundelemente der damals vorhandenen Philosophie und Praxis vereinigte.

2 Die Angabe von dreizehn Tagen, um eine Ermächtigung durch das Rad der Zeit vorzubereiten und durchzuführen, bezieht sich auf das Ritual, das Seine Heiligkeit der Dalai Lama 1981 in Madison, Wisconsin, leitete.

3 Die letzten Tage im Initiationsritual Rad der Zeit dienen auch dazu, das Sandmandala meditativ zu zerstören und die winzigen juwelenartigen Sandpartikel rituell den örtlichen See- oder Flußwassergeistern (Lu) darzubringen.

4 Bei Panchen Ötrul Rinpoche heißt es, wenn der Ritualmeister an diesem Tanz teilnehme, strahle das Feuer der Weisheit vom seinen Füßen aus und beseitige alle Hindernisse. Dies findet im Pavillon statt, in dem sich der Meister des Rituals (in den hier beschriebenen Ritualen ist dies der Dalai Lama) und des Sandmandala aufhalten. Den Tanz begleitet ein intensives, ja ohrenbetäubendes Mosaik aus Hörner-, Schalmei-, Trommel- und Beckenklängen – die geeignete musikalische Untermalung, um Hindernisse zu vertreiben. Als weitere Schutzmaßnahme werden zehn rituelle Dolche (Phurba) um den zukünftigen Schauplatz des Mandala in die Erde gerammt, um mögliche Hindernisse in diesen zehn Richtungen festzunageln und zu verhindern, daß sie den Verlauf der Initiation stören. (Siehe Panchen Ötrul Rinpoche, »The Stages of a Tantric Initiation« in *Chöyang: The Voice of Tibetan Religion and Culture*, 1, Nr. 3, veröffentlicht vom Department of Religious and Cultural Affairs der Central Tibetan Administration in Dharamsala, Indien.)

5 Siehe Panchen Ötrul Rinpoche, »The Consecration Ritual (Rabney)« in *Chöyang: The Voice of Tibetan Religion and Culture*, 1, Nr. 2.

6 Dies erinnert daran, wie Sprechender Gott, der bei den Navajo dem Diamantenen Wesen entspricht, den Träumer zum See mit den Wirbelnden Baumstämmen und damit zur Schönheit führte.

7 So schilderte der Dalai Lama den Initiandinnen und Initianden den Weg, um den allumfassenden yogischen Geist erlangen zu können:

> Hegt zuerst die altruistische Absicht, erleuchtet zu werden; verwandelt dann diesen Geist in eine Mondscheibe ... und sprecht die folgenden Worte: »Ich werde die Buddhaschaft erreichen zum Wohle aller empfindenden Wesen.« Sucht sodann zu verstehen, daß keine Erscheinung an sich existiert. Denkt, daß sich dieser Geist in einen Vajra verwandelt hat. Stellt euch so einen Mond und einen Vajra im Herzen von Kalachakra vor, von dem sich ein getreues Abbild trennt, das sich in das gleiche in eurem Herzen verwandelt und sie [die Visualisierung] auf diese Weise stärkt ... Ihr müßt diese beiden [Altruismus sowie Wissen und Weisheit der Leere] stets von neuem bedenken. Dies sind die Wurzeln.

Zitat aus *The Kalachakra Tantra Rite of Initiation des Dalai Lama*, nach der Übersetzung von Jeffrey Hopkins, Boston 1991, meiner Hauptquelle für den Ablauf der Initiation Rad der Zeit.

8 Diese geführte Visualisierung im Mandala Rad der Zeit stimmt in vielem mit der Reise des Navajo-Träumers überein, den Sprechender Gott und andere Heilige Wesen auf den See der Wirbelnden Wasser führten. Die Form des Baumstammkreuzes und die darauf sitzenden Gottheiten stehen ebenso für die Urfassung des Tlleeji im allumfassenden Kreis des Geistes wie das Mandala Rad der Zeit Urbild seiner tantrisch-buddhistischen Herkunft ist.

In den Sandmandala-Ritualen des Tlleeji treffen die Initiationsgottheiten *innerhalb* des geheiligten Sandes auf die besungene oder zu initiierende Person, das heißt also in ihrer visualisierten idealen Wirklichkeit, die äußerlich durch ein bestimmtes Muster aus farbigem Sand dargestellt wird. Im Gegensatz dazu sitzt die tantrische zu heilende oder zu initiierende Person nicht mit ihrem groben Körper direkt auf dem Sandmandala, doch bei ihr verändern die idealen Wesen den feinstofflichen Körper und Geist genauso wirksam wie die Mächte der Heiligen Wesen im Tlleeji-Sandmandala den feinstofflichen Körpergeist der oder des besungenen Navajo. Der Navajo-Sänger legt Elemente der Sandfiguren auf den rituell bemalten Körper der besungenen Person und gibt ihr schluckweise heilige Medizin und Prisen gesegneten Maisblütenstaubs ein. Im Ritual Rad der Zeit legt die Lama-Gottheit mehrere gesegnete Schmuckstücke als Zeichen für die Kleidung einer Initiationsgottheit auf den Körper der zu Initiierenden (wobei bestimmte »Ersatzleute« die Tausende von Anwesenden vertreten) und verabreicht ihnen das gesegnete Wasser und andere geweihte Substanzen.

Die Navajo-Besungenen machen sich die Kräfte der Vorstellung zunutze, um den eigentlichen Heilungs- oder Heiligungsvorgang zu bewirken. Wenn der »Fluch« – der einem Ungleichgewicht zwischen den Energien in Menschengestalt eines Individuums und denen des Kosmos, das heißt der Heiligen Wesen, entspringt – »aufgehoben« ist, werden Körper, Geist und Stimme der Person geheiligt und »in Schönheit wiederhergestellt«.

Den Körpergeist tantrisch-buddhistisch zu Initiierender stellt man sich im Idealzustand als Mandala für innewohnende Gottheiten vor. Werden nun dessen fünf Teile und kosmophysische Elemente (von denen jedes mit einem bestimmten erleuchteten Wesen verbunden ist) von selbstgeschaffenen Hindernissen davon abgehalten, das vollkommene Glück der erleuchteten Weisheit zu verwirklichen, ist dies, als würden die Gottheiten selbst die psychophysische Unordnung, also Leiden, bewirken. Um diesen Fluch des Samsara aufzuheben, gilt es mit den Energien, die für die Gottheiten stehen, wieder ins Gleichgewicht zu kommen, also eine glückverheißende Beziehung (Tashi) zu ihnen zu erstellen. Dieser Zustand läßt sich erreichen, indem man mit Hilfe der Vorstellungskraft und den (Initiations- und täglichen) Ritualen den Körper reinigt und den Geist erleuchtet.

In den Navajo-Initiationen (in den letzten Nächten des Tlleeji) nehmen die menschlichen Darsteller der Initiationsgottheiten die heiligen Masken ab und setzen sie den Besungenen auf. Indem diese durch die Augenlöcher blicken, identifizieren sie sich vollumfänglich mit den Heiligen Wesen, zu denen sie gesungen und gebetet haben und die sie sich mit ihrer außergewöhnlich starken Imagination vorgestellt haben. Wenn sie durch die Maske schauen, erblicken sie eine heilige, in Schönheit vollendete Welt und erkennen, daß sie sich in nichts von dieser göttlichen Kraft des Kosmos unterscheiden.

Ähnlich durchlebt eine zu initiierende Person am dritten Tag des Kalachakra-Rituals eine gewaltige Umwandlungserfahrung, die auf einer tiefgreifenden Identifikation mit den Gottheiten des Mandala beruht. Ich kann es nur als die lebhafteste und bewegendste imaginative Erfahrung, die ich je gemacht habe, beschreiben. Sie als bis ins letzte Detail ausgearbeiteten farbigen Trickfilm im Geist zu bezeichnen würde ihr in keiner Weise gerecht. Sie hat zweifellos einen bleibenden Eindruck in meiner Erinnerung wie auch in meiner Einschätzung meiner selbst und der Wirklichkeit hinterlassen. Diese Initiationen finden innerhalb des visualisierten Bereiches des Mandala statt. Sie sollen den gesamten Körpergeist der zu Initiierenden reinigen und die Saat darin pflanzen.

9 In den folgenden drei Büchern findet sich eine Beschreibung des gesamten Kalachakra-Initiationsvorganges: Tenzin Gyatso, Dalai Lama und Jeffrey Hopkins, *Kalachakra Tantra Rite of Initiation*, Boston 1991; Geshe Lhundup Sopa, Roger Jackson und John Newman, *The Wheel of Time*, Ithaca, N. Y., 1991; Glenn H. Mullin, *The Practice of Kalachakra*, Ithaca, N. Y., 1991.

Kapitel 16

1 Dieses tägliche Gebet um Wiederherstellung der Schönheit hat Marshall Tomé aufgezeichnet in seinem Aufsatz »The Navajo Nation Today«, *Handbook of North American Indians* (Hrsg. Alfonso Ortiz) der Smithsonian Institution, Band 10, Washington, D. C., 1983, Seite 683.

2 Die Weitergabe spiritueller Kenntnisse haben die Navajo in einer einzigartigen Übersicht festgehalten und im Rahmen des bikulturellen Bildungsprogrammes der Rough Rock Community Schools der Navajo-Nation (von Shirley M. und Wilbert Begay 1982 vorbereitet) veröffentlicht. Darin vergleichen sie »Navajo-traditionelle Stufen der kindlichen Entwicklung« (wörtlich übersetzt: »Entwicklung durch Gedanken«) mit entsprechenden westlichen Ansätzen. Die verschiedenen Stufen erlauben wertvolle Einblicke in das spirituelle Wissen der »traditionellen« Navajo.

Auf der »Das Kind wird sich seiner selbst bewußt« genannten Entwicklungsstufe (im Alter von vier bis sechs Jahren) erwirbt ein Kind folgendes Wissen:

> Es wird sich seiner Umwelt dank Erzählungen über den Hoghan, die vier Elemente und Mutter Erde immer stärker bewußt.
>
> Es beginnt Verwandtschaftsbeziehungen und die Vorstellung »richtiger und respektvoller Beziehungen mit anderen und mit der Natur« *(k'é,)* zu begreifen.
>
> Die Eltern legen in der Erziehung Wert auf frühes Aufstehen und Achtung vor den Älteren und allen Lebewesen.

Zum nächsten Schritt, der Entwicklungsstufe »Das Kind beginnt selbständig zu denken und zu handeln« (sechs bis acht Jahre), gehört:

> Es ... steht früh auf und läuft Richtung Osten, um dem Sonnenaufgang weißes Maismehl darzubringen.

Der nächste Schritt, »Das Denken des Kindes setzt ein« (zehn bis fünfzehn Jahre), umfaßt:

> Das Kind lernt: »Laß den Hoghan deine Gedanken sein; laß das Land deine Gedanken sein; laß alles, was dir gegeben worden ist, deine Gedanken sein.«
>
> Es wird von ihm erwartet, daß es aus Erzählungen Wissen gewinnt und dieses verarbeitet, daß es für die Zukunft vorausdenkt und daß es (traditionelle) Kenntnisse in den täglichen Verrichtungen umsetzt.
>
> Was man ihm erzählt, handelt in erster Linie vom Land, von heiligen Stätten,

von Verwandtschaft, Clanschaft und K'é. Zu diesem Zeitpunkt ist bekannt, ob das Kind über heilende Kräfte verfügt und sie ausbilden wird.

In diese Zeit fällt in der Regel die Initiation der Mädchen zur Frau.

3 Diese Aussage ist der Studie *Cultural Values in Indian Education* des Southwest Behavioral Institute, o. J., Seite 1 f., entnommen.

4 Die vollständigen Lehren des Sängers Natonabah für seine Enkelkinder finden sich in der Videodokumentation *By This Song I Walk* und im dazugehörigen Transkript der Universität Arizona in Tucson.

5 Siehe Gary Witherspoon, *Language and Art in the Navajo Universe*.

6 Siehe Thubten Jigme Norbu und Colin Turnbull, *Tibet*, New York 1967.

7 In der höchsten Klasse der yogisch-tantrischen Initiationen wie dem Kalachakra gibt es den »Brauch der sechs Sitzungen« (sechsmal täglich), um den Körpergeist umzuwandeln. In der von Ling Rinpoche zusammengestellten und von Sharpa Tulku und Alexander Berzin ins Englische übersetzten Schilderung *Full Six-Session Yoga* (das anläßlich der Initiationen verteilt wird), ist das Umwandlungsprozedere beschrieben.

Zuerst bekräftigen die Beteiligten, daß sie an die Grundsätze des erleuchteten Geistes, der buddhistischen Lehren und der sprituellen Lehrer glauben. Als zweites bestärken sie sich in der Absicht, dem Lebensweg von Bodhisattvas zu folgen. Teil drei ist eine geführte Visualisierung, in der sie sich in das entleerte Wesen des Ur-Buddha Dorje Chang/Vajradhara auflösen (hier können sie sich auch Kalachakra an Stelle des Ur-Buddha vorstellen, denn letztlich sind sie beide eins). Viertens rufen sie die Schutzkräfte wilder tantrischer Gottheiten an; dazu gehören der Herr der Mutigen (ein Schutzgott aus dem Gefolge eines Heruka-Buddha) und Vajra-Muttersau (Dorje Phagmo/Vajra Varahi). Als fünftes bringen sie im Austausch für die Segnungen und Ermächtigungen der Schutzgottheit und des Lama die Reichtümer des Kosmos dar.

Dem folgt der sechste Teil, in dem sie sich als das Diamantene Wesen (Dorje Sempa/Vajrasattva) in der Vereinigung vorstellen, um das Glück zu erfahren, das in der Erkenntnis der Leere der Wirklichkeit liegt.

Nach einer kurzen Bodhicitta-Widmung für alle Wesen bestätigen sie als siebtes das Gelöbnis, keine tantrischen Weisungen zu verletzen (manche Verletzungen lassen sich allenfalls mit Übungen im Zusammenhang mit dem Diamantenen Wesen bis zu einem gewissen Grad wiedergutmachen). Dann bestätigen sie erneut die Einsicht und die Lehren des Dharma in seiner Gesamtheit.

Ist all dies getan, folgt zuletzt die Hingabe, das Grundprinzip des Tantrismus:

Möge ich in Shambhala geboren werden,
dem großen Edelsteinschatz,
Und dort die Stufen auf dem unvergleichlichen
Pfad vollenden,
Und zwar in so kurzer Zeit, wie ich Menge
an weißem Verdienst
Dank diesem tugendhaften Brauch zusammengetragen habe.
All meine Leben hindurch möge ich niemals von vollkommenen
Lehrern getrennt sein.

Und indem ich die wunderbaren Lehren in ihrem vollständigen Umfang anwende,
Um alle Anforderungen der Stufen und Pfade zu erfüllen,
Möge ich rasch die Erleuchtung des Ur-Buddha erlangen.

8 Von John Blofeld gibt es einen hervorragenden praktischen und informativen Leitfaden zu den Einzelheiten tantrischer Praxis, und zwar *The Tantric Mysticism of Tibet*, New York 1992.

9 Siehe Lama Anagarikas Govindas Aufsatz »Individuality and Universality« in *Creative Meditation and Multi-dimensional Consciousness*, Wheaton 1976 (in der deutschen Ausgabe nicht enthalten).

10 Das tägliche tantrische Sadhana haben Yogis und Yogini sowie die tantrische Philosophie über Jahrhunderte hinweg verfeinert und zu einem der wertvollsten Schätze für die Menschheit gemacht. Früher war es allerdings einer Minderheit vorbehalten, und zwar seiner mächtigen und potentiell sogar gefährlichen Auswirkungen wegen, wenn es falsch verstanden und praktiziert wird. Heute unterrichten Lehrkräfte alle Interessierten im tantrischen Pfad bereitwillig, ist er doch in seinem Bestehen bedroht und für unsere aus den Fugen geratene Welt besonders unerläßlich. Auch der Chantway-Pfad der Navajo ist allumfassend, war aber bis vor kurzem Außenstehenden nicht zugänglich, dies eine Folge der unmenschlichen Behandlung der Navajo durch Angloamerikaner und Spanier während der letzten vierhundert Jahre. Außerdem ist das Navajo-Weltbild – da man im Westen dazu neigt, es als »primitiven« Glauben zu sehen – niemals adäquat übersetzt und gedeutet worden.

Während Buddhismus und Tantrismus in Asien seit Jahrtausenden weit verbreitet sind, ist die tibetische Ausrichtung erst etwa eintausenddreihundert Jahre alt. Das Navajo-Weltbild ist allen Anzeichen nach noch jünger. Deshalb und weil die Navajo sich noch bis vor nicht allzu langer Zeit auf der Reise vom Haus des Sonnenuntergangs, wo ihre Mutter Sich Ändernde Frau sie erschaffen hat, zum Haus der Morgendämmerung von Sonnenträger befanden, ist verständlich, warum sie vor dem Gemetzel im Gefolge der euroamerikanischen Invasion weder ein entsprechend detailliertes System der Auslegung noch der Schrift entwickelt hatten (wie zum Beispiel die Cherokee). Ihr Verständnis des Kosmos – innen und außen – ist daher stärker kulturell eingebettet geblieben und durch Geschichten, Lieder und direkte Weitergabe über Generationen hinweg in streng »mündlicher Osmose« bewahrt worden. Trotz des unterschiedlichen Zugangs haben die Navajo den Kern uralter Grundlehren bewahrt, die ebenso tief wurzeln wie die tibetischen.

Noch etwas zu diesem Vergleich: Im Westen neigen wir dazu, Alter mit Wert gleichzusetzen. Wir leben in einer auf die Zukunft gerichteten Wirklichkeit, und wer sich gegen den Mangel an Weisheit und die Oberflächlichkeit dieser Art Wirklichkeit sträubt, greift oft zurück auf den Glauben an die »gute alte Zeit«. Wir suchen in alten Kulturen die ideale Lebensweise. Dies ist natürlich berechtigt. Aber die Kulturen und Weltbilder, zu denen wir aufschauen (jene, die wir mit unserer Lebensweise noch nicht haben zerstören können), sind nicht unbedingt alt in ihrem Ursprung. Einige – und vielleicht die entscheidenden unter ihnen, wie die tibetische und die der Navajo – sind in ihrer jetzigen Prägung sogar ziemlich neu. Alt und verehrungswürdig daran sind die allumfassende Weisheit und die Bräuche, die sie bewahrt haben. Was uns der Untergang alter Hochkulturen wie der ägyptischen, sumerischen, griechischen, indischen oder chinesischen (und bald auch euroamerikanischen) vermittelt, ist der Hinweis, daß alle menschlichen Zivilisationen einem Zyklus von Blüte und Zerfall unterliegen. Nur die Weisheit, die ständig und unermüdlich erneuert wird (um mit Einstein zu reden), besteht weiter. So ist es vielleicht letzten Endes der *jugendliche Elan* in der tibetischen und der Navajo-Kultur, die uns so intensiv anregt.

Kapitel 17

1 Eine grundlegende Auseinandersetzung mit Zeitlosigkeit und Formlosigkeit findet sich im hervorragenden Aufsatz von Lama Anagarika Govinda: »Die zwei Aspekte der Wirklichkeit«, in *Schöpferische Meditation und multidimensionales Bewußtsein*, Freiburg i. Br. 1977, Seiten 310 ff., Zitat Seite 319.

Anhang 2

1 Auszug aus einem Mandala-Opfer, mit dem 1981 während der tantrischen Kalachakra-Initiation in Madison, Wisconsin, Seine Heiligkeit der vierzehnte Dalai Lama (Jampel Ngawang Lobsang Tenzing Gyatso) um Lehren gebeten wurde; Bearbeitung durch den Autor.

2 Der Anthropologe Cosmos Mindeleff hielt 1896 die folgende Beschreibung des Ersten Hoghan fest: »Statt mit Rinde und Erde war er mit prächtigen Regenbogen und leuchtenden Sonnenstrahlen gedeckt. Zu jener Zeit war das Firmament noch nicht erschaffen, aber die ersten Wesen besaßen die Elemente, um es herzustellen. Regenbogen und Sonnenstrahlen bestanden aus Lagen oder Häutchen verschiedener Grundstoffe und Textilien oder dann aus natürlich biegsamen Substanzen, und diese wurden abwechselnd über die Hütte gelegt, zuerst die Regenbogen von Nord nach Süd, dann die Sonnenstrahlen von Ost nach West.« Zitiert nach »Navajo Houses«, *Seventeenth Annual Report of the Bureau of American Ethnology*, Washington, D. C., 1896.

3 Da die Navajo überzeugt sind, daß unsere Wirklichkeit durch Sprache erschaffen wird, wollen wir den idealen Hoghan mit den Bausteinen der Sprache errichten: Das *ho* im Wort Hoghan (das sich auf alle solchen runden Häuser mit einem Boden aus gestampfter Erde bezieht, im Gegensatz zu *kin*, einem rechteckigen Haus) entspricht demselben Bestandteil in Hózhóng und steht für den größeren Kosmos, den Makrokosmos. *Ghan* (tibetisch interessanterweise *khang)* bezeichnet einen Aufenthaltsort. Zusammen beschreiben die beiden Silben eine Eigenschaft, einen Zustand, für den es im Englischen (und im Deutschen) keinen entsprechende Ausdruck gibt, umfassen sie noch mehr als »nur« die Eigenschaften des Bewohntseins und der Harmonie, die ein Haus zu einem Zuhause machen.

4 Damit vergleichbar ist die tibetische Auffassung, im Kloster Samye sei das Univer-

sum verkörpert; dessen Grundriß entspricht prinzipiell demjenigen des Navajo Community College. Der Haupttempel stellt den heiligen Berg im Zentrum des Universums dar. Als solcher erhebt er sich in der Mitte des kreisförmigen Klostergeländes. Die Eingänge zum Samye-Tempel weisen in die vier Haupthimmelsrichtungen, während dazwischen je ein Stupa/Chörten in einer anderen Farbe steht, abgestimmt auf die jeweilige Kontinentgruppe. Zwei kleine Gebäude stellen die Sonne und den Mond dar, und die äußere Mauer entspricht dem Eisenzaun, der die Weltordnung umgibt.

5 Sich Ändernde Frau wandelt sich gleich dem Tag und dem Jahr. Sie ist die Weiße-Muschel-Frau der Morgendämmerung, wenn sie ein mit weißen Muscheln verziertes Kleid trägt, und steht in ihrer Gestalt als Türkis-Frau, Abaloneschalen-Frau und Schwarzer-Gagat-Frau entsprechend für die anderen Tageszeiten. Auch für alle Jahreszeiten gelten ihre jeweilige Gestalt und Energie: sie verwandelt sich ständig im natürlichen Fließen des Kosmos. Sie geht von der frühlingshaften Jugendlichkeit (Weiße-Muschel-Frau) in die sommerliche Blüte des Frauseins (Türkis-Frau) über, dann nimmt sie die herbstlichen Farben der Mutterschaft an (Abaloneschalen-Frau), und schließlich folgt der matriarchalische Winter des Alters (Schwarzer-Gagat-Frau). Dann springt sie unversehens zurück in die Mädchenzeit. Ihr eignet immerwährendes Leben in Schönheit. Sie ist unsterblich und sie ist makellos. Wir Auf der Erde Gehenden tragen dieses ideale Potential in uns, auch wenn wir es im Augenblick noch nicht begreifen und umsetzen können, weil wir es noch nicht kennen. Zur Erkenntnis aber können wir gelangen, wenn wir im Leben dem Chantway-Pfad folgen.

Werfen wir an dieser Stelle einen Seitenblick auf Tibet. Die Muttergöttin der tibetischen Religion ist in der Praxis des Großen Pfades (Mahayana) in Dölma/Tara und ihren einundzwanzig Emanationen verkörpert; in der tantrischen Praxis ist sie eine Dakini/Khadroma, eine »Ätherwanderin«. Die Ätherwanderin verkörpert die Energieprinzipien des erleuchteten Geistes: jene Weisheitsenergien, die auf der subtilsten Ebene existieren, aber alles durchdringen als jene Elemente, aus denen sämtliche Facetten aller Erscheinungen bestehen. Sie bildet gleichzeitig mit Buddhas im himmlischen Paradies ein (alle) Paar(e) und ist auch die Verkörperung aller ursprünglichen Schwester-Göttinnen, die das innere Empfinden einiger der höchsten Berge der Welt ausmachen.

Die Navajo-Göttin Sich Ändernde Frau wurde aus der Vereinigung von Erdfrau und Himmelsmann geschaffen. Die Erdfrau steht für den Zustand der Schönheit, der Himmelsmann für ein Leben in Spiritualität; nach ihrer mystischen Vereinigung kam Sich Ändernde Frau auf dem heiligen Fichtenberg zur Welt. Gemäß den Schöpfungslehren hatte sich über dem Gipfel eine große Wolke zusammengeballt, und Sprechender Gott und Rufender Gott wollten diese untersuchen. Sie hießen Ersten Mann hochklettern und berichten, was er sehe. Er fand einen Säugling in einem Wiegenbrett, gefertigt wie ein heute noch verwendetes, aber aus ganz außergewöhnlichen Materialien, wie es sich für das Erste Wiegenbrett gehört.

In einer Überlieferung heißt es, Erster Mann habe den Gipfel erreicht und dort zwischen Blitzschlag und heftigem Regen einen Säugling weinen gehört. Darauf habe er in einem Wiegenbrett aus zwei kurzen Regenbogen und Strahlen der aufgehenden Sonne das Kind entdeckt, ein Mädchen, gehüllt in Decken aus Schwarzer Wolke, Blauer Wolke, Gelber Wolke und Weißer Wolke. Und auf allen Seiten des Wiegenbretts habe sich eine Reihe Schlaufen aus miteinander verwobenen Sonnenstrahlen und Blitzen befunden.

Das Mädchen kam nach nur zwölf Tagen in die Pubertät, und es wurde eine Form des Blessing-Way-Rituals, ein sogenanntes Kinaalda, für sie abgehalten. (Idealerweise sollte für jedes Navajo-Mädchen bei Erreichen der Pubertät ein solches Kinaalda abgehalten werden.) Nach wenigen Tagen war Weiße-Muschel-Frau (die jugendliche Form von Sich Ändernde Frau) schwanger; sie hatte sich zuerst mit einem Sonnenstrahl und dann mit einem kleinen Wasserstrahl aus einer Bergquelle vereinigt. Vier Tage später brachte sie die Krieger-Zwillinge zur Welt. Das eine der beiden Kinder war sehr wagemutig, das andere zurückhaltender. Später wurden sie Monster-Töter (oder Feindes-Töter) und Für das Wasser Geborenes Kind genannt.

6 Zu der Zeit, da Sich Ändernde Frau sich in der Fünften Welt aufhielt, stellte diese in vielerlei Hinsicht eine vollkommene homöostatische Ordnung dar. So gab es darin schützende Mächte sowohl der Heiligen Wesen als auch der Ersten Menschen, die durch ihre erfolgreiche Reise in die Fünfte Welt Diyin, also Ermächtigung im Körpergeist, erlangt hatten.

Während derselben Zeit schuf Sich Ändernde Frau die Tiere und den Mais, um der Welt Leben zu verleihen. Als sie ihre Arbeit getan hatte, verließ sie das Reich der Erscheinungen und lebte fortan mit Sonnenträger in einem schönen Haus aus Regenbogen, Sonnenstrahlen, Edelsteinen und farbigen Lichtern, das er für sie auf einer Insel im westlichen Ozean erbaut hatte. Es war ein prächtiger Ort, aber Sich Ändernde Frau fühlte sich einsam; ihr Mann mußte seine Bahn ziehen und kam erst am Abend wieder. Und an bedeckten Tagen konnte er gar nicht erst zurückkehren, sondern blieb bei seiner anderen Frau im weißen Land des Ostens.

Da überlegte Sich Ändernde Frau, wie der Langeweile abzuhelfen sei, und nach einiger Zeit fand sie eine Lösung. Sie formte acht Kügelchen aus eigenen Hautschüppchen und erschuf daraus menschenähnliche Wesen: die ersten Paare der vier ursprünglichen Stämme des (Navajo-)Volks. Sie begaben sich auf einem Regenbogenpfad an die nordamerikanische Westküste und lebten dort mehrere Generationen lang. Als ihre Mutter ihnen Geschichten von einer Urheimat weiter im Osten zwischen vier heiligen Bergen erzählte, machten sie sich auf die »Rückreise«, ähnlich wie die Zwillinge zu ihrem Vater, dem Sonnenträger. Im Landstrich zwischen den heiligen Bergen, einem Gebiet, das etwa dem Colorado-River-Plateau entspricht, ließen sie sich nieder. Allmählich wurden aus den vier ursprünglichen Stämmen deren viele, und schließlich bildeten sie die Navajo-Nation. In dieser Zeit erlebten sie das übliche Auf und Ab, das Menschen überall und immer auszulösen scheinen.

Als es einmal besonders schlimm um sie stand, ließ Sich Ändernde Frau zwei Navajo-Knaben in ihr Inselparadies kommen. Dort unterrichteten sie und die Heiligen Wesen die Jungen in den Lehren und Bräuchen des Hózhóóji (Blessing Way). Dann kehrten die Knaben auf einem Regenbogen zurück und landeten auf dem ersten Maisfeld von Sich Ändernde Frau. Dort brachten sie vier Männern, je einem der vier Urstämme, den Hózhóóji bei. Während der erste Hózhóóji des Volkes stattfand, fertigten Heilige Wesen das erste gewöhnliche Bündel aus Berg-Erde an. Als sie dies getan hatten, gingen die Heiligen Wesen, die die Menschen während des Rituals angerufen hatten, wieder und sagten, sie würden in den Felsen, im Wind, in den Adlerfedern und im Wachsen des Maises anwesend sein, wann immer die Navajo sie brauchten. Da unter den Navajo damit Schönheit und die Verbindung zum Idealen wiederhergestellt waren, verließen die Knaben, die den Hózhóóji gebracht hatten, die irdische Wirklichkeit und kehrten in das Reich der Heiligen Wesen zurück, der ermächtigten Wesen, zu denen sie selbst nun auch werden sollten.

7 Meist legen »Land«-Navajo, die in der Gegend des Big Mountain leben, Erde aus ihrer Region in die Mitte des Bündels aus Berg-Erde. Ihnen drohte einst wegen eines Grenzstreits mit den Hopi die Umsiedlung. Im Rechtsstreit führten sie ihre Bündel als Beweis ihrer tiefen spirituellen Verbundenheit mit dem Land an. Leider (für sie und für uns) zeigt das angloamerikanische Rechtssystem wenig Verständnis für solche Beweise.

8 Auch das tibetische Mandala-Opfer erstellt eine Verbindung zwischen der opfernden Person und einer Schutzgottheit, einem Buddha, einem Lama-Lehrer sowie der idealisierten Welt-Wirklichkeit, damit die »Segnungen des Dharma-Regens« auf sie selbst und auf alle anderen denkenden und fühlenden Wesen niederfallen. Die Opfergabe wird auf Klosteraltären für unbestimmte Zeit aufbewahrt und manchmal für Skulpturen aus Gold und Edelsteinen verwendet. In der Regel wird sie jedoch nach jedem Gebrauch wieder auseinandergenommen, denn Abbild und Vorstellung sollen sich im Geist einprägen. Ähnliches geschieht mit dem Bündel aus Berg-Erde, indem es für immer verschlossen bleibt, damit sein Inhalt nicht durcheinandergerät. Also gilt es die Schönheit der inneren Formen der Fünften Welt innerlich zu erfahren, nämlich durch die Kraft der Vorstellung und die immaterielle Energie, die das Bündel ausströmt.

9 Während eines Hózhóóji für einen neuen Wohn-Hoghan, dem ich beiwohnte, hielt ein Familienmitglied zwei Bündel aus Berg-Erde in den Händen, und der Sänger bestrich seine lebenswichtigen Körperstellen mit Maisblütenstaub. Dabei sangen der Sänger und der Chor Lieder, die verschiedene Heilige Wesen anriefen und die Attribute der heiligen Berge beschrieben. Darauf sagten der Sänger und der Besungene das sehr mächtige Erdfrau-Gebet und verwandte Gebete an die heiligen Berge auf. Der Besungene tauchte dabei ganz in die ideale Wirklichkeit des Bündels aus Berg-Erde und der Geomantie der heiligen Welt der Navajo ein.

10 Mitchell, Frank, mit Frisbie, Charlotte, und MacAllester, David P. (Hrsg.), *Navajo Blessingway Singer,* Tucson 1978, Seite 215.

Anhang 3

1 Terry Clifford, *Tibetan Buddhist Medicine and Psychiatry: The Diamond Healing*, York Beach, Maine, Seite 84.

1 Padmasambhava zerstörte die alten Glaubensansichten nicht, als er den Boden für das Tantra bereitete. Das Tantra war zwar ein raffinierteres und einleuchtenderes transformatives System als dasjenige der Urbevölkerung Tibets, aber es hatte doch einiges mit den alten Bräuchen gemein und könnte sehr gut eine Neuformulierung transformativer Praktiken sein, die damals in Innerasien schon überall bestanden. Obwohl Padmasambhava also einige sture Erdmächte durchaus dazu zwang, Schutzmächte der »neuen« Religion *(chökyung)* zu werden, kann man auch sagen, daß das Mahayana- beziehungsweise tantrisch-buddhistische System insgesamt in ein ursprüngliches spirituelles Rahmenwerk – nämlich Tibets erstes kognitives Modell oder Grundparadigma – eher integriert als gewaltsam durchgesetzt wurde. Padmasambhava strukturierte also vermutlich ein (ursprünglich) vorbuddhistisches und vorhinduistisches spirituelles System um, dessen Grundlagen im wesentlichen immer noch praktiziert wurden.
Padmasambhava wird oft als Zwei-in-Einem-Gottheit visualisiert. Dabei lieferte ihm Yeshe Tsogyal als bevorzugte spirituelle Gefährtin die benötigte Energie zur Vervollkommnung seiner persönlichen tantrischen Praxis (und er auch ihr). Als Verkörperung der Mutter der Ätherwanderinnen (Khadroma/Dakini) befähigte Yeshe Tsogyal Padmasambhava, seine Ziele mit Hilfe von *siddhi* genannten Kräften zu erreichen.

2 Hier erinnert man sich möglicherweise an den panasiatischen Donnerdrachen. Als große fliegende Schlange mit der Stimme des Donners und einer Zunge, die zuckt wie der Blitz, könnte dieses Wesen vom selben Ursprung sein wie Quetzalcoatl, die große toltekisch/aztekische Federschlange sowie Sisutl, die Schlangengottheit der Urbevölkerung an der nordamerikanischen Pazifikküste.

3 Siehe das in Oakes und Campbell, *Where the Two Came to Their Father,* beschriebene Navajo-Kriegerritual, nach der Erzählung des Sängers Jeff King. Vor allem beachtenswert sind die hervorragenden Kommentare von Joseph Campbell und die getreue Wiedergabe der Sandbilder von Maude Oakes.

4 Von der östlichen Frau, die Sonnenträger zugeschrieben wird, ist weniger oft die Rede als von Sich Ändernde Frau, die im Westen lebt. Es dürfte sich jedoch mit einiger Sicherheit um Morgendämmerung-Frau handeln.

5 Die Ermächtigung eines jugendlichen Helden war auch im alten Tibet ein wichtiges Übergangsritual. Eine Episode in der tibetischen Oper *Prinz Norsang* schildert, wie der junge gleichnamige Held sich für den Kampf gegen den Einmarsch der Wilden Männer aus dem Norden rüstet. In einem besonderen Kriegsvorbereitungsritual namens »Weihe von Waffen und Rüstung« übergibt ihm der alte König eine Schutzausrüstung ähnlich jener von Sonnenträger und den Donnerwesen für die Zwillinge. Prinz Norsang erhält einen mit Stoffflaggen und Raubvogelfedern (von Adler, Geier und Habicht) geschmückten königlichen Helm, der »Sonnenaufgang auf dem Schnee« heißt, eine große Rüstung (»So kostbar wie alle Dinge«), einen Panzerhandschuh (»Licht in der Dunkelheit«), Pfeile und Köcher (»Donnerschläge aus Meteorit«) und einen Schild (»Der runde Regenbogen«). So ermächtigt mit den höchsten Schutzgeräten, nimmt der junge Prinz seinen Platz an der Spitze eines

Heeres ein und macht sich mit dem alten Kriegsruf auf den Lippen zu seiner Mission auf.

6 Interessanterweise zeigt die Farbsymbolik des tibetischen tantrischen Mandala im nördlichen Viertel des Eroberer-Buddha Unerschütterliche Kraft ebenfalls die dunkelste Farbe (»die dunkelgrüne Schattierung der mitternächtlichen Sonne«), und es wird ebenfalls mit den mächtigsten schützenden und – wenn nötig – zerstörerischen Energien von Körper und Geist in Zusammenhang gebracht. Die Handgeste (Mudra) dieses Buddha bedeutet Furchtlosigkeit und enthüllt seine Eigenschaften. Seine Ergänzung lebt im südlichen Viertel: Der Als Juwel Geborene ist gelb – die Farbe der Sonne im Zenit –, und wie das südliche Viertel der Navajo dient er als die notwendige Entsprechung zu den wilden Eigenschaften des Nordens. Die Handgeste dieses Buddha verleiht Wohlstand, Gesundheit und Glück.

7 »Gesang des Schwarzen Bären« findet sich in Pliny Goddard, *Navaho Texts*, New York 1933.

Außer zum Schutz nutzen die Navajo die Bärenkraft auch, um die Ursache einer Krankheit zu diagnostizieren. Im entsprechenden Bären-Schreck-Ritual stürzt ein Mann mit Bärenmaske und -fell in den Hoghan und »erschreckt« die offenbar leidende Person, die auf einem Sandbild mit der Darstellung einer großen Bärin in ihrer Höhle sitzt. Fällt sie in Ohnmacht, ist ein Geist für die Krankheit verantwortlich; dann wird die geeignete Zeremonie (meist ein Enemy Way) verschrieben.

8 Vergleiche auch Sandner, *So möge mich das Böse in Scharen verlassen*, Seiten 168 bis 169.

9 Aus *The Full Six-Session Yoga*, übersetzt von Sharpa Tulku und Alexander Berzin, einer Schrift, die bei tantrischen Kalachakra-Initiationszeremonien verteilt wird.

10 Die Ansichten des Dalai Lama über schreckliche göttliche Kräfte sind im Aufsatz »Deities« in *Kindness, Clarity and Insight*, Ithaca, N. Y., 1984, nachzulesen.

11 Das Trugbildsteinpulver wurde einer Frau (der besungenen Person) auf dem ganzen Körper aufgetragen: zuerst auf die Fußsohlen, die Schienbeine, die Arme und Handgelenke, auf Brust und Rücken, dann auf Augen und Gesicht. Ist das Ritual darauf ausgerichtet, die kranke Person zu segnen oder mit den elementaren Energien wieder ins Gleichgewicht zu bringen, wird in dieser Weise sonst Maisblütenstaub oder Maismehl verwendet. Da es sich hier um ein Schutzritual handelte, fand Pulver von Trugbildstein Verwendung, um den Körpergeist unsichtbar zu machen. Die Besungene übernahm die Stellvertretung für mehrere Navajo, die das Ritual in Auftrag gegeben hatten. Sie saß auf einem weißen Tuch (ein Ersatz für ein rituelles Hirschleder, das in so kurzer Zeit nicht hatte aufgetrieben werden können). Neben ihr saß ein Bärchen aus schwarzem Gagat mit Augen aus Türkisen. Außerdem lagen auf dem Tuch noch zwei sehr große, alte und von Hand behauene Feuersteinmesser, wahrscheinlich anasazischen Ursprungs.

12 Siehe Terry Clifford, *Tibetan Buddhist Medicine and Psychiatry*, für Einzelheiten über die tibetische psychiatrische Analyse der Dämonen des Körpergeistes.

13 Neuere linguistische Forschungen weisen darauf hin, daß es zwischen den Sprachen der tibetisch-burmesischen und jenen der athabaskischen Völker (dazu gehören die Navajo) möglicherweise eine Verbindung gibt.

14 Die Auffassung der Navajo von Wiedergeburt beschäftigt sich weniger als die

tibetische (deren System in dieser Hinsicht stark von indisch-buddhistischen Glaubenssätzen beeinflußt ist) mit einer großen Zahl von Leben, betrachtet indes aufeinanderfolgende Geburten ebenso als von früheren Taten gefärbt.

Der Denker Hansen Ashley sagte zu mir: »Dein spiritueller Charakter geht weiter – dein Wesen lebt zwei oder drei Generationen lang.« Wie eine Person ihr Leben gestaltet, nimmt also auf die nachfolgenden Generationen ihrer Großfamilie Einfluß. Daher betrachten die Navajo Familien als glücklich, in denen über mehrere Generationen hinweg der Tod stets infolge Altersschwäche eingetreten ist, bedeutet dies doch, daß die folgenden Generationen durch die von ihren Familienangehörigen erworbene Schönheit ebenso ein hohes Alter und dessen »schönen« Zustand erreichen werden.

15 Ein kunstvolles Schloß der Läuterung (wie die Dö manchmal auch genannt werden) stellen die Mönche der Klosterschule von Ganden Shartse her. Es mißt über zweieinhalb Meter und bietet, von der Grünen Tara ermächtigt, allgemein Schutz vor dem Angriff möglicherweise gefährlicher Kräfte. Ein Wollfadenbild in Kreuzform überdacht wie ein Schirm einen hölzernen Palast, und die farbigen Fäden bezeichnen die verschiedenen Kräfte, die es anziehen und besänftigen soll.

In anderer Form findet ein kreuzförmiges Fadengebilde in einer Zeremonie für ein langes Leben zugunsten eines hohen Lama Verwendung. Bei einem solchen Ritual für den Dalai Lama formen die Mönche des Klosters Namgyal zunächst dessen verblüffend genaues Porträt aus Butter und Gerstenmehl und plazieren es vor einem Kreuzfadenbild neben einem kunstvollen Schloß der Läuterung. Junge Mönche weihen sodann Opfergaben und nehmen sie dem Abbild gleich wieder weg. Sie verkörpern dabei die Ätherwanderinnen/Dakini, die gekommen sind, um den Lama zu bitten, in das reine Land zurückzukehren. Statt mit dem Lama in Person gehen sie mit den Kreuzfadenbild-Opfergaben weg und an einen großen See, wo sie sie den schlangenhaften Lu in den Tiefen des Wassers übergeben.

Ähnlich nehmen tibetische Familien am letzten Abend des alten Jahres ein reichhaltiges Mahl zu sich und legen zum Schluß etwas von jedem Gericht in eine Schüssel oder auf ein Tablett; dazu geben sie Teigklümpchen, in denen jedes Familienmitglied einen Fingerabdruck hinterläßt, Ruß aus dem Herd, eine Münze, eine Kerze und ein Weihrauchstäbchen. In die Mitte setzen sie ein Teigmännchen mit schwarzem Gesicht. Es heißt Lud und dient für die ganze Familie als Zufallsfigur für die Bösen. Die männlichen Familienmitglieder bringen die Opfergabe zu einer vom Haus möglichst weit entfernten Kreuzung; dort können die hinderlichen Bösen ihre Gabe in Empfang nehmen und unter dem Knallen von Feuerwerkskörpern oder Gewehrschüssen rasch wieder gehen. Um ja kein Risiko einzugehen, daß die Bösen ihnen folgen, kehren die Männer, ohne sich nach ihnen umzusehen, rasch nach Hause zurück. Am nächsten Tag sind in tibetischen Gemeinden jeweils zahlreiche einsame Straßenkreuzungen mit Lud übersät.

16 Besonders intensiv kommt Torma am Nachmittag des letzten Tages im alten Jahr zum Einsatz. Das hier beschriebene Ritual findet im Kloster Namgyal in Dharamsala statt. Man ruft damit alle Schutzgottheiten der Religion an, um die im Laufe des alten Jahres angesammelte Negativität zu vertreiben.

Nach mehreren Tagen der Anrufungen, der Darbringung von Opfergaben und der

Visualisierungen führt der Ritualmeister die Mönche aus dem Tempel hinaus. Sie tragen ein dreieckiges oder kegelförmiges Gebilde aus Butter und Gerste. Häufig ist es rot bemalt (die Farbe der Schutzgottheiten), zuweilen mit tierischen Eingeweiden versehen, und ganz oben liegt ein geschnitzter Totenschädel. Das ganze Gebilde ist in einen gemalten »Umhang« aus goldenen Flammen eingehüllt. Während des ersten Teils der Zeremonie werden der mächtige Segen und die starke psychische Energie der Schutzgottheit(en) in dieses Torma hineingezogen; es wird so zur Schutzgottheit selbst.

Nun tragen die Mönche ihre spirituelle Waffe zu einem großen Strohfeuer. Dort bittet der Ritualmeister die Gottheit, das Torma zu verlassen, und die Mönche halten sich bereit, um es in einer *torgyak* genannten Zeremonie ins Feuer zu werfen. Der Meister stellt sich dabei vor, daß das Geschoß die negativen Kräfte, die dem Wohlergehen der Religion und ihrer Angehörigen schaden, zerstört und zugleich das Bewußtsein aller Hindernisse einer »besseren Wiedergeburt« entgegenschickt. Das Geschoß wird sehr heftig in das brennende Stroh gestoßen, um die Negativität und Unwissenheit des Feindes auf dem Feuer der erleuchteten Weisheit klar zu opfern. Dieses Bemühen um die Vernichtung der Unwissenheit ist ein buddhistischer Zusatz zu einem ursprünglichen Bon-Ritual des Schutzes und der Läuterung.

17 Dieses Zitat stammt aus dem Unterricht mit anschließender Durchführung eines Shedur-Rituals im Zentrum Kagyu Shapten Kunchab Dharma, Santa Fe, New Mexico, im September 1989.

18 Für weitere Bemerkungen über den Einsatz von Kraft auf dem Pfad zur Erleuchtung siehe »Working with Negativity« von Chögyam Trungpa Rinpoche in *Garuda Journal* (Frühjahr 1972).

Anhang 5

1 Das Einschwärzen des Gesichts findet auch in der tibetischen Religion Verwendung, um den Angriff eines Geistes oder eines Dämons abzuwehren.

2 Da es beim Anaji darum geht, siegreiche und zerstörerische Kräfte hervorzurufen, atmen die Teilnehmenden am Ende des Rituals viermal die Sonnenstrahlen ein. Ebenso atmen die kranke Person und die Teilnehmenden zum Abschluß der Blessing-Way- und Chantway-Rituale viermal das Morgenlicht ein, um dessen heilige Kräfte aufzunehmen. Licht und Wind sind in der Morgendämmerung sanfter, während sie naturgemäß an Energie und Kraft zunehmen, wenn die Sonne im Zenit steht. Wind und Licht der Morgendämmerung vertreten Morgendämmerung-Frau und Sprechender Gott, also freundlich gesinnte Gottheiten. Die Sonnenstrahlen des Mittagshimmels sind weniger nachsichtig, »direkter«, wie es der Persönlichkeit von Sonnenträger entspricht.

3 In Glenn Mullins begleitenden Erläuterungen zu *Shedur: A Ghost Exorcism Ritual*, Nonesuch Records, Explorer Series Nr. 472081, findet sich eine hervorragende Beschreibung des Shedur-Rituals.

4 In einem 1989 in Santa Fe, New Mexico, durchgeführten Shedur-Ritual stellte Lama Yeshe Dorje den Teilnehmenden alle möglichen Arten von »Waffen« zur

Verfügung, so etwa Pfeil und Bogen, eine Sichel, Handschellen, einen Hammer, Krummdolche und Messer, ein Dharma-Rad und sogar eine alte Pistole.

Anhang 6

1 Siehe »Seer of Seers« in *Tibetan Pilgrimage* von Peter Gold, Ithaca, N.Y., 1988.

2 Siehe Alexander und Dorothea Leighton, »Gregorio the Hand-Trembler«, *Papers of the Peabody Museum*, Band 40, Nr. 1, 1949.

ZUR AUSSPRACHE

Navajo

Der vorliegende Band hält sich mit wenigen Vereinfachungen eng an die offizielle Orthographie der Navajo-Sprache.

Die Vokale werden in etwa so ausgesprochen, wie sie dastehen. Mit der Verlängerung eines Vokals ändert sich die Bedeutung eines Wortes. Solche gedehnten Vokale sind an der Verdoppelung erkenntlich.

Die Navajo kennen auch Nasallaute. Sie sind durch Anfügen der Buchstabenfolge ng an den durch die Nase gesprochenen Vokal gekennzeichnet. Die Buchstabenfolge ong klingt demnach wie ein nasaliertes o.

Es gibt zudem zwei deutlich unterscheidbare Tonhöhen, nämlich eine normale (oder tiefe) und eine hohe. Die hohe ist durch einen Akut (′) auf den Vokalen gekennzeichnet, zum Beispiel im Wort Hózhóng (zh klingt wie das französische j). Der Akzent für die erhöhte Tonlage kann auch über einem oder beiden Buchstaben eines gedehnten Vokals stehen.

Am schwierigsten auszusprechen für Nichtnavajo ist der hier durch ll wiedergegebene Laut. Man legt dazu die Zunge von hinten gegen die oberen Schneidezähne und stößt die Luft aus. Der Klang ist eine Mischung aus l und sch.

Ein Apostroph (') zwischen zwei Buchstaben schließlich zeigt einen Kehlkopfverschluß- oder Knacklaut an.

Mit diesen Angaben sollten Sie die Wortfolge Sang'ah Nachai Bik'eh Hózhóng aussprechen können (ch klingt wie in Loch).

Tibetisch

Es ist eine echte Herausforderung, die tibetische Sprache in lateinische Schriftzeichen zu übertragen. Ihre Orthographie quillt über von nicht ausgesprochenen Buchstaben und vielen Buchstabenfolgen, die ganz anders ausgesprochen als geschrieben werden.

Betrachten wir das weitverbreitete Grußwort Tashi Deley: Bei genauer Umschrift schreibt es sich Bkrashis Bdelegs! Wir haben daher im vorliegenden Band ein stark vereinfachtes, gängiges Schreibsystem verwendet, das auf der amerikanischen Aussprache basiert und annähernd der Lautfolge des Tibetischen entspricht.

Ein paar Hinweise zur Aussprache einzelner Buchstaben dieses »anglizierten« Tibetisch: zh klingt wie sch, und der folgende Vokal hat eine tiefe Tonalität; lh, zum Beispiel in lha, wird fast gleich ausgesprochen wie das ll in der Navajo-Sprache. Nasallaute sind ebenfalls durch ng gekennzeichnet, während die Tonhöhe im Tibetischen durch den Buchstaben bestimmt wird, der auf den Vokal folgt: ngag zum Beispiel ist tief, ngak höher.

GLOSSAR

Abkürzungen:
a = Athabaskisch
ch = Chinesisch
j = Japanisch
l = Latein
m = Mongolisch
n = Navajo
s = Sanskrit
t = Tibetisch

Adibuddha (s) Ur-Buddha des tantrischen Buddhismus, der das Nichts der Leere versinnbildlicht.

Ak'idahnast'aní (n) Trugbildberg oder Hosta Butte; heiliger Berg der Navajo mit schützender Kraft in New Mexico.

Allkee na'ashi (n) »Folgepaare«; Navajo-Bezeichnung für die notwendige Vereinigung von sich ergänzenden Gegensätzen in allen Erscheinungen.

Anaji (n) Enemy Way, »Feindweg«; Navajo-Ritual zum Schutz vor bösen Geistern.

Anasazi (n) »Alte Fremde«; Navajo-Bezeichnung für die alte indianische Zivilisation auf dem Colorado-Plateau, die in sogenannten Cliff dwellings (»Felsenwohnungen«) lebte.

Asdzáán nadleehé (n) Sich Ändernde Frau, wörtlich: »Die sich immer wieder verjüngt«; die Große Göttin der Navajo.

Bardo (t) Tibetischer Ausdruck für die Übergangsphase von einem Wirklichkeitszustand in einen anderen. Meist angewendet für den Übergang in den Tod; aber auch Schlaf und Träume, ja sogar Aufwachen gehören dazu.

Bigistiin (n) Die innere (eigentlich »inneliegende«) Gestalt; Machtwesen mit menschlicher Gestalt, das einer Substanz, einem Gegenstand oder einem Wesen Leben und Denken verleiht.

Bik'eh hózhóng (n) »In Übereinstimmung mit der kosmischen Schönheit«; das weibliche Prinzip der Navajo, das den Idealzustand des Kosmos und des Individuums beschreibt.

Bisizinii (n) »Das Innestehende«; die innerste Essenz der Erscheinungen, die aus leben- und gedankenerzeugenden Winden besteht; »Windseele«.

Bodhicitta (s) Der Wille, Erleuchtung (bodhi) zugunsten aller Wesen zu erlangen; erleuchtetes Mitgefühl.

Bodhisattva (s) Ein Wesen, das im erleuchteten Mitgefühl lebt und gelobt, anderen zum Wohle in mehreren Leben zurückzukehren; auch Emanation eines vollständig erleuchteten Wesens, eines Buddha.

Bon (t) Die früheste in Tibet vorherrschende Religion, mit Wurzeln im Glauben und in den Bräuchen der Urbevölkerung wie auch in anderen zentralasiatischen Kulturen.

Cha kyung/Garuda (t/s) »Großer Adler«; Meistervogel und Symbol für eine Eigenschaft tibetischen Kriegertums.

Chakna Dorje/Vajrapani (t/s) Diamantzepter- oder Vajra-Träger, Bodhisattva (spiritueller Held) der erleuchteten Kraft und der tauglichen Mittel.

Chakpori (t) Eiserner Berg; heiliger Gipfel im Lhasa-Tal, der dem Bodhisattva Diamantzepterträger und einer einheimischen Erdgottheit geweiht ist.

Chamba/Maitreya (t/s) Der kommende Buddha, der künftig die Welt lehren wird.

Chang (t) Getreidebier, meist aus Gerste.

Chenrezi/Avalokiteshvara (t/s) Grenzenlose Liebe, Bodhisattva des Mitgefühls.
Chi (ch) Lebenskraftenergie des psychischen Nervensystems.
Chindi (n) Zerstörerischer geisterhafter Rückstand, der beim Tod einer spirituell nicht erfüllten Person freigesetzt wird.
Chö/Dharma (t/s) Der Kanon der buddhistischen Lehren; bedeutet auch die Existenz und die Handlungen einer Person.
Chod (t) Tantrisches Ritual, in dem der Griff des Ego auf den Körpergeist gewaltsam gelöst wird.
Chöku/Dharmakaya (t/s) Siehe Kusum/Trikaya.
Chomolungma (t) Muttergöttin der Erde; Ehrenbezeichnung für den Mount Everest.
Ch'óol'i'i (n) Fichtenberg oder Gobernador Knob; ein Berg in New Mexico, der den Navajo als Geburtsstätte der Großen Göttin Sich Ändernde Frau gilt.
Chörten/Stupa (t/s) Psychophysisches Denkmal und Symbol für den erleuchteten Geist, die fünf alchemistischen Elemente und den kosmischen Berg.
Demchok/Samvara (t/s) Höchste Glückseligkeit; tantrische Schutzgottheit und Sinnbild für eine tantrische Linie desselben Namens.
Denali (a) Athabaskischer Name für den Mount McKinley.
Dibénitsaa (n) Hesperus Peak; heiliger Berg des Nordens der Navajo.
Diné (n) Volk; so bezeichnen die Navajo sich selbst.
Diné Be'iina (n) »Lebensweise der Navajo«; ein Leben gemäß den traditionellen spirituellen Grundsätzen.
Diné Bikéyah (n) Heimat der Navajo.
Diyin (n) Spirituelle Kraft, durch die eine Person gegen Fehl und Leid gefeit ist.
Diyin Dine'é (n) Heilige Wesen; Gottheiten der Navajo.
Dö (t) Rituelles Fadenbild in Kreuzform, das die Machtwesen rundum zu einem Seelenbefreiungsritual locken soll.
Döljang (t) Grüne Tara, siehe Tara.
Dölkhar (t) Weiße Tara, siehe Tara.
Dölma/Tara (t/s) »Diejenige, die erlöst«; die große tibetische Göttin. Die Weiße Tara oder Dölkhar ist ihr jugendlicher, fruchtbarer Aspekt; die Grüne Tara oder Döljang ist das Symbol für die einundzwanzig Emanationen der Dölma/Tara.
Dön (t) Dämonische Projektion negativer Gedanken und Energien.
Dönyö Drupa/Amoghasiddhi (t/s) Unerschütterliche Kraft; tantrischer (Eroberer) Buddha.
Dook'o'oosllííd (n) San Francisco Peaks; heiliger Berg des Westens der Navajo.
Dorje/Vajra (t/s) »Donnerkeil, Diamant«; Sinnbild des tantrischen Pfades, des männlichen Prinzips des Mitgefühls und der Glückseligkeit und das Zepter, das in tantrischen Ritualen verwendet wird.
Dorje Chang/Vajradhara (t/s) Vajra-Träger; Ur-Buddha mehrerer tantrischer Geschlechter.
Dorje Drakden (t) der berühmte Vajra; männliche Schutzgottheit des tibetischen Staates, dessen Bewußtsein sich im Orakel von Nechung ausdrückt.
Dorje Drolü (t) wilde Verkörperung des großen buddhistischen Lehrers Guru Rinpoche (Padmasambhava).

Dorje Jigje/Yamantaka (t/s) Bezwinger der Todesgottheit; mächtige Verkörperung transzendenter Weisheit.

Dorje Phagmo/Vajra Varahi (t/s) Vajra-Muttersau; weibliche tantrische Schutzgottheit des Chod-Rituals.

Dorje Sempa/Vajrasattva (t/s) »Diamantenes Wesen«; zentrales Buddha-Emblem verschiedener tantrischer Geschlechter; Buddha der Läuterung.

Dorje Shug/Vajravega (t/s) Verkörperung der tantrischen Schutzgottheit Tunkyi Khorlo/Kalachakra.

Dra lha (t) Kriegsgott; Berg- und persönliche Schutzgottheit.

Dre (t) Geist; dazu gehören mehrere Kategorien feinstofflicher Hindernisenergien.

Druk (t) Gewitterdrache; Machttier des himmlischen Reiches, Verkörperung eines Energieaspekts spirituellen Kriegertums.

Du (t) Urtibetische Himmelsgottheit.

Duthop/Sadhana (t/s) Systematische tägliche tantrische Praxis; dazu gehören Gebet, das Darbringen von Opfergaben und das Visualisieren von Gottheiten.

Dzillná'oodillii (n) Berg Um den Gekreist Worden Ist; heiliger Berg der Navajo und spirituelles Zentrum der heiligen Welt der Navajo.

Dzogchen (t) Die Große Vervollkommnung; eines der höchsten Umwandlungsrituale der Nyingma-Lehre des Buddhismus und der Bon-Religion.

Ganden/Tushita (t/s) Wohnsitz des kommenden oder künftigen Buddha Chamba/Maitreya im reinen Land.

Gesar von Ling (t) Heldenhafter spiritueller Krieger Tibets und der Mongolei. Archetyp für sowohl körperliches als auch spirituelles Kriegertum.

Ghaaskidi (n) Dickhornschaf-Schutzgottheit.

Goba'i lha (t) Mehrere persönliche Schutzgottheiten, die zum menschlichen Körper gehören.

Gompa (t) Kloster, wörtlich: »einsamer Ort«.

Guru Rinpoche/Padmasambhava (t/s) Tantrischer Yogi aus Gandhara, dem man die Einführung und Festigung des Buddhismus in Tibet mittels verschiedenster mächtiger Yogi-Methoden zuschreibt.

Gyalyum (t) Große Mutter; eine Ehrbezeichnung für die große Göttin Tara.

Gyud/Tantra (t/s) Ritualisiertes System des Mahayana-Buddhismus zur Entwicklung des Körpergeistes.

Gyuzhi (t) Das Medizinische Tantra; Lehrbuch der Heilverfahren und -kenntnisse.

Haatall (n) Chantway, »Singweg«; Ritualsystem der Navajo, um den Körpergeist zu entwickeln und zu heilen.

Haatalli (n) Ritualmeister und spirituelle Führungskraft der Navajo.

Hashch'baad (n) Allgemeine weibliche Schutzgottheit der Navajo.

Hashch'baka (n) Allgemeine männliche Schutzgottheit der Navajo.

Hashch'éélti'i (n) Sprechender Gott; zentrale Schutzgottheit der Navajo-Religion, gehört zur Morgendämmerung.

Hashch'ééshzhini (n) Schwarzer Gott, auch Feuergott; Gottheit des Nachthimmels und Schutzmacht im Navajo-Pantheon.

Hashch'éoghan (n) Rufender Gott, auch Erntegott; steht mit dem Hoghan in Verbindung und bildet mit Sprechender Gott ergänzend ein Paar.

Hebo Kangzang (t) Heiliger Berg im Westen Zentraltibets.

Heruka (s) Sich wild gebärdende tantrische Schutzgottheit.

Hóchxó (n) Gegensatz zu Ordnung, Gleichgewicht und Frieden im Kosmos; Gegenschönheit, Unschönheit.

Hoghan (n) Traditioneller Rundbau und Wohnstatt der Navajo und Sinnbild für den geomantischen Aufbau ihres Kosmos.

Hózhóóji (n) Blessing Way, »Segensweg«; Ritual und Denksystem der Navajo, um eine Einzelperson, ihre Familie und ihre ganze Umgebung in den Zustand der Schönheit zu versetzen und diesen aufrechtzuerhalten.

Hózhóng (n) Schönheit; Auffassung der Navajo von Ordnung, Gleichgewicht, Harmonie und Frieden, die den Kosmos und den individuellen Körpergeist durchdringen.

I Ging (ch) Taoistisch-chinesisches Weissagungsbuch.

Iikááh (n) Sandmalerei der Navajo-Rituale, wörtlich: »wo sie [die Gottheiten] kommen und gehen«.

Jambayang/Manjushri (t/s) Bodhisattva der Transzendenten Weisheit und dieses Aspektes eines (erleuchteten) Buddha.

Jish (n) Sammlung geweihter Substanzen und Gegenstände, Medizinbündel.

Kalachakra/Tunkyi Khorlo (t) Herr des Rades der Zeit; mit Vishvamata, der Mutter der Vielfalt, Schutzgottheit des Tantras Rad der Zeit.

Kamikaze (j) Windenergie der Kami-Geister der Shinto-Religion, wörtlich: »göttlicher Wind«.

Kang Rinpoche/Tise (t/s) Berg Kailas, heiliger Berg in Südwesttibet, irdische Verkörperung des kosmischen Weltberges Meru.

Ketaan (n) Opfergaben für Schutzmächte, die die Navajo während Singwegritualen darbringen.

Khandoma/Dakini (t/s) Mächtige weibliche Gottheiten, sogenannte »Ätherwanderinnen«, Verkörperungen von erleuchteten geistigen Energien, die die Meditierenden stimulieren und zur Erleuchtung führen.

Khorlo/Chakra (t/s) Wörtlich: »Kreis« oder »Rad«; Knoten an der Achse des psychischen Nervensystems, wo während der tantrischen Meditation geistige Energien in Form von Wind zusammenkommen und verschmelzen.

Khumbila (t) Heiliger Berg der tibetischen Sherpa in Nepal.

Khumbu Yül Lha (t) Landgott der Khumbu-Sherpa.

Kinaalda (n) Pubertätsritual der Navajo-Mädchen, um zu einer umfassenden Identifizierung mit der großen Göttin Sich Ändernde Frau für die gesamte Lebensdauer zu gelangen.

Kinninakai (n) Ruinen des Weißen Hauses im Canyon de Chelly; Wohnstatt der Schutzgottheiten des Night Way (Nachtwegs).

Kongpori (t) Heiliger Berg in Südosttibet, wo die Ahngottheiten des tibetischen Volkes wohnen.

Korwa (t) Das Umkreisen eines geweihten Objektes oder Individuums.

Kulha Kangri (t) Heiliger Berg im Süden Zentraltibets.

Kunga Gyalpo (t) »Die fünf verkörperten Könige«; Familie von Schutzgottheiten des tibetischen Staates. Siehe auch Pehar und Nechung Kuten.

Kuntunzangpo/Kuntunzangmo (t) Wörtlich: »Grundgütiger Mann / Grundgütige

Frau«; das Ur-Buddha-Paar, das in der Nyingma-Lehre des tibetischen Buddhismus das höchste Wesen der Leere versinnbildlicht.

Kusum/Trikaya (t/s) Die Drei Körper der Buddhaschaft; parallele Wirklichkeiten und Körpergeistzustände, in denen sich ein erleuchteter Bewußtseinsstrom ausdrücken kann. Dazu gehören der Körper der Wahrheit (Chöku/Dharmakaya), der Körper der Verzückung (Longku/Sambhogakaya) und der Verwandlungskörper (Tulku/Nirmanakaya).

Kyinkhor/Mandala (t/s) Tibetisch wörtlich: »Zentrum und Peripherie«; das meist runde Abbild eines idealen Universums einer bestimmten Gottheit und ihrer verschiedenen Gestalten und Eigenschaften.

La (t) Bewußtseinsprinzip, »Seele«, und zwar nach tibetischer vorbuddhistischer Auffassung.

La lud (t) Seelenbefreiungsritual, um ein abwesendes La zurückzurufen.

Lama (m/t) Tibetisch-buddhistischer spiritueller Mittler, der meist der Mönchsgeistlichkeit angehört, aber auch Laie sein kann. Die Bezeichnung wird oft für anerkannte Reinkarnationen verwendet.

Lamtso (t) Seelensee; ein See, von dem man weiß, daß er als Behältnis für einen Teil des La (Bewußtseinsprinzip) einer Gottheit oder einer Person dient.

Langak Tso/Rakshastal (t/s) Sichelförmiger heiliger See am Fuße des Berges Kailas.

Lari (t) Seelenberg; Behältnis für einen Teil des La einer Gottheit oder einer Person.

Lashing (t) Seelenbaum; Behältnis für einen Teil eines La.

Lata (t) Seelenpferd; ein Tier, das zum La eines Individuums gehört.

Layü (t) Seelentürkis; ein Türkis, der einen Teil eines La enthält.

Ley/Karma (t/s) Allgemeingültiges Gesetz von Ursache und Wirkung.

Lha (t) Kategorie von Gottheiten (ureinheimischen Himmelswesen) wie auch von Buddhas und Bodhisattvas.

Lhamo Lamtso (t) Seelensee der Göttin; Bergsee in Südosttibet, der einen Teil des La (Bewußtseinsprinzip) der Glorreichen Schutzgöttin Palden Lhamo enthält.

Lu/Naga (t/s) Machtwesen in Schlangengestalt; in Quellen, Seen und Flüssen beheimatet.

Lud/Linga (t/s) Menschenfigur; dient anstelle einer Person oder von Familienmitgliedern als Opfergabe für negative Mächte.

Lung/Prana (t/s) Feiner Atem und feinstoffliche Lebenskraft; Energie, dank der das Bewußtsein tätig sein kann.

Lungta (t) Windpferd; ein fliegendes Pferd, das Glück und die Energie von Geist und Leben versinnbildlicht.

Machig Labdrön (t) Tibetische Yogini-Heilige; Gestalterin der Chod-Tradition, mit der der Griff des Ego auf den Geist gelöst werden kann.

Mahaboddhi-Stupa (t) Großes psychophysisches Erinnerungsmal in Bodh Gaya, das die Stätte der Erleuchtung des Sakyamuni-Buddha kennzeichnet.

Mahayana (s) Großer Pfad; die im Norden verbreitete Tradition des Buddhismus.

Manushi-Buddha (s) Ein erleuchteter, hoher Weltlehrer, der über Jahrtausende hinweg zyklisch wiederkehrt.

Mapham Tso Manasarovar (t/s) Ein runder heiliger See am Fuß des heiligen Berges Kailas in Südwesttibet.

Marpori (t) Roter Berg; heiliger Berg im Lhasa-Tal, der erfüllt ist vom Bewußtsein des Bodhisattva Grenzenlose Liebe (Chenrezi/Avalokiteshvara) und der einheimischen Berggottheit Nyenchenthangla.

Melong (t) Ritualspiegel.

Melongba (t) Eine Person, die mit Hilfe eines Ritualspiegels weissagt.

Mikyöpa/Akshobya (t/s) Der Unerschütterliche; tantrischer (Eroberer-)Buddha.

Milarepa (t) Tibetischer Yogi-Heiliger, der bekannt ist für seine Askese und dafür, daß er seine Lehren mit Gedichten und Liedern verbreitet hat.

Miyolobsangma (t) Unveränderliche Herrin des Himmels; eine der fünf Göttinnen des langen Lebens. Die tibetischen Sherpa kennen sie als Schutzgottheit, die im Chomolungma (Mount Everest) wohnt.

Moba (t) Mit Hilfe von Würfeln weissagende Person.

Mu (t) Eine Kategorie tibetischer Himmelsgottheiten.

Mu tag (t) Himmels- oder Regenbogenseil; Regenbogen, der die alten tibetischen Könige am Kopf mit dem Himmel verband.

Naayéé (n) Ungeheuer oder feindliche Kräfte, die die Navajo bedroht und ihr Land verwüstet haben.

Nagpo Chenpo/Mahakala (t/s) Der Große Schwarze; eine wilde und beschützende Form großen Mitgefühls in der Verkörperung einer furchterregenden schwarzen tantrischen Gottheit.

Nahasdzaa (n) Erdfrau; die Große Göttin der Navajo, welche die Erde verkörpert.

Nahoka dine'é (n) Auf der Erde Gehende oder Erdoberflächenvolk; Navajo-Bezeichnung für Menschen.

Naljorma/Yogini (t/s) Weibliche Meditierende und tantrische Praktizierende.

Naljorpa/Yogi (t/s) Männlicher Meditierender und tantrischer Praktizierender.

Namgyelma/Ushnishavijaya (t/s) Beliebte tibetische Schutzgöttin des langen Lebens.

Nampa Nangdze/Vairochana (t/s) Der Alles Sichtbar Machende; tantrischer (Eroberer-)Buddha.

Naayéé neizghání (n) Monster-Töter; der ältere der beiden Krieger-Zwillinge, Schutzgottheiten der Navajo.

Nechung Kuten (t) Staatsorakel Tibets, körperliches Medium für die Schutzgottheit Dorje Drakden.

Ngag/Mantra (t/s) Heilige Formel; bewußtseinsverändernde Silbenfolge, mit der man einen bestimmten Bewußtseinszustand herbeiführen will.

Ngagpa (t) Mantra- oder Zaubermeister; Praktizierende der Chod-Tradition, die deren Wirkung in den Dienst des tibetischen Alltags stellen.

Nillchi'i (n) Heiliger Wind; feiner Atem und feinstoffliche Energie, die den Kosmos durchdringt und die Grundlage für das Leben und Denken aller Erscheinungen bildet.

Noichin (t) Eine Kategorie urtibetischer Erdgottheiten.

Norbu (t) Wünsche erfüllendes Juwel; Symbol für Wohlstand und Glück.

Ntsehakéés (n) Allumfassender Geist; die Gedanken des Selbst und des Kosmos, die beide von heiligem Wind ermächtigt werden.

Nyen (t) Eine Kategorie urtibetischer Bergschutzgottheiten.

Nyenchenthangla (t) Heiliger Gebirgszug im Norden Zentraltibets und dessen Schutzgott.

Nyimaidu/Kaliyuga (t/s) Die »verdorbene Zeit« kosmischer Zerstörung am Ende einer Weltära.

Nyingma (t) Die alte Schule des tibetischen Buddhismus.

Öpame/Amitabha (t/s) Unermeßliches Licht; tantrischer (Eroberer-)Buddha des gegenwärtigen Weltzeitalters.

Özel (t) Das klare, kristalline und lichtartige Grundwesen des Bewußtseins.

Özer (t) Eigenschaft in den Regenbogenfarben der verschiedenen feinstofflichen Winde, die das psychische Nervensystem durchfluten.

Özer Changma (t) Göttin der Morgendämmerungsstrahlen; Göttin des Morgengrauens.

Palden Lhamo (t) Die Glorreiche Göttin; wilde und mächtige Schutzgöttin des Dalai Lama und des tibetischen Staates.

Pehar (t) Handlungsaspekt von Kunga Gyalpo, des »Fünf in Einem«-Schutzgottes des Dalai Lama und des tibetischen Staates; Gefährte der Glorreichen Göttin Palden Lhamo.

Phurba (t) Spiritueller Dolch, um im Ritual negative Wirkungen widriger Geisteszustände und äußerer Einflüsse zu überwinden.

Pöba (t) Volk von Pö, das heißt von Tibet.

Ponpori (t) Heiliger Berg im Lhasa-Tal, der dem Bodhisattva der Transzendenten Weisheit (Jambayang/Manjushri) und einem alten Kriegsgott geweiht ist.

Potala (t) Heilige Insel, reines Land von Grenzenlose Liebe (Chenrezi/Avalokiteshvara) und auch Winterresidenz des Dalai Lama, auf dem Roten Berg im Lhasa-Tal gelegen.

Rangjung (t) Sich manifestierende Formen, meist von Gottheiten, die aus einem Felsgebilde in einer Höhle oder an einem Berghang hervortreten.

Rigpa (t) Der reine Grund des Bewußtseins.

Rinchen Chungden/Ratnasambhava (t/s) Der als Juwel Geborene; tantrischer (Eroberer-)Buddha.

Rirab Lhungpo/Meru (t/s) Der kosmische Weltberg, der sich im Zentrum unserer Weltordnung erhebt.

Sadag (t) Erdherren; Kategorie urtibetischer Erdkräfte.

Sa'i Lhamo (t) Die buddhistische Erdgöttin, die die Erleuchtung Buddha Sakyamunis bestätigte.

Sakyamuni (s) Der Name, den Siddharta-Gautama der Sakya-Sippe bei seiner Erleuchtung erhielt; der Weltlehrer-Buddha unseres gegenwärtigen Zeitalters.

Samsara (s) Zustand nicht erleuchteten Denkens, Sichäußerns und Handelns und die zugehörigen Leiden.

Samye Gompa (t) Das erste anerkannte Kloster in Tibet.

Sang'ah nachai (n) Das männliche Prinzip im Denken der Navajo, welches das Erreichen eines hohen Alters auf spirituelle Weise beschreibt.

Sang'ah Nachai Bik'eh Hózhóng (n) Heilige Formel der Navajo für die Gesamtheit spirituellen Lebens: in Übereinstimmung mit den Grundsätzen allumfassender Harmonie und Schönheit ein hohes Alter erreichen.

Sangsol (t) Rituelles Opfern von Weihrauch und anderen geweihten Substanzen für die Schutzgottheiten Tibets.

Sangwa Dupa/Guhyasamaja (t/s) Heilige Versammlung; tantrisch-buddhistische Schutzgottheit und Pfad der psychophysischen Umwandlung.

Sangye se (t) Buddhaschaft, Zustand der Buddhaschaft.

Sem (t) Gewöhnliches (umwölktes) Bewußtsein.

Sengye (t) Schneelöwe; tibetisches Machttier und Sinnbild für eine Eigenschaft spirituellen Kriegertums.

Shedur (t) Abtrennen des Todesgeistes; Geister vertreibendes Ritual.

Shen (t) Schamane der tibetischen Bon-Religion.

Shen Lha Ö Khar (t) Schamanengottheit des Weißen Lichts; die höchste Gottheit der tibetischen Bon-Religion.

Sherab/Prajna (t/s) Höchste Erkenntnis (erleuchtete Weisheit), die ein erleuchtetes Wesen besitzen kann.

Sherab Parchin/Prajna Paramita (t/s) Mutter der Weisheit; buddhistische Göttin, welche die erleuchtete Weisheit verkörpert.

Sherpa (t) Tibetische Volksgruppe, die aus der Ostprovinz Kham an die Südhänge des Himalaja nach Nepal auswanderte.

Shindre (t) Todesgeist.

Siddhi (t) Magische psychophysische Kräfte; mit konzentrierter tantrischer Praxis zu erlangen.

Sillneole (n) Die Wirbelnden Baumstämme; Vision des Träumers, eines Navajo-Helden, der auf dem See der Wirbelnden Wasser ein großes Baumstammkreuz mit vier Gottheitspaaren sah.

Sipai Khorlo (t) Rad des zyklischen Daseins; Diagramm, das die sechs Reiche samsarischer Wiedergeburt zeigt sowie die der Wiedergeburt zugrundeliegenden Vorgänge und wie diese durch Erleuchtung vermieden werden.

Sisnaajiní (n) Blanca Peak; der heilige Berg des Ostens der Navajo.

Sok (t) Lebenskraft, Lebensenergie.

Sungdü (t) Schutzamulett, das am Körper getragen wird.

Ta (t) Waldtiger; tibetisches Machttier und Sinnbild für eine Eigenschaft spirituellen Kriegertums.

Tai-chi (ch) der Große Ursprung, die höchste Energie- und Geistesquelle jenseits der Zweiheit.

Taktahtin (n) Maispollen; Substanz, um den Geist auszurichten und den Körper zu segnen.

Tamishi (t) Zustand des Unglücks; eine Unglück verheißende Beziehung zum Wesen aller Dinge.

Tao (ch) Die immerwährende, formlose Einheit des Kosmos.

Tara (s) Siehe Dölma.

Tashi (t) Glückseligkeit; eine angemessene und glückliche, gesunde und gedeihliche Beziehung zum Wesen der Dinge.

Tashi Deley (t) Gängige tibetische Begrüßungsformel; umschreibt das Ziel spirituellen Lebens: eine günstige Beziehung mit dem Wesen der Dinge, die zu Gesundheit, Glück, Wohlstand und Langlebigkeit führt und dadurch gleichzeitig herbeigeführt wird.

Teéhoolltsódii (n) Das Große Wasserwesen; mächtiges Wesen, das die Gewässer der Erde bewohnt.

Thé (t) Urtibetische Erdgottheit.

Tigle/Bindu (t/s) Erstarrter »Tropfen« der lebenskräftigen Windenergie in den Kanälen und Knoten des psychischen Nervensystems.

Tise (t) Siehe Kang Rinpoche.

Tlleeji Haatall (n) Das Ritual des Night Way (Nachtweg).

T'obájishchíní (n) Für das Wasser Geborenes Kind; der jüngere der beiden Krieger-Zwillinge, Schutzgottheiten der Navajo.

T'oneinilí (n) Wassersprenger-Gott; Schutzgottheit des Night Way (Nachtweg) und Verkörperung des lebenspendenden Wassers des Himmels.

Tongpanyid/Sunyata (t/s) Leere; der immerwährende Zustand am Grund aller Formen, der aber leer ist von jeglichen solchen beschreibbaren Erscheinungen; das letzte Wesen der Dinge.

Torgyak (t) Ritual, in dem ein Ritualkuchen (torma) »geworfen« wird, um negative Kräfte zu vernichten.

Trungma Nakmo (t) Große Schwarze Äthergängerin; beherrschende Göttin des Shedur-Rituals.

Tsa/Nadi (t/s) Kanäle, in denen sich die Windenergie im psychischen Nervensystem bewegt.

Tsamba (t) Geröstetes Gerstenmehl, das in tibetischen Ritualen zum Segnen und Opfern verwendet wird.

Tsepame/Amitayus (t/s) Grenzenloses Leben; Buddha der Langlebigkeit.

Tsering Chenga (t) Die Fünf Herrinnen des Langen Lebens; Schutzgöttinnen, welche die höchsten Gipfel des Himalaja bewohnen.

Tseringma (t) Älteste der fünf Göttinnen des Langen Lebens und Name ihres Gipfels im Himalaja.

Tsewang (t) Tibetisches Ritual zur Ermächtigung zu einem langen Leben.

Tseyi (n) Canyon de Chelly.

Tsoodzill (n) Mount Taylor; der heilige Berg des Südens der Navajo.

Tulku (t) Siehe Kusum/Trikaya.

Tunkhor kyinkhor (t) Das Mandala Rad der Zeit (Kalachakra/ Vishvamata).

Tunkyi Khorlo gyud (t) Tantra Rad der Zeit.

Vajra (s) Siehe Dorje.

Vishvamata (s) Mutter der Vielfalt; mit Kalachakra Schutzgottheit des Tantras Rad der Zeit.

Wang (t) Spirituelle Kraft, die man durch buddhistische Praxis erwirbt.

Wangchen (t) Großes tantrisches Ermächtigungsritual.

Wangkur (t) Übertragung spiritueller Kraft (Initiationsritual).

Wangthang (t) Sammeln (persönlicher) spiritueller Kraft.

Woltraad (n) Zauberstab, um das Böse zu bannen; wird im Night-Way-Ritual verwendet.

Yab-Yum (t) Vater-Mutter; Bezeichnung für tantrische Gottheiten, die aus einer männlichen und einer weiblichen Gestalt bestehen; auch die Einheit erleuchteten Mitgefühls und erleuchteter Weisheit.

Yamdrok Tso (t) Heiliger Seelensee in Zentraltibet.

Yarlha Shampo (t) Heiliger Berg im Osten Zentraltibets.

Yei (n) Schutzgottheiten der Navajo-Religion.

Yeibichei (n) Ehrentitel für Sprechender Gott und Bezeichnung für den rituellen Maskentanz in der letzten Nacht des Night-Way-Rituals.

Yeshe (t) Das erleuchtete Bewußtsein, das von Verdunkelungen gereinigt wird, um seine wahre Wesenheit zu entfalten.

Yidam (t) Tantrische Schutzgottheit, mit der sich der oder die Meditierende tief identifiziert.

Yinyang (ch) Taoistisches Sinnbild für die Vereinigung von Gegensätzen.

Yudronma (t) Türki-Lampe-Frau; Berggöttin, die in den Körper eines Orakels mit demselben Namen eintritt.

Yül Lha (t) Gebietsgottheiten; Berggottheit, die alles Leben im Einzugsgebiet der Flüsse ihres Gipfels beschützt.

Zhidag (t) Meister der vier Himmelsrichtungen; Schutzgottheiten der Gebirgskämme über den tibetischen Tälern.

Zhingkyong/Kshestrapala (t/s) Wilder Schutzgott des tibetischen Buddhismus.

Zinpa (t) Die Vereinigung des erleuchteten Mitgefühls und der erleuchteten Weisheit sowie sich ergänzender Gegensätze.

BIBLIOGRAPHIE

Navajo und andere amerikanische Urvölker

Peggy V. Beck und Anna L. Walters (Hg.), *The Sacred Ways of Knowing, Sources of Life*, Tsaile/Ariz. 1977.

Herbert Benally, »Diné Bo'ohoo'aah Bindii'a': Navajo Philosophy of Learning«, *Diné Be'iina: A Journal of Navajo Life 1*, Nr. 1 (Frühjahr 1987).

Chiao Chien, »Navajo Sandpainting and Tibetan Mandala«, in David M. Brugge und Charlotte J. Frisbie (Hg.), *Navajo Religion and Culture: Selected Views*, Santa Fe/New Mexico 1982.

John Farella, *The Main Stalk*, Tucson/Arizona 1990.

Franciscan Friars, *Ethnological Dictionary of the Navaho Language*, St. Michael's/Arizona 1910.

Pliny Goddard, *Navaho Texts*, American Museum of Natural History, New York 1933.

Joseph H. Greenberg, Christy G. Turner und Stephen L. Zegura, »The Settlement of the Americas: A Comparison of Linguistic, Dental and Genetic Evidence«, *Current Anthropology* 27, Nr. 5 (Dezember 1986).

Pater Berard Haile (Samml.), *The Upward-Moving and Emergence Way*, Lincoln 1981.

Alexander und Dorothea Leighton, »Gregorio the Hand-Trembler«, *Papers of the Peabody Museum*, Harvard University, Band 40, Nr. 1, 1949.

Karl W. Luckert, *Coyote Way*, Tucson/Arizona 1979.

Washington Matthews, »The Mountain Chant«, *Annual Report of the Bureau of American Ethnology*, Band 5, 1883–84, U. S. Government Printing Office, Washington/D. C.

Ders., *Navajo Legends*, Band 5, *Memoirs of the American Folklore Society*, 1897.

Ders., *The Night Chant: A Navaho Ceremony*, American Museum of Natural History, New York 1902.

Ders., »A Vigil of the Gods: A Navaho Ceremony«, *American Anthropologist* 9, Februar 1896.

James K. McNeley, *Holy Wind*, Tucson/Arizona 1981.

Ders., »Immanent Mind in Navajo Philosophy and Batesonian Holistic Science«, *Diné Be'iina: A Journal of Navajo Life* 1, Nr. 1 (Frühjahr 1987).

Cosmos Mindeleff, »Navajo Houses«, *Seventeenth Annual Report of the Bureau of American Ethnology*, Washington/D. C. 1896.

Frank Mitchell, Charlotte Frisbie und David P. MacAllester (Hg.), *Navajo Blessingway Singer: The Autobiography of Frank Mitchell*, Tucson/Arizona 1978.

Franc Newcomb und Gladys Reichard, *Sandpaintings of the Navajo Shooting Chant*, New York 1975.

Maud Oakes und Joseph Campbell, *Where the Two Came to Their Father*, Princeton 1969.

Aileen O'Bryan, *The Diné: Origin Myths of the Navajo Indians*, Bureau of American Ethnology, Bulletin 163, Smithsonian Institution, Washington/D. C. 1956.
Alfonso Ortiz (Hg.) *Handbook of North American Indians*, Band 10, U. S. Government Printing Office, Washington/D. C. 1983.
Gladys Reichard, *Navajo Medicine Man Sandpaintings*, New York 1977.
Dies., *Navaho Religion*, New York 1950.
Donald Sandner, *So möge mich das Bösen in Scharen verlassen. Eine psychologische Studie über Navaho-Heilrituale* (dt. von Dieter Kuhaupt), 1994. Originalausgabe: *Navaho Symbols of Healing*, Rochester/Vermont 1991.
James Stevenson, »The Ceremonial of Hasjelti Dailjis: Mythical Sand Painting of the Navaho Indians«, *Annual Report of the Bureau of American Ethnology*, Band 8, 1886–87, U. S. Government Printing Office, Washington/D. C.
Hastiin Tlah und Mary C. Wheelwright, *Tleji: A Yeibichai Myth*, Museum of Navajo Ceremonial Art, Santa Fe/New Mexico 1938.
Marshall Tomé, »The Navajo Nation Today«, in Alfonso Ortiz (Hg.), *Handbook of North American Indians*, Band 10, U. S. Government Printing Office, Washington/D. C., 1983.
Gary Witherspoon, *Language and Art in the Navajo Universe*, Ann Arbor 1977.
Leland C. Wyman, *Blessing Way*, Tucson/Arizona 1977.
Alfred W. Yazzie, *Navajo History*, Bände 1 bis 3, Rough Rock Community Schools Press, Rough Rock/Ariz., Anfang 1980er Jahre.
Dhyani Ywahoo, *Am Feuer der Weisheit. Lehren der Cherokee-Indianer* (dt. von Peter Hübner), Zürich 1988.
Paul G. Zolbrod, *Auf dem Weg des Regenbogens. Das Buch vom Ursprung der Navajo (Diné bahane')* (dt. von Jochen Eggert), München 1988.

Tibet und Buddhismus

Tsültrim Allione, *Tibets weise Frauen* (dt. von Ulli Olvedi), München 1986.
Edwin Bernbaum, *Der Weg nach Shambhala. Auf der Suche nach dem sagenhaften Königreich im Himalaja* (dt. von Matthias Dehne), Freiburg i. Br. 1988.
John Blofeld, *The Tantric Mysticism of Tibet*, New York 1992.
Terry Clifford, *Tibetische Heilkunst. Einführung in Theorie und Praxis der altbewährten Naturheilkunde der Tibeter. Diagnostische Methoden, Heilmittel, Psychosomatik und Seelenheilkunde* [Vorw. vom 14. Dalai Lama] (dt. von Jochen Eggert), Frankfurt am Main 1990.
Council for Tibetan Education, *Milarepa: A Great Saint of Tibet*, Council for Tibetan Education, Dharamsala/Indien, o. J.
Dalai Lama Tenzin Gyatso, *The Kalachakra Rite of Initiation* (übers. von Jeffrey Hopkins) Boston 1991.
Dalai Lama Tenzin Gyatso, *Kindness, Clarity and Insight*, Ithaca/N. Y. 1984.
Keith Dowman, *Sky Dancer*, Boston 1984.
Walter Yeeling Evans-Wentz (Hg.), *Das Tibetanische Totenbuch oder Die Nachtod-Erfahrungen auf der Bardo-Stufe* (Einf. v. C. G. Jung), 18. Aufl., Olten 1993.

Peter Gold, *Altar of the Earth: The Life, Land and Spirit of Tibet*, Ithaca/N. Y. 1987.
Ders., *Tibetan Pilgrimage*, Ithaca/N. Y. 1988.
Ders., »Tibetans and Their Way of Life«, *Chöyang: The Voice of Tibetan Religion and Culture* 1, Nr. 4, 1991.
Ders., *Tibetan Reflections*, London 1984.
Lama Anagarika Govinda, *Schöpferische Meditation und multidimensionales Bewußtsein*, 3. Aufl., Braunschweig 1988.
Ders., *Grundlagen tibetischer Mystik. Die geheime Lehre des großen Mantra*, 5. Aufl., Bern u. a. 1982.
Russell Johnson und Kerry Moran, *The Sacred Mountain of Tibet*, Rochester/Vermont 1989.
Milarepa, *The One Hundred Thousand Songs* (übers. von Garma C. C. Chang) Boston 1989.
Glenn H. Mullin, *The Practice of Kalachakra*, Ithaca/N. Y. 1991.
Ders., *Path of a Bodhisattva Warrior*, Ithaca/N. Y. 1988.
Ders., Shedur: *A Ghost Exorcism Ritual*, Nonesuch Records, Explorer Series Nr. 472081.
Lama Namkhai Norbu Rinpoche, *Der Kristallweg. Die Lehre über Sutra, Tantra und Dzogchen*, Hg. John Shane (dt. von Eva Pampuch), München 1989.
Thubten Jigme Norbu und Colin Turnbull, *Tibet*, New York 1967.
Panchen Ötrul Rinpoche, »The Consecration Ritual (Rabney)«, *Chöyang: The Voice of Tibetan Religion and Culture* 1, Nr. 2, 1989.
Ders., »The Stages of Tantric Initiation«, *Chöyang: The Voice of Tibetan Religion and Culture* 1, Nr. 3, 1990.
David Snellgrove und Hugh Richardson, *A Cultural History of Tibet*, Boston 1980.
Dies., *Himalayan Pilgrimage*, Boston 1988.
Geshe Lhundup Sopa, Roger Jackson und John Newman, *The Wheel of Time*, Ithaca/N. Y. 1991.
Rolf A. Stein, *Die Kultur Tibets* (dt. von Edition Weber), Berlin 1993.
Chögyam Trungpa Rinpoche, »Femininity«, *Maitreya*, Nr. 4, 1973.
Ders., Vorwort zu Alexandra David-Néel, *The Superhuman Life of Gesar of Ling*, Boston 1981.
Ders., *Shambhala: The Sacred Path of the Warrior*, Boston 1984.
Ders., »Working with Negativity«, *Garuda Journal*, Frühjahr 1972.
Giuseppe Tucci und Walther Hessig, *Die Religionen Tibets und der Mongolei*, Stuttgart u. a. 1970. Originalausgabe: Giuseppe Tucci, *The Religion of Tibet*, Berkeley 1988.
L. Augustine Waddell, *The Buddhism of Tibet*, New York 1972.
Ders., »The Lamaism of Sikkim«, *Gazetteer of Sikkim*, The Secretariat, Bengal 1894.

Allgemeine Werke

Joseph Campbell, *Der Heros in tausend Gestalten* (dt. von Karl Koehne), Frankfurt am Main 1978.

Joseph Campbell, *The Historical Atlas of World Mythology, Vol. I: The Way of the Animal Powers*, New York 1983.

Sheldon Klein, »Analogy and Mysticism and the Structure of Culture«, *Current Anthropology* 24, Nr. 2, 1983.

Bildnachweise

Seite 2: Entwurf Peter Gold, Ausführung Phuntsok Art of Kathmandu, Photographie Peter Gold.

Seite 3–12, 29–46, 47 oben, 49 unten, 50–52, 63, 65, 69–71, 73–75, 87, 88, 100, 101, 102 oben, 110, 115, 118, 119, 124–127, 134, 143, 145, 153, 179, 181, 182, 201, 205, 210, 217 oben, 247–250, 254–258, 270, 280, 288, 290, 293, 298–302, 313, 317: Photographien Peter Gold.

Seite 19: Photographie Brigitte Lueck.

Seite 27, 47 unten, 49 oben, 90, 104, 221: Entwurf Peter Gold.

Seite 48: Photographie Russell Johnson, aus Russell Johnson und Kerry Moran, *The Sacred Mountain of Tibet*, Rochester/Vermont 1989.

Seite 53, 164 unten: Zeichnungen Tashi Gyaltsen Gangzey.

Seite 54, 204: Illustrationen mit freundlicher Genehmigung des Department of Religion and Culture der Central Tibetan Administration, Dharamsala/Indien.

Seite 62, 161: Entwurf Peter Gold, Zeichnungen Leroy Multine.

Seite 64: Adaption nach Abb. auf Seite 160 von Peter Gold.

Seite 67, 95, 141, 165, 175–178, 252, 291, 292, 321: tibetische Holzschnitte, anonym.

Seite 68, 72 oben, 113, 184, 217: tibetische Kunst, anonym.

Seite 72 unten, 78, 132, 135, 139, 180, 216, 268, 279, 281, 286, 294, 311: Illustrationen Jamyang Losel.

Seite 76, 77 oben, 79, 171, 282, 319 rechts: Illustrationen aus Gladys Reichard, *Navajo Medicine Man Sandpaintings*, New York 1977. Abdruck mit freundlicher Genehmigung von Dover Publications.

Seite 77 unten, 189, 192, 225–232, 272 oben links: Illustrationen aus Washington Matthews, *The Night Chant: A Navaho Ceremony*, American Museum of Natural History, New York 1902.

Seite 83, 116, 117 unten, 121, 152 unten, 337: Illustrationen aus Franc Newcomb und Gladys Reichard, *Sandpaintings of the Navajo Shooting Chant*, New York 1975. Abdruck mit freundlicher Genehmigung von Dover Publications.

Seite 85: Illustration Harrison Begay. Abdruck mit freundlicher Genehmigung des Museum of Northern Arizona, Flagstaff, Arizona, Dia Nr. MNA 81C.24.

Seite 99, 102 unten: Photographien Peter Gold, Frances Klatzel Collection.

Seite 117 oben, 272 oben rechts, 296, 297: Illustrationen aus Franciscan Friars,

Ethnologic Dictionary of the Navaho Language, St. Michael's Mission, St. Michaels/Arizona, 1910. Abdruck mit freundlicher Genehmigung der St. Michael's Mission.
Seite 120: Photographie Peter Gold, Reverend Mark und Virginia MacDonald Collection.
Seite 130: Abdruck mit freundlicher Genehmigung des Wheelright Museum of the American Indian, Santa Fe/New Mexico. Blessing Way Dia P1[21].
Seite 152 oben: Teil einer gedächtnisstützenden Skizze zum Lied »*Song of Talking God*« (Nr. 21), veröffentlicht auf dem Audioalbum *Texts of the Navajo Creation Chants*, Harvard University Peabody Museum.
Seite 160: Abdruck mit freundlicher Genehmigung der Rough Rock Community Schools, Rough Rock/Arizona.
Seite 166: Photographie Jeff Greenwald.
Seite 234–236: Photographien Edward Curtis.
Seite 272 unten: Photographie Ed McCombs.
Seite 273: Abdruck mit freundlicher Genehmigung des Navajo Community College, Tsaile/Arizona.
Seite 319 links: Illustration aus Washington Matthews, »The Mountain Chant«, in *Annual Report of the Bureau of American Ethnology*, Band 5, 1883–1884, U. S. Government Printing Office, Washington D. C.
Seite 321 oben: Illustration aus Aileen O'Brien, *The Diné: Origin Myths of the Navaho Indians*, Bulletin 163, Bureau of American Ethnology, U. S. Government Printing Office, Washington D. C., 1956.

ÜBER DEN AUTOR

Peter Gold stammt aus New York. Er studierte zunächst Volksmusikwissenschaft und Psychologie am New Yorker City College und dann Anthropologie und Volksmusikwissenschaft an den Universitäten von Columbia und Indiana.

An der Columbia University studierte er bei der weltberühmten Anthropologin Margaret Mead und arbeitete als Assistent für sie am American Museum of Natural History. Dort beteiligte er sich unter ihrer Leitung an der Einrichtung der Hall of the Peoples of the Pacific.

Im weiteren folgten die Tätigkeit als Bildungsleiter an der Universität des Maxwell Museum of Anthropology in New Mexico sowie als Kurator im Mathers Museum of Anthropology, Folklore and History der Universität von Indiana.

Seit 1965 beschäftigt sich Peter Gold mit der Lebensweise des tibetischen Volkes, der amerikanischen Urvölker im Südwesten der Vereinigten Staaten und in Mexiko, der Inuit (Eskimo) in Alaska, der afroamerikanischen Bevölkerung der Vereinigten Staaten und in der Karibik sowie der georgischen Volksgruppen im Kaukasus und in der Türkei. Dabei hat er sich eingehend mit ihrer Kunst, ihrer Philosophie, ihren besonderen Gebräuchen und Traditionen auseinandergesetzt und jeweils auch einige Zeit unter ihnen gelebt.

Von Peter Gold liegen bereits drei Bücher über die tibetische Kultur und Spiritualität sowie Musikaufnahmen verschiedener Volksgruppen vor; er hat außerdem eine Rundfunksendung über die tibetische Kultur sowie eine Fernsehsendung über aktuelle Belange der indigenen amerikanischen Bevölkerung produziert.

Gegenwärtig lehrt Peter Gold an der anthropologischen Fakultät des California Institute of Integral Studies in San Francisco. Er ist viel auf Reisen, hält Vorträge und leitet Workshops, bei denen es um jene überdauernden Prinzipien, Verhaltensweisen und Methoden im Leben, in der Kunst und im spirituellen Denken geht, die von einigen Mitgliedern der »Großfamilie Mensch« wie dem tibetischen Volk und den Navajo noch bewahrt werden.

REGISTER